普通高等教育“十二五”规划教材
全国高等院校规划教材·财经管理系列

中级财务会计

王　歆　主　编
余　珍　喻　辉　王　珏　副主编
王振秀　严碧容　林　波　参　编

北京大学出版社
PEKING UNIVERSITY PRESS

图书在版编目(CIP)数据

中级财务会计/王歆主编. —北京：北京大学出版社，2013.9
（全国高等院校规划教材·财经管理系列）
ISBN 978-7-301-22839-5

Ⅰ. ①中… Ⅱ. ①王… Ⅲ. ①财务会计－高等职业教育－教材 Ⅳ. ①F234.4

中国版本图书馆 CIP 数据核字（2013）第 153958 号

书　　名：中级财务会计
著作责任者：王　歆　主　编
责 任 编 辑：李　玥
标 准 书 号：ISBN 978-7-301-22839-5/F·3676
出 版 发 行：北京大学出版社
地　　　址：北京市海淀区成府路 205 号　100871
网　　　址：http://www.pup.cn　　新浪官方微博：@北京大学出版社
电 子 信 箱：zyjy@pup.cn
电　　　话：邮购部 62752015　发行部 62750672　编辑部 62765126　出版部 62754962
印　刷　者：北京富生印刷厂
经　销　者：新华书店
787 毫米×1092 毫米　16 开本　20.25 印张　490 千字
2013 年 9 月第 1 版　2013 年 9 月第 1 次印刷
定　　　价：38.00 元

前　言

财务会计，又称对外报告会计，是企业会计的一个分支，旨在反映与控制企业财务状况及其变动和财务成果的财务信息系统，定期向企业外部信息使用者提供财务信息而进行的会计。本书是在过去财务会计教材的基础上，吸收了国内外近几年优秀财务会计教材的精华，结合我国国情编写而成的。本书在编写过程中突出了以下特点：第一，以国际惯例为依据。本书所依据的会计规范是最新的国际会计准则和我国最新的企业会计准则。对各项会计业务的处理，以国际会计惯例为主，并介绍我国现行会计准则与国际会计准则的差异。第二，以会计的基本理论为基础。本书改变了以往财务会计教材只是具体解释会计制度的做法，而且以会计的基本理论为基础，着重论述了各会计要素确认、计量的基本原则，从理论上讲清楚各项业务的处理方法，使学生不但“知其然”，而且“知其所以然”。第三，注重理论联系实际。本书很好地处理了会计理论与我国实际相结合的问题。各章的例题均以我国上市公司的会计实务为基础，并结合我国的具体会计准则加以说明。

本书适用于会计学专业本科和高职高专学生教学，同时也可供企业经济管理人员，尤其是会计人员培训和自学使用。本书是在完成会计学的学习，掌握了会计的基本理论、基本方法之后，对财务会计理论和方法的进一步深化。因此，本书是学生从基础会计迈向会计专业课程的必经桥梁。

本书由王歆老师任主编，负责全书写作大纲的拟定和编写的组织工作，并对全书进行了最后的统稿。具体编写分工如下：第一章由王振秀老师撰写；第二章、第九章由余珍老师撰写；第三章、第八章由王歆老师撰写；第四章、第十一章由喻辉老师撰写；第五章、第六章由严碧容老师撰写；第七章、第十章由林波老师撰写；第十二章、第十三章由王珏老师撰写。

本书在编写的过程中，得到了武汉理工大学管理学院会计系主任胡华夏教授的大力支持和帮助，同时，许多会计系教师也给本书提出了宝贵的意见，在此表示衷心的感谢。

编写过程中，编者参考了大量资料，组织编写组成员进行了多次讨论，北京大学出版社的编辑给予了大力支持，为本书的出版付出了辛勤努力，在此表示诚挚的感谢！

由于时间仓促，加之水平有限，书中错误之处在所难免，欢迎广大读者批评指正。

编　者

2013 年 6 月

目 录

第一章

总　论

本章导读

本章在简单介绍财务会计内涵发展的基础上，陈述了财务会计的基本特征和处理程序，财务会计的目标和财务会计信息的使用者与提供者，财务会计信息的质量特征及财务会计相关规范。通过本章学习，应能够：

- 了解企业财务会计的基本特征及财务会计规范；
- 熟悉财务会计的目标、会计信息使用者与提供者；
- 掌握财务会计的概念、财务会计的处理程序、财务会计信息质量特征。

导入案例

伟达公司发生如下经济事项：2005 年，伟达公司为扩大销售业绩，在明知客户 ABC 公司很可能不能支付货款的情况下，销售产品给 ABC 公司，并确认收入 120 000 元以及相关的增值税和应收账款。2010 年，伟达公司将 ABC 公司的欠款确认为坏账。2012 年，ABC 公司以一台小汽车抵还了之前欠的货款，该车购入价格 250 000 元，已经按照 10 年期限，根据直线法计提折旧 5 年。同种车在二手市场的售价是 100 000 元。由于该货款已经作为坏账处理，伟达公司总经理丁某认为调整冲销坏账麻烦，想将此车作为自己的私家车，让会计假装不知道这件事情，于是没有进行账务处理。请问：在发生以上经济事项时，伟达公司的处理是否符合规定？违法了哪些财务会计法规？正常情况下，应如何进行确认、计量、记录和列报？如何处理，可以使会计信息的质量更高？

第一节　财务会计系统结构

一、财务会计的内涵

会计作为人类管理经济的一项活动，是随着社会生产的发展和经济管理的要求而产生、发展并不断完善起来的。早在原始社会末期，就有了人类对经济活动简单的计量与记录行为，如我国原始公社制时代出现的结绳记事和简单刻记，古巴比伦出现的原始算板等，就是会计萌芽阶段的最初表现形态。当时这些简单的计量与记录行为，主要是为了计算劳动成果及为劳动成果的分配服务而在生产时间之外附带进行的活动。自从人类在远古时期开始会计活动以来，会计活动经历了漫长的历史过程。随着社会经济的不断发展，生产力的不断提高，出现了社会分工和大量的剩余产品，产生了文字、数字和计量单位等记录和计算的基本手段，会计才逐渐从生产职能中分离出来，由生产经营过程的附带职能成为独立的职能，形成一种专职的、独立的管理经济活动的工作。

随着社会过渡到商品经济社会，为满足商品经济和贸易发展的需要，会计核算的内容和方法等发生了很大的变化，会计技术也获得了较大的发展。最早，会计主要是对经济活动进行记录，提供一些基本上没有加工或只是初步加工的信息，这时的会计只是一种簿记，而簿记本身又经历了一个由简单到复式的发展过程。在进入资本主义社会后，随着商品规模的进一步扩大，孕育并推动了簿记方法的革命，会计逐步从简单的计量和记录行为，发展成为一门包括有完整的方法体系和科学严密的处理程序的会计学科，会计目的也从仅仅是对财产的收支进行记录、为财产的分配服务，发展到对经济活动的所得与所费进行比较，计算和反映经济活动的盈亏情况。15 世纪下半叶，复式簿记在商品经济发达的地中海沿岸城市威尼斯一带已相当流行，其记账方法也比较完备。1494 年意大利数学家卢卡·巴其阿勒在《算术、几何、比与比例摘要》一书的“簿记论”中，全面系统地介绍了威尼斯的复式记账法，并从理论上给予了论证，使复式簿记的优点及其使用方法很快为世人所认识，从而使它首先在欧洲，接着在全球范围内广为流传。复式记账法的产生和“簿记论”的问世，标志着现代会计的开始。

从 19 世纪以后，特别是进入 20 世纪以来，随着生产规模的扩大，市场竞争的加剧，会计的内容、形式、方法和技术都有了突飞猛进的发展，复式簿记逐步变成会计的记录部分，除了复式簿记外，会计的一些新的内容和组成部分，如成本计算、会计报表分析、货币计价的原则与方法等相继出现，而且发展很快。会计又从对经济活动的结果进行记录、计量和报告，发展到对企业经济活动的全过程进行控制和监督，参与企业的短期决策和长期决策，为企业内部强化经营管理服务。

20 世纪 50 年代以后，随着企业组织制度的发展变化，特别是随着股份有限公司这种经济组织的形成与发展，出现了企业的所有者与经营者的分离，企业的所有权与经营权的分离。企业的所有者把资源委托给经营者运用，经营者则承担资源的委托责任和获取相应的报酬。这样，在每一个现代企业就形成了以投资人、债权人为代表的企业外部利益关系集团和以管理当局为代表的企业内部利益关系集团，这两种不同类型的同企业有经济利益关系的集团基于不同的权益和责任，需要作出不同的决策，而不同的决策又需要不同的会计信息。正是由于现代企业客观上出现了两种不同类型的会计信息使用者，为了满足两类不同信息使用者的需要，现代企业会计逐渐形成了相互配合又相对独立的两个分支——财务会计和管理会计。财务会计按企业会计准则确认、计量、记录和报告企业的财务状况、经营成果和现金流量，通过提供定期的财务报告，主要为企业的外部利益关系集团提供以财务信息为主的经济信息，帮助他们进行投资、信贷等理财决策；管理会计按管理学的理论与方法对企业的经营活动进行规划、决策、控制和业绩考核，为企业管理当局提供经济管理信息，帮助他们进行经营决策、长期投资和进行全面的预算管理。

20 世纪 90 年代以来，由于世界范围的经济竞争进一步加剧，从而导致世界经济秩序正在发生着巨大的变化和调整，呈现出世界经济一体化、地区经济集团化、全球贸易自由化的发展态势。随着国际资本市场的形成与发展，跨国公司的生产、销售、投资、融资作用的日趋扩大，会计信息突破了国界，会计已成为“国际商用语言”，它不仅要为本国的会计信息使用者服务，而且要为全球范围内的会计信息使用者服务。

由上可见，会计是商品经济的产物，随着商品经济特别是市场经济的发展，产生了不同的会计信息使用者对会计信息的需求呈现多样化的趋势，正是在这种客观要求的推动下，现代会计便形成了企业会计、政府会计、非营利组织会计、税务会计等许多分支，其中现代企业会计由相互配合又相对独立的财务会计和管理会计所构成。

在现代市场经济体系中，企业会计是现代会计的主体，或者说是典型的现代会计。这是因为，在现代市场经济体系中，企业是国民经济的细胞和市场的主体，商品生产和劳务提供是在千千万万个企业中进行的。社会通过计划和市场把资源配置于每个企业，每个企业则必须运用社会配置的资源自主经营、自负盈亏、自我约束和自我发展。因此，在现代市场经济体系中，所有同企业经济活动有着利害关系的集团和个人，都会密切关注企业的经济决策。那么，企业外部同企业有经济利益关系的集团和个人究竟是要根据什么来评价企业的业绩，并及时作出相关的科学决策呢？主要是根据企业财务会计所提供的以财务信息为主的经济信息系统。对决策有用的会计信息需要通过一个特殊的经济信息系统按照科学的程序和方法才能生成。财务会计就是一个在企业中设置的以财务信息为主的经济信息系统。按照系统论的观点，任何一个系统都是由若干个元素所构成，财务会计系统由确认、计量、记录和报告等一系列元素（或环节）所构成，形成一个有机的集合，该系统在运行过程中收集与企业生产经营全过程有关的“经济数据”，通过加工转换，使其成为可以用货币量化的反映企业的财务状况、经营成果和现金流量，可以用于评价企业经营业绩和企业价值的“信息”。也就是说，财务会计作为一个经济信息系统，输入的是经济数据，产出的是以财务信息为主的经济信息。

综上所述，财务会计可定义如下：财务会计是现代企业会计的一个重要分支，它是指在企业范围内建立的一个依据企业会计准则，运用确认、计量、记录和报告等专门程序与方法，着重向企业外部会计信息使用者提供以财务信息为主体的经济信息系统。在企业中，财务会计主要反映企业的财务状况、经营成果和现金流量，并对企业经营活动和财务收支进行监督。

在会计学科体系中，财务会计又可具体分为初级财务会计（亦称初级会计、会计学原理或基础会计等）、中级财务会计和高级财务会计。初级财务会计主要阐述财务会计的基本概念、基本理论、基本方法和基本技能，是会计的入门课；中级财务会计是财务会计中的核心部分，它阐述的是企业经常发生和普遍存在的一般业务的会计处理要求和操作方法；高级财务会计阐述的则是中级财务会计难以容纳，且在理论基础、操作方法方面具有特殊性的业务事项。

中级财务会计的最终产品是财务报告，而财务报告（尤其是财务报表）的构成要素是资产、负债、所有者权益、收入、费用和利润等会计要素。因此，中级财务会计是以会计基本假设为基础、采用传统财务会计方法、以会计要素为构成框架并对其进行确认、计量、记录和报告的财务会计。

二、财务会计的基本特征

如前所述，财务会计是在传统会计的基础上发展起来的一门独立的会计学科，它与管理会计一起共同构成现代企业会计。财务会计作为现代企业会计的一个重要分支，它与管理会计和传统会计相比较，既有共性，又有特性。财务会计的基本特征表现在如下五个方面。

（1）财务会计主要向企业外部利害关系集团提供该企业整体的财务信息和其他经济信息。

一般说来，财务会计信息的使用者，既包括企业外部信息使用者，也包括企业内部信息使用者，但企业外部的利害关系集团，特别是企业的投资人、债权人和其他类似的信息使用者是财务会计信息的主要使用者。

（2）财务会计主要以财务报表为核心的财务报告作为信息传递的手段。

财务会计作为一个经济信息系统，输入的是经济数据，产出的是以财务信息为主的经济信息。财务会计生成的信息主要借助于通用的财务报告传递给企业外部信息使用者，财务报告由财务报表（包括表内项目和表外附注）和其他财务报告组成，财务报表是财务报告的核心，它主要提供企业特定时日的财务状况和一定期间的经营业绩和现金流动信息。

（3）财务会计主要由确认、计量、记录和报告等程序所构成。

财务会计作为一个经济信息系统，在进行数据的收集、分类、处理和加工过程中，一切经济数据都必须依次通过上述程序，然后才能进入财务报表和其他财务报告。确认、计量、记录和报告是构成财务会计系统的基本元素（或环节），每一个元素（或环节）都有其特定的标准和方法。

（4）财务会计的处理程序和财务报表必须符合企业财务会计准则或会计制度。

（5）财务会计提供的主要是以货币量化的历史信息。

三、财务会计的处理程序

前已述及，财务会计作为一个经济信息系统是由确认、计量、记录和报告等一系列元素（或环节）所构成的。每一个元素（或环节）都有其特定的职能、标准和方法，系统中的各个元素（或环节）既各司其职又相互配合，形成一个有机的整体，共同履行财务会计的职能，实现财务会计的目标。

（一）会计确认

1. 确认的概念

“确认”作为一个重要的会计概念，最早由美国财务会计准则委员会公布的第五号财务会计概念公告《企业财务报表中的确认和计量》（1984 年 12 月）界定。该公告指出：“确认，指将某个项目作为一项资产、负债、营业收入、费用或诸如此类的项目正式地记入或列入某一主体财务报表的过程。它包括用文字和数字描述某一项目，其金额包括在财务报表的合计数中。对于一项资产或负债而言，确认不仅要记录该项目的取得或发生，还要记录其后发生的变动，包括从财务报表中予以消除的变动。”

之后，国际会计准则委员会和其他一些国家的会计准则制定机构在其公布的概念框架中，也对“确认”作了类似的界定。

1989 年 7 月，国际会计准则理事会在其公布的《编制和列报财务报表的框架》中指出：“确认，指将符合要素定义，同时满足要素确认标准的项目，列入资产负债表或收益表中的过程。其涉及用文字并通过货币金额对其进行描述，且该项金额包括在资产负债表或收益表的合计数中。”

1999 年 12 月，英国会计准则理事会正式公布的《财务报告原则公告》提出：“确认，指正式地将某项目作为资产、负债、收入、费用等记录或列入主体的财务报表的过程。确认包括用文字和金额描述某个项目，该金额包括在财务报表中的合计数中。确认包括项目的初始确认和以前已被确认项目的后续变动或消除的确认。”

对比分析以上各种“确认”的定义，可以看出其表述虽然不同，但其实质却是一样的。这也说明，人们对确认概念的认识基本达成了一致的见解。对于确认概念，我国著名会计学家葛家谢教授认为：确认是财务会计数据进入会计系统进行记录和报告（仅限于财务报表）的程序。广义的确认包括：一项交易或事项的数据应否输入财务会计系统并通过财务报表输出信息；输入财务会计系统的数据应当作何种要素来记录并在报表上予以揭示；上述记录和报告应在何时进行；上述记录和报告的金额是多少。

总的来说，确认是指在记录和报告两个程序上，需要回答的“应否”、“作为何种要素”、“何时”和“多少金额”四个方面的问题。这四个方面都涉及记录和报告两个程序。由于记录是报告的先决条件，因此，有关记录的确认程序称为“初始确认”，而有关在财务报表中的确认程序可称为“再确认”。

确认还可以从其过程本身分为初始确认、后续确认和终止确认。

初始确认是指一项交易或事项初始发生，其每一个项目都符合确认的基本标准时，就按所确认的要素予以记录并计入财务报表。初始确认是指对任何项目的第一次确认。

后续确认是指如果一个项目在初始确认后，其价值出现增加或减少的变动后应进行的确认。后续确认的含义一般与后续计量相似。例如，存货是在取得或购买时进行初始确认，但期末在资产负债表上所确认的存货价值是按成本与市价（通常指可变现净值）孰低规则进行的。这时，不仅要确认一项存货的价值而且往往要同时确认一项存货的跌价损失。这对于原来在取得时所确认的存货而言，就属于后续确认。严格意义上的后续确认仅指初始确认后对价值变化的确认，而存货的耗用、出售等存货数量的减少就不属于后续确认。固定资产的折旧也是如此（尽管折旧只反映固定资产的价值损耗，实际上实物也在出新变旧、也在磨损，只是这种实物的磨损尚未影响到其整个效能的发挥）。

终止确认是指已确认的项目由于确认的标准已部分或全部丧失，不再符合确认的标准，如已确认的资产由于当作担保品不再由企业拥有和控制，某项已确认的资产由于遭受自然灾害，不再成为可提供未来经济利益的资源等，都应终止确认。负债也有终止确认问题，包括部分终止确认。例如，债权人同意债务重组，免于偿还部分债务，也会导致负债的部分或全部终止确认。

如前所述，广义的确认概念几乎包括确认、计量、记录和报告的全过程。但如何计量、记录和报告属于各程序本身的技术，确认并不涉及。确认的重点即狭义的确认概念仅指：对记录来说是指应否记录，何时记录，当作哪一项要素来记录；对报告来说是指是否计入财务报表，何时计入财务报表，当作哪一项要素来报告。

2. 确认的一般标准

美国财务会计准则委员会公布的第五号财务会计概念公告《企业财务报表中的确认和计量》指出，某个项目只有符合以下全部条件时，才能予以确认：

（1）该项目符合财务报表某要素的定义。

（2）该项目有相关的属性，足以充分可靠地予以计量。

（3）有关该项目的信息能够对信息使用者决策产生差别（相关性）。

（4）有关该项目的信息是真实的、可核实的、无偏向的（可靠性）。

同时还指出，在运用这四项标准时，要考虑成本效益原则。此外，确认还要以重要性为前提。

国际会计准则理事会在其公布的概念框架中指出，某个项目只有符合财务报表某要素的定义，并同时符合以下两项条件时，才能予以确认：

（1）与项目有关的未来经济利益很可能流入或流出企业。

（2）该项目具有可以可靠地予以计量的成本或价值。

同时也强调在确认时对重要性应作恰当考虑。

澳大利亚会计研究基金会公布的《会计概念公告第4号：财务报表要素的定义和确认》没有提出会计确认的一般标准，而是分别就资产、负债、收入、费用等财务报表要素规定确认标准。例如，对负债提出的确认标准是“①很可能要求在未来牺牲服务潜力或经济利益；②负债的金额可以可靠计量时，才能将该项负债予以确认”。这与国际会计准则委员会概念框架会计确认要求实际上有一致性。

英国会计准则理事会公布的《财务报告原则公告》也提出了与国际会计准则委员会的会计概念框架相类似的会计确认标准。

从形式上看，美国财务会计准则委员会概念公告提出的会计确认标准与国际会计准则理事会的概念公告提出的会计确认标准是不一样的，但实质上却相同。因为，国际会计准则理事会提出的确认标准中的“有关的未来经济利益很可能流入或流出企业”内含在美国财务会计准则委员会概念框架中的要素定义中，而相关性和可靠性在国际会计准则理事会概念框架中是作为会计信息质量的两项重要特征来规定的，对财务报表因素的确认也具有约束力，因而“有关的未来经济利益很可能流入或流出企业”没有作为美国财务会计准则委员会概念框架中的基本确认条件之一，而相关性和可靠性没有作为国际会计准则理事会概念框架中的基本确认条件。

以上分析表明，有关“会计确认标准”，人们也已基本达成一致见解，即某项目应予以确认必须符合以下三个条件：

（1）该项目符合某财务报表要素的定义。

（2）与该项目有关的未来经济利益（未来现金流量）流入或流出企业的不确定性能明确地评估。

（3）该项目有可计量的属性如成本、价值等，并能可靠地计量。

（二）会计计量

会计计量，是为了将符合确认条件的会计要素登记入账，并列报于财务报表而确定其金额的过程。企业应当按照规定的会计计量属性进行计量，确定相关金额。

1. 计量属性及其构成

计量属性是指所计量的某一要素的特性方面。例如，桌子的长度，铁矿的重量，楼房的高度等。从会计的角度，计量属性反映的是会计要素金额的确定基础，它主要包括历史成本、重置成本、可变现净值、现值和公允价值等。

（1）历史成本

历史成本又称为实际成本，就是取得或制造某项财产物资时所实际支付的现金或者现金等价物的金额。在历史成本计量下，资产按照购置时支付的现金或者现金等价物的金额，或者按照购置资产时所付出的对价的公允价值计量；负债按照其因承担现时义务而实际收到的款项或者资产的金额，或者承担现时义务的合同金额，或者按照日常活动中为偿还负债预期需要支付的现金或者现金等价物的金额计量。

（2）重置成本

重置成本又称为现行成本，是指按照当前市场条件，重新取得同样一项资产所需支付的现金或现金等价物的金额。在重置成本计量下，资产按照现在购买相同或者相似资产所需支付的现金或者现金等价物的金额计量；负债按照现在偿付该项债务所需支付的现金或者现金等价物的金额计量。

（3）可变现净值

可变现净值是指在生产经营过程中，以预计售价减去进一步加工成本和销售所必需的预计税金、费用后的净值。在可变现净值计量下，资产按照其正常对外销售所能收到现金或现金等价物的金额扣减该资产至完工时估计将要发生的成本、估计的销售费用及相关税金后的金额计量。

（4）现值

现值是指对未来现金流量以恰当的折现率进行折现后的价值，是考虑货币时间价值因素等的一种计量属性。在现值计量下，资产按照预计从其持续使用和最终处置中所产生的未来净现金流入量的折现金额计量；负债按照预计期限内需要偿还的未来净现金流出量的折现金额计量。

（5）公允价值

公允价值是指在公平交易中，熟悉情况的双方自愿进行资产交换或者债务清偿的金额。在公允价值计量下，资产和负债按照在公平交易中熟悉情况的交易双方自愿进行资产交换或者债务清偿的金额。

2. 会计计量属性之间的关系

如果交换具有商业实质，且换入换出资产的公允价值能够可靠计量，换入资产入账成本的确定应当以换出资产的公允价值为基础，除非有确凿证据表明换入资产的公允价值更加可靠；在非同一控制下的企业合并交易中，合并成本也是以购买方在购买日为取得对被购买方的控制权而付出的资产、发生或承担的负债等的公允价值确定的。再如，在应用公允价值时，当相关资产或者负债不存在活跃市场的报价或者不存在同类或者类似资产的活跃市场报价，需要采用估值技术来确定相关资产或者负债的公允价值时，现值往往是普遍采用的一种估值方法，在这种情况下，公允价值就是以现值为基础确定的。另外，公允价值相对于历史成本而言，具有很强的时间概念，也就是说，当前环境下某项资产或者负债的历史成本可能是过去环境下该资产或负债的公允价值，而当前环境下某项资产或负债的公允价值也许就是未来环境下该项资产或负债的历史成本。

3. 会计计量属性的应用原则

会计计量属性尽管包括历史成本、重置成本、可变现净值、现值和公允价值等，但是企业在对会计要素进行计量时，应当严格按照规定选择相应的计量属性。一般情况下，对于会计要素的计量，应当采用历史成本计量属性，如企业购入存货、建造厂房、生产产品等，应当以所购入资产发生的实际成本作为资产计量的金额。

但是在某些情况下，如果仅仅以历史成本作为计量属性，可能难以达到会计信息的质量要求，不利于实现财务报告的目标，有时甚至会损害会计信息质量，影响会计信息的有用性。例如，企业持有的衍生金融工具往往没有实际成本，或者即使有实际成本，实际成本也与其价值相差甚远。因此，如果按照历史成本对衍生金融工具进行计量的话，大量的衍生金融工具交易将成为表外事项，与衍生金融工具有关的价值及其风险信息将无法得到充分披露。在这种情况下，为了提高会计信息的有用性，向使用者决策提供相关性更强的信息，就有必要采用其他计量属性（如公允价值）进行会计计量，以弥补历史成本计量属性的缺陷。

鉴于应用重置成本、可变现净值、现值、公允价值等其他计量属性，往往需要依赖于估计，为了使所估计的金额在提高会计信息的相关性的同时，又不影响其可靠性，企业会计准则要求企业应当保证根据重置成本、可变现净值、现值、公允价值所确定的会计要素金额能够取得并可靠计量；如果这些金额无法取得或者可靠计量，则不允许采用其他计量属性。

随着我国资本市场的发展，股权分置改革的基本完成，越来越多的股票、债券、基金等金融产品在交易所挂牌上市，且这类金融产品的交易已经形成了较为活跃的市场，因此，我国已经具备了引入公允价值的条件。在这种情况下，引入公允价值，更能反映企业的现实状况，对会计信息使用者的决策更加有用，而且也只有如此，才能实现我国会计准则与国际财务报告准则的趋同。

在引入公允价值过程中，我国充分考虑了国际财务报告准则中公允价值应用的三个级次，即：第一，存在活跃市场的资产或者负债，活跃市场中的报价应当用于确定其公允价值；第二，不存在活跃市场的，参考熟悉情况并自愿交易的各方最近进行的市场交易中使用的价格或参照实质上相同的其他资产或负债的当前公允价值；第三，不存在活跃市场，且不满足上述两个条件的，应当采用估值技术等确定资产或负债的公允价值。我国引入公允价值是适度、谨慎和有条件的，主要是考虑我国尚属新兴的市场经济国家，如果不加限制地引入公允价值，有可能出现公允价值计量不可靠，甚至借此人为操纵利润的现象。因此，在投资性房地产和生物资产等具体准则中规定，只有在存在活跃市场、公允价值能够取得并可靠计量的情况下，才能采用公允价值计量。

（三）会计记录

记录是将经过确认与计量的项目在账户中正式予以记载的过程。记录作为一个过程，由若干个程序所组成，一般包括：①根据对交易或事项确认与计量的结果编制会计分录；②将会计分录记载的内容过入有关账户；③期末按照权责发生制的要求编制调整分录，调整某些账户记录的内容；④期末编制结账分录，将损益类账户的余额减至为零。

（四）会计报告

报告是指以财务报表或其他财务报告的形式汇总日常确认、计量和记录的结果，向会计信息使用者提供反映财务状况、经营业绩和现金流量信息的过程。报告作为一个过程，包括编制财务报告和对外报送或公告财务报告两项内容，前者是生成以财务信息为主的经济信息，后者是提供以财务信息为主的经济信息。

综上所述，财务会计的系统结构可用图 1.1 表示。

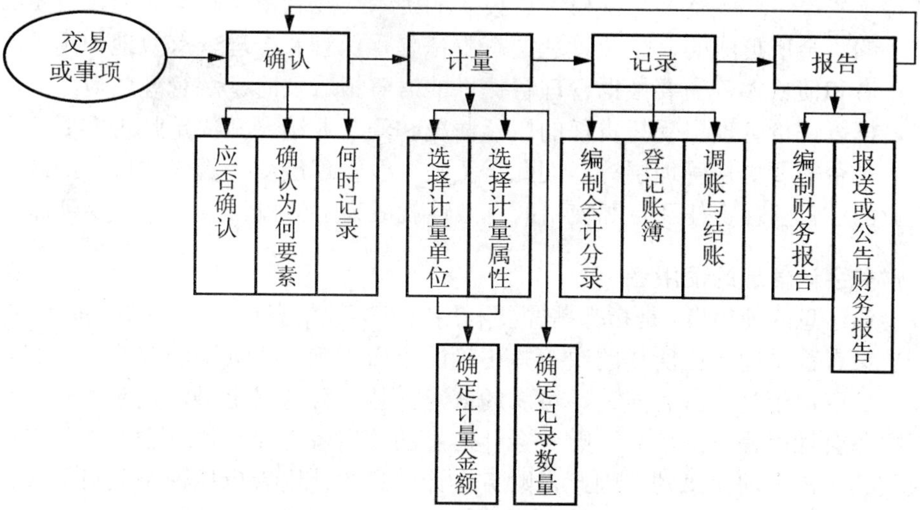

图 1.1 财务会计的系统结构

第二节 财务会计目标与会计信息使用者和提供者

一、财务会计的目标

会计目标是开展会计工作所要达到的目的。会计目标主要包括以下三个方面的理论问题：①会计信息的用途；②提供会计信息的对象；③什么是有用的会计信息。财务会计的目标就是财务会计系统要达到的目的和要求。我国《企业会计准则——基本准则（2006）》指出："财务会计报告的目标是向财务会计报告使用者提供与企业财务状况、经营成果和现金流量等有关的会计信息，反映企业管理层受托责任履行情况，有助于财务会计报告使用者作出经济决策。"根据该准则，我国企业财务报告的目标主要包括以下两个方面。

（一）向财务报告使用者提供对决策有用的信息

企业编制财务报告的主要目的是为了满足财务报告使用者的信息需求，有助于财务报告使用者作出经济决策。因此，向财务报告使用者提供对决策有用的信息是财务报告的基本目标。财务报告使用者主要包括投资者、债权人、政府及其有关部门和社会公众等。财务会计主要向这些企业外部利害关系人提供反映企业财务状况、经营成果和现金流量的信息。

根据向财务报告使用者提供对决策有用的信息这一目标的要求，财务报告所提供的信息应当如实反映企业所拥有或者控制的资源、对资源的要求权及资源要求权的变化情况；如实反映企业的各项收入、费用、利得和损失的金额及最终的经营业绩；如实反映企业在一定时期内现金的流入和流出情况等，从而有助于现在的或者潜在的投资者、债权人，以及其他使用者正确、合理地评价企业的资产质量、偿债能力、盈利能力和营运效率等；有助于使用者根据相关会计信息作出理性的投资和信贷决策；有助于使用者评估与投资和信贷有关的未来现金流量的金额、时间和风险等。

（二）反映企业管理层受托责任的履行情况

在现代公司制度下，企业所有权和经营权相分离，企业管理层受委托人之托经营管理企业及其各项资产，这些资产是由投资者投入的资本（或者留存收益作为再投资）或者向债权人借入的资金所形成的，企业管理层有责任妥善保管并合理、有效地使用这些资产。企业的投资者和债权人等需要根据管理层提供的财务报告及时了解管理层对资产的保管、使用情况，据以评价管理层受托责任的履行情况和经营业绩，并决定是否需要调整投资和信贷决策，是否需要更换管理层等。因此，反映企业管理层受托责任的履行情况，以有助于评价企业的经营管理责任及资源使用的有效性就成为财务报告的又一重要目标。

二、财务会计信息的使用者

财务会计信息的使用者，是指那些需要利用财务会计信息进行有关决策的组织或人士。任何一个决策者都希望自己所作的决策是正确的，而正确的决策不但取决于决策者自身的决策技能，还取决于是否占有充分、可靠的信息。从某种意义上讲，几乎所有的经济决策都离不开财务会计所提供的信息。财务会计信息的使用者主要是通过企业对外提供的财务报告来获取其所需要的信息的，因此，财务会计信息的使用者也称作企业财务报告的使用者（后文称为“财务报告使用者”）。企业财务报告的使用者，按其与企业的关系可分为外部使用者和内部使用者两大类，前者是企业财务报告的主要使用者，后者是企业财务报告的次要使用者。

（一）外部使用者

财务报告的外部使用者是指企业外部的不直接参与企业的经营管理，但与企业有利害关系的组织和人士。财务报告的外部使用者按其与企业利害关系的程度，又可分为与企业有直接利害关系的外部使用者和与企业有间接利害关系的外部使用者。前者有企业的股东、债权人等；后者有政府及其相关部门、证券机构、供应商、客户及社会公众等。

财务报告的外部使用者由于不直接参与企业的经营管理，他们取得财务会计信息的目的，在于了解企业过去某一时点的财务状况和某一期间的经营成果及现金流量，以便评价企业过去的经营业绩，分析企业未来的发展前景，为下一步的行动提供决策依据。

1. 股东或企业所有者

在企业所有的利益相关群体中，股东或企业所有者是与企业利益关系最为密切的群体，他们是企业的投资人。当企业是独资企业或合伙企业时，所有者与经营者合二为一，所有者通过参与企业的经营管理可以直接了解企业的财务状况和经营成果，这种情况下，会计信息对所有者来说可能并不是很重要。随着企业规模的扩大，资金需求的扩张，企业逐步改变所有权结构，很多企业发展成为股份公司或有限责任公司，大型公司将拥有成千上万股东，为数众多的股东不再可能直接行使企业管理职权，会计信息成为他们了解企业财务状况和经营成果的主要信息来源。于是通过正式公布的会计报表向广大股东汇报经营管理情况，就变得非常必要了。广大股东必须依据企业会计报表作出投资或撤资决策。特别是随着作为股权交易场所的资本市场的建立和完善，会计信息成为现有股东和潜在投资者进行投资决策的最基本和最主要的信息来源。

2. 企业的债权人

在公司形式的企业组织出现后，由于公司只承担有限责任，所以公司的债权人也同样关心公司的财务状况，会计报表不仅需要向股东提供，而且还需要向债权人提供。债权人是企业重要的利害关系人，他们需要利用会计信息作出与投资或贷款相关的决策。债权人包括银行、非银行金融机构、债券的购买者、其他提供贷款的单位或个人，以及其他商业债权人等。企业成立之初所需资金主要由所有者提供，成立之后所需资金，特别是流动资金，主要通过贷款获得。金融机构在进行信贷决策时，需要了解企业的偿债能力。财务报表是金融机构了解企业偿债能力的主要信息来源。在利率市场化条件下，金融机构通过企业提供的财务报表可以分析贷款的风险程度，由此决定贷款的利率水平。

3. 企业内部职工

作为一个利益集团，企业的职工是企业的劳动者，职工个人期望定期收到工资和薪金，并同时得到有关企业为个人提供社会保障的各类基金方面的信息和企业的某些综合性的信息，诸如企业的稳定性、劳动报酬的高低和职工福利的好坏等情况，以及公司的发展前途等方面的会计信息。职工代表大会、工会也会代表职工要求得到这些信息，这些信息的大部分是由会计信息系统提供的。

4. 顾客或客户

在市场经济条件下，顾客是公司产品（或劳务）的购买者，企业的顾客可以说是最重要的外部利益集团。顾客对于信息的需要，包括有关企业及其产品的信息，如价格、性能、质量、企业信誉、企业商业信用方面的政策、可得到的折扣额、支付的到期日及所欠金额等。这些常规的信息一般也是由会计提供的。

5. 政府及其相关部门

政府及其相关部门包括税务、海关、统计、工商行政和主管部门等。为了履行国家管理职能，他们需要用于决定税收政策、国民收入、统计、制定经济法规和方针等方面的资料。从微观上讲，企业的会计资料可以作为政府课税的基础资料。尽管税务部门在征税时不会完全按照企业提供的会计报表征税，但企业提供的会计资料仍然是征税的基本依据。从宏观上看，企业财务报告还可以成为政府宏观决策的依据。基层企业会计报表，通过有关部门的统计和汇总，可以反映国民经济运行的基本状况，可以作为政府检验宏观经济政策的效果，进一步实施某些经济政策的依据。

向企业的外部使用者所提供的会计信息绝大部分是属于“强制性的”或是“必需的”。例如，向政府部门所报送的应税收益和代扣税款的报表，以及向股东所报送的财务报告，均属于强制性的信息。

（二）内部使用者

企业内部的各级管理部门为了完成职责都需要信息，不论是负责完成全公司目标的最高级管理部门，还是负责完成一项具体目标的某一个经营管理部门，都是如此。目前，会计是为大多数企业提供“正式”会计信息的主要信息系统。所谓正式的信息系统是指对指定信息的生成和报告负有明确的职责。会计信息系统根据搜集到的全部数据进行加工，将信息报送给企业管理部门；企业管理部门收到并利用这些信息作出有关决策，管理部门的决策反过来影响企业组织内部的经营管理，包括对会计信息系统的影响，同时也影响着企业组织与其外部环境的关系。

会计信息的内部使用者包括董事会、首席执行官、首席财务官、副董事长（主管信息系统、人力资源、财务等）、经营部门经理、分厂经理、分部经理、生产线主管等。

企业内部各部门使用会计信息的具体目标不同，但这些目标的宗旨是一样的，都是帮助企业实现其总体的战略和任务。所以企业都遵循与它们的会计信息系统设计有关的规则以确保会计信息的规范性并保护企业的资产。但是关于报告的类型或能产生的会计信息种类并没有什么规则，在决策过程中产生和使用的会计信息往往是多样性的。

与外部的信息需要相比，向内部报送的会计信息显然具有较多的“自由性”。因此，设计满足企业经营管理需要的会计信息系统比设计外部报表面临着更大的困难。

三、财务会计信息的提供者

财务会计信息的提供者是企业。在市场经济中，决定企业应否及如何对外提供财务会计信息的主要因素是市场约束，即市场经济规律所决定的投资者、债权人对财务会计信息的客观需要。目前，由于我国的市场经济尚处于逐步完善阶段，某些市场（如资本市场）还不够活跃和规范，因此，决定我国企业应否及如何对外提供财务会计信息的主要因素，并非来自于市场约束，而是来自于法制的约束和政府监管等因素。

在我国，根据企业提供财务会计报告的主要目的可以将企业分为三类：①上市公司，其提供财务报告的主要目的是向股东报告公司的财务状况、经营成果和现金流量等情况；②大中型国有企业，其提供财务报告的主要目的是向国家报告企业国有资产的保管、使用及经济效益情况；③各类小型企业与外商投资企业：其提供财务会计报告的目的是向国家税务机关申报纳税。上述各类企业提供财务会计信息，除了应共同遵守《中华人民共和国会计法》（以下简称《会计法》）、《企业会计准则》等国家法律和行政法规外，还必须遵守不同的有关法律和行政法规。上市公司提供财务会计信息，还应遵守《中华人民共和国公司法》、《中华人民共和国证券法》及中国证监会的有关法规等法律、行政法规和规章的规定；大中型国有企业提供财务会计信息，还应遵守国家统一的企业会计制度的规定；各类小型企业和外商投资企业提供财务会计信息，还应遵守国家统一的小型企业制度和外商投资企业制度的规定。

第三节　财务会计信息质量特征

会计信息质量要求是对企业财务报告中所提供会计信息质量的基本要求，是使财务报告中所提供会计信息对财务报告使用者决策有用应具备的基本特征，它主要包括可靠性、相关性、可理解性、可比性、实质重于形式、重要性、谨慎性和及时性等。

一、可靠性

可靠性要求企业应当以实际发生的交易或者事项为依据进行确认、计量和报告，如实反映符合确认和计量要求的各项会计要素及其他相关信息，保证会计信息真实可靠、内容完整。

会计信息要有用，必须以可靠为基础，如果财务报告所提供的会计信息是不可靠的，就会给财务报告使用者的决策产生误导甚至损失。为了贯彻可靠性要求，企业应当做到：

（1）以实际发生的交易或者事项为依据进行确认、计量，将符合会计要素定义及其确认条件的资产、负债、所有者权益、收入、费用和利润等如实反映在财务报表中，不得根据虚构的、没有发生的或者尚未发生的交易或者事项进行确认、计量和报告。

（2）在符合重要性和成本效益原则的前提下，保证会计信息的完整性，其中包括应当编报的报表及其附注内容等应当保持完整，不能随意遗漏或者减少应予披露的信息，与使用者决策相关的有用信息都应当充分披露。

二、相关性

相关性要求企业提供的会计信息应当与财务报告使用者的经济决策需要相关，有助于财务报告使用者对企业过去、现在或者未来的情况作出评价或者预测。

相关的会计信息应当有助于使用者评价企业过去的决策，证实或者修正过去的有关预测，因而具有反馈价值。相关的会计信息还应当具有预测价值，有助于使用者根据财务报告所提供的会计信息预测企业未来的财务状况、经营成果和现金流量。例如，在会计要素的确认上，区分收入和利得、费用和损失，区分流动资产和非流动资产、流动负债和非流动负债等，都可以提高会计信息的预测价值，进而提升会计信息的价值相关性。

为了满足会计信息质量的相关性要求，企业会计在收集、加工、处理和传递会计信息的过程中，要考虑财务报告使用者对会计信息需要的不同特点，充分满足企业内外有关方面对会计信息的相关需求。当然，由于不同的财务报告使用者有着不同的需要，完全满足所有方面的需求也不可能，因此，企业对外编报的会计报表只要提供会计准则规定的通用的会计信息，就可以说符合相关性要求。对于某些特定目的或特定用途的信息，通用财务报告可能无法完全提供，此时，企业可通过其他形式予以提供。

三、可理解性

可理解性要求企业提供的会计信息应当清晰明了，便于财务报告使用者理解和使用。

企业编制财务报告、提供会计信息的目的在于使用，而要使使用者有效地使用会计信息，应当能让其了解会计信息的内涵，通晓会计信息的内容。这就要求财务报告所提供的信息应当清晰明了，易于理解。只有这样，才能提高会计信息的有用性，实现财务报告的目标。

鉴于会计信息是一种专业性较强的信息产品，因此，在强调会计信息的可理解性要求的同时，还应假定使用者具有一定的有关企业生产经营活动和会计核算方面的知识，并且愿意付出努力去研究这些信息。基于这一假设，对于某些复杂的信息，无论是交易本身较为复杂还是会计处理较为复杂，只要与使用者的经济决策是相关的，就应当在财务报告中予以披露。

四、可比性

可比性要求企业提供的会计信息应当相互可比。具体包括两个方面：

（1）同一企业不同时期可比。为了满足财务报告使用者了解企业财务状况和经营成果的变化趋势，从而全面、客观地评价过去、预测未来，作出决策，会计信息质量的可比性要求同一企业不同时期发生的相同或者相似的交易或者事项，应当采用一致的会计政策，不得随意变更。确需变更的，应当在附注中说明。

（2）不同企业相同会计期间可比。不同企业同一会计期间发生的相同或者相似的交易或者事项，应当采用规定的会计政策，确保会计信息口径一致、相互可比，以使不同企业按照一致的确认、计量和报告要求提供有关会计信息。

可比性并不否认企业在必要时对所采用的会计政策作适当的变更。当企业的经营情况、经营范围和经营方式或者国家有关政策规定发生重大变化时，企业可以根据实际情况，选择使用更能客观真实反映企业经营情况的会计政策进行会计核算。但是，会计政策的变更应在财务报告中说明，以消除财务报告使用者可能产生的误解。

五、实质重于形式

实质重于形式要求企业应当按照交易或事项的经济实质进行会计确认、计量和报告，而不应仅仅以交易或事项的法律形式为依据。

在会计核算过程中，可能会碰到一些经济实质与法律形式不吻合的交易或事项，在此情况下，会计信息要想反映其所应反映的交易或者事项，就必须根据交易或事项的经济实质和经济现实来判断，而不能仅仅根据它们的法律形式。例如，融资租入的固定资产，在租赁期满以前，从法律形式上讲，所有权并没有转移给承租人，但是从经济实质上讲，与该项固定资产相关的报酬和风险已经转移给承租人，承租人实质上能够控制该项固定资产，因此承租人应将其视同自有的固定资产来管理和核算。

遵循实质重于形式，体现了对经济实质的尊重，能够保证会计信息与客观经济事实相符。

六、重要性

重要性要求企业提供的会计信息应当反映与企业财务状况、经营成果和现金流量等有关的所有重要交易或者事项。

如果企业会计信息的省略或者错报会影响使用者据此作出经济决策的，该信息就具有重要性。重要性的应用需要依赖职业判断，企业应当根据其所处环境和实际情况，从项目的性质和金额大小两方面来判断其重要性。

七、谨慎性

谨慎性要求企业对交易或者事项进行会计确认、计量和报告时应当保持应有的谨慎，不应高估资产或者收益、低估负债或者费用。

在市场经济环境下，企业的生产经营活动面临着许多风险和不确定性因素，如应收款项的可收回性、固定资产的使用寿命、无形资产的使用寿命、售出存货可能发生的退货或者返修等。会计信息质量的谨慎性要求，即需要企业在面临不确定性因素的情况下作出职业判断时，保持应有的谨慎，充分估计到各种风险和损失，既不高估资产或收益，也不低估负债或费用。

谨慎性原则的目的在于确保企业具有正常、坚实的财务状况，保持继续经营的经济实力。但谨慎并不意味着可以任意高估费用、压低利润、建立“秘密准备”，因为这将会扭曲企业实际的财务状况和经营成果，从而对使用者的决策产生误导。

八、及时性

及时性要求企业对于已经发生的交易或者事项，应当及时进行会计确认、计量和报告，不得提前或者延后。

会计信息的价值在于帮助所有者或者其他方面作出经济决策，具有时效性。即使是可靠的、相关的会计信息，如果不及时提供，就失去了时效性，对于使用者的效用就大大降低，甚至不再具有实际意义。及时性原则包括三个方面的内容：

（1）及时收集会计信息，即在经济交易或者事项发生后，及时收集整理各种原始单据或者凭证。

（2）及时处理会计信息，即按照会计准则的规定，及时对经济交易或者事项进行确认或者计量，并编制财务报告。

（3）及时传递会计信息，即按照国家规定的有关时限，及时地将编制的财务报告传递给财务报告使用者，便于其及时使用和决策。

在实务中，为了及时提供会计信息，可能需要在有关交易或者事项的信息全部获得之前即进行会计处理，这样就满足了会计信息的及时性要求，但可能会影响会计信息的可靠性；反之，如果企业等到与交易或者事项有关的全部信息获得之后再进行会计处理，这样的信息披露可能会由于时效性问题，对于财务报告使用者决策的有用性大大降低。这就需要在及时性和可靠性之间作相应权衡，以最好地满足财务报告使用者的经济决策需要。

第四节　财务会计规范

一、会计法规体系的构成

会计法规是组织和从事会计工作必须遵守的规范。制定和执行会计法规和制度，可以使会计工作贯彻国家有关的财经方针和政策，保证会计工作沿着正确的方向进行；可以使其提供的会计资料和传达的会计信息真实、及时，更好地满足各个方面的需要，更圆满地完成会计任务。

现阶段，我国会计法规体系由三个层次构成，即基本法、会计准则和会计制度。

（一）基本法

我国的会计基本法即《会计法》。《会计法》是会计核算工作最高层次的规范，由全国人民代表大会常务委员会制定，以国家主席的命令发布。1999 年 10 月 31 日，第九届全国人民代表大会常务委员会第十二次会议通过了经修订的《会计法》，这是我国经济生活中的一件大事。这次修订的《会计法》，在若干重要问题上实现了突破性的进展，其核心是从法律的角度，遏制和解决当前一些单位会计秩序混乱、做假账和编假报表、导致会计信息严重失实的问题。新修订的《会计法》在很大程度上体现了会计的中国特色，是我国多年来会计改革实践的伟大成果，为我国进一步深化会计改革、促进社会主义市场经济的健康发展提供了保障。新修订的《会计法》自 2000 年 7 月 1 日起施行。

（二）会计准则

会计准则分为基本准则和具体准则。基本准则是进行会计核算工作必须共同遵守的基本要求，体现了会计核算的基本规律。基本准则一般由会计核算的前提条件、一般原则、会计要素准则和会计报表准则组成，是对会计核算要求所作的原则性规定；具体准则则是根据基本准则的要求，对经济业务的会计处理所作出具体规定的准则。

2006 年 2 月 15 日，财政部发布了新的会计准则体系，包括 1 个基本准则和 38 个具体准则。基本准则名称为《企业会计准则——基本准则》，38 个具体准则分别为《企业会计准则第 1 号——存货》、《企业会计准则第 2 号——长期股权投资》、《企业会计准则第 3 号——投资性房地产》、《企业会计准则第 4 号——固定资产》、《企业会计准则第 5 号——生物资产》、《企业会计准则第 6 号——无形资产》、《企业会计准则第 7 号——非货币性资产交换》、《企业会计准则第 8 号——资产减值》、《企业会计准则第 9 号——职工薪酬》、《企业会计准则第 10 号——企业年金基金》、《企业会计准则第 11 号——股份支付》、《企业会计准则第 12 号——债务重组》、《企业会计准则第 13 号——或有事项》、《企业会计准则第 14 号——收入》、《企业会计准则第 15 号——建造合同》、《企业会计准则第 16 号——政府补助》、《企业会计准则第 17 号——借款费用》、《企业会计准则第 18 号——所得税》、《企业会计准则第 19 号——外币折算》、《企业会计准则第 20 号——企业合并》、《企业会计准则第 21 号——租赁》、《企业会计准则第 22 号——金融工具确认和计量》、《企业会计准则第 23 号——金融资产转移》、《企业会计准则第 24 号——套期保值》、《企业会计准则第 25 号——原保险合同》、《企业会计准则第 26 号——再保险合同》、《企业会计准则第 27 号——石油天然气开采》、《企业会计准则第 28 号——会计政策、会计估计变更和会计差错更正》、《企业会计准则第 29 号——资产负债表日后事项》、《企业会计准则第 30 号——财务报表列报》、《企业会计准则第 31 号——现金流量表》、《企业会计准则第 32 号——中期财务报告》、《企业会计准则第 33 号——合并财务报表》、《企业会计准则第 34 号——每股收益》、《企业会计准则第 35 号——分部报告》、《企业会计准则第 36 号——关联方披露》、《企业会计准则第 37 号——金融工具列报》、《企业会计准则第 38 号——首次执行企业会计准则》。新会计准则已于 2007 年 1 月 1 日率先在上市公司执行。

（三）会计制度

会计核算的前提条件、会计核算的一般原则等在企业会计准则中已有比较统一、规范的规定。因此，会计制度只对会计科目的使用和会计报表的编制进行具体、详细的说明。具体包括总说明、会计科目、会计报表和附录四个部分。2000 年，财政部发布了《股份有限公司会计制度》。

二、会计准则与会计制度的关系

西方绝大多数国家，特别是像英国和美国只有一个会计准则，准则发布以后，政府部门或民间机构也不制定会计制度。会计制度是由各个企业根据会计准则自己去设计、制定，如果自己制定不了，就请注册会计师、会计师事务所帮助制定。而我国既制定会计准则又制定会计制度，主要原因有：第一，我国的会计队伍素质还没有达到西方国家的水平；第二，我国的注册会计师事业不发达，满足不了由注册会计师帮助企业设计会计制度的需要；第三，我国现在是利用会计报表的汇总来给国家提供会计信息，国家利用汇总的会计信息进行宏观调控的，如果各部门、各企业都去设计自己的会计制度，有可能因理解不同，造成会计指标的口径可能不一样。因此，在我国目前阶段，有会计准则，还必须有会计制度。目前，未上市的股份有限公司和其他企业执行《股份有限公司会计制度》和原有的会计准则，上市公司执行《股份有限公司会计制度》和新会计准则。

本 章 小 结

财务会计是指在企业范围内建立的一个依据企业会计准则，运用确认、计量、记录和报告等专门程序与方法，着重向企业外部会计信息使用者提供以财务信息为主体的经济信息系统。确认是财务会计数据进入会计系统进行记录和报告的程序；计量是为了将符合确认条件的会计要素登记入账，并列报于财务报表而确定其金额的过程；记录是将经过确认与计量的项目在账户中正式予以记载的过程；报告是指以财务报表或其他财务报告的形式汇总日常确认、计量和记录的结果，向会计信息使用者提供反映财务状况、经营业绩和现金流量信息的过程。向财务报告使用者（包括外部使用者和内部使用者）提供决策有用的信息是我国企业财务报告的主要目标之一，另一个主要目标是反映企业管理层受托责任的履行情况。要实现目标，企业财务报告要满足会计信息质量要求，主要包括可靠性、相关性、可理解性、可比性、重要性、谨慎性、及时性和实质重于形式等。当然要达到以上要求，提供财务报告的过程必须遵守我国会计法规体系，其由三个层次构成，即基本法、会计准则和会计制度。

专业词汇中英对照

财务会计 Financial accounting
会计程序 Accounting procedure
会计确认 Accounting recognition
初始确认 Initial recognition
后续确认 Subsequent recognition
终止确认 Derecognition
会计计量 Accounting measurement
会计记录 Accounting record
会计报告 Accounting report
会计信息 Accounting information
可靠性 Reliability
相关性 Relativity
可理解性 Understandability
可比性 Comparability
实质重于形式 Substance over form
重要性 Materiality
谨慎性 Conservatism
及时性 Timeliness
会计法规 Accounting legislation
会计准则 Accounting standards
会计制度 Accounting system

复习思考题

一、单选题

1.（　　）是财务会计中的核心部分，它阐述的是企业经常发生和普遍存在的一般业务的会计处理要求和操作方法。

A．基础会计　　B．初级财务会计
C．中级财务会计　　D．高级财务会计

2．中级财务会计的最终产品是（　　）。

A．财务报告　　B．财务报表
C．会计账簿　　D．会计凭证

3.（　　）是财务会计数据进入会计系统进行记录和报告（仅限于财务报表）的程序。

A．确认　　B．计量　　C．记录　　D．报告

4.（　　），是为了将符合确认条件的会计要素登记入账，并列报于财务报表而确定其金额的过程。

A．确认　　B．计量　　C．记录　　D．报告

5.（　　）是指在公平交易中，熟悉情况的双方自愿进行资产交换或者债务清偿的金额。

A．历史成本　　B．公允价值　　C．重置成本　　D．可变现净值

6.（　　）是将经过确认与计量的项目在账户中正式予以记载的过程。。

A．确认　　B．计量　　C．记录　　D．报告

7.（　　）是指以财务报表或其他财务报告的形式汇总日常确认、计量和记录的结果，向会计信息使用者提供反映财务状况、经营业绩和现金流量信息的过程。

A．确认　　B．计量　　C．记录　　D．报告

8.（　　）要求企业应当以实际发生的交易或者事项为依据进行确认、计量和报告，如实反映符合确认和计量要求的各项会计要素及其他相关信息，保证会计信息真实可靠、内容完整。

A．可靠性　　B．相关性　　C．可理解性　　D．可比性

9.（　　）要求企业应当按照交易或事项的经济实质进行会计确认、计量和报告，而不应仅仅以交易或事项的法律形式为依据。

A．及时性　　B．重要性　　C．实质重于形式　　D．谨慎性

10．现阶段，我国会计法规体系由三个层次构成，不包括（　　）。

A．会计法　　B．会计准则　　C．会计制度　　D．内部会计控制

二、多选题

1．为了满足不同信息使用者的需要，现代企业会计逐渐形成了相互配合又相对独立的两个分支（　　）。

A．财务会计　　B．金融会计　　C．成本会计　　D．管理会计

2．在企业中，财务会计主要反映企业的（　　），并对企业经营活动和财务收支进行监督。

A．财务状况　　B．偿债能力　　C．经营成果　　D．现金流量

3．财务会计主要由（　　）等程序所构成。

A．确认　　B．计量　　C．记录　　D．报告

4．确认是指在记录和报告两个程序上，需要回答的（　　）方面的问题。

A．应否　　B．作为何种要素　　C．何时　　D．多少金额

5．从会计的角度，计量属性反映的是会计要素金额的确定基础，它主要包括（　　）现值和公允价值等。

A．历史成本　　B．现实成本　　C．重置成本　　D．可变现净值

三、思考题

1．什么是财务会计？在会计学科体系中，财务会计包括哪些内容？

2．财务会计的目标是什么？

3．会计信息的预期使用者可能有哪些？

4．如何衡量财务会计信息的质量？

5．财务会计规范体系的主要构成内容有哪些？

四、业务处理题

ABC 公司发生以下经济业务：

1．出纳员从银行取出备用金 1 000 元；

2．业务员报销发生的差旅费 850 元，原来预支款 1 000 元。

要求：根据财务会计的处理程序，分别说明上述业务的处理流程。

第二章

金融资产（上）

本章导读

本章首先介绍金融资产及其界定，重点介绍货币资金的核算、库存现金的管理，应收账款的入账价值及核算方法；应收票据的核算及坏账损失的核算；预付账款及其他应收项目的核算。通过本章学习，应能够：

- 掌握金融资产的概念及其界定；
- 了解其他货币资金的概念和账务处理；
- 掌握应收账款的入账价值及核算方法；
- 掌握应收票据的核算及坏账损失的核算；
- 掌握各种应收项目的账务处理方法。

导入案例

2012 年 9 月，A 公司购入零星办公用品 120 元；同时销售商品，价税合计 117 万元，收到 30 万元款项和一张票面金额为 87 万元的商业承兑汇票，款项存入银行。同时由于客户H公司申请破产，对H公司的应收账款 100 万元申请了坏账注销。A公司应该如何记录现金和银行存款业务？A 公司收到的应收票据应该如何记账？A 公司是否应该计提坏账准备金制度？应该如何建立？

第一节　金融资产及其界定

一、金融资产及其组成

金融资产是一切可以在有组织的金融市场上进行交易、具有现实价格和未来估价的金融工具的总称。它包括如下六个方面的主要内容：

（1）现金。

（2）持有的其他单位的权益工具。

（3）从其他单位收取现金或其他金融资产的合同权利。

（4）在潜在有利条件下，与其他单位交换金融资产或金融负债的合同权利。

（5）将来须用或可用企业自身权益工具进行结算的非衍生工具的合同权利，企业根据该合同将收到非固定数量的自身权益工具。

（6）将来须用或可用企业自身权益工具进行结算的衍生工具的合同权利，但企业以固定金额的现金或其他金融资产换取固定数量的自身权益工具的衍生工具合同权利除外。其中，企业自身权益工具不包括本身就是在将来收取或支付企业自身权益工具的合同。

简而言之，金融资产包括货币资金、应收款项、交易性金融资产、持有至到期投资和可供出售金融资产。

二、货币资金及其组成

货币资金是金融资产的重要组成部分，是企业资产中流动性最强的一种资产。它具备通用性和普遍可接受性的特征。任何企业要进行生产经营活动都必须拥有适量的货币资金，持有货币资金是进行生产经营活动的基本条件。根据货币资金存放地点及其用途不同，货币资金分为现金、银行存款及其他货币资金。

三、应收款项及其组成

在商业信用高度发达的市场经济条件下，企业之间的商品交易大多是建立在商业信用基础上的，很少有钱货两清的现金交易。企业由于采用赊销方式销售商品或提供劳务而获得向顾客收取款项的权利，形成应收款项，它代表企业获得未来经济利益的权利。它包括应收账款、应收票据、预付账款和其他应收款。

1. 应收账款

应收账款是指企业因销售商品、产品或提供劳务而形成的债权。应收账款是纯粹以商业信用为基础，债务人没有出具付款的书面承诺，账款的偿付缺乏法律约束力。

2. 应收票据

应收票据是企业持有的、尚未到期兑现的商业汇票。与应收账款不同，应收票据需要依据在赊销业务中由债权人或债务人签发的表明债务人在约定时日应偿付约定金额的书面文件，因而受到法律的保护，具有较强的法律约束力。应收票据作为商业信用的工具，在到期前可以向银行贴现或背书转让，因而比应收账款具有更高的流动性。

3. 预付账款

预付账款是指企业按照购货合同或劳务合同规定，预先支付给供货方或提供给劳务方的账款。

为了加强对预付账款的管理，一般应单独设置会计科目进行核算，预付账款不多的企业，也可以将预付的货款记入“应付账款”科目的借方。但在编制会计报表时，仍然要将“预付账款”和“应付账款”的金额分开报告。

4. 其他应收款

其他应收项目是指企业发生的非购销活动的应收债权。对于这类应收项目，通常与应收账款和预付账款分开，如企业发生的各种赔款、存出保证金、备用金及应向职工收取的各种垫付款项等，将这类项目单独归类，以便会计报表的使用者将这些项目与因购销业务而发生的应收项目相区别。

四、交易性金融资产

交易性金融资产主要是指企业为了近期内出售或回购的金融资产。例如，企业以赚取差价为目的从二级市场购入的股票、债券、基金等。

《企业会计准则第 22 号——金融工具确认和计量》所涵盖的衍生金融工具，如远期合同、期货合同、互换和期权，以及具有远期合同、期货合同、互换和期权中一种或一种以上特征的工具，不作为有效套期工具的，也应划分为交易性金融资产。

五、持有至到期投资

持有至到期投资是指到期日固定、回收金额固定或可确定、且企业有明确意图和能力持有至到期的非衍生金融资产。企业从二级市场上购入的固定利率国债、浮动利率公司债券等，符合持有至到期投资条件的，可以划分为持有至到期投资。

持有至到期投资通常具有长期性质，但期限较短（1 年以内）的债券投资，符合持有至到期投资条件的，也可将其划分为持有至到期投资。

六、可供出售金融资产

可供出售金融资产通常是指企业没有划分为以公允价值计量且其变动计入当期损益金融资产、持有至到期投资和应收款项的金融资产。例如，企业购入的在活跃市场上有报价的股票、债券，没有划分为以公允价值计量且其变动计入当期损益的金融资产或持有至到期投资等金融资产的，可归为此类。

第二节 货币资金

一、库存现金

现金即货币，是价值尺度、流通手段（交换媒介）和支付手段。在会计核算中，作为价值尺度的现金是对其他资产进行计量和会计处理的基础。现金具有普遍的可接受性，因此，它可以用于支付各种费用和清偿各种债务，也可用于购买其他资产而起支付手段的作用。在使用中，现金是不受任何契约限制的。

现金有广义和狭义之分。狭义的现金仅指企业以硬币、纸币等形式存在的货币，即“库存现金”；广义的现金是指企业拥有的货币资金，包括库存现金、银行存款及其他可以普遍接受的流通手段。本节所述的现金为狭义的现金。

在企业拥有的资产中，现金的流动性最强，携带最方便、交换使用最简捷，同时也最易被挪用、贪污和侵占。企业应当按照中国人民银行规定的现金管理办法和财政部关于货币资金管理和控制的规定，办理有关现金收支业务，保护现金资产的完整安全。

企业在办理库存现金收支业务时，应当遵守如下规定：

（1）企业现金收入应于当日送存开户银行。当日送存有困难的，由开户银行确定送存时间。

（2）企业支付现金，可以从本企业库存现金限额中支付或者从开户银行提取，不得从本企业的现金收入中直接支付（即坐支）。因特殊情况需要坐支现金的，应当事先报经开户银行审查批准，由开户银行核定坐支现金的，应当事先报经开户银行审查批准，由开户银行核定坐支范围和限额，同时收支的现金必须入账。企业应定期向银行报送坐支金额和使用情况。

（3）企业从开户银行提取现金，应当写明用途，由本单位财会部门负责人签字盖章，经开户银行审核的，予以支付现金。

（4）企业因采购地点不固定、交通不便及其他特殊情况必须使用现金的，应向开户银行提出申请，经开户银行审核后，予以支付现金。

（5）不准用不符合制度的凭证顶替库存现金，即不得“白条顶库”；不准谎报用途套取现金；不准用银行账户代其他单位和个人存入或支取现金；不准用单位收入的现金以个人名义存储，不准保留账外公款，不得设置“小金库”等。

为了总括地反映企业库存现金的收支和结存情况，企业会计准则要求设置“库存现金”账户，该账户的借方反映企业现金的增加，贷方反映现金的减少，月末借方余额反映库存现金的余额。“库存现金”账户可以根据现金收付款和银行付款凭证直接登记，如果企业日常现金收支业务量比较大，为了简化核算工作，企业可以根据实际情况，采用汇总记账凭证、科目汇总表等核算形式，定期或月份终了，根据汇总收付款凭证或科目汇总表等，登记入账。

【例 2.1】某公司财会人员于 2012 年 6 月 9 日签发支票一张，从开户银行提取现金 1 500 元。当日，企业行政管理部门报销购买办公用品费用 200 元，以现金付讫。采购员张沉出差，预借差旅费 2 000 元，以现金支付。采购员李立报销差旅费 2 200 元，剩余现金 300 元交回（5 月 28 日，李立曾预借差旅费 2 500 元）。

（1）从银行提取现金备用：

借：库存现金	1 500	
贷：银行存款		1 500

（2）行政管理部门报销办公用品费用：

借：管理费用	200	
贷：库存现金		200

（3）张沉借支差旅费：

借：其他应收款——张沉	2 000	
贷：库存现金		2 000

（4）李立报销差旅费：

借：库存现金	300	
管理费用	2 200	
贷：其他应收款——李立		2 500

为了加强对现金的管理，随时掌握现金收付的动态和库存余额，保证现金的安全，企业必须设置“现金日记账”，所发生的现金收支业务必须通过出纳人员，由出纳人员根据收付款凭证，按照现金业务发生的先后顺序逐笔序时登记。现金日记账的收入和支出金额，应根据审核无误后的收款凭证、付款凭证登记。每日终了，应根据登记的“现金日记账”结余数与实际库存数进行核对，做到账实相符。月份终了，“现金日记账”的余额必须与“库存现金”总账科目的余额核对相符。

每日终了，结算现金收支，如果发现有待查明原因的现金短缺或溢余，应通过“待处理财产损溢——待处理流动资产损溢”账户核算：属于现金短缺，应按实际短缺的金额，借记“待处理财产损溢——待处理流动资产损溢”账户，贷记“库存现金”账户；属于现金溢余，按实际溢余的金额，借记“库存现金”账户，贷记“待处理财产损溢——待处理流动资产损溢”账户。待查明原因后作如下处理：

（1）如为现金短缺，属于应由责任人赔偿的部分，借记“其他应收款——现金短款（××个人）”或“库存现金”等账户，贷记“待处理财产损溢——待处理流动资产损溢”账户；属于应由保险公司赔偿的部分，借记“其他应收款”账户，贷记“待处理财产损溢——待处理流动资产损溢”账户，属于无法查明的其他原因，根据管理权限，经批准后处理，借记“管理费用”账户，贷记“待处理财产损溢——待处理流动资产损溢”账户。

（2）如为现金溢余，属于应支付给有关人员或单位的，借记“待处理财产损溢——待处理流动资产损溢”账户，贷记“其他应付款”账户；属于无法查明原因的，经批准后，借记“待处理财产损溢——待处理流动资产损溢”账户，贷记“营业外收入”账户。

【例 2.2】某公司 2012 年 6 月 30 日在现金清查中发现现金短款 480 元。属于出纳员张钦的保管责任。

报经批准前的账务处理（账面调整）：

借：待处理财产损溢——待处理流动资产损溢 480

　　贷：库存现金 480

报经批准后的账务处理（核销）：

借：其他应收款——张钦 480

　　贷：待处理财产损溢——待处理流动资产损溢 480

【例 2.3】某公司 2012 年 7 月 31 日在现金清查中发现现金长款 760 元。无法查明原因，转作营业外收入。

报经批准前的账务处理（账面调整）：

借：库存现金 760

　　贷：待处理财产损溢——待处理流动资产损溢 760

报经批准后的账务处理（核销）：

借：待处理财产损溢——待处理流动资产损溢 760

　　贷：营业外收入 760

企业在核算库存现金时应注意的是，企业内部各部门、各单位周转使用的备用金，应在“其他应收款”账户核算，或单独设置“备用金”账户核算，不在“库存现金”账户核算。

二、银行存款

银行存款是企业存入银行和其他金融机构的各种款项。广义的银行存款包括银行结算户存款、其他货币资金和专项存款等一切存入银行及其他金融机构的款项。狭义的银行存款仅指存入银行结算户的款项。企业的银行存款包括人民币存款和外币存款。本节所述为狭义的银行存款。

按照中国人民银行《支付结算办法》的有关规定，企业应在银行开立账户，办理存款、取款和转账等结算。

根据《银行账户管理办法》的规定，企业单位在银行开立的账户分为基本存款账户、一般存款账户、临时存款账户和专用存款账户四种。基本存款账户是企业办理日常结算收付的账户。企业的工资等现金的支取，只能通过基本存款账户办理；一般存款账户是企业在基本存款账户以外的银行借款转存，与基本存款账户的企业不在同一地点的附属非独立核算的账户，企业可以通过本账户办理转账结算和现金缴存，但不能办理现金支取；临时存款账户是企业因临时经营活动需要开立的账户，企业可以通过本账户办理转账结算和根据国家现金管理的规定办理现金收付；专用存款账户是企业因特定用途需要开立的账户。一个企业只能选择一家银行的一个营业机构开立一个基本存款账户，不得在多家银行机构开立基本存款账户；不得在同一家银行的几个分支机构开立一般存款账户。

企业在银行开立账户后，可到开户银行购买各种银行往来使用的凭证（如送款簿、进账单、现金支票、转账支票等），用以办理银行存款的收付款项。企业除了按规定留存的库存现金以外，所有货币资金都必须存入银行，企业与其他单位之间的一切收付款项，除制度规定可用现金支付的部分以外，都必须通过银行办理转账结算。因此，企业不仅要在银行开立账户，而且账户内必须要有可供支付的存款。

根据中国人民银行有关支付结算办法规定，企业发生的货币资金收付业务可以采用几种结算方式，通过银行办理转账结算。

1. 银行汇票结算方式

银行汇票是汇款人将款项交存当地出票银行，由出票银行签发的，按照实际结算金额无条件支付给收款人或持票人的票据。银行汇票一律记名，其有效期限最长为 1 个月。银行汇票具有使用灵活、票随人到、兑现性强等特点，适用于先收款后发货或钱货两清的商品交易，单位和个人各种款项结算，均可使用银行汇票。

申请人取得银行汇票后即可持银行汇票向填明的收款单位办理结算。银行汇票的收款人可以将银行汇票转让给他人。背书转让以不超过出票金额的实际结算金额为限，未填写实际结算金额或实际结算金额超过出票金额的银行汇票不得背书转让。

2. 银行本票结算方式

银行本票是银行签发的，承诺自己在见票时无条件支付确定的金额给收款人或持票人的票据。银行本票分定额本票和不定额本票。定额本票面额分别为 1 000 元、5 000 元、10 000 元和 50 000 元。不定额本票的金额起点为 100 元。

银行本票一律记名，其提示付款期限为自出票日起最长不得超过 2 个月，在付款期内银行本票见票即付。超过提示付款期限不获付款的，在票据权利时效内向出票银行作出说明，并提供本人身份证或单位证明，可持银行本票向银行请求付款。银行本票由银行签发并保证兑付，而且见票即付，具有信誉高、支付功能强等特点。无论单位或个人，在同一票据交换区域支付各种款项，都可以使用银行本票。

申请人取得银行本票后，即可向填明的收款单位办理结算。收款单位可以根据需要在票据交换区域内背书转让银行本票。

3. 商业汇票结算方式

商业汇票是出票人签发的，委托付款人在指定日期条件支付确定的金额给收款人或持票人的票据。商业汇票适用于在银行开立账户的法人及其他组织之间，具有正式交易关系或债权债务关系的款项结算。商业汇票的付款期限由交易双方商定，最长不超过 6 个月。商业汇票一律记名，可以背书转让或贴现。商业汇票按承兑人的不同，分为商业承兑汇票和银行承兑汇票两种。

商业承兑汇票由付款人承兑，商业承兑汇票可由销货企业或购货企业签发，但由购货企业承兑。汇票到期时，购货企业的开户银行凭票款划给销货企业或贴现银行。销货企业应在提示付款期限内通过开户银行委托收款或直接向付款人提示付款。汇票到期时，如果购货企业的存款不足支付票款，开户银行应将汇票退还销货企业，银行不负责付款，由购销双方自行处理。

银行承兑汇票由银行承兑，由在承兑银行开立存款账户的存款人签发，承兑银行按票面金额向出票人收取 5‰的手续费。采用银行承兑汇票结算方式，付款人应于汇票到期前将票款足额交存其开户银行，以备由承兑银行在汇票到期日或到期日后的见票当日支付票款。收款人应在汇票到期时将银行承兑汇票、解讫通知连同进账单送交银行办理转账收款。承兑银行凭汇票将承兑款项无条件转给收款人。如果付款人未能于汇票到期前足额交存款项，承兑银行除凭票向持票人无条件支付款项外，对出票人尚未支付的汇票金额按照每天5‰计收罚息。

4. 支票结算方式

支票是单位或个人签发的，委托办理支票存款业务的银行在见票时无条件支付确定的金额给收款人或者持票人的票据。

支票结算方式是同城或同一票据交换区域结算中应用比较广泛的一种结算方式。单位和个人在同一票据交换区域的各种款项结算，均可以使用支票。支票上印有“现金”字样的为现金支票。支票上印有“转账”字样的为转账支票，转账支票只能用于转账。未印有“现金”或“转账”字样的为普通支票，普通支票可以用于支取现金，也可以用于转账。在普通支票左上角划两条平行线，为划线支票，划线支票只能用于转账，不得支取现金。

支票的提示付款期限为自出票日起 10 日内，超过提示付款期的，持票人开户银行不予以受理，付款人不予付款。付款人在签发支票前必须认真查明银行存款的账面余额，防止签发空头支票。签发空头支票，银行除按票面金额处以 5%但不低于 1 000 元的罚款外，持票人有权要求出票人赔偿支票金额 2%的赔偿金。转账支票可以根据需要在票据交换区域内背书转让。

5. 信用卡

信用卡是商业银行向个人和单位发行的，凭以向特约单位购物、消费和向银行存取现金，且具有消费信用的特制载体卡片。

凡在中国境内金融机构开立基本存款账户的单位可申领单位卡。单位卡可申领若干张，持卡人资格由申领单位法定代表人或其委托的代理人书面指定和注册，持卡人不得出租或转借信用卡。单位卡账户的资金一律从其基本存款账户转账存入，在使用过程中，需要向其账户续存资金的，也是一律从其基本存款账户转账存入，不得交存现金，不得将销货收入的款项存入其账户。单位卡一律不得用于 10 万元以上的商品交易、劳务供应款项的结算，不得支取现金。

6. 汇兑结算方式

汇兑是汇款人委托银行将其款项支付给收款人的结算方式。单位和个人的各种款项的结算，均可使用汇兑结算方式。汇兑结算方式适用于异地之间的各种款项结算。这种结算方式划拨款项简便、灵活。

7. 委托收款结算方式

委托收款是收款人委托银行向付款人收取款项的结算方式。委托收款按款项划回方式分为邮寄划回和电报划回两种。委托收款方式便于收款人主动收款，同城异地均可使用，凡在银行或其他机构开设账户的单位和个人的商品交易、劳务款项及其他应收款项的结算，均可以使用委托收款结算方式。委托收款结算方式适用于供货关系稳定、信用较好的企业或单位。

8. 托收承付结算方式

托收承付是指根据经济合同由收款人发货后委托银行向异地付款人收取款项，由付款人向银行承认付款的结算方式。

使用托收承付结算方式的收款单位和付款单位，必须是国有企业、供销合作社及经营管理较好，并经开户银行审查同意的城乡集体所有制工业企业。办理托收承付结算的款项，必须是商品交易，以及因商品交易而产生的劳务供应的款项。

托收承付款项划回方式分为邮寄和电报两种，由收款人根据需要选择使用；收款单位办理托收承付，必须具有商品发出的证件或其他证明。托收承付结算每笔的金额起点为10 000 元。

收付双方使用托收承付结算必须签有符合《中华人民共和国经济合同法》的购销合同，并在合同上注明使用托收承付结算方式。收款人办理托收，必须具有商品确已发运的证件（包括铁路、航运、公路等运输部门签发运单、运单副本和邮局包裹回执等）。

在托收承付结算方式下，承付货款有验单付款和验货付款两种形式。验单付款是付款单位以合同为依据，经审查银行转来的托收承付结算凭证、发票、发运证件等票证后，若符合合同规定即可承付。验单付款的付款期限从银行发出承付通知的次日算起为 3 天。验货承付是在检查销货单位发来的商品后承付付款，验货付款期从运输部门向付款单位发出提货通知的次日算起为 10 天。

9. 信用证结算方式

信用证是国际结算的一种主要方式。但经中国人民银行批准经营结算业务的商业银行总行，以及经商业银行总行批准开办信用证结算业务的分支机构，也可以办理国内企业之间商品交易的信用证结算业务。

采用信用证结算方式的，收款单位收到信用证后，即备货装运，签发有关发票账单，连同运输单据和信用证，送交银行，根据退还的信用证等有关凭证编制收款凭证；付款单位在接到开证行的通知时，根据付款的有关单据编制付款凭证。

上述各种结算方式的运用，需以加强结算纪律为保证。中国人民银行颁布的《支付结算办法》规定：单位和个人办理支付结算，不得签发没有资金保证的票据或远期支票，套取银行信用；不准签发、取得和转让没有真实交易和债权债务的票据，套取银行和他人资金；不准无理拒绝付款，任意占用他人资金；不准违反规定开立和使用账户。

为了核算和反映企业银行存款收付业务，企业应设置“银行存款”账户，该账户借方反映企业存款的增加，贷方反映企业存款的减少，期末借方余额反映企业期末存款的余额。

企业在不同的结算方式下，应当根据有关的原始凭证编制银行存款的收、付款凭证，并进行相应的账务处理。

【例 2.4】佳华公司于 2012 年 6 月 1 日发生下列有关银行存款的收付业务。

（1）将现金 8 000 元存入银行。根据“现金解款单”回单联编制记账凭证，作会计分录如下：

借：银行存款　　8 000

　　贷：库存现金　　8 000

（2）可可公司送来银行本票一张，金额 300 000 元，系偿还上月购货款。填写“进账单”将银行本票存入银行。根据进账单回单联编制记账凭证作会计分录如下：

借：银行存款　　300 000

　　贷：应收账款——可可公司　　300 000

（3）开出支票支付办公用品费 6 500 元。依据支票存根联编制记账凭证，作会计分录如下：

借：管理费用　　6 500

　　贷：银行存款　　6 500

企业采用其他结算方式如银行汇票结算、银行本票结算、汇兑结算、信用证结算等，在“其他货币资金”账户核算，不通过“银行存款”账户进行结算。

企业应当设置“银行存款日记账”，按照银行存款收付业务发生的先后顺序逐笔序时登记，每日终了应结出余额。“银行存款日记账”应定期与“银行对账单”核对，至少每月核对一次。企业账面结余与银行对账单余额之间若有差额，必须逐笔查明原因，并按月编制“银行存款余额调节表”调节相符。月份终了，“银行存款日记账”的余额必须与“银行存款”总账科目的余额核对相符。

为了检查银行存款记录的正确性，查明银行存款的实际余额，企业应定期将银行存款日记账与银行提供的银行对账单逐笔核对。如果同一时点的企业银行存款日记账余额与银行对账单余额不符，可能是以下两个原因造成的：①企业和银行任何一方或双方记账错误；②存在未达账项。

所谓未达账项是指企业与银行之间，由于结算单证递达时间不同而导致双方记账时间不一致，对于同一项业务，一方已接到有关单证并已登记入账，另一方由于没有接到有关单证而尚未登记入账的款项。未达账项一般有下列四种情况：

（1）企业已收款入账，银行尚未收到的款项，如企业送存银行的支票。

（2）企业已付款入账，银行尚未支付的款项，如企业开出的支票，收款人尚未到银行办理提款或转账。

（3）银行已收款入账，企业尚未收到的款项，如银行存款利息。

（4）银行已付款入账，企业尚未支付的款项，如银行代扣的各种公用事业费。

当发生上述（1）（4）两种情况时，企业的银行存款账面余额将大于银行对账单余额；当发生（2）（3）两种情况时，企业的银行存款账面余额将小于银行对账单余额。当出现记账错误或发生未达账项，引起企业银行存款账面余额与银行对账单余额不符时，应逐笔核对，查明原因，将两者调节相符。一般通过编制“银行存款余额调节表”来进行调节。下面举例说明银行存款余额调节表的编制。

【例 2.5】新世纪公司 2012 年 3 月 31 日对银行存款进行核对：银行存款日记账余额为 285 600 元，同日银行对账单余额为 236 700 元。经银行存款日记账与银行对账单逐笔核对，发现两者的不符是由下列原因造成的（未达账项）。

（1）公司于 3 月 28 日开出支票购买办公用品 4 000 元，公司根据支票存根和有关发票等原始凭证已记账，但收款人尚未到银行办理转账。

（2）3 月 29 日公司的开户银行代公司收进一笔托收的货款 27 400 元，银行已记账，但尚未通知公司。

（3）3 月 30 日开户银行代公司支付当月的水电费 5 000 元，银行已记账，但付款通知单尚未送达公司，因而公司未记账。

（4）公司于 3 月 31 日收到客户交来的购货支票，金额 75 300 元当即存入银行，公司根据进账单等已记账，但因跨行结算，所以银行未记账。

根据以上资料编制“银行存款余额调节表”如表 2.1 所示。

表 2.1　银行存款余额调节表

2012 年 3 月 31 日　　　　单位：元

项目	金额	项目	金额
银行存款日记账余额	285 600	银行对账单余额	236 700
加： 银行已收，企业未收的款项	（2） 27 400	加： 企业已收，银行未收的款项	（4） 75 300
减： 银行已付，企业未付的款项	（3） 5 000	减： 企业已付，银行未付的款项	（1） 4 000
调节后存款余额	308 000	调节后存款余额	308 000

调节后如果双方账目的余额相等，一般说明双方记账没有错误。如果不相符，应进一步查明原因，进行更正。至于未达账项，应在结算凭证到达后再记账，调节表中所列双方相等的调节后的余额，是企业在编表日可以动用的银行存款实存数。

三、其他货币资金

其他货币资金是指企业在生产经营过程中，与库存现金和银行存款存放的地点及用途不同，属于货币资金的款项。主要包括企业的外埠存款、银行汇票存款、银行本票存款、信用卡存款、信用证保证金存款、存出投资款、在途货币资金等。

1. 外埠存款

外埠存款是指企业到外地进行临时或零星采购时，汇往采购地银行开立采购专户的款项。企业汇出款项时，须填列汇款委托书。汇入银行对汇入的采购款项，以汇款单位的名义开设采购专户。采购资金存款除采购员差旅费可以支取少量现金外，一律转账。这种采购专户只付不收，付完结束账户。企业在采购时，通过采购专户结算货款。采购结束后有结余款的，将其退回汇款企业开户银行。

【例 2.6】（1）某公司委托当地开户银行汇款 200 000 元给采购地银行开立采购专户。根据汇款单回单联，作分录如下：

借：其他货币资金——外埠存款　　200 000
　　贷：银行存款　　200 000

（2）从采购专户支付货款 120 000 元，增值税 20 400 元。根据发票等有关凭证，作分录如下：

借：材料采购　　120 000
　　应交税费——应交增值税（进项税额）　　20 400
　　贷：其他货币资金——外埠存款　　140 400

2. 银行汇票存款

银行汇票存款是指企业为取得银行汇票按规定存入银行的款项。企业在向银行申请取得银行汇票时，应填写“银行汇票申请书”。

【例 2.7】（1）某企业向银行申请办理银行汇票用以购货，将款项 6 000 元交存银行转作银行汇票存款。应根据银行盖章退回的申请书存根联，作分录如下：

借：其他货币资金——银行汇票　　6 000

　　贷：银行存款　　6 000

（2）企业购入原材料，价款 5 000 元，增值税 850 元，已用银行汇票办理结算。银行汇票多余款项 150 元退回开户银行，企业已收到开户银行转来的银行汇票第四联（多余收账通知），作分录如下：

借：原材料　　5 000

　　应交税费——应交增值税（进项税额）　　850

　　贷：其他货币资金——银行汇票　　5 850

借：银行存款　　150

　　贷：其他货币资金——银行汇票　　150

3. 银行本票存款

银行本票存款是指企业为取得银行本票，按照规定存入银行的款项。企业向银行提交“银行本票申请书”并将款项交存银行，取得银行本票时，应根据银行盖章退回的申请书存根联，编制记账凭证，借记“其他货币资金——银行本票”账户，贷记“银行存款”账户，企业用银行本票支付购货款等款项后，应根据发票账单等有关凭证，借记“在途物资”、“应交税费——应交增值税（进项税额）”等账户，贷记“其他货币资金——银行本票”账户，如企业因本票超过付款期等原因未曾使用而要求银行退款时，应填制进账单一式二联，连同本票一并交给银行，然后根据银行收回本票时盖章退回的一联进账单，应借记“银行存款”账户，贷记“其他货币资金——银行本票”账户。

4. 信用卡存款

信用卡存款是指企业为取得信用卡而存入银行信用卡专户的款项。企业申请信用卡，按照有关规定填制申请表，并按银行要求交存备用金，银行开立信用卡存款账户，发给信用卡。企业根据银行盖章退回的交存备用金的进账单，借记“其他货币资金——信用卡存款”账户，贷记“银行存款”账户。企业收到开户银行转来的信用卡存款的付款凭证及所附发票账单，经核对无误后进行会计处理，借记“管理费用”等相关账户，贷记“其他货币资金——信用卡存款”账户。

5. 信用证保证金存款

信用证保证金存款是指采用信用证结算方式的企业为开具信用证而存入银行信用证保证金专户的款项。企业向银行申请开出信用证用于支付供货单位购货款项时，根据开户银行盖章退回的“信用证委托书”回单，借记“其他货币资金——信用证存款”账户，贷记“银行存款”账户。企业收到供货单位信用证结算凭证及所附发票账单，经核对无误后进行会计处理，借记“在途物资”、“应交税费——应交增值税（进项税额）”等账户，贷记“其他货币资金——信用证存款”账户。如果企业收到未用完的信用证存款余额，应借记“银行存款”账户，贷记“其他货币资金——信用证存款”账户。

6. 存出投资款

存出投资款是指企业已存入证券公司但尚未进行投资的现金。企业向证券公司划出资金时，应按实际划出的金额，借记“其他货币资金——存出投资款”账户，贷记“银行存款”账户。企业收到开户银行转来的付款凭证及所附单据，经核对无误后进行会计处理，借记“交易性金融资产”等账户，贷记“其他货币资金——存出投资款”账户。

7. 在途货币资金

在途货币资金是指企业同所属单位之间和上下级之间的汇、解款项业务中，到月终时尚未到达的汇入款项。

企业收到所属单位或上级汇出款项的通知，根据汇出金额，借记“其他货币资金——在途物资”账户，贷记“其他应收款”账户。收到款项时，根据银行通知，借记“银行存款”账户，贷记“其他货币资金——在途物资”账户。

第三节 应 收 账 款

一、应收账款的概念

应收账款是指企业因销售商品、产品或提供劳务而形成的债权。具体说来，应收账款是指企业因销售商品、产品或提供劳务（企业的主营业务）而应向购货（或接受劳务）单位收取的款项或代垫的运杂费等。

二、应收账款的确认

应收账款的确认，是要解决何时确认应收账款及确认多少金额的问题，即包括入账时间的确认和入账金额的确认。

1. 应收账款入账时间的确认

应收账款是由于赊销业务而产生的，因而在销售成立时既要确认销售收入，又要确认应收账款。按照权责发生制，一般应同时满足以下两个条件才能确认销售收入：①商品或劳务已经提供给顾客，即交易已经发生；②已经收到现金或取得收取现金的权利。所谓“收取现金的权利”，意味着赊销已经成立，企业应确认与此有关的应收账款。

2. 应收账款入账金额的确认

在通常情况下，应根据实际发生的交易价格确认应收账款的入账金额，它包括发票金额和代购货单位垫付的运杂费两个部分。但是，如果发生销售折扣（包括商业折扣和现金折扣），应收账款入账金额的确认就变得复杂起来。下面分别加以讨论。

（1）商业折扣。所谓商业折扣，就是企业根据市场供需情况或针对不同的顾客，在商品标价上给予的扣除。企业以扣除商业折扣后的金额作为销售发票价格。企业之所以对顾客提供商业折扣，往往是基于多种原因，如避免经常更改价目表，为不同的顾客或不同的购货数量提供不同的价格，向竞争对手隐瞒真实的发票价格，等等。商业折扣一般按报价的一定百分比表示。在提供商业折扣的情况下，应按扣除商业折扣后的实际销售价格（发票价格）确认应收账款。例如，某企业的报价为 1 000 元，按 15%的商业折扣售出，则应按 850 元同时确认应收账款和销售收入。可见，商业折扣并不会引起特殊的应收账款确认问题。

（2）现金折扣。所谓现金折扣，就是债权人为鼓励债务人在规定的期限内付款，而向债务人提供的债务扣除。现金折扣通常发生在以赊销方式销售商品或提供劳务的交易中。企业为了鼓励客户提前偿付货款，通常与债务人达成协议，债务人在不同期限内付款可享受不同比例的折扣。现金折扣一般用符号“折扣/付款期限”表示。例如，买方在 10 天内付款可按售价给予 2%的折扣，用符号“2/10”表示；在 20 天内付款按售价给予 1%的折扣，用符号“1/20”表示；在 30 天内付款，则不给予折扣，用符号“*n*/30”表示。

在存在现金折扣的情况下，应收账款入账金额的确认有两种处理方法可供选择：一种是总价法，另一种是净价法。

总价法是将未扣除现金折扣前的金额作为实际售价，记入“应收账款”账户。如果客户未提前付款，则销售方按发票金额收款；如果因客户在折扣期内付款，销售方将所给予的现金折扣视为融资费用，记入当期的“财务费用”账户。总价法将现金折扣理解为销售方从消费者中融得一笔资金，属于提前收款所付出的代价，属于理财费用。我国的会计实务中通常采用此方法。

净价法是指将扣除现金折扣后的价格作为实际售价，记入“应收账款”账户；将客户过了折扣期的价格差额作为利息收入，冲销当期的“财务费用”。净价法将客户取得现金折扣视为正常现象，认为一般客户都会提前付款；由于客户超过折扣期限付款而使销售方多收的金额，视为销售方提供信贷资金所获得的收入。

三、应收账款的会计处理

企业发生的应收账款，在没有商业折扣的情况下，按照应收的全部价款（发票金额）记账；在有商业折扣的情况下，按照扣除了商业折扣后的金额（发票金额）记账；在有现金折扣的情况下，采用总价法进行核算。即将未扣除现金折扣前的发票金额，记入“应收账款”账户和“主营业务收入”等相关账户；对于客户提前付款而给予客户的现金折扣视为融资费用，记入“财务费用”账户。

【例 2.8】 大华公司为一般纳税人企业，销售给 A 公司商品一批，报价单显示售价为 4 000 元，大华公司为促进销售，给予 A 公司 25%的商业折扣，适用的增值税税率为 17%，双方约定的现金折扣条件为：2/10，*n*/30。假定计算现金折扣时不考虑增值税税额，大华公司有关该商品销售及收款的会计分录如下：

（1）赊销商品，按扣除现金折扣前的全部价款入账：

借：应收账款——A 公司	3 510	
贷：主营业务收入		3 000[4 000×（1－0.25）]
应交税费——应交增值税（销项税额）		510

（2）假定在折扣期内收到 A 公司货款：

借：银行存款	3 450	
财务费用	60	
贷：应收账款——A 公司		3 510

（3）假定过了折扣期收到 A 公司货款：

借：银行存款	3 510	
贷：应收账款——A 公司		3 510

四、坏账及坏账损失

坏账，又称为呆账，是指无法收回的应收账款。由于发生坏账而使企业遭受的损失，称为“坏账损失”，通常又称为“坏账费用”。

（一）坏账损失的确认

企业确认坏账时，应遵循财务报告的目标和会计核算的基本原则，具体分析各应收账款的特性、金额的大小、信用期限、债务人的信誉和当时的经营情况等因素。一般来讲，企业的应收账款符合下列条件之一的，应确认为坏账：

（1）债务人死亡，以其遗产清偿后仍然无法收回。

（2）债务人破产，以其破产财产清偿后仍然无法收回。

（3）债务人较长时期内未履行其偿债义务，并有足够的证据表明无法收回或收回的可能性极小。

对已确认为坏账的应收账款，并不意味着企业放弃了追索权，一旦重新收回，应及时入账。

（二）坏账损失的会计处理

发生坏账损失以后，如何进行会计处理呢？会计上有两种基本的方法：直接转销法和备抵法。

1. 直接转销法

采用这种方法，日常核算中对应收账款上可能发生的坏账不予考虑，只是当特定应收账款被确认为坏账时，才予以注销，同时将相应的坏账损失计入当期损益，即借记“资产减值损失”，贷记“应收账款”科目。

【例 2.9】某企业 2010 年发生一笔 5 600 元的应收账款，长期无法收回，于 2012 年确认为坏账。2012 年应作会计分录如下：

借：资产减值损失	5 600	
贷：应收账款		5 600

直接转销法的优点是会计处理简单、易于理解，但不符合收入与费用配比原则和确认损益的权责发生制基础。因为，坏账的产生是与赊销和应收账款直接相关的，在赊销的同时就已经隐含着产生坏账损失的可能性。在直接转销法下，只有等到坏账实际发生时，才将其确认为所在期间的费用。这样，收入和与之相关的坏账损失往往不是在同一期间确认，显然不符合配比原则，会导致各期收益的不实，从而无法如实反映各期的资源经管责任，背离了财务会计的基本目标。另一方面，在资产负债表上，应收账款是按其账面价值而不是按可望收回的净额反映的，这在一定程度上也歪曲了期末的财务状况。

我国会计制度规定，不允许企业采用直接转销法核算坏账损失。

2. 备抵法

备抵法要求在每一会计期间，采用一定方法估计坏账损失，计入当期费用，同时形成坏账准备。当某一笔应收账款全部或部分被确认为坏账时，根据其金额冲减坏账准备，同时转销相应的应收账款金额。企业会计制度规定，企业只能采用备抵法核算坏账损失。

采用备抵法，企业需设置“坏账准备”账户。坏账准备可按下列公式计算：

当期应提取的坏账准备＝当期按应收款项计算应提坏账准备金额－“坏账准备”账户的贷方余额（或＋“坏账准备”账户借方余额）

当期按应收款项计算应提坏账准备金额大于“坏账准备”账户的贷方余额，应按其差额提取坏账准备；如果当期按应收款项计算应提坏账准备金额小于“坏账准备”账户的贷方余额，应按其差额冲减已计提的坏账准备；如果当期按应收款项计算应提坏账准备金额为零，应将“坏账准备”账户的余额全部冲回。

企业计提坏账准备时，借记“资产减值损失”账户，贷记“坏账准备”账户。本期应提取的坏账准备大于其账面余额的，应按其差额提取；应提数小于账面余额的差额，借记“坏账准备”账户，贷记“资产减值损失”账户。

实际发生坏账时，借记“坏账准备”账户，贷记“应收账款”账户。如果已确认并转销的坏账以后又收回，则应按收回的金额，借记“应收账款”账户，贷记“坏账准备”账户，以恢复企业债权并冲回已转销的坏账准备金额；同时，借记“银行存款”账户，贷记“应收账款”账户，以反映账款收回情况。

备抵法的优点：一是可将预计不能收回的应收账款及时作为坏账损失入账，较好地贯彻权责发生制和配比原则，避免企业虚增利润；二是便于估算应收款项的可变现净值，以真实反映企业的财务状况；三是预计不能收回的应收款项已不符合资产的定义，计提坏账准备可以防止企业虚夸资产。

企业采用备抵法进行坏账核算时，首先应按期估计坏账损失。估计坏账损失的方法主要有应收款项余额百分比法、账龄分析法、赊销净额百分比法和个别认定法等。

（1）应收款项余额百分比法

应收款项余额百分比法是根据会计期末应收款项的余额和估计的坏账率，估计坏账损失，计提坏账准备的方法。通常情况下，应收款项余额越大，可能发生的坏账也越多。因此，坏账损失的估计可以以期末应收款项的余额为基础。

【例 2.10】① 某企业从 2009 年开始计提坏账准备。2009 年 12 月 31 日应收账款余额为 800 000 元，该企业坏账准备的提取比例为 5‰。则计提的坏账准备为：

坏账准备提取额＝800 000×5‰＝4 000（元）

借：资产减值损失　　4 000
　　贷：坏账准备　　4 000

② 2010 年 10 月 20 日，企业发现有 1 000 元的应收账款无法收回，按有关规定确认为坏账损失。

借：坏账准备　　1 000
　　贷：应收账款　　1 000

③ 2010 年 12 月 31 日，该企业应收账款余额为 900 000 元。按本年年末应收账款余额应保持的坏账准备金额（即坏账准备的余额）为：

900 000×5‰＝4 500（元）

年末计提坏账准备前，“坏账准备”账户的贷方余额为：

4 000－1 000＝3 000（元）

本年度应补提的坏账准备金额为：

4 500－3 000＝1 500（元）

据此编制会计分录：

借：资产减值损失　　1 500
　　贷：坏账准备　　1 500

④ 2011 年 6 月 25 日，接银行通知，企业上年度已冲销的 1 000 元坏账又收回，款项已存入银行。会计分录如下：

借：应收账款　　1 000

　　贷：坏账准备　　1 000

借：银行存款　　1 000

　　贷：应收账款　　1 000

⑤ 2011 年 12 月 31 日，企业应收账款余额为 600 000 元。

本年年末坏账准备余额应为：

600 000×5‰＝3 000（元）

年末计提坏账准备前，“坏账准备”账户的贷方余额为：

4 500＋1 000＝5 500（元）

本年度应冲销多提的坏账准备金额为：

5 500－3 000＝2 500（元）

有关的会计分录如下：

借：坏账准备　　2 500

　　贷：资产减值损失　　2 500

⑥ 2012 年 9 月 23 日，企业发现有 5 000 元的应收账款无法收回，按有关规定确认为坏账损失。

借：坏账准备　　5 000

　　贷：应收账款　　5 000

⑦ 2012 年 12 月 31 日，该企业应收账款余额为 700 000 元。按本年年末应收账款余额应保持的坏账准备金额为：

700 000×5‰＝3 500（元）

年末计提坏账准备前，“坏账准备”账户的借方余额为：

5 000－3 000＝2 000（元）

本年度应计提的坏账准备金额为：

3 500＋2 000＝5 500（元）

据此编制会计分录：

借：资产减值损失　　5 500

　　贷：坏账准备　　5 500

（2）账龄分析法

账龄分析法是根据应收款项入账时间的长短来估计坏账损失的方法。虽然应收款项能否收回及收回多少，不一定完全取决于应收账款时间的长短，但一般来说，账款拖欠的时间越长，产生坏账的可能性就越大。

账龄分析法的具体做法是：

① 首先对客户所欠账款按赊欠时间的长短进行分组。例如，未到期，过期 1 年内，过期 2 年内，过期 3 年内等。

② 编制应收账款账龄分析表。通过该表，在对每个客户所欠的应收账款进行分组的基础上，计算出各组的应收账款总额。

③ 拟定各组应收账款的估计坏账百分比。一般情况下，赊欠时间越长，估计坏账百分比就越大。

④ 编制坏账损失估计表。

（3）赊销净额百分比法

赊销净额百分比法，就是根据赊销净额的一定百分比估计坏账损失的方法。只有在赊销情况下，才有可能发生坏账。另外，在赊销中，已折让或退回的部分，亦不存在坏账的问题。因此，坏账损失的估计应以赊销净额为基础。

在采用赊销净额百分比法的情况下，估计坏账损失百分比可能由于企业生产经营情况的不断变化而不相适应。因此，应当至少每年检查一次百分比，以确定按百分比记入“坏账准备”账户的数额是否足以反映企业坏账损失的实际情况。倘若发现过高或过低的情况，应及时调整所用的百分比。

（4）个别认定法

个别认定法就是根据每一项应收款项的情况来估计坏账损失的方法。在采用账龄分析法、应收款项余额百分比法等方法的同时，如果某项应收款项的可收回性与其他各项应收款项存在明显的差别（如债务单位所处的特定地区等），导致该项应收款项如果按照与其他应收款项同样的方法计提坏账准备，将无法真实地反映其可收回金额的，可对该项应收款项采用个别认定法计提坏账准备。在同一会计期间内运用个别认定法的应收款项，应从用其他方法计提坏账准备的应收款项中剔除。

第四节　应 收 票 据

一、应收票据的概念及其分类

应收票据，是指企业持有的还没有到期、尚未兑现的票据。在我国，除商业汇票外，大部分票据都是即期票据，可以即刻收款或存入银行成为货币资金，不需要作为应收票据核算，因此，应收票据是指商业汇票。

商业汇票按承兑人不同，分为商业承兑汇票和银行承兑汇票。商业承兑汇票的出票人为该商业汇票的承兑人，也可以是收款人出票，交由付款人承兑的票据。银行承兑汇票是在承兑银行开立存款账户的存款人签发，由开户银行承兑付款的票据。

商业汇票按是否计息可分为不带息商业汇票和带息商业汇票。不带息商业汇票是指商业汇票到期时，承兑人只按票面金额（即面值）向收款人或被背书人支付款项的汇票。带息票据是指商业汇票到期时，承兑人必须按票面金额加上应计利息向收款人或被背书人支付票款的票据。

二、不带息应收票据的账务处理

不带息票据的到期价值等于应收票据的面值。企业销售商品或提供劳务收到商业汇票时，借记“应收票据”账户，贷记“主营业务收入”、“应交税费——应交增值税（销项税额）”等账户。应收票据到期收回时，应按票面金额，借记“银行存款”账户，贷记“应收票据”账户。商业承兑汇票到期，承兑人违约拒付或无力支付票款，企业收到银行退回的商业承兑汇票、委托收款凭证、未付票款通知书或拒绝付款证明等，应将到期票据的票面金额转入“应收账款”账户。

【例 2.11】公司销售产品一批，价款 500 000 元，增值税 85 000 元。收到一张对方已承兑的、期限为 3 个月商业汇票。3 个月后，收到该批货款及增值税存入银行。有关会计处理如下所示。

（1）销售商品时：

借：应收票据　　585 000

　　贷：主营业务收入　　500 000

　　　　应交税费——应交增值税（销项税额）　　85 000

（2）3 个月后收到货款及增值税：

借：银行存款　　585 000

　　贷：应收票据　　585 000

假定该票据到期，客户无力偿还该批货款及增值税，其会计分录：

借：应收账款　　585 000

　　贷：应收票据　　585 000

三、带息应收票据的账务处理

企业收到的带息应收票据，除按照上述原则进行核算外，还应于中期期末和年度终了，按规定计提票据利息，并增加应收票据的账面价值，同时，冲减“财务费用”。票据利息的计算公式为：

应收票据利息＝应收票据票面金额×票面利率×期限

上式中，“利率”一般指年利率；“期限”指签发日至到期日的时间间隔（有效期）。票据的期限，有按月表示和按日表示两种。票据期限按月表示时，应以到期月份中与出票日相同的那一天为到期日。例如，4 月 15 日签发的一个月票据，到期日应为 5 月 15 日。但有两个特例：其一，如果出票日为某月 31 日，而票据到期的那个月份只有 30 天，那么这张票据的到期日是该月的 30 日；其二，如果出票日为某月 29 日、30 日或 31 日，而票据到期的那个月是 2 月，那么这张票据的到期日就是该 2 月的最后一天。与此同时，计算利息使用的利率要换算成月利率（年利率÷12）。

票据期限按日表示时，应从出票日起按实际经历天数计算。通常出票日和到期日，只能计算其中的一天，即“算头不算尾”或“算尾不算头”。例如，4 月 15 日签发的 90 天票据，其到期日应为 7 月 14 日[90 天－4 月剩余天数－5 月实有天数－6 月实有天数＝90－(30－15）－31－30＝14]。同时，计算利息使用的利率，要换算成日利率（年利率÷360）。

带息的应收票据到期收回款项时，应按收到的本息，借记“银行存款”账户，按账面价值，贷记“应收票据”账户，按其差额，贷记“财务费用”账户。

【例 2.12】公司于 2011 年 9 月 30 日销售产品一批。价款 2 000 000 元，增值税 340 000 元。收到一张商业汇票，期限为 5 个月（2011 年 10 月至 2012 年 2 月月末）、年利率为 6%。（月利率：6%÷12＝0.5%）

（1）销售商品，收到票据时的账务处理：

借：应收票据　　2 340 000

　　贷：主营业务收入　　2 000 000

　　　　应交税费——应交增值税（进项税额）　　340 000

（2）本年度终了计算应收票据利息：

2 340 000×6%÷12×3＝35 100（元）

其中的“3”为10月、11月、12月三个月。

票据利息应增加应收票据，冲减财务费用。

借：应收票据　　35 100

　　贷：财务费用　　35 100

（3）票据到期（2012年2月）收回款项：

实际收款金额：

$$2\,340\,000+2\,340\,000\times6\%\div12\times5=2\,398\,500\text{（元）}$$

应计入收款年度的票据利息：

$$2\,340\,000\times6\%\div12\times2=23\,400\text{（元）}$$

其中的“2”为收款年度的1月、2月两个月。

借：银行存款　　2 398 500

　　贷：应收票据　　2 375 100

　　　　财务费用　　23 400

（2 375 100为“应收票据”账户到收款月份之前的发生额的合计数）。

四、应收票据转让的账务处理

应收票据转让是指持票人因偿还前欠货款等原因，将未到期的商业汇票背书后转让给其他单位或个人的业务活动。

企业可以将自己持有的商业汇票背书转让，背书是指持票人在票据背面签字，签字人称为背书人，背书人对票据的到期付款负连带责任。

企业将持有的应收票据背书转让，以取得所需物资时，按应计入物资成本的价值，借记“在途物资”、“原材料”等账户，按取得的专用发票上注明的增值税，借记“应交税费——应交增值税（进项税额）”账户，按应收票据的账面价值，贷记“应收票据”账户，如有差额，借记或贷记“银行存款”等账户。

【例2.13】某企业将一张金额为45 000元的不带息应收票据，背书转让给B企业，以购入材料一批，材料价款40 000元，增值税6 800元，差额部分用银行存款支付。则应编制会计分录如下：

借：在途物资　　40 000

　　应交税费——应交增值税（进项税额）　　6 800

　　贷：应收票据　　45 000

　　　　银行存款　　1 800

五、应收票据贴现

票据贴现是指持票人为了解决临时的资金需要，将尚未到期的商业汇票在背书后送交其开户银行，银行受理后从票据到期价值中扣除按银行的贴现率计算确定的贴现利息后，将余额付给贴现企业的业务活动。在贴现中，企业付给银行的利息称为贴现利息，银行计算贴现利息的利率称为贴现率，企业从银行获得票据到期价值扣除贴现利息后的货币收入，称为贴现所得。

在票据贴现中，不带息票据的到期值就是其票面价值，带息票据的到期值就是其票面价值加上到期利息。票据贴现日至票据到期日的间隔期称为贴现天数，通常，贴现日与到期日两天，只计算其中的一天。

有关贴现计算公式如下：

贴现期＝贴现日至票据到期日实际天数－1（或者是票据期限－企业已持有票据期限）

贴现利息＝票据到期值×贴现率×贴现期

贴现所得＝票据到期值－贴现利息

按照《支付结算办法》规定，承兑人在异地的，贴现期的计算应另加 3 天的划款日期。

企业将未到期的应收票据向银行贴现，应按实际收到的金额，借记“银行存款”账户，按应收票据的账面余额，贷记“应收票据”账户，二者之间的差额部分借记或贷记“财务费用”账户。

【例 2.14】2012 年 4 月 1 日，企业持所收到的出票日期为 3 月 1 日，到期日为 6 月 1 日，面值为 100 000 元的不带息商业承兑汇票一张到银行贴现，假设该企业与票据承兑企业在同一票据交换区域内，银行年贴现率为 10%。

贴现天数＝（30＋31＋1）－1＝61（天）

贴现利息＝100 000×10%÷360×61≈1 694.44（元）

贴现净额＝100 000－1 694.44＝98 305.56（元）

会计分录如下：

借：银行存款	98 305.56	
财务费用	1 694.44	
贷：应收票据		100 000

【例 2.15】资料如【例 2.14】，假设贴现的票据为带息应收票据，票面利率为 8%，该企业与票据承兑企业不在同一票据交换区域内。

票据到期价值＝100 000×（1＋8%÷12×3）≈102 000（元）

贴现期＝61＋3＝64（天）

贴现利息＝102 000×10%÷360×64≈1 813.33（元）

贴现所得＝102 000－1 813.33＝100 186.67（元）

会计分录如下：

借：银行存款	100 186.67	
贷：应收票据		100 000
财务费用		186.67

如果企业向银行贴现的票据是银行承兑汇票，这种汇票到期时不会发生银行收不回票款的情况。如果贴现的是商业承兑汇票，在汇票到期时有可能出现承兑人银行账户不足支付的情况，这时，贴现银行将已贴现的应收票据退回申请贴现的企业，同时从贴现企业的账户中将票据本息划回；若贴现企业的银行存款账户余额不足，银行将作为逾期贷款处理。

此时，贴现企业应将应付票据本息转作“应收账款”，借记“应收账款”账户，贷记“银行存款”账户；如果申请贴现企业的银行存款账户不足，贴现企业应借记“应收账款”账户，贷记“短期借款”账户。

【例 2.16】如在【例 2.15】中，企业贴现的商业承兑汇票到期，因承兑人的银行账户不足支付，贴现银行将已贴现的票据退回给企业，同时从企业的银行账户划回本息 102 000 元。

企业在收到银行退回的应收票据、支款通知和拒绝付款理由书或付款人未付票款通知书时，会计分录如下：

借：应收账款　　102 000
　　贷：银行存款　　102 000

如果企业的银行账户余额不足支付的，作为逾期贷款处理，会计分录如下：

借：应收账款　　102 000
　　贷：短期借款　　102 000

可见，企业以应收票据向银行贴现时，要承担因背书而在法律上负有的连带偿还责任。如果票据到期后，承兑人不予如期付款，贴现企业有责任向贴现银行兑付。这种有可能发生的特殊的现时义务，是企业的一项或有负债。按照或有事项准则的规定，企业因贴现而形成的或有负债应在会计报表附注中予以披露。

企业所持有的应收票据不得计提坏账准备。但是，如有确凿证据表明企业所持有的未到期应收票据不能够收回或收回的可能性不大时，应将其账面余额转入应收账款，并计提相应的坏账准备。

第五节　预付账款及其他应收项目

一、预付账款的会计处理

预付账款，是指企业按照购货合同或劳务合同规定，预先支付给供货方或提供劳务方的账款。预付账款属于企业的短期性债权，企业必须加强对预付账款的管理，严格遵守国家有关结算制度，控制预付账款的范围、比例和期限，减少资金占用，加速资金周转。

为了核算和监督预付账款的支出和结算情况，企业应设置“预付账款”账户进行总分类核算。其借方登记企业向供应单位预付的货款，贷方登记企业收到所购材料物资应结转的预付货款，期末借方余额反映企业已向供货单位预付的货款。

为了核算和监督企业向各个不同供应单位预付货款的具体结算情况，企业应按照供应单位名称设置明细科目进行明细分类核算。

企业按购货合同的规定预付货款时，按预付金额借记“预付账款”账户，贷记“银行存款”账户。企业收到预定的货物时，应根据发票账单等列明的应计入购入货物成本的金额，借记“原材料”等账户，按专用发票上注明的增值税，借记“应交税费——应交增值税（进项税额）”账户，按应付的金额，贷记“预付账款”账户；补付货款时，借记“预付账款”账户，贷记“银行存款”账户。退回多付的款项，借记“银行存款”账户，贷记“预付账款”账户。

【例 2.17】某企业预付给购货单位的材料款 28 000 元，编制会计分录如下：

借：预付账款　　28 000
　　贷：银行存款　　28 000

收到材料和专用发票时，材料价款为 30 000 元，增值税 5 100 元，应补付 7 100 元。编制会计分录如下：

借：原材料　　30 000

应交税费——应交增值税（进项税额）　5 100
　　贷：预付账款　35 100

补付货款时：

借：预付账款　7 100
　　贷：银行存款　7 100

预付账款情况不多的企业，也可以将预付的货款直接记入“应付账款”账户的借方。预付货款时，借记“应付账款”账户，贷记“银行存款”账户，收到材料或商品时再予以转销。根据上例业务编制会计分录如下：

借：应付账款　28 000
　　贷：银行存款　28 000

收到材料和专用发票时：

借：原材料　30 000
　　应交税费——应交增值税（进项税额）　5 100
　　贷：应付账款　35 100

补付货款时：

借：应付账款　7 100
　　贷：银行存款　7 100

通过“应付账款”账户登记预付货款业务，会使应付账款的某些明细科目出现借方余额，在期末编制资产负债表时，“应付账款”所属明细科目有借方余额的，应将这部分借方余额在资产负债表的资产方列示。

企业的预付账款如有确凿证据表明其不符合预付账款，或者因供货单位破产、撤销等原因已无望再收到所购货物的，应将原记入预付账款的金额转入其他应收款。企业应按预计不能收到所购货物的预付账款账面余额，借记“其他应收款——预付账款转入”账户，贷记“预付账款”账户。除转入“其他应收款”账户的预付账款外，其他预付账款不得计提坏账准备。

二、其他应收款的会计处理

其他应收款是指除应收票据、应收账款和预付账款以外的，企业应收、暂付其他单位和个人的各种款项。其核算范围主要包括以下几个：

（1）预付给企业内部单位或个人的备用金；

（2）应收保险公司或其他单位和个人的各种赔款；

（3）应收的各种罚款；

（4）应收出租包装物的租金；

（5）存出的保证金；

（6）应向职工收取的各种垫付款项；

（7）应收、暂付上级单位或所属单位的款项；

（8）其他不属于上述各项的其他应收款项。

其他应收款属于企业发生的非购销活动的应收债权。对于这类应收项目，通常应与应收账款和预付账款分开核算。将这类应收项目单独核算，以便会计报表的使用者把这些项目与由于购销业务而发生的应收项目识别清楚。

为了反映和监督其他应收款的发生和结算情况，企业应设置“其他应收款”账户进行总分类核算。其借方登记企业发生的各项其他应收款，贷方登记企业收到和结转的其他应收款，期末借方余额表示企业应收未收的各项其他应收款。

企业发生其他应收款时，按应收金额借记“其他应收款”账户，贷记有关账户。收回各种款项时，借记有关账户，贷记“其他应收款”账户。

【例 2.18】2012 年 10 月，D 公司根据发生的以下有关其他应收款的经济业务，编制会计分录。

（1）公司采购员王红出差，暂借差旅费 3 000 元，以现金支付。出差回来后，实际报销 2 800 元，余款 200 元以现金形式交回。编制会计分录如下：

出差借款：

借：其他应收款——王红　　3 000

　　贷：库存现金　　3 000

报销差旅费：

借：管理费用　　2 800

　　库存现金　　200

　　贷：其他应收款——王红　　3 000

（2）公司支付宝利公司一笔包装押金，计 7 000 元，款项已从银行存款付出，编制会计分录如下：

借：其他应收款——宝利公司　　7 000

　　贷：银行存款　　7 000

（3）公司仓库发生火灾，共计损失 300 000 元。公司曾向保险公司投保，向保险公司索赔。经保险公司核准后收到保险公司的赔款，款项存入银行。编制会计分录如下：

向保险公司索赔：

借：其他应收款——保险公司赔款　　300 000

　　贷：待处理财产损溢——待处理流动资产损溢　　300 000

收到保险公司赔款：

借：银行存款　　300 000

　　贷：其他应收款——保险公司赔款　　300 000

企业应定期或者至少于每年年度终了，对其他应收款进行检查，预计其可能发生的坏账损失，并计提坏账准备。对于不能收回的其他应收款，应查明原因，追究责任。对确实无法收回的，按照企业的管理权限，经股东大会或董事会，或经理（厂长）会计或类似机构批准作为坏账损失，冲减提取的坏账准备。

本 章 小 结

本章主要介绍了货币资金的核算、库存现金的管理，应收账款的入账价值及核算方法；应收票据的核算及坏账损失的核算；预付账款及其他应收项目的核算。

金融资产包括货币资金、应收款项、交易性金融资产、持有至到期投资和可供出售金融资产。

货币资金是金融资产的重要组成部分，是企业资产中流动性最强的一种资产。它具备通用性和普遍可接受性的特征。根据货币资金存放地点及其用途不同，货币资金分为现金、银行存款及其他货币资金。银行存款是企业存入银行和其他金融机构的各种款项。

根据中国人民银行有关支付结算办法规定，企业发生的货币资金收付业务可以采用银行汇票、银行本票、商业汇票、支票、信用卡、汇兑、委托收款、托收承付、信用证等多种结算方式，通过银行办理转账结算。为了检查银行存款记录的正确性，查明银行存款的实际余额，企业应定期将银行存款日记账与银行提供的银行对账单逐笔核对，编制银行存款余额调节表。

其他货币资金是指企业在生产经营过程中，与库存现金和银行存款存放的地点及用途不同，属于货币资金的款项。主要包括企业的外埠存款、银行汇票存款、银行本票存款、信用卡存款、信用证保证金存款、存出投资款、在途货币资金等。

应收款项包括应收账款、应收票据、预付账款及其他应收款。应收账款是指企业因销售商品、产品或提供劳务而形成的债权。企业发生的应收账款，在没有商业折扣的情况下，按照应收的全部价款（发票金额）记账；在有商业折扣的情况下，按照扣除了商业折扣后的金额（发票金额）记账；在有现金折扣的情况下，采用总价法进行核算。

坏账，又称为呆账，是指无法收回的应收账款。由于发生坏账而使企业遭受的损失，称为“坏账损失”，通常又称为“坏账费用”。发生坏账损失以后，会计上有两种基本的方法：直接转账法和备抵法。企业采用备抵法进行坏账核算时，首先应按期估计坏账损失。估计坏账损失的方法主要有应收款项余额百分比法、账龄分析法、赊销净额百分比法和个别认定法等。

应收票据是指商业汇票。商业汇票按承兑人不同，分为商业承兑汇票和银行承兑汇票。商业汇票按是否计息可分为不带息商业汇票和带息商业汇票。企业可以将自己持有的商业汇票背书转让，背书是指持票人在票据背面签字，签字人称为背书人，背书人对票据的到期付款负连带责任。

预付账款，是指企业按照购货合同或劳务合同规定，预先支付给供货方或提供劳务方的账款。其他应收款是指除应收票据、应收账款和预付账款以外的，企业应收、暂付其他单位和个人的各种款项。

专业词汇中英对照

库存现金 cash	银行存款 cash in bank
应收账款 accounts receivable	预付费用 prepaid expense
应收票据 notes receivable	银行存款调节表 bank reconciliation
坏账 bad debts	注销 write off
应收票据拒付 dishonored note receivable	应收票据贴现 discounting note receivable
坏账准备 allowance for doubtful accounts	备抵法 allowance method
直接转销法 direct write off method	账龄分析法 aging of accounts receivable method

复习思考题

一、单选题

1．商业汇票按（　　）不同，分为商业承兑汇票和银行承兑汇票。

A．收款人　　B．付款人　　C．承兑人　　D．被背书人

2．对于银行已入账而企业尚未入账的未达账款，企业应当（　　）。

A．根据“银行对账单”入账　　B．根据“银行存款余额调节表”入账

C．根据对账单和调节表自制凭证入账　　D．待有关结算凭证到达后入账

3．企业应按期计提坏账准备，对于已确认的坏账损失，应借记（　　）。

A．“管理费用”账户　　B．“财务费用”账户

C．“坏账准备”账户　　D．“资产减值损失”账户

4．C 企业 2011 年年末坏账准备借方余额 1 000 元，2012 年 1 月末，应收账款借方余额 68 000 元，当月发生坏账损失 1 500 元，按应收账款余额的 2%计提坏账准备，则该企业 2012 年 1 月末坏账准备的余额为（　　）。

A．借方 2 500 元　　B．贷方 1 360 元　C．贷方 1 500 元　　D．借方 1 140 元

5．A 企业将销售商品收到的银行承兑汇票背书转让给 B 企业，用于支付购买原材料的价款，应贷记的账户是（　　）。

A．应收账款　　B．应收票据　　C．应付票据　　D．银行存款

6．2012 年 7 月 18 日，A 企业将收到的出票日为 5 月 20 日、期限为 180 天、面值为 100 000 元的票据到银行申请贴现。该票据的贴现天数为（　　）天。

A．180　　B．122　　C．120　　D．121

7．企业的应收票据在到期时，承兑人无力偿还票款的，应将其转入（　　）账户。

A．应收账款　　B．应付账款　　C．其他应收款　　D．预收账款

8．下列各项，不通过“其他应收款”账户核算的是（　　）。

A．为购货方代垫的运费　　B．应收保险公司的各项赔款

C．为职工代垫的房租　　D．存出保证金

9．预付账款不多的企业，可以不设“预付账款”账户，而将预付账款记入（　　）。

A．“应收账款”账户的借方　　B．“应收账款”账户的贷方

C．“应付账款”账户的借方　　D．“应付账款”账户的贷方

10．2012 年 4 月 16 日，A 企业销售产品一批，价款 400 万元，增值税 68 万元，收到期限为 6 个月的商业承兑汇票一张，年利率为 7%，则该票据到期时，A 企业收到的票款为（　　）。

A．468 万元　　B．484.38 万元　C．400 万元　　D．414 万元

二、多选题

1．企业采用备抵法核算坏账准备，估计坏账损失的方法有（　　）。

A．应收账款余额百分比法　　B．账龄分析法

C．年数总和法　　D．销货百分比法

E．双倍余额递减法

2．下列各项，构成应收账款入账价值的有（　　）。

A．增值税销项税额　　B．商业折扣

C．代购货方垫付的保险费　　D．销售货款

E．代购货方垫付的运杂费

3．下列各项中，应记入“坏账准备”账户贷方的有（　　）。

A．按规定提取的坏账准备　　B．当期发生的坏账损失

C．收回已确认为坏账并转销的应收账款　　D．冲回多提的坏账准备

E．补提的坏账准备

4．下列各项中，会影响应收账款账面价值的有（　　）。

A．收回前期应收账款　　B．发生赊销商品的业务

C．收回已转销的坏账　　D．结转到期不能收回的票据

E．按规定计提应收账款的坏账准备

5．下列关于现金折扣与商业折扣的说法，正确的是（　　）。

A．商业折扣是指在商品标价上给予的扣除

B．现金折扣是指债权人为鼓励债务人早日付款，而向债务人提供的债务扣除

C．存在商业折扣的情况下，企业应收账款入账金额应按扣除商业折扣后的实际售价确认

D．我国会计实务中采用总价法核算存在现金折扣的交易

E．总价法是将未减去现金折扣前的金额作为实际售价，记作应收账款的入账价值

6．下列结算方式中，同时适用于同城和异地结算的方式有（　　）。

A．银行汇票结算方式　　B．银行本票结算方式

C．商业汇票结算方式　　D．委托收款结算方式

7．企业银行存款日记账与银行对账单不符的主要原因有（　　）。

A．存在企业已付银行未付的账项　　B．存在企业已收银行未收的账项

C．存在银行已付企业未付的账项　　D．存在银行已收企业未收的账项

E．企业或银行记账错误

三、思考题

1．现金结算范围包括哪些内容？

2．简述基本账户等各种银行结算账户的性质及用途。

3．如何编制银行存款余额调节表？

4．什么是货币资金？它包括哪些内容？

5．什么叫贴现？如何进行应收票据贴现的核算？

6．在备抵法下，估计坏账损失的方法有哪几种？如何进行核算？

四、业务处理题

1．飞腾公司2010年9月发生下列业务：

（1）购入零星办公用品120元，以库存现金支付；

（2）以库存现金2 000元预借职工李立差旅费；

（3）从银行提取现金 6 000 元以备零星开支；
（4）收回购货方前欠货款 30 000 元存入银行；
（5）以银行存款 80 000 元归还银行借款；
（6）职工李立报销差旅费 1 800 元，余款以现金收回；
（7）以银行存款支付管理部门电话费 3 500 元；
（8）将现金 6 000 元存入银行；
（9）以银行存款 7 000 元支付业务招待费；
（10）收到投资人投资款 100 000 元存入银行。

要求：根据上述资料编制会计分录。

2．星海公司 2010 年 9 月 30 日的银行存款账户余额为 256 500 元，银行对账单显示 9 月 30 日的银行存款余额为 231 550 元。通过对银行对账单、企业的银行存款日记账进行分析核对，发现下列内容：

（1）公司签发支票购买办公用品 13 500 元，银行未记账；
（2）公司存入银行的款项 48 900 元，银行未记账；
（3）银行代公司收回票据款 12 000 元，尚未通知公司；
（4）银行收取服务费 1 550 元，未通知公司。

要求：编制该公司 9 月 30 日的银行存款余额调节表。

3．飞腾公司为增值税一般纳税人，适用的增值税税率为 17%。2010 年发生的有关经济业务如下：

（1）3 月 5 日，向新化公司赊销商品一批，货款 400 000 元，增值税销项税额 68 000 元。销售成本 320 000 元。付款条件为：2/10，*n*/30。另以银行存款代垫运杂费 4 000 元。

（2）3 月 9 日，以银行本票支付广告费 3 700 元。

（3）3 月 15 日，收到新化公司开出的支付代垫运杂费 4 000 元的转账支票一张，和用以偿付货税款的商业汇票一张，商业汇票面值为 468 000 元、票面利率 6%、期限 6 个月。

（4）4 月 15 日，将新化公司的商业汇票送至银行申请贴现，贴现率为 8%。

（5）5 月 13 日，委托银行开出银行汇票一张，金额 80 000 元，准备用于支付购货款。

（6）9 月 15 日，新化公司的商业汇票到期，因新化公司存款不足，无法将款项付给银行。银行按商业汇票的到期值及对方拒付手续费 50 元，一并从甲公司的银行存款账户中扣除。

（7）11 月 20 日，应收东方公司的账款 6 000 元，因对方企业已经倒闭，无法收回。经有关部门批准，注销应收账款。

（8）年末提取坏账准备 5 000 元。

要求：根据上述业务为飞腾公司编制会计分录。

4．宏大公司采用应收账款余额百分比法核算坏账损失，坏账准备的提取比例为 5‰。有关资料如下：

（1）公司从 2007 年开始计提坏账准备，该年年末应收账款余额为 2 000 000 元。

（2）2008 年，经有关部门批准，确认一笔无法收回的应收账款，金额为 36 000 元。2004 年年末应收账款余额为 5 000 000 元。

（3）2009 年 10 月，收回已核销的应收账款 10 000 元；该年年末应收账款余额为 4 400 000 元。

（4）2010 年年末应收账款余额为 4 000 000 元。

要求：根据上述资料，编制有关会计分录。

五、案例分析题

1．星辉公司出纳员王林由于刚参加工作不久，对于货币资金业务管理和核算的相关规定不甚了解，所以出现一些不应有的错误，有两件事情让她至今记忆犹新。第一件事是 2009 年 8 月 8 日和 10 日两天的现金业务结束后例行的现金清查中，分别发现现金短缺 50 元和现金溢余 20 元的情况，对此她经过反复思考也弄不明白原因。为了保全面子和息事宁人，同时又考虑到两次账实不符的金额又很小，她决定采取下列办法进行处理：现金短缺 50 元，自掏腰包补齐；现金溢余 20 元，暂时收起。第二件事是星辉公司经常对其银行存款的实有数心中无数，甚至有时会影响到公司日常业务的结算，公司经理因此指派有关人员检查一下王林的工作，结果发现，她每次编制银行存款余额调节表时，只根据公司银行存款日记账的余额，加或减对账单中企业的未入账款项来确定公司银行存款的实有数，而且每次做完此项工作以后，王林就立即将这些未入账的款项登记入账。

要求：

（1）王林对上述两项业务的处理是否正确？

（2）你能给出正确答案吗？

2．安新公司为了促进商品的销售，通过新闻媒介打出广告，凡是从本公司进货 100 件以下享受商品销售价格 5%的优惠，100～500 件享受商品销售价格 8%的优惠，500 件以上享受商品销售价格 10%的优惠。同时承诺，货款无须立即支付，可在 3 个月内付清。如果客户提前付款，可享受一定优惠，具体优惠办法是：2/10、1/20、*n*/30。中信公司张经理看到广告后很感兴趣，恰逢该公司正需要安新公司的商品，马上让财务经理筹款准备进货。货款备齐后，张经理考虑：一个广告那么多的优惠条件，里面会不会有陷阱？于是让财务经理估算一下，其价格是否合算，财务经理回复：该商品的价格可以接受。这样，张经理决定从安新公司进货。事后，张经理问财务经理，“安新公司广告中提到的两个优惠，它们有什么区别？这两个优惠条件，你们会计上是否都要核算？”

财务经理对张经理的问题逐一做了回答后，张经理说，“没想到这种优惠条件还有这么大作用。”于是，中信公司也仿效安新公司的做法，对部分商品做起了广告。由于为客户提供一定的信用，中信公司应收账款的数额猛增，坏账接踵而来。公司决定对应收账款采取计提坏账准备的办法核算坏账损失。截至 2008 年年末，应收账款的余额为 2 000 000 元，按照应收账款余额的 3‰计提坏账。2009 年发生了坏账损失 12 000 元，其中 A 公司 2 000 元，B 公司 10 000 元，应收账款期末余额 2 400 000 元。2010 年发生与应收账款有关的经济业务如下：

（1）已冲销的上年 B 公司应收账款 10 000 元又收回。

（2）经与客户 C 公司商定，将 C 公司所欠中信公司的款项 300 000 元，由 C 公司签发并承兑商业汇票方式结算，票据期限为 9 个月。

（3）票据期限到期，中信公司通过银行向 C 客户结算，但 C 公司无款支付。2010 年年末中信公司应收账款余额 2 600 000 元。

要求：

（1）如果你是中信公司经理，如何回答张经理上述两个问题？

（2）计算第一年、第二年和第三年年末应提、补提或冲回多提的坏账准备并编制会计分录。

（3）回答下列问题：

① 应收票据在什么情况下提取坏账准备？

② 预付账款在什么情况下提取坏账准备？

第三章

金融资产（下）

本章导读

本章将在介绍金融资产投资的特点和目的的基础上，重点介绍各项金融资产的初始计量与后续计量。通过本章学习，应能够：

- 了解金融资产、交易性金融资产、持有至到期投资及可供出售金融资产的概念；
- 掌握交易性金融资产、持有至到期投资及可供出售金融资产的核算。

导入案例

A 公司发生以下两笔业务：A 公司将目前闲置的 32 万元资金购买 B 公司的股票，打算在 B 公司股票价格上涨后出售以获利；A 公司拟用 150 万元资金购买材料供应商 H 公司的股票并长期持有。请思考，同样是购买股票的经济业务，A 公司购买 B、H 公司股票的主观目的不同，其账务处理是否应有所区别？如果有区别，会计在进行账务处理时的侧重点应是什么？

金融工具（financial instrument）是指形成一个企业的金融资产，并形成其他单位的金融负债或权益性工具的合同。金融资产（financial asset）的种类包括交易性金融资产（trading financial assets）、直接指定为以公允价值计量且其变动计入当期损益的金融资产、持有至到期投资（held-to-maturity investment）、可供出售金融资产（available-for-sale financial assets）及贷款和应收款项。由于贷款主要是银行业务，应收款项已在第二章有专门章节说明，因此，本章主要阐述贷款和应收款项以外的传统金融资产投资，即交易性金融资产（包括直接指定为以公允价值计量且其变动计入当期损益的金融资产，下同）、持有至到期投资、可供出售金融资产。长期股权投资在第四章详细介绍。

第一节　交易性金融资产

一、交易性金融资产概述

根据企业会计准则对金融资产的分类，金融资产在初始确认时应当分为以公允价值计量且其变动计入当期损益的金融资产、持有至到期投资、可供出售金融资产、贷款和应收款项。其中，以公允价值计量且其变动计入当期损益的金融资产又包括交易性金融资产和直接指定为以公允价值计量且其变动计入当期损益的金融资产。

交易性金融资产主要是指企业为了近期内出售或回购的金融资产。例如，企业以赚取差价为目的从二级市场购入的股票、债券、基金等。衍生金融资产不作为有效套期工具的，也应划分为交易性金融资产。

金融资产满足下列条件之一的，应划分为交易性金融资产。

（1）取得该金融资产的目的主要是为了在近期内出售，如企业以赚取差价为目的而从二级市场中购入的股票、债券和基金等。

（2）属于进行集中管理的可辨认金融工具组合的一部分，并且有客观证据表明企业近期采用短期获利方式对该组合进行管理。

（3）属于衍生金融工具，但是，被指定为有效套期工具的衍生工具、属于财务担保合同的衍生工具、与在活跃市场中没有报价且其公允价值不能可靠计量的权益工具投资挂钩并须通过交付该权益工具结算的衍生工具除外。其中，财务合同是指保证人和债权人约定，当债务人不履行债务时，保证人按照约定履行债务或者承担责任的合同。

直接指定为以公允价值计量且其变动计入当期损益的金融资产，主要是指基于统一计量基础、风险管理、战略投资等所作的指定。在活跃市场中没有报价、公允价值不能可靠计量的权益工具投资不得指定为以公允价值计量且其变动计入当期损益的金融资产。

二、交易性金融资产的会计处理与披露

企业通过“交易性金融资产”、“公允价值变动损益”（profit and loss from fair value changes）、“投资收益”（investment income）等账户核算交易性金融资产的取得、收取现金股利或利息、处置等业务。

“交易性金融资产”账户核算企业为交易目的所持有的债券投资、股票投资、基金投资等交易性金融资产的公允价值。企业持有的直接指定为以公允价值计量且其变动计入当期损益的金融资产也在“交易性金融资产”账户核算。“交易性金融资产”账户的借方登记交易性金融资产的取得成本、资产负债表日其公允价值高于账面余额的差额等；贷方登记资产负债表日其公允价值低于账面余额的差额，以及企业出售交易性金融资产时结转的成本和公允价值变动损益。企业应当按照交易性金融资产的类别和品种，分别设置“成本”和“公允价值变动”等明细科目进行核算。

“公允价值变动损益”账户核算企业交易性金融资产等公允价值变动而形成的应计入当期损益的利得或损失，贷方登记资产负债表日企业持有的交易性金融资产等的公允价值高于账面余额的差额；借方登记资产负债表日其公允价值低于账面余额的差额。

“投资收益”账户核算企业持有交易性金融资产等期间取得的投资收益，以及处置交易性金融资产等实现的投资收益或投资损失，贷方登记企业出售交易性金融资产等实现的投资收益；借方登记企业出售交易性金融资产等发生的投资损失。

“投资收益”账户相关业务流转过程如图3.1所示。

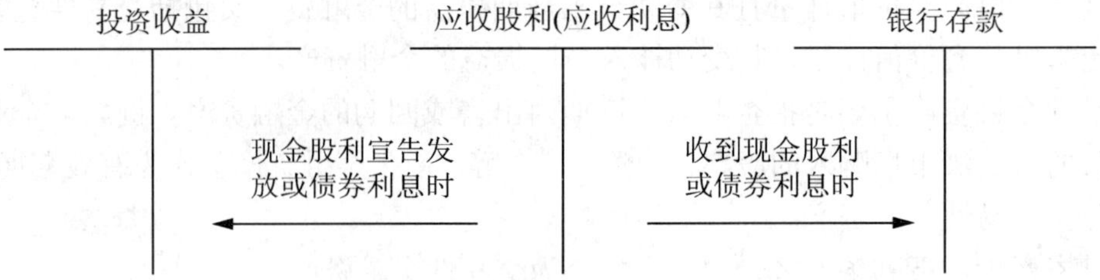

图 3.1　“投资收益”账户流转过程

（一）交易性金融资产的取得

企业在取得交易性金融资产时，应当按照取得金融资产的公允价值作为初始确认金额，相关的交易费用在发生时计入当期损益。交易费用，是指可直接归属于购买、发行或处置金融工具新增的外部费用，包括支付给代理机构、咨询公司、券商等的手续费和佣金及其他必要支出，不包括债券溢价、折价、融资费用、内部管理成本及其他与交易不直接相关的费用。如果实际支付的金额当中如果含有已宣告但未派发的现金股利或已到付息期但尚未领取的债券利息（代垫的股利或利息），应计入应收股利或应收利息，不计入交易性金融资产的初始确认金额。

企业取得交易性金融资产，按公允价值（不含支付的价款中包括已宣告但未派发的现金股利或已到付息期但尚未领取的债券利息），借记“交易性金融资产——成本”账户；按发生的交易费用，借记“投资收益”账户；按已宣告但未派发的现金股利或已到付息期但尚未领取的债券利息，借记“应收股利”或“应收利息”账户；按实际支付的金额，贷记“银行存款”账户。收到上列现金股利或债券利息时，借记“银行存款”账户，贷记“应收股利”或“应收利息”账户。

【例 3.1】2010 年 2 月 1 日，A 公司按每股 6 元的价格购入 B 公司每股面值 1 元的股票 40 000 股作为交易性金融资产，并支付交易费用 1 800 元。

借：交易性金融资产——B 公司股票（成本）　240 000
　　投资收益　1 800
　　贷：银行存款　241 800

【例 3.2】2010 年 3 月 1 日，A 公司按每股 7.2 元的价格购入 B 公司每股面值 1 元的股票 30 000 股作为交易性金融资产，并支付交易费用 1 400 元。股票购买价格中包含每股 0.2 元已宣告但尚未领取的现金股利，该现金股利于 2010 年 4 月 2 日发放。

借：交易性金融资产——B 公司股票（成本）　210 000
　　投资收益　1 400
　　应收股利　6 000
　　贷：银行存款　217 400
借：银行存款　6 000
　　贷：应收股利　6 000

【例 3.3】2010 年 1 月 1 日，A 公司按 86 800 元的价格购入甲公司于 2009 年 1 月 1 日发行的面值 80 000 元、期限 5 年、票面利率 6%、每年 12 月 31 日付息、到期还本的债券作为交易性金融资产，并支付交易费用 300 元。债券购买价格中包含已到付息期但尚未支付的利息 4 800 元。

借：交易性金融资产——甲公司债券（成本） 82 000
　　投资收益 300
　　应收利息 4 800
　　贷：银行存款 87 100
借：银行存款 4 800
　　贷：应收股利 4 800

（二）交易性金融资产期间取得现金股利和利息的账务处理

企业持有交易性金融资产期间所获得的现金股利或债券利息，应确认为投资收益。

持有交易性金融资产期间，被投资单位宣告发放现金股利时，投资企业应按应享有的份额，借记“应收股利”账户，贷记“投资收益”账户；资产负债表日，投资企业按分期付息，一次还本债券的票面利率计提利息时，借记“应收利息”账户，贷记“投资收益”账户；收到上述现金股利或债券利息时，借记“银行存款”账户，贷记“应收股利”或“应收利息”账户。

【例 3.4】承**【例 3.3】**，A 公司对持有的交易性债券投资每半年计提一次利息。2010 年 6 月 30 日，A 公司对持有的面值 80 000 元、期限 5 年、票面利率 6%、每年 12 月 31 日付息的甲公司债券计提利息。

借：应收利息 2 400
　　贷：投资收益 2 400

（三）交易性金融资产的期末计量

交易性金融资产在最初取得时，是按公允价值入账的，反映了企业取得交易性金融资产的实际成本；但交易性金融资产的公允价值是不断变化的，会计期末的公允价值则代表了交易性金融资产的现时可变现价值。根据企业会计准则的规定，交易性金融资产的价值应按资产负债表日的公允价值反映，公允价值的变动计入当期损益。

资产负债表日，交易性金融资产的公允价值高于账面余额时，应按公允价值与账面余额间的差额，调增交易性金融资产的账面余额，同时确认公允价值上升的收益，借记“交易性金融资产——公允价值变动”账户，贷记“公允价值变动损益”账户；交易性金融资产的公允价值低于账面余额时，应按公允价值与账面余额间的差额，调减交易性金融资产的账面余额，同时确认公允价值下跌的损失，借记“公允价值变动损益”账户，贷记“交易性金融资产——公允价值变动”账户。

【例 3.5】承**【例 3.4】**，A 公司每年 6 月 30 日和 12 月 31 日对持有的交易性金融资产按公允价值进行再计量。2010 年 6 月 30 日，甲公司债券公允价值为 85 000 元。

借：交易性金融资产——甲公司债券（公允价值变动） 3 000
　　贷：公允价值变动损益 3 000

（四）交易性金融资产的处置

企业出售交易性金融资产时，应将出售时的公允价值与其账面余额之间的差额确认为处置损益。其中，交易性金融资产的账面余额，是指交易性金融资产的初始计量金融加上或减去资产负债表日公允价值变动后的金额。如果在处置交易性金融资产时，已计入应收项目的现金股利或债券利息尚未收回，还应先从处置价款中扣除该部分现金股利或债券利息之后，确认处置损益。企业在确认交易性金融资产处置损益的同时，应将持有期间已确认的公允价值变动净损益转为投资收益。

处置交易性金融资产时，应按实际收到的处置价款，借记"银行存款"账户，按该交易性金融资产的初始成本，贷记"交易性金融资产——成本"账户；按该项交易性金融资产的公允价值变动，贷记或借记"交易性金融资产——公允价值变动"账户；按其差额，贷记或借记"投资收益"账户。同时，将该交易性金融资产持有期间已确认的公允价值变动净损益，转入"投资收益"账户，借记或贷记"公允价值变动损益"账户，贷记或借记"投资收益"账户。

【例 3.6】承**【例 3.5】**，2010 年 11 月 1 日，A 公司将甲公司债券售出，实际收到出售价款 88 600 元。债券出售日，甲公司债券已计提利息 2 400 元，债券账面价值 85 000 元，其中，成本 82 000 元，已确认公允价值变动收益 3 000 元。

借：银行存款	88 600	
贷：交易性金融资产——甲公司债券（成本）		82 000
——甲公司债券（公允价值变动）		3 000
应收利息		2 400
投资收益		1 200
借：公允价值变动损益	3 000	
贷：投资收益		3 000

或者：

借：银行存款	88 600	
公允价值变动损益	3 000	
贷：交易性金融资产——甲公司债券（成本）		82 000
——甲公司债券（公允价值变动）		3 000
应收利息		2 400
投资收益		4 200

第二节　持有至到期投资

一、持有至到期投资概述

持有至到期投资，是指到期日固定、回收金额固定或可确定、且企业有明确意图和能力持有至到期的非衍生金融资产。例如，企业从二级市场上购入的固定利率国债、浮动利率公司债券等，符合持有至到期投资条件的，可以划分为持有至到期投资；购入的股权投资因没有固定的到期日，不符合持有至到期投资的条件，不能划分为持有至到期投资。持有至到期投资通常具有长期性质，但期限较短（1 年以内）的债券投资，符合持有至到期投资条件的，也可将其划分为持有至到期投资。若企业的持有意图或能力发生变化，在持有至到期投资到期前，可以重分类为可供出售金融资产，也可以将其出售。

二、持有至到期投资的会计处理与披露

企业应当设置“持有至到期投资”账户，核算持有至到期投资的摊余成本，并按照持有至到期投资的类别和品种，分别按“成本”、“利息调整”、“应计利息”等进行明细核算。

“持有至到期投资——成本”账户，反映持有至到期投资的面值。

“持有至到期投资——利息调整”账户，反映持有至到期投资的初始确认金额与其面值的差额，以及按照实际利率法分期摊销后该差额的摊余金额。

“持有至到期投资——应计利息”账户，反映企业计提的到期一次还本付息持有至到期投资应计未付的利息。

“持有至到期投资——利息调整”账户相关业务流转过程如图 3.2 所示。

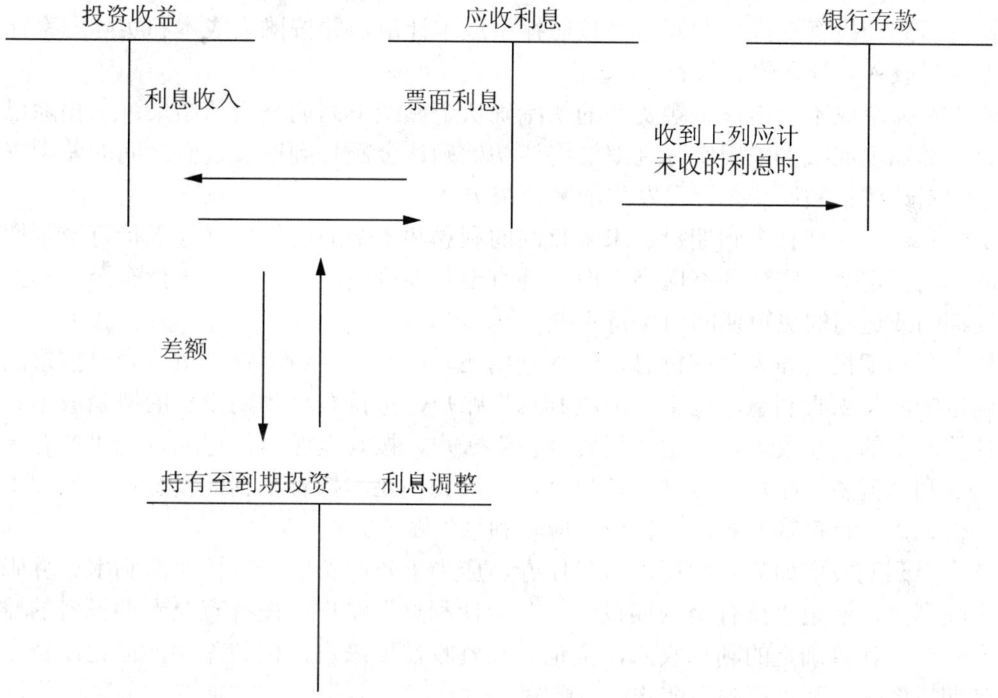

图 3.2　“持有至到期投资——利息调整”账户流转过程

（一）持有至到期投资的取得

持有至到期投资应当按取得时的公允价值与相关交易费用之和作为初始确认金额。如果支付的价款中包含已到付息期但尚未领取的利息，应单独确认为应收项目。

企业取得持有至到期投资，应按该投资的面值，借记“持有至到期投资——成本”账户，按实际支付的价款中包含的已到付息期但尚未领取的利息，借记“应收利息”账户，按实际支付的金额，贷记“银行存款”等账户，按其差额，借记或贷记“持有至到期投资——利息调整”账户。收到支付的价款中包含的已到付息期但尚未领取的利息，借记“银行存款”账户，贷记“应收利息”账户。

【例 3.7】 2010 年 1 月 1 日，A 公司购入甲公司于 2009 年 1 月 1 日发行的面值 800 000 元、期限 5 年，票面利率 5%、每年 12 月 31 日付息、到期还本的债券作为持有至到期投资，实

际支付的购买价款为 818 500 元，该价款中包含已到付息期但尚未支付的利息 40 000 元。

（1）购入债券：

借：持有至到期投资——成本	800 000	
应收利息	40 000	
贷：银行存款		818 500
持有至到期投资——利息调整		21 500

（2）收到债券利息：

借：银行存款	40 000	
贷：应收利息		40 000

（二）持有至到期投资利息收入的确认

持有至到期投资在持有期间应当按照摊余成本计量，并按摊余成本和实际利率计算确认当期利息收入，计入投资收益。

其中，摊余成本是指该金融资产的初始确认金额经下列调整后的结果：①扣除已偿还的本金；②加上或减去采用实际利率法将该初始确认金额与到期日金额之间的差额进行摊销形成的累计摊销额；③扣除已发生的减值损失。

实际利率是使持有至到期投资未来收回的利息和本金的现值恰好等于持有至到期投资取得成本的折现率。实际利率应当在取得持有至到期投资时确定，在该持有至到期投资预期存续期间或适用的更短期间内保持不变。

持有至到期投资如为分期付息、一次到期还本债券，应当于资产负债表日按票面利率计算确定的应收未收利息，借记“应收利息”账户，按持有至到期投资的摊余成本和实际利率计算确定的利息收入，贷记“投资收益”账户，按其差额，借记或贷记“持有至到期投资——利息调整”账户。收到分期付息、一次到期还本持有至到期投资持有期间支付的利息，借记“银行存款”账户，贷记“应收利息”账户。

持有至到期投资如为一次还本付息债券，应当于资产负债表日按票面利率计算确定的应收未收利息，借记“持有至到期投资——应计利息”账户，按持有至到期投资的摊余成本和实际利率计算确定的利息收入，贷记“投资收益”账户，按其差额，借记或贷记“持有至到期投资——利息调整”账户。

【例 3.8】甲公司对持有至到期投资采用实际利率法确认利息收入。该公司 2007 年 1 月 1 日购入面值 500 000 元、期限 5 年、票面利率 6%、每年 12 月 31 日付息、取得成本 528 000 元的乙公司债券。

（1）计算实际利率。

由于甲公司取得乙公司债券的成本高于乙公司债券的面值，因此，该项持有至到期投资的实际利率一定低于票面利率。先按 5%作为折现率进行测算。查年金现值系数表和复利现值系数表可知，5 期、5%的年金现值系数和复利现值系数分别为 4.329 476 67 和 0.783 526 17。

按折现率 $r=5\%$，乙公司债券的利息和本金计算的现值如下：

债券年利息额＝500 000×6%＝30 000（元）

利息和本金的现值＝30 000×4.329 476 67＋500 000×0.783 526 17＝521 647（元）

上式计算结果小于乙公司债券的初始确认金额，说明实际利率小于 5%，再按 4%作为折现率进行测算。查年金现值系数表和复利现值系数表可知，5 期、4%的年金现值系数和复利现值系数分别为 4.451 822 33 和 0.821 927 11。

按折现率 r=4%，乙公司债券的利息和本金计算的现值如下：

利息和本金的现值=30 000×4.451 822 33+500 000×0.821 927 11=544 518（元）

上式计算结果大于乙公司债券的初始确认金额，说明实际利率大于 4%。因此，实际利率介于 4%和 5%之间。使用插值法估算实际利率如下：

$$r=4\%+(5\%-4\%)\times\frac{544\,518-528\,000}{544\,518-521\,647}$$

由此得出，r≈4.72%。

（2）采用实际利率法编制利息收入与摊余成本计算表。

甲公司采用实际利率法编制的利息收入与摊余成本计算表，如表 3.1 所示。

表 3.1　利息收入确认及溢价摊销表

（实际利率法）

单位：元

计息日期	应计利息	实际利率	利息收入	应摊销溢价	期末摊余成本
2007 年 1 月 1 日	30 000	4.72%			52 800
2007 年 12 月 31 日	30 000	4.72%	24 922	5 078	522 922
2008 年 12 月 31 日	30 000	4.72%	24 682	5 318	517 604
2009 年 12 月 31 日	30 000	4.72%	24 431	5 569	512 035
2010 年 12 月 31 日	30 000	4.72%	24 168	5 832	506 203
2011 年 12 月 31 日	30 000	4.72%	23 797	6 203	500 000
合　计	150 000		122 000	28 000	

（3）编制各年确认利息收入和摊销利息调整的会计分录。

根据表 3.1 的计算结果，甲公司的有关账务处理如下：

2007 年 12 月 31 日，确认实际利息收入、摊销溢价：

借：应收利息　　30 000
　　贷：投资收益　　24 922
　　　　持有至到期投资——利息调整　　5 078

2008 年 12 月 31 日，确认实际利息收入、摊销溢价：

借：应收利息　　30 000
　　贷：投资收益　　24 682
　　　　持有至到期投资——利息调整　　5 318

2009 年 12 月 31 日，确认实际利息收入、摊销溢价：

借：应收利息　　30 000
　　贷：投资收益　　24 431
　　　　持有至到期投资——乙公司债券（利息调整）　　5 569

2010 年 12 月 31 日，确认实际利息收入、摊销溢价：

借：应收利息　　30 000
　　贷：投资收益　　24 168

持有至到期投资——乙公司债券（利息调整） 5 832

2011 年 12 月 31 日，确认实际利息收入、摊销溢价：

借：应收利息 30 000

贷：投资收益 23 797

持有至到期投资——乙公司债券（利息调整） 6 203

债券到期，收回债券本金和最后一期利息：

借：银行存款 530 000

贷：持有至到期投资——乙公司债券（成本） 500 000

应收利息 30 000

（三）持有至到期投资的处置与重分类

如果将某持有至到期投资处置或重分类为其他类金融资产的金额相对于该类投资在处置或重分类前的总额较大，则企业在处置或重分类后应立即将剩余的持有至到期投资重分类为可供出售金融资产。但是，遇到下列情况可以除外：

（1）处置日或重分类日距离该项投资到期日或赎回日较近（如到期前三个月内），且市场利率变化对该项投资的公允价值没有显著影响；

（2）根据合同约定的偿付方式，企业已几乎收回所有初始本金；

（3）处置或重分类是由于企业无法控制、预期不会重复发生且难以合理预计的独立事项所引起。

企业处置持有至到期投资时，应将所取得的价款与该投资账面价值之间的差额计入“投资收益”。投资的账面价值是指，投资的账面余额减掉已经计提的减值准备后的差额。持有至到期投资减值的会计处理在第八章中再详细介绍。

企业将持有至到期投资重分类为可供出售金融资产时，应将其账面价值与公允价值之间的差额计入所有者权益，在该可供出售金融资产发生减值或终止确认时转出，计入当期损益重分类为可供出售金融资产后，应以公允价值进行后续计量。

企业处置或重分类的持有至到期投资已计提减值准备的，在处置或重分类时还应结转减值准备。

【例 3.9】 甲公司因持有意图发生改变，于 2011 年 1 月 1 日，将 2008 年 1 月 1 日购入的面值 500 000 元、期限 5 年、票面利率 6%、每年 12 月 31 日付息的乙公司债券重分类为可供出售金融资产。重分类日，乙公司债券公允价值 520 000 元，账面摊余成本 512 035 元，其中，成本 500 000 元，利息调整 12 035 元。

借：可供出售金融资产——乙公司债券（成本） 520 000

贷：持有至到期投资——乙公司债券（成本） 500 000

——乙公司债券（利息调整） 12 035

资本公积——其他资本公积 7 965

第三节 可供出售金融资产

一、可供出售金融资产概述

可供出售金融资产，是指企业没有划分为以公允价值计量且其变动计入当期损益金融资产、持有至到期投资和应收款项的金融资产。例如，企业购入的在活跃市场上有报价的股票、债券，没有划分为以公允价值计量且其变动计入当期损益的金融资产或持有至到期投资等金融资产的，可归为此类。

二、可供出售金融资产的会计处理与披露

企业应当设置“可供出售金融资产”账户，核算持有的可供出售金融资产的公允价值，并按照可供出售金融资产类别与品种，分别按“成本”、“利息调整”、“应计利息”、“公允价值变动”等进行明细核算。

“可供出售金融资产——成本”账户，反映可供出售权益工具投资的初始确认金额或可供出售债务工具投资的面值。

“可供出售金融资产——利息调整”账户，反映可供出售债务工具投资的初始确认金额与其面值的差额，以及按照实际利率法分期摊销后该差额的摊余金额。

“可供出售金融资产——应计利息”账户，反映企业计提的到期一次还本付息的可供出售债务工具投资应计未付的利息。

“可供出售金融资产——公允价值变动”账户，反映可供出售金融资产公允价值变动金额。

“可供出售金融资产——利息调整”账户相关业务流转过程如图 3.3 所示。

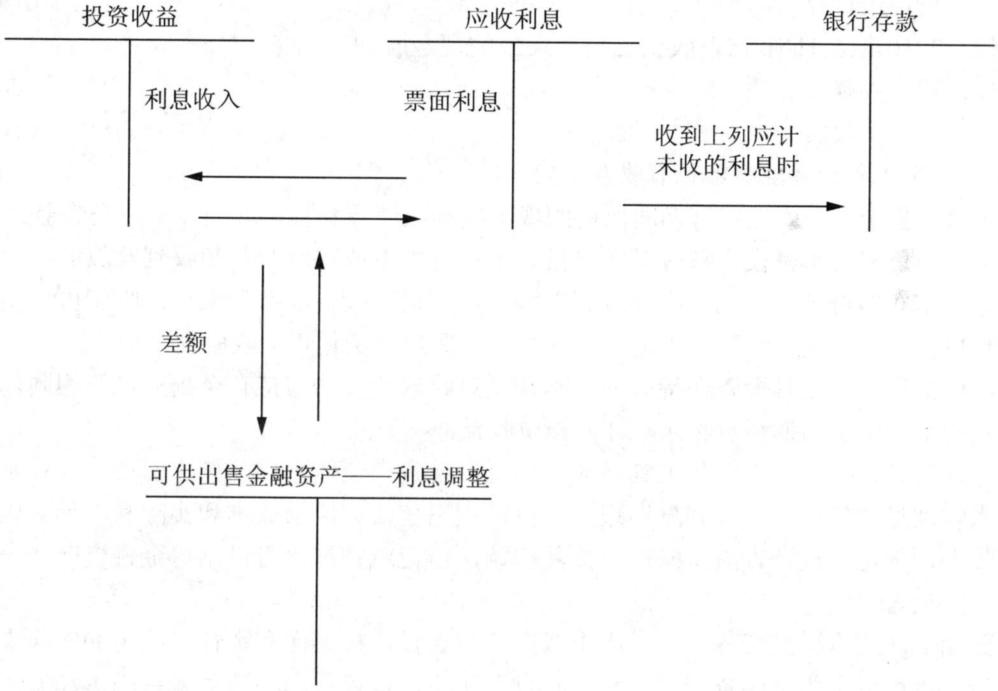

图 3.3 “可供出售金融资产——利息调整”账户流转过程

(一) 可供出售金融资产的取得

可供出售金融资产应当按取得该金融资产的公允价值和相关交易费用之和作为初始确认金额。如果支付的价款中包含已到付息期但尚未领取的债券利息或已宣告但尚未发放的

现金股利，应单独确认为应收项目，不构成可供出售金融资产的初始确认金额。

企业取得可供出售金融资产，应按其公允价值和交易费用之和，借记“可供出售金融资产——成本”账户，按支付的价款中包含的已宣告但尚未领取的现金股利，借记“应收股利”账户，按实际支付的价款，贷记“银行存款”等账户。

企业取得的可供出售金融资产为债券投资的，按其债券的面值，借记“可供出售金融资产——成本”账户，按支付的价款中包含的已到付息期但尚未领取的利息，借记“应收利息”账户，按实际支付的价款，贷记“银行存款”等账户，按差额，借记或贷记“可供出售金融资产——利息调整”账户。

收到支付的价款中包含的已宣告但尚未领取的现金股利或已到付息期但尚未领取的利息，借记“银行存款”账户，贷记“应收股利”或“应收利息”账户。

【例 3.10】2010 年 4 月 20 日，甲公司按每股 7.60 元的价格购入乙公司每股面值 1 元的股票 80 000 股作为可供出售金融资产，并支付交易费用 2 500 元。股票购买价格中包含每股 0.20 元已宣告但尚未领取的现金股利，该现金股利于 2010 年 5 月 10 日发放。

（1）2010 年 4 月 20 日，购入乙公司股票：

借：可供出售金融资产——乙公司股票（成本）	594 500	
应收股利	16 000	
贷：银行存款		610 500

（2）2010 年 5 月 10 日，收到乙公司发放的现金股利：

借：银行存款	16 000	
贷：应收股利		16 000

（二）可供出售金融资产持有收益的确认

可供出售金融资产在持有期间取得的现金股利或债券利息，应当计入投资收益。

可供出售权益工具投资持有期间被投资单位宣告发放现金股利和收到发放的现金股利的，按应享有的份额，借记“应收股利”账户，贷记“投资收益”账户；收到可供出售权益工具投资发放的现金股利，借记“银行存款”账户，贷记“应收股利”账户。

可供出售债务工具投资在持有期间确认利息收入的方法与持有至到期投资相同，即采用实际利率法确认当期利息收入，计入投资收益。

分期付息、一次还本债务工具，应于付息日或资产负债表日，按票面利率计算确定的应收未收利息，借记“应收利息”账户，按可供出售债券摊余成本和实际利率计算确定的利息收入，贷记“投资收益”账户，按其差额，借记或贷记“可供出售金融资产——利息调整”账户。

到期一次还本付息债务工具，应于资产负债表日，按票面利率计算确定的应收未收利息，借记“可供出售金融资产——应计利息”账户，按可供出售债券摊余成本和实际利率计算确定的利息收入，贷记“投资收益”账户，按其差额，借记或贷记“可供出售金融资产——利息调整”账户。收到可供出售债券投资持有期间支付的利息，借记“银行存款”账户，贷记“应收利息”账户。

【例 3.11】2010 年 1 月 1 日，甲保险公司支付价款 1 028.244 元购入某公司发行的 3 年期公司债券，该公司债券的票面总金额为 1 000 元，票面年利率为 4%，实际利率为 3%，利息每年年末支付，本金到期支付。甲保险公司将该公司债券划分为可供出售金融资产。2010 年 12 月 31 日，该债券的市场价格为 1 000.094 元。假定不考虑交易费用和其他因素的影响，甲保险公司的账务处理如下：

（1）2010 年 1 月 1 日，购入债券：

借：可供出售金融资产——成本 1 000

——利息调整 28.244

贷：银行存款 1 028.244

（2）2010 年 12 月 31 日，收到债券利息、确认公允价值变动：

借：应收利息 40

贷：投资收益 30.85

可供出售金融资产——利息调整 9.15

借：银行存款 40

贷：应收利息 40

借：资本公积——其他资本公积 19

贷：可供出售金融资产——公允价值变动 19

（三）可供出售金融资产的期末计量

可供出售金融资产的价值应按资产负债表日的公允价值计量，且公允价值的变动计入所有者权益，即资本公积（其他资本公积）。

资产负债表日，可供出售金融资产的公允价值高于其账面余额（如为可供出售债务工具投资，则指摊余成本）时，借记“可供出售金融资产——公允价值变动”账户，贷记“资本公积——其他资本公积”账户。

可供出售金融资产的公允价值低于其账面余额时，借记“资本公积——其他资本公积”账户，贷记“可供出售金融资产——公允价值变动”账户。

【例 3.12】承**【例 3.11】**，2010 年 12 月 31 日，该债券的市场价格为 1 000.094 元。假定不考虑交易费用和其他因素的影响，甲保险公司的账务处理如下：

借：资本公积——其他资本公积 19

贷：可供出售金融资产——公允价值变动 19

（四）可供出售金融资产的处置

处置可供出售金融资产时，应将取得的处置价款与该金融资产账面余额之间的差额，计入投资收益；同时，将原直接计入所有者权益的公允价值累计变动额对应处置部分的金额转出，计入投资收益。

可供出售金融资产的账面余额，是指可供出售金融资产的初始确认金额（或摊余成本）加上或减去资产负债表日累计公允价值变动（包括可供出售金融资产减值金额）后的金额。

如果在处置可供出售金融资产时，已计入应收项目的现金股利或债券利息尚未收回，还应从处置价款中扣除该部分现金股利或债券利息之后，确认处置损益。

处置可供出售金融资产时，应按实际收到的金额，借记“银行存款”账户，按该金融资产账面余额，贷记“可供出售金融资产（成本、公允价值变动、利息调整、应计利息）”账户，按应从所有者权益中转出的公允价值累计变动额，借记或贷记“资本公积——其他资本公积”账户，按其差额，贷记或借记“投资收益”账户。

【例 3.13】乙公司于 2010 年 7 月 13 日从二级市场购入股票 1 000 000 股，每股市价 15 元，另支付交易费用 30 000 元；初始确认时，该股票划分为可供出售金融资产。

乙公司 2010 年 12 月 31 日仍持有该股票，该股票当时的市价为 16 元。

2011 年 2 月 1 日，乙公司将该股票售出，售价为每股 13 元，另支付交易费用 13 000 元。假定不考虑其他因素，乙公司的账务处理如下：

（1）2010 年 7 月 13 日，购入股票：

借：可供出售金融资产——成本	15 030 000	
贷：银行存款		15 030 000

（2）2010 年 12 月 31 日，确认股票价格变动：

借：可供出售金融资产——公允价值变动	970 000	
贷：资本公积——其他资本公积		970 000

（3）2011 年 2 月 1 日，出售股票：

借：银行存款	12 987 000	
资本公积——其他资本公积	970 000	
投资收益	2 043 000	
贷：可供出售金融资产——成本		15 030 000
——公允价值变动		970 000

本 章 小 结

本章主要介绍了交易性金融资产、持有至到期投资、可供出售金融资产。

企业初始确认金融资产，应当按照公允价值计量。对于以公允价值计量且其变动计入当期损益的金融资产，相关交易费用应当计入初始确认金额。交易费用，是指可直接归属于购买、发行或处置金融工具新增的外部费用，包括支付给代理机构、咨询公司、券商等的手续费和佣金及其他必要支出，不包括债券溢价、折价、融资费用、内部管理成本及其他与交易不直接相关的费用。

金融资产公允价值变动形成的利得或损失，除与套期保值有关外，应当按照下列规定处理：①以公允价值计量且其变动计入当期损益的金融资产公允价值变动形成的利得或损失，应当计入当期损益；②可供出售金融资产公允价值变动形成的利得或损失，一般应直接计入所有者权益，在该金融资产终止确认时转出，计入当期损益。

专业词汇中英对照

金融工具 financial instrument　　金融资产 financial asset

投资收益 investment income　　交易性金融资产 held for trading financial assets

公允价值变动损益 profit and loss from fair value changes

持有至到期投资 held-to-maturity investment

可供出售金融资产 available for sale financial assets

复习思考题

一、单选题

1. 下列金融资产中，应按公允价值进行初始计量，且交易费用不计入初始入账价值的是（　　）。

A．交易性金融资产　　B．持有至到期投资

C．应收款项　　D．可供出售金融资产

2. 飞腾股份有限公司于2012年2月29日以每股6元（包含已宣告尚未发放的现金股利0.25元）的价格购入某上市公司股票25万股，作为交易性金融资产核算。购买该股票支付手续费等5万元。5月25日，收到该上市公司按每股0.25元发放的现金股利。12月31日该股票的市价为每股5.5元。2012年12月31日该股票投资的账面价值为（　　）万元。

A．125　　B．137.5　　C．150　　D．143.75

3. 新余公司于2012年1月1日，购进当日发行的面值为1 200万元的公司债券。债券的买价为1 350万元，相关税费为10万元。该公司债券票面年利率为8%，期限为5年，一次还本付息。企业将其划分为持有至到期投资，则该企业记入“持有至到期投资”账户的金额为（　　）万元。

A．1 360　　B．1 200　　C．1 350　　D．1 340

4. 未发生减值的持有至到期投资如为一次还本付息债券投资，应于资产负债表日按票面利率计算确定的利息，借记“持有至到期投资——应计利息”账户，按持有至到期投资期初摊余成本和实际利率计算确定的利息收入，贷记“投资收益”账户，按其差额，借记或贷记（　　）账户。

A．公允价值变动损益　　B．持有至到期投资——成本

C．持有至到期投资——应计利息　　D．持有至到期投资——利息调整

5. 出售持有至到期投资时，应按实际收到的金额，借记“银行存款”账户，已计提减值准备的，借记“持有至到期投资减值准备”账户，按其账面余额，贷记“持有至到期投资（成本、利息调整、应计利息）”账户，按其差额，贷记或借记（　　）账户。

A．投资收益　　B．营业外收入

C．资本公积　　D．资产减值损失

6. 华中公司于2012年10月6日从证券市场上购入东南公司发行在外的股票100万股作为可供出售金融资产，每股支付价款2元（含已宣告但尚未发放的现金股利0.25元），另支付相关费用6万元，甲企业取得可供出售金融资产时的入账价值为（　　）万元。

A．175　　B．181　　C．200　　D．206

7. 甲公司于2012年1月1日从证券市场购入乙公司发行在外的股票30 000股作为可供出售金融资产，每股支付价款10元，另支付相关费用6 000元。2008年12月31日，这部分股票的公允价值为295 000元，该价格下跌为正常的价格波动，则甲公司2008年12月31日记入“公允价值变动损益”账户的金额为（　　）元。

A．0　　B．收益14 000　　C．收益5 000　　D．损失10 000

8. 资产负债表日，企业根据金融工具确认和计量准则确定持有至到期投资发生减值的，按应减记的金额，借记“资产减值损失”账户，贷记（　　）账户。

A．投资收益　　B．公允价值变动损益

C．持有至到期投资——成本　　D．持有至到期投资减值准备

9．关于金融资产的重分类，下列说法中正确的是（　　）。

A．交易性金融资产和持有至到期投资之间不能进行重分类

B．交易性金融资产在符合一定条件时可以和贷款进行重分类

C．交易性金融资产和可供出售金融资产之间可以进行重分类

D．可供出售金融资产可以随意和持有至到期投资进行重分类

10．K 公司 2011 年 1 月 1 日购入 A 公司发行的 3 年期公司债券。公允价值为 10 560.42 万元，债券面值 10 000 万元，每半年付息一次，到期还本，票面年利率 6%，实际年利率 4%。采用实际利率法摊销，则 K 公司 2012 年 1 月 1 日持有至到期投资摊余成本为（　　）万元。

A．10 471.63　　B．10 381.06　　C．1 056.04　　D．1 047.16

二、多选题

1．下列各项中，不应记入交易性金融资产的入账价值的有（　　）。

A．支付的手续费

B．支付的印花税

C．取得时交易性金融资产的公允价值

D．已宣告但尚未发放的现金股利

2．企业持有至到期投资的特点包括（　　）。

A．有能力持有至到期

B．发生市场利率变化、流动性需要变化等情况时，将出售该金融资产

C．有明确意图持有至到期

D．到期日固定、回收金额固定或可确定

3．下列各项中，应作为持有至到期投资取得时初始成本入账的有（　　）。

A．投资时支付的税金

B．投资时支付的手续费

C．投资时支付款项中所含的已到付息期但尚未领取的利息

D．投资时支付的不含应收利息的价款

4．下列金融资产中，应按摊余成本进行后续计量的有（　　）。

A．交易性金融资产　　B．持有至到期投资

C．可供出售债务工具　　D．贷款

5．下列有关可供出售金融资产会计处理的表述中，正确的有（　　）。

A．可供出售金融资产发生的减值损失应记入所有者权益

B．以外币计价的可供出售货币性金融资产发生的汇兑差额应记入当期损益

C．可供出售金融资产持有期间取得的现金股利应冲减资产成本

D．取得可供出售金融资产发生的交易费用应记入初始确认金额

三、思考题

1．交易性金融资产的主要内容和基本特征是什么？

2．如何确认交易性金融资产的投资收益？

3．简述可供出售金融资产的主要内容和基本特征。

4．如何区分交易性金融资产与可供出售金融资产？

5．如何确认持有至到期投资？

6．简述持有至到期投资债券利息调整摊销直线法和实际利率法的特点及其优缺点。

四、业务处理题

1．2008 年 1 月 1 日，甲公司从股票二级市场以每股 15 元的价格购入乙公司发行的股票 200 000 股，占乙公司有表决权股份的 5%，对乙公司无重大影响，划分为可供出售金融资产。2008 年 5 月 10 日，甲公司收到乙公司发放的上年现金股利 40 000 元。2008 年 12 月 31 日，该股票的市场价格为每股 13 元。甲公司预计该股票的价格下跌是暂时的。

2009 年，乙公司因违反相关证券法规，受到证券监管部门查处。受此影响，乙公司股票的价格发生下跌。至 20×7 年 12 月 31 日，该股票的市场价格下跌到每股 8 元。

要求：假定 2009 年未分派现金股利，不考虑其他因素，要求作出甲公司的相关账务处理。

2．2009 年 5 月 6 日，甲公司支付价款 10 160 000 元（含交易费用 20 000 元和已宣告发放现金股利 140 000 元），购入乙公司发行的股票 200 000 股，占乙公司有表决权股份的 0.5%。甲公司将其划分为可供出售金融资产。

2009 年 5 月 10 日，甲公司收到乙公司发放的现金股利 140 000 元。

2009 年 6 月 30 日，该股票市价为每股 52 元。

2009 年 12 月 31 日，甲公司仍持有该股票；当日，该股票市价为每股 50 元。

2010 年 5 月 9 日，乙公司宣告发放股利 40 000 000 元。

2010 年 5 月 13 日，甲公司收到乙公司发放的现金股利。

2010 年 5 月 20 日，甲公司以每股 49 元的价格将股票全部转让。

要求：假定不考虑其他因素，编制甲公司的账务处理。

3．甲股份有限公司 2005 年 1 月 1 日购入乙公司当日发行的五年期债券，准备持有至到期。债券的票面利率为 12%，债券面值 1 000 元，企业按每张 1 050 元的价格购入 80 张。该债券每年年末付息一次，最后一年还本并付最后一次利息。假设甲公司按年计算利息。假定不考虑相关税费。该债券的实际利率为 10.66%。

要求：作出甲公司有关上述债券投资的会计处理（计算结果保留整数）。

4．某股份有限公司 2009 年有关交易性金融资产的资料如下：

（1）3 月 1 日以银行存款购入 A 公司股票 50 000 股，并准备随时变现，每股买价 16 元，同时支付相关税费 4 000 元。

（2）4 月 20 日 A 公司宣告发放的现金股利每股 0.4 元。

（3）4 月 21 日又购入 A 公司股票 50 000 股，并准备随时变现，每股买价 18.4 元（其中包含已宣告发放尚未支取的股利每股 0.4 元），同时支付相关税费 6 000 元。

（4）4 月 25 日收到 A 公司发放的现金股利 20 000 元。

（5）6 月 30 日 A 公司股票市价为每股 16.4 元。

（6）7 月 18 日该公司以每股 17.5 元的价格转让 A 公司股票 60 000 股，扣除相关税费 10 000 元，实得金额为 1 040 000 元。

（7）12 月 31 日 A 公司股票市价为每股 18 元。

要求：根据上述经济业务编制有关会计分录。

五、案例分析题

永丰股份有限公司在 2012 年发生如下经济业务：

（1）永丰股份有限公司于 2012 年 3 月 10 日购入永丰 B 公司宣告分配现金股利，每股 0.5 元。永丰股份有限公司于 2012 年 4 月 10 日收到应得现金股利。2012 年 6 月 30 日该批股票的市价为 44 万元。2012 年 8 月 10 日，永丰股份有限公司将 B 公司股票对外转让 5 万股，价款 28 万元。

（2）永丰股份有限公司于 2012 年 8 月 1 日从证券市场上购入 B 公司 2012 年 1 月 1 日发行的债券一批作为交易性金融资产。该批债券面值为 100 000 元，两年期，每年 1 月 1 日和 7 月 1 日支付利息，票面利率为 6%。永丰股份有限公司在购入上述债券时实际支付价款 104 000 元，另支付相关税费 2 000 元。由于 B 公司资金周转出现困难，2012 年上半年利息于 2012 年 8 月 5 日才予以支付。永丰股份有限公司于 2012 年 8 月 20 日将上述债券全部转让，实得款项 104 000 元。

要求：

（1）说明永丰公司在财务报告中如何报告“交易性金融资产”项目及在表外如何披露该项目。

（2）说明在经济业务处理过程中运用的知识要点及法规依据。

第四章

长期股权投资

本章导读

本章将在介绍长期股权投资的内容的基础上，重点介绍长期股权投资的初始计量、长期股权投资后续计量的成本法和权益法，以及两种方法的转换。通过本章学习，应能够：

- 了解长期股权投资的概念和内容；
- 掌握长期股权投资初始计量的核算；
- 掌握长期股权投资后续计量的成本法和权益法；
- 掌握长期股权投资成本法和权益法进行转换的核算。

导入案例

A公司由甲、乙、丙三个法人共同出资设立，其中甲出资600万元占A公司60%的股权，乙出资300万元占A公司30%的股权，丙出资100万元占A公司10%的股权。A公司为非上市公司，甲、乙、丙公司对于A公司的投资都作为长期股权投资进行核算。对于取得A公司股权时，甲、乙、丙公司的账务处理是否相同？应如何进行账务处理？后续A公司经营过程中有盈利或亏损，以及进行现金股利的分配时甲、乙、丙公司又该如何进行账务处理？

第一节　长期股权投资的初始计量

一、长期股权投资的内容及初始计量原则

（一）长期股权投资的内容

长期股权投资，是指企业准备长期持有的权益性投资，企业持有的下列权益性投资，在初始确认时应当划分为长期股权投资。

1．具有控制的权益性投资

企业持有的能够对被投资单位实施控制的权益性投资，应当划分为长期股权投资。控制，是指有权决定一个企业的财务和经营政策，并能据以从该企业的经营活动中获取利益。控制包括以下两种情形：

（1）投资企业直接拥有被投资单位半数以上的表决权资本。

（2）投资企业虽未直接拥有被投资单位半数以上的表决权资本，但通过其他方式对被投资单位具有实质控制权。这种情形具体又包括：通过与其他投资者的协议，投资企业拥有被投资单位半数以上有表决权资本的控制权；根据章程或协议，投资企业有权决定被投资单位的财务和经营政策；投资企业有权任免被投资单位董事会或类似权力机构的多数成员；投资企业在被投资单位董事会或类似权力机构会议上有半数以上投票权。

投资企业能够对被投资单位实施控制的，被投资单位为其子公司，投资企业应当将子公司纳入合并报表的合并范围。

2. 具有共同控制的权益性投资

企业持有的能够与其他合营方一同对被投资单位实施共同控制的权益性投资，应当划分为长期股权投资。共同控制，是指按照合同约定对某项经济活动所共有的控制，仅在与该项经济活动相关的重要财务和经营决策需要分享控制权的投资方一致同意时存在。例如，由两个以上企业共同投资设立一个实体，投资各方持股比例相同，任何一方均不能单独控制该实体的重要财务和经营决策，而须由投资各方共同决定。

投资企业与其他各方对被投资单位实施共同控制的，被投资单位为其合营企业。

3. 具有重大影响的权益性投资

企业持有的能够对被投资单位施加重大影响的权益性投资，应当划分为长期股权投资。重大影响，是指对一个企业的财务和经营政策有参与决策的权力，但并不能够控制或者与其他各方一起控制这些政策的制定。在通常情况下，当投资企业直接或通过子公司间接拥有被投资单位 20%或以上表决权资本，但未形成控制或共同控制的，可以认为对被投资单位具有重大影响，除非有确凿证据表明投资企业不能参与被投资单位的生产经营决策，不能对投资单位形成重大影响。投资企业拥有被投资单位的表决权资本不足 20%，一般认为对被投资单位不具有重大影响，但具有下列情况之一的，可以认为对被投资单位具有重大影响：在被投资单位董事会或类似权力机构中派有代表；参与被投资单位的政策制定过程，包括股利分配政策等的制定；与被投资单位之间发生重要交易；向被投资单位派出管理人员；向被投资单位提供关键技术资料。

投资企业能够对被投资单位施加重大影响的，被投资单位为其联营企业。

4. 不具有控制、共同控制或重大影响，并且在活跃市场中没有报价、公允价值不能可靠计量的权益性投资

企业持有的对被投资单位不具有控制、共同控制或重大影响，并且在活跃市场中没有报价、公允价值不能可靠计量的零星权益性投资，应当划分为长期股权投资。

除上述四种情况外，企业持有的其他权益性投资，应当按照金融工具确认和计量准则的规定，在初始确认时划分为以公允价值计量且其变动记入当期损益的金融资产或可供出售金融资产。

（二）长期股权投资的初始计量原则

（1）企业在取得长期股权投资时，应按初始投资成本入账。长期股权投资可以通过企业合并形成，也可以通过企业合并以外的其他方式取得，在不同的取得方式下，初始投资成本的确定方法有不同。企业应当分别企业合并和非企业合并两种情况确定长期股权投资的初始投资成本。

（2）企业取得长期股权投资时，如果实际支付的价款或其他对价中包含已宣告但尚未发放的现金股利或利润，则该现金股利或利润在性质上属于暂付应收项目，应作为应收项

目单独入账，不构成长期股权投资的初始投资成本。

二、企业合并形成的长期股权投资

企业合并，是指将两个或两个以上单独的企业合并形成一个报告主体的交易或事项。企业合并通常包括吸收合并、新设合并和控股合并三种形式。其中，吸收合并和新设合并均不形成投资关系，只有控股合并形成投资关系。因此，企业合并形成的长期股权投资，是指控股合并所形成的投资企业对被投资单位的股权投资。

企业合并形成的长期股权投资，初始投资成本的确定应遵循《企业会计准则第 20 号——企业合并》的相关原则，即应区分企业合并的类型，分为同一控制下控股合并与非同一控制下控股合并确定形成长期股权投资的成本。

（一）同一控制下企业合并

参与合并的企业在合并前后均受同一方或相同的多方最终控制且该控制并非暂时性的，为同一控制下企业合并。

合并方以支付现金、转让非现金资产或承担债务方式作为合并对价的，应当在合并日按照取得被合并方所有者权益账面价值的份额作为长期股权投资的初始投资成本。长期股权投资的初始投资成本与支付的现金、转让的非现金资产及所承担债务账面价值之间的差额，应当调整资本公积；资本公积不足冲减的，调整留存收益；合并方以发行权益性证券作为合并对价的，应按发行股份的面值总额作为股本，长期股权投资初始投资成本与所发行股份面值总额之间的差额，应当调整资本公积；资本公积不足冲减的，调整留存收益。

具体进行会计处理时，合并方在合并日按取得被合并方所有者权益账面价值的份额，借记“长期股权投资”账户，按应享有被投资单位已宣告但尚未发放的现金股利或利润，借记“应收股利”账户，按支付的合并对价的账面价值，贷记有关资产或负债账户，按其差额，贷记“资本公积——资本溢价或股本溢价”账户；如为借方差额，应借记“资本公积——资本溢价或股本溢价”账户，资本公积（资本溢价或股本溢价）不足冲减的，借记“盈余公积”、“利润分配——未分配利润”账户。上述业务如以发行权益性证券方式进行的，应按发行权益性证券的面值总额，贷记“股本”账户。合并过程中发生的相关费用计入管理费用。

同一控制下企业合并业务账户图如图 4.1 所示。

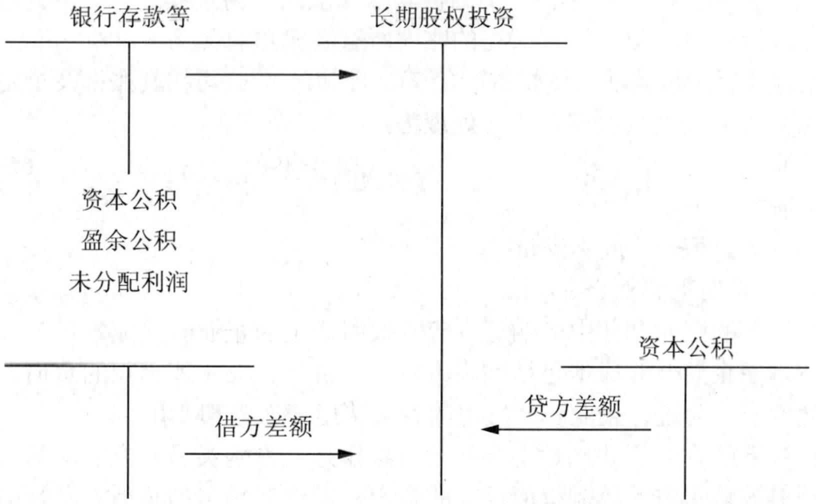

图 4.1　同一控制下企业合并业务账户图

在确定同一控制下企业合并形成的长期股权投资时，应注意企业合并前合并方与被合并方适用的会计政策不同的，在以被合并方的账面价值为基础确定形成的长期股权投资成本时，首先应基于重要性原则，统一合并方与被合并方的会计政策。在按照合并方的会计政策对被合并方资产、负债的账面价值进行调整的基础上，计算确定长期股权投资的初始投资成本。

【例 4.1】2012 年 3 月 25 日，集团内有 A 子公司，支付无形资产账面原价 1 200 万元，累计摊销 200 万元，公允价值 1 600 万元；取得同一集团内 B 子公司 60%股权。合并日被合并方所有者权益账面价值为 1 500 万元，合并方资本公积账面余额 70 万元，盈余公积账面余额 20 万元。合并过程中发生律师费 10 万元。

A、B 公司属于同一集团下的两个子公司，因此，该合并为同一控制下的企业合并。A 公司在合并日的账务处理如下：

（1）长期股权投资初始确定金额＝1 500×60%＝900（万元）

（2）合并对价＝1 200－200＝1 000（万元）

（3）借方差额＝100（万元）

分别冲销：资本公积 70 万元，盈余公积 20 万元，未分配利润 10 万元。

借：长期股权投资——B 公司	900	
资本公积	70	
盈余公积	20	
未分配利润	10	
累计摊销	200	
贷：无形资产		1 200
借：管理费用	10	
贷：银行存款		10

【例 4.2】2012 年 6 月 30 日，A 公司向同一集团内 B 公司的原股东定向增发 1 500 万股普通股（每股面值为 1 元，市价为 13.02 元），取得 B 公司 100%的股权，并于当日起能够对 B 公司实施控制。合并后 B 公司仍维持其独立法人资格继续经营。两公司在企业合并前采用的会计政策相同。合并日 B 公司的账面所有者权益总额为 6 606 万元。

B 公司在合并后维持其法人资格继续经营，合并日 A 公司在其账簿及个别财务报表中应确认对 B 公司的长期股权投资，账务处理为：

借：长期股权投资	66 060 000	
贷：股本		15 000 000
资本公积——股本溢价		51 060 000

（二）非同一控制下企业合并

非同一控制下的企业合并中，购买方应当按照确定的企业合并成本作为长期股权投资的初始投资成本。企业合并成本包括购买方付出的资产、发生或承担的负债、发行的权益性证券的公允价值；为进行企业合并发生的各项费用计入管理费用。

非同一控制下的企业合并，是将合并行为看作是一方购买另一方的交易，原则上，购买方为了取得对被购买方的控制权而放弃的资产、发生或承担的负债、发行的权益性证券等均应按其在购买日的公允价值计量，所有为进行企业合并而支付对价的公允价值之和作为合并中形成长期股权投资的成本。其中，支付非货币性资产为对价的，所支付非货币性资产在购买日的公允价值与其账面价值的差额应作为资产处置损益，计入企业合并当期的利润表。

【例 4.3】A 公司于 2012 年 3 月 31 日取得了 B 公司 70%的股权。合并中，A 公司支付的有关资产在购买日的账面价值与公允价值如表 4.1 所示。合并中，A 公司为核实 B 公司的资产价值，聘请专业资产评估机构对 B 公司的资产进行评估，支付评估费用 1 000 000 元。本例中假定合并前 A 公司与 B 公司及其股东不存在任何关联方关系。

表 4.1 A 公司支付的有关资产购买日的账面价值和公允价值

2012 年 3 月 31 日　　单位：元

项　目	账面价值	公允价值
土地使用权	20 000 000 （成本为 30 000 000，累计摊销 10 000 000）	32 000 000
专利技术	8 000 000 （成本为 10 000 000，累计摊销 2 000 000）	10 000 000
银行存款	8 000 000	8 000 000
合　计	36 000 000	50 000 000

分析：本例中因 A 公司于 B 公司及其股东在合并前不存在任何关联方关系，应作为非同一控制下的企业合并处理。

A 公司对于合并形成的对 B 公司的长期股权投资，应按支付对价的公允价值确定其初始投资成本。A 公司应进行的账务处理为：

借：长期股权投资　　50 000 000
　　累计摊销　　12 000 000
　　贷：无形资产　　40 000 000
　　　　银行存款　　8 000 000
　　　　营业外收入　　14 000 000
借：管理费用　　1 000 000
　　贷：银行存款　　1 000 000

除了通过一次性的交换交易实现的企业合并外，如果企业合并中通过多次交换交易，分别取得股权最终形成企业合并的，在达到企业合并时点的合并成本为每一单项交换交易的成本之和。其中：形成企业合并前企业对持有的对被购买方长期股权投资采用成本法核算的，其长期股权投资在购买日的成本应为原账面价值加上购买日为取得进一步的股份支付的对价公允价值之和；形成企业合并前企业对持有的对被购买方长期股权投资采用权益法核算的，在购买日应对权益法下长期股权投资的账面价值进行调整，调整至其最初取得成本，在此基础上加上购买日新支付对价的公允价值作为购买日长期股权投资的成本。

三、企业合并外以其他方式取得的长期股权投资

其他方式取得的长期股权投资，取得时初始投资成本的确定应遵循以下规定：

（1）以支付现金取得的长期股权投资，应当按照实际支付的购买价款作为长期股权投

资的初始投资成本，包括购买过程中支付的手续费等必要支出，但不包括被投资单位已宣告发放的现金股利或利润。

【例 4.4】甲公司于 2012 年 2 月 10 日，自公开市场中买入乙公司 22%的股份，实际支付价款 90 000 000 元。在购买过程中支付手续费等相关费用 1 000 000 元。该股份取得后能够对乙公司施加重大影响。

甲公司应当按照实际支付的购买价款作为取得长期股权投资的成本，其账务处理为：

借：长期股权投资——乙公司	91 000 000	
贷：银行存款		91 000 000

（2）以发行权益性证券方式取得的长期股权投资，其成本为所发行权益性证券的公允价值。为发行权益性证券支付的手续费、佣金等应自权益性证券的溢价发行收入中扣除，溢价收入不足的，应冲减盈余公积和未分配利润。

【例 4.5】2012 年 3 月，甲公司通过增发 30 000 000 股（每股面值 1 元）本企业普通股为对价取得对乙公司 20%的股权。按照增发前一定时期的平均股价计算，该 30 000 000 股普通股的公允价值为 63 000 000 元。为增发该部分普通股，甲公司支付了 2 000 000 元的佣金和手续费。取得乙公司该部分股权后，甲公司能够对乙公司施加重大影响。

本例中甲公司应当以所发行股份的公允价值作为取得长期股权投资的成本。

借：长期股权投资——乙公司（成本）	63 000 000	
贷：股本		30 000 000
资本公积——股本溢价		33 000 000
借：资本公积——股本溢价	2 000 000	
贷：银行存款		2 000 000

（3）投资者投入的长期股权投资，应当按照投资合同或协议约定的价值作为初始投资成本，但合同或协议约定价值不公允的除外。

投资者投入的长期股权投资，是指投资者以其持有的对第三方的投资作为出资投入企业，接受投资的企业在确定所取得的长期股权投资的成本时，原则上应按照投资各方在投资合同或协议中约定的价值作为其初始投资成本。例外的情况是，如果投资各方在投资合同或协议中约定的价值明显高于或低于该项投资公允价值的，应以公允价值作为长期股权投资的初始投资成本，由该项出资构成实收资本（或股本）的部分与确认的长期股权投资初始投资成本之间的差额，相应调整资本公积（资本溢价）。

【例 4.6】A 公司以其持有的对 B 公司的长期股权投资作为出资，在 C 股份公司增资扩股的过程中投入 C 公司，取得 C 公司 10 000 000 股普通股（每股面值为 1 元）。该项对 B 公司的投资本身不存在活跃的市场，无法取得其公允价值信息，但根据 C 公司股票在增资扩股后的价格判断，该项作为出资的长期股权投资的公允价值约为 40 000 000 元。C 公司取得 B 公司股权后，无法对 B 公司实施控制、共同控制或是施加重大影响，也无法通过合理的方式确定其公允价值。

C 公司应进行的账务处理为：

借：长期股权投资——B 公司	40 000 000	
贷：股本		10 000 000
资本公积——股本溢价		30 000 000

四、投资成本中包含的已宣告尚未发放现金股利或利润的处理

企业无论是以何种方式取得长期股权投资，取得投资时，对于被投资单位已经宣告发放的现金股利或利润应作为应收项目单独核算，不构成长期股权投资成本。

【例 4.7】沿用【例 4.4】中有关资料，假定在甲公司取得该项投资时，乙公司已经宣告发放现金股利或利润，甲公司按其持股比例计算确定可分得 600 000 元。则甲公司在确定该长期股权投资成本时，不应包括被投资单位已经宣告发放的现金股利：

借：长期股权投资——乙公司	90 400 000	
应收股利	600 000	
贷：银行存款		91 000 000

第二节　长期股权投资的后续计量

企业取得的长期股权投资，在确定其初始投资成本后，持续持有期间，视对被投资单位的影响程度等情况的不同，应分别采用成本法及权益法进行核算。

一、成本法及权益法核算的范围

投资企业对被投资单位具有共同控制或重大影响的长期股权投资，应当采用权益法核算。投资企业持有的对子公司投资，在母公司个别财务报表中按成本法核算。除此之外，投资企业持有的对被投资单位不具有控制、共同控制或重大影响，并且在活跃市场中没有报价、公允价值不能可靠计量的长期股权投资，也应采用成本法进行核算。

二、长期股权投资的成本法

企业持有的对子公司投资及对被投资单位不具有控制、共同控制或重大影响，且在活跃市场中没有报价、公允价值不能可靠计量的长期股权投资应当采用成本法核算。

采用成本法核算的长期股权投资，初始投资或追加投资时，按照初始投资或追加投资时的成本增加长期股权投资的账面价值，同一控制下的控股合并形成的长期股权投资初始投资成本为合并日取得被合并方账面所有者权益的份额。

被投资单位宣告分派的现金股利或利润中，投资企业享有的部分，应确认为当期投资收益。投资企业在确认自被投资单位应分得的现金股利或利润后，应当考虑长期股权投资是否发生减值。在判断该类长期股权投资是否存在减值迹象时，应当关注长期股权投资的账面价值是否大于享有被投资单位净资产（包括相关商誉）账面价值的份额等情况。出现类似情况时，企业应当按照《企业会计准则第 8 号——资产减值》的规定对长期股权投资进行减值测试，可收回金额低于长期股权投资账面价值的，应当计提减值准备。长期股权投资减值的处理在第八章中进行介绍。

【例 4.8】甲公司于 2011 年 4 月 10 日取得乙公司 6%的股权，成本为 12 000 000 元。2012 年 2 月 6 日，乙公司宣告分派利润，甲公司按照持股比例可取得 100 000 元。假定甲公司在取得乙公司股权后，对乙公司的财务和经营决策不具有控制、共同控制或重大影响，且该投资不存在活跃的交易市场、公允价值无法可靠取得。乙公司于 2012 年 2 月 12 日实际分派利润。

甲公司应进行的账务处理为：

借：长期股权投资——乙公司　　12 000 000

　　贷：银行存款　　12 000 000

借：应收股利　　100 000

　　贷：投资收益　　100 000

借：银行存款　　100 000

　　贷：应收股利　　100 000

进行上述处理后，如相关长期股权投资存在减值迹象的，应当进行减值测试。

三、长期股权投资的权益法

投资企业对被投资单位具有共同控制或重大影响的长期股权投资，应当采用权益法核算。在确定能否对被投资单位实施共同控制或重大影响时，应当考虑投资企业和其他方持有的被投资单位当期可转换公司债券、当期可执行认股权证等潜在表决权因素的影响。

初始投资或追加投资时，按照初始投资成本或追加投资的成本，增加长期股权投资的账面价值。比较初始投资成本与投资时应享有被投资单位可辨认净资产公允价值的份额，对于初始投资成本大于应享有被投资单位可辨认净资产公允价值份额的，不要求调整长期股权投资的成本；对于初始投资成本小于应享有被投资单位可辨认净资产公允价值份额的，应对长期股权投资的成本进行调整，并计入取得当期的损益。

持有投资期间，随着被投资单位所有者权益的变动相应调整增加或减少长期股权投资的账面价值，并分情况处理：对属于因被投资单位实现净损益产生的所有者权益的变动，投资企业按照持股比例计算应享有的份额，增加或减少长期股权投资的账面价值，同时确认为当期投资损益；对被投资单位除净损益以外其他因素导致的所有者权益变动，在持股比例不变的情况下，按照持股比例计算应享有或应分担的份额，增加或减少长期股权投资的账面价值，同时确认为资本公积（其他资本公积）。

被投资单位宣告分派现金股利或利润时，投资企业按持股比例计算应分得的部分，一般应冲减长期股权投资的账面价值。

（一）初始投资成本的调整

投资企业取得对联营企业或合营企业的投资以后，对于取得投资时点上投资成本与应享有被投资单位可辨认净资产公允价值份额之间的差额，应区别以下情况处理：

（1）投资成本大于取得投资时应享有被投资单位可辨认净资产公允价值份额的，该部分差额体现为投资企业在购入该项投资过程中通过作价体现出的与所取得股权份额相对应的商誉。该部分差额不要求调整长期股权投资的成本。

（2）投资成本小于取得投资时应享有被投资单位可辨认净资产公允价值份额的，两者之间的差额体现为交易双方在作价过程中转让方对投资企业给予的让步或是出于其他方面的考虑给予投资企业的无偿经济利益流入，应计入取得投资当期的损益。

【例 4.9】A 公司于 2012 年 1 月 1 日取得 B 公司 30%的股权，实际支付价款 30 000 000 元。取得投资时被投资单位账面所有者权益的构成如下（假定该时点被投资单位各项可辨认资产、负债的公允价值与其账面价值相同，单位：元）：

实收资本	30 000 000
资本公积	24 000 000
盈余公积	6 000 000
未分配利润	15 000 000
所有者权益总额	75 000 000

假定在 B 公司的董事会中，所有股东均以其持股比例行使表决权。A 公司在取得对 B 公司的股权后，派人参与了 B 公司的财务和生产经营决策。因能够对 B 公司的生产经营决策施加重大影响，A 公司对该项投资采用权益法核算。取得投资时，A 公司应进行的账务处理为：

借：长期股权投资——B 公司——成本　　30 000 000

　　贷：银行存款　　30 000 000

长期股权投资的成本 30 000 000 元大于取得投资时应享有 B 公司可辨认净资产公允价值的份额 22 500 000 元（75 000 000×30%），不对其初始投资成本进行调整。

假定上例中取得投资时 B 公司可辨认净资产公允价值为 120 000 000 元，A 公司按持股比例 30%计算确定应享有 36 000 000 元，则初始投资成本与应享有 B 公司可辨认净资产公允价值份额之间的差额 6 000 000 元应计入取得投资的当期损益。

借：长期股权投资——B 公司——成本　　36 000 000

　　贷：银行存款　　30 000 000

　　　　营业外收入　　6 000 000

（二）投资损益的确定

1. 一般原则

（1）在确认应享有或应分担被投资单位的净利润或净亏损时，如果取得投资时被投资单位各项资产、负债的公允价值与其账面价值不同的，投资企业在计算确定投资收益时，不能完全以被投资单位自身核算的净利润与持股比例计算确定，而是需要在被投资单位实现净利润的基础上经过适当调整后确定。

在确认应享有被投资单位的净利润或净亏损时，主要应考虑以下因素对被投资单位净利润的影响：

一是以取得投资时被投资单位固定资产、无形资产的公允价值为基础计提的折旧额或摊销额对被投资单位净利润的影响。如取得投资时被投资单位固定资产公允价值高于账面价值，对于投资企业来讲，相关固定资产的折旧额应以取得投资时该固定资产的公允价值为基础确定，并根据被投资单位已计提的折旧额与对于投资企业来讲应计提的折旧额之间的差额，对被投资单位的净利润进行调整。

二是被投资单位有关长期资产以投资企业取得投资时的公允价值为基础计算确定的减值准备金额对被投资单位净利润的影响。

三是被投资单位采用的会计政策和会计期间与投资企业不一致时，应按投资企业的会计政策和会计期间对被投资单位的财务报表进行调整，以调整后的净利润为基础计算确认投资损益。

投资企业无法合理确定取得投资时被投资单位各项可辨认资产公允价值的，或者投资时被投资单位可辨认资产的公允价值与账面价值相比，两者之间的差额不具重要性的，或是无法取得对被投资单位净利润进行调整所需资料的，可以按照被投资单位的账面净利润与持股比例计算的结果直接确认为投资损益。

【例 4.10】沿用【例 4.9】，假定 A 公司长期股权投资的成本大于取得投资时 B 公司可辨认净资产公允价值份额的情况下，2012 年 B 公司实现净利润 8 000 000 元。A 公司、B 公司均以公历年度作为会计年度，采用相同的会计政策。由于投资时 B 公司各项资产、负债的账面价值与其公允价值相同，不需要对 B 公司的净利润进行调整，A 公司应确认的投资收益为 2 400 000 元（8 000 000×30%），一方面增加长期股权投资的账面价值，另一方面作为利润表中的投资收益确认。

A 公司的会计处理如下：

借：长期股权投资——B 公司——损益调整　　2 400 000

　　贷：投资收益——B 公司　　2 400 000

【例 4.11】甲公司于 2012 年 1 月 2 日购入乙公司 30%的股份，购买价款为 20 000 000 元，并自取得股份之日起派人参与乙公司的生产经营决策。取得投资日，乙公司可辨认净资产公允价值为 60 000 000 元，除表 4.2 中所列项目外，其他资产、负债的公允价值与账面价值相同（单位：元）。

表 4.2　乙公司部分项目金额

2011 年 12 月 31 日　　单位：元

项　目	账面原价	已提折旧	公允价值	原预计使用年限	剩余使用年限
存　货	5 000 000		7 000 000		
固定资产	10 000 000	2 000 000	12 000 000	20	16
无形资产	6 000 000	1 200 000	8 000 000	10	8
小　计	21 000 000	3 200 000	27 000 000		

假定乙公司 2012 年实现净利润 6 000 000 元，其中在甲公司取得投资时的账面存货 5 000 000 元中有 80%对外出售。甲公司与乙公司的会计年度和采用的会计政策相同。

甲公司在确定其应享有乙公司 2012 年的投资收益时，应在乙公司实现净利润的基础上，根据取得投资时有关资产的账面价值与其公允价值差额的影响进行调整（假定不考虑所得税影响）：

调整后的净利润＝6 000 000－（7 000 000－5 000 000）×80%－（12 000 000÷16－10 000 000÷20）－（8 000 000÷8－6 000 000÷10）＝3 750 000（元）

甲公司应享有份额＝3 750 000×30%＝1 125 000（元）

借：长期股权投资——乙公司——损益调整　　1 125 000

　　贷：投资收益　　1 125 000

（2）在确认投资收益时，除考虑有关资产、负债的公允价值与账面价值差异的调整外，对于投资企业与其联营企业和合营企业之间发生的未实现内部交易损益也应予以抵销。即投资企业与联营企业及合营企业之间发生的未实现内部交易损益按照持股比例计算归属于投资企业的部分应当予以抵销，在此基础上确认投资损益。投资企业与被投资单位发生的内部交易损失，按照《企业会计准则第 8 号——资产减值》等规定属于资产减值损失的，应当全额确认。投资企业对于纳入其合并范围的子公司与其联营企业及合营企业之间发生的内部交易损益，也应当按照上述原则进行抵销，在此基础上确认投资损益。

2. 取得现金股利或利润的处理

采用权益法核算的长期股权投资，投资企业自被投资单位取得的现金股利或利润，应冲减长期股权投资的账面价值。在被投资单位宣告分派现金股利或利润时，借记“应收股利”账户，贷记“长期股权投资——损益调整”账户。

【例 4.12】沿用【例 4.10】，2013 年 2 月 10 日 B 公司宣告分派现金股利 5 000 000 元，并于 3 月 10 日发放。

A 公司应确认的现金股利为 1 500 000 元（5 000 000×30%），一方面增加应收股利，另一方面减少长期股权投资的账面价值。

A 公司的会计处理如下：

借：应收股利　　1 500 000

　　贷：长期股权投资——B 公司——损益调整　　1 500 000

3. 超额亏损的确认

权益法下，投资企业确认应分担被投资单位发生的损失，原则上应以长期股权投资及其他实质上构成长期权益的项目减记至零为限，投资企业负有承担额外损失义务的除外。这里所讲“其他实质上构成长期权益的项目”主要是指长期性的应收项目等，应收被投资单位的长期债权从目前来看没有明确的清偿计划，并且在可预见的未来期间也不可能进行清偿的，从实质上来看，即构成长期权益。

采用权益法核算的情况下，投资企业在确认应分担被投资单位发生的亏损时，应按照以下顺序处理：

首先，减记长期股权投资的账面价值。

其次，在长期股权投资的账面价值减记至零的情况下，考虑是否有其他构成长期权益的项目，如果有，则以其他实质上构成对被投资单位长期权益的账面价值为限，继续减记。

最后，在有关其他实质上构成对被投资单位长期权益的价值也减记至零的情况下，如果按照投资合同或协议约定，投资企业需要承担额外义务的，则需按预计将承担责任的金额确认相关的损失。

除按上述顺序已确认的损失以外仍有额外损失的，应在账外作备查登记，不再予以确认。

在确认了有关投资损失以后，被投资单位于以后期间实现盈利的，应按以上相反顺序恢复其他实质上构成对被投资单位净投资的长期权益及长期股权投资的账面价值。

【例 4.13】甲公司持有乙公司 40%的股权，2011 年 12 月 31 日的账面价值为 20 000 000 元，包括投资成本及因乙公司实现净利润而确认的投资收益。乙公司 2012 年由于一项主要经营业务市场条件发生骤变，当年度发生亏损 30 000 000 元。假定甲公司在取得投资时，乙公司各项可辨认资产、负债的公允价值与其账面价值相同，采用的会计政策和会计期间也相同。则甲公司 2012 年应确认的投资损失为 12 000 000 元。确认上述投资损失后，长期股权投资的账面价值变为 8 000 000 元。如果乙公司 2012 年的亏损额为 60 000 000 元，则甲公司按其持股比例确认应分担的损失为 24 000 000 元（60 000 000×40%），但期初长期股权投资的账面价值仅为 20 000 000 元，如果没有其他实质上构成对被投资单位净投资的长期权益项目，则甲公司应确认的投资损失仅为 20 000 000 元，超额损失在账外进行备查登记；如果在确认了 20 000 000 元的投资损失后，甲公司账上仍有应收乙公司的长期应收款 8 000 000 元（实质上构成对乙公司净投资），则在长期应收款的账面价值大于 4 000 000 元的情况下，应进一步确认投资损失 4 000 000 元。甲公司应进行的账务处理为：

借：投资收益　　24 000 000

　　贷：长期股权投资——乙公司——成本、损益调整　　20 000 000

　　　　长期应收款——乙公司——超额亏损　　4 000 000

（三）被投资单位除净损益外所有者权益的其他变动

采用权益法核算的情况下，投资企业对于被投资单位除净损益外所有者权益的其他变动，在持股比例不变的情况下，应按照持股比例与被投资单位除净损益以外的所有者权益的其他变动中归属于本企业的部分，相应调整长期股权投资的账面价值，同时增加或减少资本公积（其他资本公积）。

【例 4.14】 A 公司持有 B 公司 30%的股份，当期 B 公司因持有的可供出售金融资产公允价值的变动计入资本公积的金额为 6 000 000 元，除该事项外，B 公司当期实现的净利润为 32 000 000 元。假定 A 公司与 B 公司采用的会计政策、会计期间相同，投资时 B 公司有关资产的公允价值与其账面价值亦相同，无其他内部交易。

A 公司在确认应享有 B 公司所有者权益的变动时：

借：长期股权投资——B 公司——损益调整（32 000 000×30%）　　9 600 000

　　　　　　　　　　　　　——其他权益变动（6 000 000×30%）　　1 800 000

　　贷：投资收益　　9 600 000

　　　　资本公积——其他资本公积——B 公司　　1 800 000

第三节　长期股权投资核算方法的转换

长期股权投资在持有期间，因各方面情况的变化，可能导致其核算需要由一种方法转换为另外的方法。

一、成本法转换为权益法

长期股权投资的核算由成本法转为权益法时，应区别形成该转换的不同情况进行处理。

（一）追加投资导致的成本法转换为权益法

原持有的对被投资单位不具有控制、共同控制或重大影响、在活跃市场中没有报价、公允价值不能可靠计量的长期股权投资，因追加投资导致持股比例上升，能够对被投资单位施加重大影响或是实施共同控制的，在自成本法转为权益法时，应区分原持有的长期股权投资及追加长期股权投资两部分分别处理：

1. 对原持有长期股权投资账面价值的调整

首先，原持有长期股权投资的账面余额与按照原持股比例计算确定应享有原取得投资时被投资单位可辨认净资产公允价值之间的差额，前者大于后者的，不调整长期股权投资的账面价值；前者小于后者的，根据其差额分别调整长期股权投资的账面价值和留存收益。

其次，对于新取得的股权部分，应比较追加投资的成本与取得该部分投资时应享有被投资单位可辨认净资产公允价值的份额，前者大于后者的，不调整长期股权投资的成本；前者小于后者的，根据其差额分别调增长期股权投资成本和当期的营业外收入。进行上述调整时，应当综合考虑与原持有投资和追加投资相关的商誉或计入损益的金额。

对于原取得投资后至追加投资的交易日之间被投资单位可辨认净资产公允价值的变动相对于原持股比例的部分，属于在此期间被投资单位实现的净损益中应享有份额的，应调整长期股权投资的账面价值，同时对于原取得投资时至追加投资当期期初按照原持股比例计算应享有被投资单位实现的净损益，应调整留存收益，对于追加投资当期期初至追加投资交易日之间享有被投资单位的净损益，应计入当期损益；属于其他原因导致的被投资单位可辨认净资产公允价值变动中应享有的份额，在调整长期股权投资账面价值的同时，应当记入“资本公积——其他资本公积”账户。

2. *对追加投资的会计处理*

对于追加投资新取得的长期股权投资，与正常的权益法核算处理相同。

【例 4.15】A 公司于 2012 年 1 月 2 日取得 B 公司 10%的股权，成本为 3 000 000 元，取得投资时 B 公司可辨认净资产公允价值总额为 28 000 000 元（假定公允价值与账面价值相同），因对被投资单位不具有重大影响且无法可靠确定该项投资的公允价值，A 公司对其采用成本法核算。A 公司按照净利润的 10%提取盈余公积。

2013 年 1 月 2 日，A 公司又以 6 000 000 元取得 B 公司 12%的股权，当日 B 公司可辨认净资产公允价值总额为 40 000 000 元。取得该部分股权后，按照 B 公司章程规定，A 公司能够派人参与 B 公司的生产经营决策，对该项长期股权投资转为采用权益法核算。假定 A 公司在取得对 B 公司 10%股权后至新增投资日，双方未发生任何内部交易，B 公司通过生产经营活动实现的净利润为 3 000 000 元，未派发现金股利或利润。除所实现净利润外，未发生其他计入资本公积的交易或事项。

（1）2013 年 1 月 2 日，A 公司应确认对 B 公司的长期股权投资：

借：长期股权投资——B 公司——成本	6 000 000	
贷：银行存款		6 000 000

对于新取得的股权，其成本为 6 000 000 元，与取得该投资时按照持股比例计算确定应享有被投资单位可辨认净资产公允价值的份额 4 800 000 元（40 000 000×12%）之间的差额为投资作价中体现出的商誉，该部分商誉不要求调整长期股权投资的成本。

（2）对原持有 10%长期股权投资账面价值的调整：

确认该部分长期股权投资后，A 公司对 B 公司投资的账面价值为 9 000 000 元。

对于原 10%股权的成本 3 000 000 元与原投资时应享有被投资单位可辨认净资产公允价值份额 2 800 000 元之间的差额 200 000 元，属于原投资时体现的商誉，该部分差额不调整长期股权投资的账面价值。

对于被投资单位可辨认净资产在原投资时至新增投资交易日之间公允价值的变动（40 000 000－28 000 000）相对于原持股比例的部分 1 200 000 元，其中属于投资后被投资单位实现净利润部分的 300 000 元（3 000 000×10%），应调整增加长期股权投资的账面余额，同时调整留存收益；除实现净损益外其他原因导致的被投资单位可辨认净资产公允价值的变动 900 000 元，应当调整增加长期股权投资的账面余额，同时计入资本公积（其他资本公积）。针对该部分投资的账务处理为：

借：长期股权投资——B 公司——损益调整　　300 000
　　　　　　　——B 公司——其他权益变动　　900 000
　贷：盈余公积　　30 000
　　　利润分配——未分配利润　　270 000
　　　资本公积——其他资本公积——B 公司　　900 000

（二）处置投资导致的成本法转换为权益法

因处置投资导致对被投资单位的影响能力由控制转为具有重大影响或者与其他投资方一起实施共同控制的情况下，首先应按处置或收回投资的比例结转应终止确认的长期股权投资成本。在此基础上，应当比较剩余的长期股权投资成本与按照剩余持股比例计算原投资时应享有被投资单位可辨认净资产公允价值的份额，属于投资作价中体现的商誉部分不调整长期股权投资的账面价值；属于投资成本小于原投资时应享有被投资单位可辨认净资产公允价值份额的，在调整长期股权投资成本的同时，应调整留存收益。对于原取得投资后至处置投资导致转变为权益法核算之间被投资单位实现的净损益中应享有的份额，一方面应调整长期股权投资的账面价值，另一方面，对于原取得投资时至处置投资当期期初被投资单位实现的净损益（扣除已发放及已宣告发放的现金股利及利润）中应享有的份额，调整留存收益，对于处置投资当期期初至处置投资之日被投资单位实现的净损益中享有的份额，调整当期损益；其他原因导致被投资单位所有者权益变动中应享有的份额，在调整长期股权投资账面价值的同时，应当记入“资本公积——其他资本公积”账户。

长期股权投资自成本法转为权益法后，未来期间应当按照《企业会计准则第 2 号——长期股权投资》规定计算确认应享有被投资单位实现的净损益及所有者权益其他变动的份额。

【例 4.16】A 公司原持有 B 公司 60%的股权，其账面余额为 30 000 000 元，未计提减值准备。2012 年 5 月 3 日，A 公司将其持有的对 B 公司长期股权投资中的 1/3 出售给某企业。出售取得价款 18 000 000 元，当日被投资单位可辨认净资产公允价值总额为 80 000 000 元。A 公司取得 B 公司 60%股权时，B 公司可辨认净资产公允价值总额为 45 000 000 元（假定公允价值与账面价值相同）。自 A 公司取得对 B 公司长期股权投资后至部分处置投资前，B 公司实现净利润 25 000 000 元，其中，自 A 公司取得投资日至 2012 年年初实现净利润 20 000 000 元。假定 B 公司一直未进行利润分配。除所实现净利润外，B 公司未发生其他计入资本公积的交易或事项。本例中 A 公司按净利润的 10%提取盈余公积。

在出售 20%的股权后，A 公司对 B 公司的持股比例为 40%，在被投资单位董事会中派有代表，但不能对 B 公司生产经营决策实施控制。对 B 公司长期股权投资应由成本法改为按照权益法核算。

（1）确认长期股权投资处置损益：

借：银行存款　　18 000 000
　贷：长期股权投资——B 公司　　10 000 000
　　　投资收益　　8 000 000

（2）调整长期股权投资账面价值

剩余长期股权投资的账面价值为 20 000 000 元，与原投资时应享有被投资单位可辨认净资产公允价值份额之间的差额 2 000 000 元（20 000 000－45 000 000×40%）为商誉，该部分商誉的价值不需要对长期股权投资的成本进行调整。

处置投资以后按照持股比例计算享有被投资单位自购买日至处置投资日期间实现的净利润为 10 000 000 元（25 000 000×40%），应调整增加长期股权投资的账面价值，同时调整留存收益 8 000 000 元（20 000 000×40%）元和当期损益 2 000 000 元（5 000 000×40%）。A 公司应进行以下账务处理：

借：长期股权投资——B 公司（损益调整）	10 000 000	
贷：盈余公积		800 000
利润分配——未分配利润		7 200 000
投资收益		2 000 000

二、权益法转换为成本法

因追加投资原因导致原持有的对联营企业或合营企业的投资转变为对子公司投资的，长期股权投资账面价值的调整应当按照分步实现企业合并的原则处理。因减少投资导致长期股权投资的核算由权益法转换为成本法（投资企业对被投资单位不具有控制、共同控制或重大影响的，并且在活跃市场中没有报价，公允价值不能可靠计量的长期股权投资）的，应以转换时长期股权投资的账面价值作为按照成本法核算的基础。

【例 4.17】甲公司持有乙公司 30%的有表决权股份，能够对乙公司的生产经营决策施加重大影响，采用权益法核算。2012 年 10 月，甲公司将该项投资中的 50%对外出售。出售以后，无法再对乙公司施加重大影响，且该项投资不存在活跃市场，公允价值无法可靠确定，转为采用成本法核算。出售时，该项长期股权投资的账面价值为 16 000 000 元，其中投资成本 13 000 000 元，损益调整为 3 000 000 元，出售取得价款 9 000 000 元。

甲公司确认处置部分投资相关的账务处理：

借：银行存款	9 000 000	
贷：长期股权投资——乙公司——成本		6 500 000
——乙公司——损益调整		1 500 000
投资收益		1 000 000

第四节　长期股权投资的处置

企业处置长期股权投资时，应相应结转与所售股权相对应的长期股权投资的账面价值，出售所得价款与处置长期股权投资账面价值之间的差额，应确认为处置损益。

采用权益法核算的长期股权投资，原计入资本公积的金额，在处置时亦应进行结转，将与所出售股权相对应的部分在处置时自资本公积转入当期损益。

【例 4.18】A 公司原持有 B 公司 40%的股权，2012 年 11 月 30 日，A 公司出售所持有 B 公司股权中的 25%，出售时 A 公司账面上对 B 公司长期股权投资的构成为：投资成本 36 000 000 元，损益调整为 9 600 000 元，其他权益变动 6 000 000 元。出售取得价款 14 100 000 元。

（1）A 公司确认处置损益的账务处理为：

借：银行存款　　14 100 000

　　贷：长期股权投资——B 公司——成本　　9 000 000

　　　　　　　　　　——B 公司——损益调整　　2 400 000

　　　　　　　　　　——B 公司——其他权益变动　　1 500 000

　　　　投资收益　　1 200 000

（2）除应将实际取得价款与出售长期股权投资的账面价值进行结转，确认为处置当期损益外，还应将原计入资本公积的部分按比例转入当期损益。

借：资本公积——其他资本公积（B 公司）　　1 500 000

　　贷：投资收益　　1 500 000

本 章 小 结

本章主要介绍了长期股权投资的初始计量和后续计量的核算方法。

长期股权投资，是指企业准备长期持有的权益性投资，企业持有的下列权益性投资：①具有控制的权益性投资；②具有共同控制的权益性投资；③具有重大影响的权益性投资；④不具有控制、共同控制或重大影响，并且在活跃市场中没有报价、公允价值不能可靠计量的权益性投资。

企业在取得长期股权投资时，应按初始投资成本入账。长期股权投资可以通过企业合并形成，也可以通过企业合并以外的其他方式取得，在不同的取得方式下，初始投资成本的确定方法有不同。企业应当分别企业合并和非企业合并两种情况确定长期股权投资的初始投资成本。企业合并形成的长期股权投资，初始投资成本的确定应遵循《企业会计准则第 20 号——企业合并》的相关原则，即应区分企业合并的类型，分别同一控制下控股合并与非同一控制下控股合并确定形成长期股权投资的成本。

企业取得的长期股权投资，在确定其初始投资成本后，持续持有期间，视对被投资单位的影响程度等情况的不同，应分别采用成本法及权益法进行核算。投资企业对被投资单位具有共同控制或重大影响的长期股权投资，应当采用权益法核算。投资企业持有的对子公司投资，在母公司个别财务报表中按成本法核算。除此之外，投资企业持有的对被投资单位不具有控制、共同控制或重大影响，并且在活跃市场中没有报价、公允价值不能可靠计量的长期股权投资，也应采用成本法进行核算。

专业词汇中英对照

长期股权投资 long-term equity investments　　控制 control

共同控制 joint control　　重大影响 significant influence

成本法 cost method　　权益法 equity method

转换 transfer

同一控制下企业合并 business combination under the same control

非同一控制下企业合并 business combination under the different control

复习思考题

一、单选题

1．甲、乙两家公司同属丙公司的子公司。甲公司于 2012 年 3 月 1 日以发行股票方式从乙公司的股东手中取得乙公司 60%的股份。甲公司发行 1 500 万股普通股股票，该股票每股面值为 1 元。乙公司在 2012 年 3 月 1 日所有者权益为 2 000 万元，甲公司在 2012 年 3 月 1 日资本公积为 180 万元，盈余公积为 100 万元，未分配利润为 200 万元。甲公司该项长期股权投资的成本为（　　）万元。

A．1 200　　B．1 500　　C．1 820　　D．480

2．甲公司出资 1 000 万元，取得了乙公司 80%的控股权，假如购买股权时乙公司的账面净资产价值为 1 500 万元，甲、乙公司合并前后同受一方控制。则甲公司确认的长期股权投资成本为（　　）万元。

A．1 000　　B．1 500　　C．800　　D．1 200

3．A、B 两家公司属于非同一控制下的独立公司。A 公司于 2012 年 7 月 1 日以本企业的固定资产对 B 公司投资，取得 B 公司 60%的股份。该固定资产原值 1 500 万元，已计提折旧 400 万元，已提取减值准备 50 万元，7 月 1 日该固定资产公允价值为 1 250 万元。B 公司 2012 年 7 月 1 日所有者权益为 2 000 万元。甲公司该项长期股权投资的成本为（　　）万元。

A．1500　　B．1 050　　C．1 200　　D．1 250

4．非企业合并，且以支付现金取得的长期股权投资，应当按照（　　）作为初始投资成本。

A．实际支付的购买价款

B．被投资企业所有者权益账面价值的份额

C．被投资企业所有者权益公允价值的份额

D．被投资企业所有者权益

5．甲公司出资 600 万元，取得了乙公司 60%的控股权，甲公司对该项长期股权投资应采用（　　）核算。

A．权益法　　B．成本法　　C．市价法　　D．成本与市价孰低法

6．根据《企业会计准则第 2 号——长期股权投资》的规定，长期股权投资采用权益法核算时，初始投资成本大于应享有被投资单位可辨认资产公允价值份额之间的差额，正确的会计处理是（　　）。

A．计入投资收益　　B．冲减资本公积

C．计入营业外支出　　D．不调整初始投资成本

7．根据《企业会计准则第 2 号——长期股权投资》的规定，长期股权投资采用权益法核算时，下列各项不会引起长期股权投资账面价值减少的是（　　）。

A．被投资单位对外捐赠　　B．被投资单位发生净亏损

C．被投资单位计提盈余公积　　D．被投资单位宣告发放现金股利

8．A 公司 2006 年年初按投资份额出资 180 万元对 B 公司进行长期股权投资，占 B 公

司股权比例的 40%。当年 B 公司亏损 100 万元；2007 年 B 公司亏损 400 万元；2008 年 B 公司实现净利润 30 万元。2008 年 A 公司计入投资收益的金额为（　　）万元。

A. 12　　B. 10　　C. 8　　D. 0

9. A 公司以 2 200 万元取得 B 公司 30%的股权，取得投资时被投资单位可辨认净资产的公允价值为 8 000 万元。如 A 公司能够对 B 公司施加重大影响，则 A 公司计入长期股权投资的金额为（　　）万元。

A. 2 200　　B. 2 400　　C. 8 000　　D. 5 800

10. 投资企业因减少投资等原因对长期股权投资由权益法改为成本法时，下列各项中可作为成本法下长期股权投资的初始投资成本的是（　　）。

A. 股权投资的公允价值

B. 原权益法下股权投资的账面价值

C. 在被投资单位所有者权益中所占份额

D. 被投资方的所有者权益

二、多选题

1. 在同一控制下的企业合并中，合并方取得的净资产账面价值与支付的合并对价账面价值（或发行股份面值总额）的差额，可能调整（　　）。

A. 盈余公积　　B. 资本公积　　C. 营业外收入　　D. 未分配利润

2. 长期股权投资的成本法的适用范围是（　　）。

A. 投资企业能够对被投资企业实施控制的长期股权投资

B. 投资企业对被投资企业不具有共同控制或重大影响，并且在活跃市场中没有报价、公允价值不能可靠计量的长期股权投资

C. 投资企业对被投资企业具有共同控制的长期股权投资

D. 投资企业对被投资企业具有重大影响的长期股权投资

3. 对长期股权投资采用权益法核算时，被投资企业发生的下列事项中，投资企业应该调整长期股权投资账面价值的有（　　）。

A. 被投资企业实现净利润　　B. 被投资企业宣告分配现金股利

C. 被投资企业购买固定资产　　D. 被投资企业计提盈余公积

4. 企业处置长期股权投资时，正确的处理方法有（　　）。

A. 处置长期股权投资，其账面价值与实际取得价款的差额，应当计入投资收益

B. 处置长期股权投资，其账面价值与实际取得价款的差额，应当计入营业外收入

C. 采用权益法核算的长期股权投资，因被投资单位除净损益以外所有者权益的其他变动而计入所有者权益的，处置该项投资时应当将原计入所有者权益的部分按相应比例转入投资收益

D. 采用权益法核算的长期股权投资，因被投资单位除净损益以外所有者权益的其他变动而计入所有者权益的，处置该项投资时应当将原计入所有者权益的部分按相应比例转入营业外收入

5. 长期股权投资的权益法的适用范围是（　　）。

A. 投资企业能够对被投资企业实施控制的长期股权投资

B．投资企业对被投资企业不具有共同控制或重大影响，并且在活跃市场中没有报价、公允价值不能可靠计量的长期股权投资

C．投资企业对被投资企业具有共同控制的长期股权投资

D．投资企业对被投资企业具有重大影响的长期股权投资

三、思考题

1．长期股权投资的内容有哪些？

2．什么是成本法？其核算范围如何？

3．什么是权益法？其核算范围如何？

4．什么是合并？企业合并的形式有哪些？

5．权益法核算下，被投资企业发生了超额亏损，投资企业应如何处理？

6．同一控制下企业合并和非同一控制下企业合并在初始计量时的区别有哪些？

四、业务处理题

1．甲股份有限公司（以下简称甲公司）2010—2011 年投资业务有关的资料如下：

（1）2010 年 1 月 1 日，甲公司以银行存款 1 000 万元，购入乙股份有限公司（以下简称乙公司）股票，占乙公司有表决权股份的 30%，对乙公司的财务和经营政策具有重大影响。不考虑相关费用。2010 年 1 月 1 日，乙公司所有者权益总额为 3 000 万元。

（2）2010 年 5 月 2 日，乙公司宣告发放 2006 年度的现金股利 200 万元，并于 2010 年 5 月 26 日实际发放。

（3）2010 年度，乙公司实现净利润 1 200 万元。

（4）2011 年 5 月 2 日，乙公司宣告发放 2010 年度的现金股利 300 万元，并于 2011 年 5 月 20 日实际发放。

（5）2011 年度，乙公司发生净亏损 600 万元。

要求：

编制甲公司 2010—2011 年投资业务相关的会计分录（“长期股权投资”科目要求写出明细科目；答案中的金额单位用万元表示）。

2．甲公司 2011 年 1 月 2 日以银行存款 2 700 万元对乙公司投资，占乙公司注册资本的 20%。乙公司的其他股份分别由 A、B、C、D、E 企业平均持有。2011 年 1 月 2 日乙公司可辨认净资产公允价值为 14 500 万元。甲公司按权益法核算对乙公司的投资。2011 年乙公司实现净利润 800 万元，2012 年 4 月乙公司宣告分配 2011 年现金股利 300 万元，2012 年乙公司发生净亏损 100 万元。2013 年 1 月 1 日，乙公司的股东 A 企业收购了除甲公司以外的其他投资者 B、C、D、E 企业对乙公司的投资股份，同时以 1 800 万元收购了甲公司对乙公司投资的 50%。自此，A 企业持有乙公司 90%的股份，并控制乙公司。甲公司持有乙公司 10%的股份，并失去影响力。为此，甲公司改按成本法核算。2013 年乙公司实现净利润 500 万元。2013 年 3 月 1 日，乙公司宣告分配 2012 年度的现金股利 450 万元。假定不考虑各种税费。

要求：编制甲公司的会计分录（单位：万元）。

五、案例分析题

甲公司于2007—2011年有关投资业务如下：

（1）甲公司于2007年1月1日以银行存款5 000万元取得乙公司30%的股权，采用权益法核算长期股权投资，2007年1月1日乙公司可辨认净资产的公允价值为17 000万元，取得投资时被投资单位仅有一项管理用固定资产的公允价值与账面价值不相等，除此以外，其他可辨认资产、负债的账面价值与其公允价值相等。该固定资产原值为2 000万元，已计提折旧400万元，乙公司预计总的使用年限为10年，净残值为零，按照直线法计提折旧；甲公司预计该固定资产公允价值为4 000万元，甲公司预计其剩余使用年限为8年，净残值为零，按照直线法计提折旧。双方采用的会计政策、会计期间相同，不考虑所得税因素。

2007年度乙公司实现净利润为1 000万元。

（2）2008年2月5日乙公司董事会提出2007年分配方案，按照2007年实现净利润的10%提取盈余公积，发放股利400万元。乙公司没有对此进行会计处理。

（3）2008年3月5日乙公司股东大会批准董事会提出2007年分配方案。2008年乙公司因可供出售金融资产公允价值变动增加资本公积100万元，且当年乙公司发生净亏损为600万元。

（4）2009年度乙公司发生净亏损为17 000万元。假定甲公司应收乙公司的长期款项200万元。按照投资合同约定，被投资方如果发生巨额亏损，投资方应按照调整前亏损额0.1%的比例承担额外亏损，以帮助乙企业尽快盈利。

（5）2010年度乙公司实现净利润为5 000万元。2011年1月10日甲公司出售对乙公司投资，出售价款为10 000万元。甲公司确认了出售损益8 830万元。

假设投资双方未发生任何内部交易事项。

要求：

（1）计算确定2007年年末甲公司长期股权投资的账面价值。

（2）根据事项二，分析、判断乙公司的处理是否正确。

（3）计算确定2008年年末甲公司长期股权投资的账面价值。

（4）根据事项四，计算甲公司表外登记备查的尚未确认的乙公司的亏损额。

（5）分析、判断甲公司确认股权投资出售损益8 830万元的处理是否正确；如果不正确，请说明正确的处理。

第五章

存 货

本章导读

本章将全面介绍存货的会计核算方法：重点介绍存货的内容；原材料从采购到发出的计量与记录方法；实际成本法与计划成本法；以及库存商品、周转材料等其他存货的会计核算方法。通过本章学习，应能够：

- 理解存货的性质、特点，掌握存货的分类、确认与入账价值；
- 掌握存货取得的各种形式的账务处理方法；
- 掌握存货发出的计价方法及账务处理；
- 掌握计划成本法下存货的核算方法，理解计划成本法与实际成本法会计处理的差异；
- 掌握存货跌价准备的计提与账务处理方法，掌握存货清查的账务处理；
- 掌握包装物与低值易耗品发出及摊销的账务处理。

导入案例

某企业 2013 年 11 月某存货购进、发出情况如表 5.1 所示。请分别计算 11 月 15 日及 11 月 20 日发出存货的成本。同时回答以下问题：

1. 发出存货的成本应该怎样计算？
2. 不同计算方法的特点有哪些？对存货所在企业的期末利润有何影响？

表 5.1 某存货 11 月进出明细表

日期	内容	购进		发出/件	结存/件
		数量/件	单价/（元/件）		
11/1	期初存货	300	5		300
11/5	购入	400	6		700
11/15	发出			550	150
11/18	购入	500	6.5		650
11/20	发出			350	300
11/25	购入	100	7		400

第一节　存货概述

一、存货的性质与特点

（一）存货的性质

存货，是指企业在日常活动中持有以备出售的产成品或商品、处在生产过程中的在产品、在生产过程或提供劳务过程中耗用的材料和物料等。从存货的定义中，我们可以看出，存货具有以下两个性质。

1. 存货是为企业日常生产经营活动所需而储备的资产

为企业日常生产经营活动所储备的原材料、商品、半成品等属于存货，不是为日常生产经营活动所储备的物资不是企业的存货。例如，为建造固定资产等各项工程所储备的材料物资，虽然具备存货的某些特征，但是建造固定资产不属于企业日常的生产经营活动，因此这些材料物资不能作为存货管理。

2. 存货是企业为销售或耗用而储备的资产

判断一项资产是否属于存货，主要是看其目的和用途，企业持有存货的主要目的是为了销售或者耗用。例如，汽车在一般企业通常是作为固定资产管理，但对于汽车制造厂而言，它所生产的汽车则是为了对外销售，因而它是企业的存货。但是如果生产的汽车被用于汽车厂本身的生产经营，则应作为固定资产，因为拥有该资产的目的不是为了对外销售，也不是为了在生产过程中被耗用。

（二）存货的特点

存货是企业资产的重要组成部分，它具有以下四个基本特征。

1. 存货是所有权属于本企业的资产

作为企业的存货，其所有权必须属于本企业，而不论其存放地点是否在本企业。即凡在盘存之日，法定所有权属于本企业的存货，无论其存放何处或处于何种状态，都应纳入本企业存货范围；反之，凡法定所有权不属于本企业的存货，即使尚未远离本企业，也不应该纳入本企业存货范围。

2. 存货是有形资产

存货是企业的流动资产，在正常的生产经营活动中，能够规律性地转换为货币资产或其他资产，但它同其他流动资产相比又存在区别，即存货必须具有实物形态，凡是不具备实物形态的流动资产都不是存货，如应收账款等流动资产不能作为存货管理。

3. 存货是具有较强流动性的资产

存货处于不断地耗用、销售、重置的流动中，这是存货作为一种流动资产而有别于固定资产的特点，它具有较快的变现能力和明显的流动性。

4. 存货具有发生潜在损失的可能性

在正常生产经营活动中，存货能够规律地转换为货币资产或其他资产，但是长期不能耗用或销售的存货，就有可能变为积压物资进而降价销售，给企业造成损失。

二、存货的分类

存货包含的内容极为广泛，为了便于进行会计核算，也为了对具有不同特点的存货采取不同的管理方法，可对存货进行如下分类。

（一）按经济内容分类

存货按不同的经济内容，可以分为以下类型：

（1）原材料，指企业在生产过程中经过加工改变其形态或性质并构成产品主要实体的各种原料及主要材料、辅助材料、外购半成品、修理用备件、燃料、包装材料等。

（2）在产品，指企业正在制造尚未完工的产品，包括正在各个生产工序加工的产品，也包括已加工完毕但尚未检验或已检验但尚未办理入库手续的产品。

（3）自制半成品，指经过一定生产过程并已检验合格交付半成品仓库保管，但尚未完工还需进一步加工的中间产品。但不包括从一个生产车间转给另一个生产车间继续加工的自制半成品及不能单独核算成本的自制半成品，自制半成品可对外销售。

（4）产成品，指企业已经完成全部生产过程并验收入库，可以按照合同规定的条件送交订货单位，或者可以作为商品对外销售的产品。

（5）商品，指商品流通企业的商品，包括外购或委托加工完成验收入库用于销售的各种商品。

（6）包装物，指为包装本企业产品而储备的各种容器，如桶、瓶、袋、箱等。但各种包装用的材料，如纸、绳、塑料等，应归为原材料。

（7）低值易耗品，指不能作为固定资产的各种用具物品，如工具、玻璃器皿、管理用具、劳动保护用品等。其特点是使用期限相对于固定资产较短，在使用过程中基本保持原有实物形态不变。

（8）委托代销商品，指企业委托其他单位代销的商品。

（二）按来源分类

存货按不同的来源，可以分为以下类型：

（1）外购存货，是指从企业外部购入的存货，如外购原材料、外购包装物、外购零部件等。

（2）自制存货，是指经企业加工制造的存货，包括在产品、产成品、自制半成品、自制包装物等。

（3）委托加工存货，是指企业以提供部分原材料或主要材料并支付一定加工费的方式委托外单位生产的存货。

（4）投资者投入的存货。

（5）接受捐赠的存货。

（6）通过债务重组取得的存货。

（7）通过非货币性交易换入的存货。

（8）盘盈的存货，是指存货清查过程中发现的账外存货。

三、存货的确认

按照《企业会计准则第 1 号——存货》的规定，某个项目要确认为存货，在符合存货定义的基础上，还需要同时满足下列条件，才能予以确认：一是与该存货有关的经济利益很可能流入企业；二是该存货的成本能够可靠地计量。关于存货的确认需要说明以下几点。

（1）关于代销商品。从商品所有权的角度出发，代销商品在售出以前，所有权属于委托方，受托方只是代对方销售商品。因此，代销商品应作为委托方的商品处理。但是为了使受托方加强对代销商品的核算与管理，现行会计制度也要求受托方对其受托代销的商品在资产负债表的存货中反映，同时，将与受托代销商品相对应的代销商品款作为一项负债反映。

（2）关于在途商品。对于销售方按照销售合同、协议规定已经确认为销售的商品，即与商品有关的风险和报酬已经实质上转移给购买方的商品，不论购买方是否收到商品和与商品有关的结算票据，都应作为购买方的存货，而不再作为销售方的存货。

（3）关于约定商品。对于约定未来购入的商品，由于企业并没有实际的购货行为发生，因此不作为企业的存货。

四、存货的入账价值

（一）存货入账价值的基础

《企业会计准则第 1 号——存货》规定："存货应当按照成本进行初始计量。"这表明企业在持续经营的前提下，存货入账价值的基础也即初始计量的基础是历史成本或者说是实际成本。

（二）存货入账价值的确定

按照《企业会计准则第 1 号——存货》的规定，存货应当按照成本进行初始计量，初始计量的存货成本包括采购成本、加工成本和其他成本。存货的采购成本，包括购买价款、进口关税和其他计入成本的税金、运输费、装卸费、保险费及其他可归属于存货采购成本的费用，如运输途中的合理损耗、存货入库前的挑选整理费用等；存货的加工成本，包括存货生产过程中正常耗费的直接材料、直接人工及按照一定方法分配的制造费用；存货的其他成本，是指除采购成本、加工成本以外的，使存货达到目前场所和状态所发生的其他合理和必要的支出。

除企业外购或委托加工收回的存货采用上述原则计量其成本外，对其他来源的存货按照相关准则确定成本。具体为：

（1）购入的存货，按照采购成本入账，不再区分工业企业和商品流通企业。

（2）自制的存货，按照加工成本入账。

（3）委托加工存货，以实际耗用的原材料或者半成品，以及加工费、运输费、装卸费和保险费等费用，和按规定应计入成本的税金，作为实际成本。

（4）投资者投入存货的成本，应当按照投资合同或协议约定的价值确定，但合同或协议约定价值不公允的除外。

（5）接受捐赠的存货，应当分别以下情况确定实际成本：

① 捐赠方提供了有关凭据（如发票、报关单、有关协议）的，按照凭据上标明的金额加上应支付的相关税费，作为实际成本。

② 捐赠方没有提供有关凭据的，应当参照同类或类似存货的市场价格估计的金额加上应支付的相关税费，作为实际成本。

（6）企业接受的债务人以非现金资产抵偿债务方式取得的存货，或者以应收款项换入存货的，应当对存货按其公允价值入账，重组债权的账面余额与受让的存货的公允价值之间的差额，计入当期损益。

（7）企业通过以非货币性交易方式取得的存货，应区分以下情况确认其入账价值。

① 非货币性资产交换同时满足下列条件的，应当以公允价值和应支付的相关税费作为存货的成本，公允价值与换出资产账面价值的差额计入当期损益：该项交换具有商业实质；存货或换出资产的公允价值能够可靠地计量。其中，存货和换出资产公允价值均能够可靠计量的，应当以换出资产的公允价值作为确定存货成本的基础，但有确凿证据表明存货的公允价值更加可靠的除外。

② 未同时满足①规定条件的非货币性资产交换，应当以换出资产的账面价值和应支付的相关税费作为存货的成本，不确认损益。

③ 在①中，如果涉及补价，应当分别下列情况处理：

第一，支付补价的，存货成本与换出资产账面价值加支付的补价、应支付的相关税费之和的差额，应当计入当期损益。

第二，收到补价的，存货成本加收到的补价之和与换出资产账面价值加应支付的相关税费之和的差额，应当计入当期损益。

在②中，如果涉及补价，应当分别下列情况处理：

第一，支付补价的，应当以换出资产的账面价值，加上支付的补价和应支付的相关税费，作为存货的成本，不确认损益。

第二，收到补价的，应当以换出资产的账面价值，减去收到的补价并加上应支付的相关税费，作为存货的成本，不确认损益。

（8）盘盈的存货，按照同类或类似存货的市场价格，作为实际成本。

第二节　存货的取得

前已叙及，存货主要包括原材料、库存商品、周转材料等。

原材料，指企业在生产过程中经过加工改变其形态或性质并构成产品主要实体的各种原料及主要材料、辅助材料、外购半成品、修理用备件、燃料、包装材料等。但不包括企业购入的低值易耗品、包装物，以及对外进行来料加工装配业务而收到的原材料、零部件等。

工业企业的库存商品主要是指产成品，即已经完成全部生产过程并验收入库的合乎标准规格和技术条件，可以按照合同规定的条件送交订货单位，或者可以作为商品对外销售的产品。

由于原材料与库存商品的取得、发出及期末核算方法基本一致，从本节到第五节，我们将以原材料为例，进行存货取得、发出及期末核算的讲述。

还需说明的是，存货取得与发出的核算，有计划成本法和实际成本法两种方法，第二、三节是实际成本法下的核算方法，第四节是计划成本法下的核算方法。

顾名思义，实际成本法就是对存货的收入、发出和期末结存，从存货收发凭证到明细分类账和总账，均按照其实际成本进行核算的方法。实际成本法，一般适用于规模较小、存货品种简单、采购业务不多的企业。

一、账户设置

原材料存货取得时，应设置和使用“原材料”和“在途物资”等账户。

“原材料”账户，核算企业库存各种材料的实际成本。借方登记外购、自制、委托加工完成、盘盈等原因增加的原材料的实际成本，贷方登记发出、领用、对外销售、盘亏、毁损等原因而减少的原材料的实际成本，月末借方余额表示库存原材料的实际成本。

“在途物资”账户，核算企业已经付款、或已开出承兑的商业汇票，但尚未收到或已经收到但尚未验收入库的原材料的实际成本。借方登记尚未入库的材料的实际成本，贷方登记验收入库材料的实际成本，月末借方余额反映在途材料的实际成本。

原材料采用实际成本核算法进行核算的程序如图 5.1 所示。

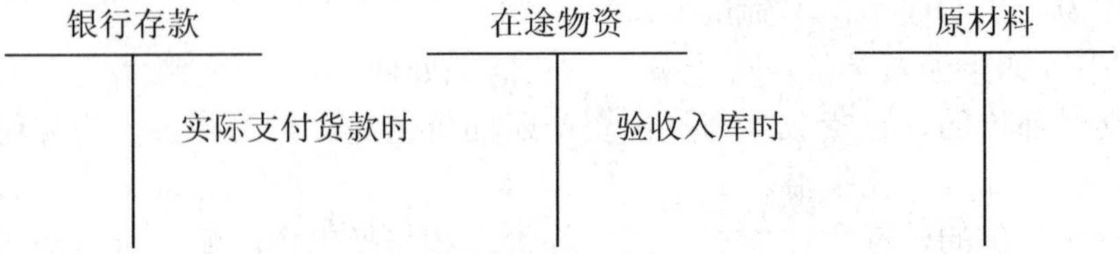

图 5.1　原材料存货实际成本计价法示意图

二、账务处理

（一）购入原材料的账务处理

一般地，企业取得原材料的主要方式是外购。外购原材料时，由于结算方式和采购地点的不同，材料入库和货款的支付在时间上不完全一致，因而，其账务处理也有所不同。主要有以下几种情况。

（1）对于发票账单与材料同时到达的采购业务，企业在支付货款或开出、承兑商业汇票，材料验收入库后，根据发票账单等结算凭证确定的材料成本借记“原材料”账户，根据取得的增值税专用发票上注明的税额，借记“应交税费——应交增值税（进项税额）”（一般纳税人，下同，对于小规模纳税人该进项增值税不单独核算，应计入材料的成本）账户，按照实际支付的款项或应付票据面值，贷记“银行存款”、“应付票据”等账户。

【例 5.1】秦丰公司是增值税一般纳税人，2012 年 8 月 8 日，由同城某公司购入甲材料 2 000 千克，单价 4.4 元，计 8 800 元。原材料验收入库，货款及增值税以转账支票方式支付，并取得增值税专用发票。秦丰公司的相关会计处理如下：

借：原材料——甲材料　　8 800
　　应交税费——应交增值税（进项税额）　　1 496
　　贷：银行存款　　10 296

（2）对于已经付款或已开出、承兑商业汇票，但材料尚未到达或已到达但尚未验收入库的采购业务，企业应根据发票账单等结算凭证，借记“在途物资”、“应交税费——应交增值税（进项税额）”账户，贷记“银行存款”、“应付票据”等账户；待材料到达、验收入库后，再根据材料单，借记“原材料”账户，贷记“在途物资”账户。

【例 5.2】承上例，8 月 25 日，秦丰公司再次购买甲材料 3 000 千克，单价 4.6 元，计 13 800 元。收到发票等结算单据，货款已经支付，但材料尚未运到。几天后收到仓库转来的验收单，甲材料如数验收入库。秦丰公司的相关会计处理如下：

① 支付货款时：

借：在途物资　　13 800
　　应交税费——应交增值税（进项税额）　　2 346

贷：银行存款　　16 146

② 材料验收入库时：

借：原材料——甲材料　　13 800

　　贷：在途物资　　13 800

（3）对于材料已经到达并验收入库，但发票账单等结算凭证未到，货款尚未支付的采购业务，如果这类业务发生在月中，可暂不作账务处理，等到相关凭证到达后再根据材料和结算凭证同时到达的情况作账务处理。如果到相同月份的月末，相关的结算凭证仍未到达，为了正确、全面地反映存货及负债情况，企业应按照合同价格或者类似材料的市场价格等暂估入账，但不暂估增值税，暂估时，借记“原材料”账户，贷记“应付账款”账户，下月初用红字做同样的计账凭证予以冲回，以便结算凭证到达时按正常程序进行账务处理。

【例 5.3】承上例资料，假定秦丰公司已经将该批甲材料验收入库，但直至 8 月末，仍未收到有关的结算凭证。8 月末，按照合同价格暂估价入账，估计其价值为 13 000 元。秦丰公司的相关会计处理如下：

① 8 月末，估价入账时：

借：原材料——甲材料　　13 000

　　贷：应付账款——暂估应付账款　　13 000

② 9 月初，红字冲回时：

借：原材料——甲材料　　[13 000]

　　贷：应付账款——暂估应付账款　　[13 000]

（4）预付货款购进。预付货款购进材料，是指企业按照购货合同的约定，先将一部分款项支付给货物供应方，随后才取得货物，并结清剩余货款的情况。在预付货款时，借记“预付账款”账户，贷记“银行存款”账户。已经预付货款的材料验收入库后，根据发票账单所列的价款、税额等，借记“原材料”、“应交税费——应交增值税（进项税额）”等账户，贷记“预付账款”等账户。当预付货款不足补付时，借记“预付账款”账户，贷记“银行存款”账户；当预付货款多于购货所需货款退回时借记“银行存款”账户，贷记“预付账款”账户。

【例 5.4】明都公司按照购货合同约定，向 K 公司预付购买甲材料的货款 20 000 元。收到 K 公司发来甲材料和有关的结算凭证，货款 30 000 元，增值税 5 100 元。明都公司随即补付了相关款项。明都公司的相关会计处理如下。

① 预付款项时：

借：预付账款——K 公司　　20 000

　　贷：银行存款　　20 000

② 收到材料时：

借：原材料——甲材料　　30 000

　　应交税费——应交增值税（进项税额）　　5 100

　　贷：预付账款——K 公司　　35 100

③ 补付货款时：

借：预付账款——K 公司　　15 100

　　贷：银行存款　　15 100

（5）购入材料超过正常信用条件延期支付价款（如分期付款购买材料），实质上具有融资性质的，应按购买价款的现值金额，借记“在途物资”、“原材料”账户，按可抵扣的增值税额，借记“应交税费——应交增值税（进项税额）”账户，按应付金额，贷记“长期应付款”账户，按其差额，借记“未确认融资费用”账户。

（二）自制、投资者投入原材料的核算

（1）企业自制并已验收入库的原材料，应按实际成本，借记“原材料”账户，贷记“生产成本”账户；企业从生产中回收的废料，应根据废料交库单估价入账，借记“原材料”账户，贷记“生产成本”等有关账户。

（2）企业收到投资者投入的材料，应当按照投资合同或协议约定的价值（合同或协议约定价值不公允的除外），借记“原材料”账户，按照发票上标明的增值税额，借记“应交税费——应交增值税（进项税额）”账户，按确定的出资额贷记“实收资本”（或“股本”）账户，按其差额贷记“资本公积”账户。

第三节　存货的发出

发出存货价值的确定，取决于两个因素：一是发出存货数量的确定是否准确；二是发出存货计价方法的选择是否得当。发出存货的数量根据有关合同或协议确定，确定存货价值的重点是发出存货的计价方法。

一、存货成本流转假设

存货流转包括实物流转和成本流转两个方面。理论上，存货的成本流转与其实物流转应当一致，也就是说，购置存货时所确定的成本应当随着该项存货的销售或耗用而结转。但在实际工作中，成本流转和实物流转一致的情况非常少见。因为，企业的存货进出量很大，存货的品种繁多，存货的单位成本多变，难以保证各种存货的成本流转与实物流转相一致。由于同一种存货尽管单价不同，但均能满足生产和销售的需要，在存货被销售或耗用后，无须逐一辨别哪一批实物被发出，哪一批实物被留作库存，这样成本流转顺序和实物流转顺序就可以分离，只要按照不同的成本流转程序确定已发出存货的成本和库存存货的成本即可。而且从全部存货的发出来看，不会影响企业利润的总额，只会影响利润在各个期间的分配。为了分期核算利润，就出现了存货成本流转假设。

二、发出存货的计价方法

企业应当根据各类存货的实际情况，确定发出存货的实际成本，可以采用的方法有个别计价法、先进先出法和加权平均法。并且会计准则还规定，对于性质和用途相似的存货，应当采用相同的成本计算方法确定发出存货的成本。

（一）个别计价法

个别计价法，又称个别认定法、具体辨认法、分批实际法。采用这一方法，是假定存货的成本流动与实物流动完全一致，按照各种存货，逐一辨认各批发出存货和期末存货所属的购进批别或生产批别，分别按其购入或生产时所确定的单位成本作为计算各批发出存货和期末存货成本的方法。

【例 5.5】某企业 20××年 11 月有关 A 材料的收发情况，如表 5.2 所示。

表 5.2　A 材料收发情况表

日期	内容	购进		发出/件	结存/件
		数量/件	单价/（元/件）		
11/1	期初存货	300	5		300
11/5	购入	400	6		700
11/15	发出			550	150
11/18	购入	500	6.5		650
11/20	发出			350	300
11/25	购入	100	7		400

假定经确认，该企业 11 月 15 日发出的 550 件 A 材料中，400 件是 11 月 5 日购入的，150 件是期初结存的；11 月 20 日发出的 350 件 A 材料是 11 月 18 日购入的。按个别计价法计算：

11 月发出：

A 材料总成本＝150×5＋400×6＋350×6.5＝5 425（元）

11 月末结存：

A 材料总成本＝150×5＋150×6.5＋100×7＝2 425（元）

采用个别计价法，计算发出存货的成本和期末存货的成本比较合理、准确，但这种方法的前提是需要对发出和结存存货的批次进行具体认定，以辨别其所属的收入批次，所以实务操作的工作量繁重、困难较大。适用于一般不能替代使用的存货，以及为特定项目专门购入或制造的存货及提供劳务的成本等，如珠宝、名画等贵重物品。

（二）先进先出法

先进先出法是以先购入的存货先发出这一存货实物流转假设为前提，对发出存货进行计价的一种方法。采用这种方法，先购入的存货成本在后购入的存货成本之前转出，据此确定发出存货和期末存货的成本。

【例 5.6】以【例 5.5】A 材料为例，在材料明细账中进行先进先出法下的发出存货和期末存货的成本计算过程，如表 5.3 所示。

表 5.3　A 材料明细账（先进先出法）

20××年		摘要	收入			发出			结存		
月	日		数量	单位成本	总成本	数量	单位成本	总成本	数量	单位成本	总成本
11	1	期初							300	5	1 500
	5	购入	400	6	2 400				300 400	5 6	1 500 2 400
	15	发出				300 250	5 6	1 500 1 500	150	6	900
	18	购入	500	6.5	3 250				150 500	6 6.5	900 3 250

续表

20××年		摘要	收入			发出			结存		
月	日		数量	单位成本	总成本	数量	单位成本	总成本	数量	单位成本	总成本
	20	发出				150 200	6 6.5	900 1 300	300	6.5	1 950
	25	购入	100	7	700				300 100	6.5 7	1 950 700
本月合计			1 000	—	6 350	900	—	5 200	300 100	6.5 7	1 950 700

从表5.3可以看出，按先进先出法发出存货是以最先购入存货的单位成本计算，如果发出的存货数量超过了先购入存货数量时，超过部分一次按下一批购入存货的单位成本计算。

采用先进先出法，期末存货按最近的单位成本价，比较接近现行的市场价值，其优点是可以防止任意计价调整当期损益，缺点是工作量比较大，特别对于存货进出量频繁的企业更是如此。而且当物价上涨时，会高估企业当期利润和库存存货价值；反之，会低估企业存货价值和当期利润。

（三）加权平均法

加权平均法也称“全月一次加权平均法”，是指以本月全部进货数量加月初存货数量为权数，去除本月全部进货成本加上月初存货成本，计算出存货的加权平均单位成本，从而确定存货的发出和库存成本。其计算公式如下：

存货单位成本＝[月初存货实际成本＋∑（本月某批进货的实际单位成本×本月某批进货的数量）]/[月初库存存货的数量＋本月各批进货数量之和]

月末库存存货成本＝月末库存存货数量×存货单位成本

本月发出存货成本＝本月发出存货数量×存货单位成本

或

本月发出存货成本＝月初存货实际成本＋本月进货实际成本－月末库存存货成本

【例5.7】仍以上例A材料为例，采用加权平均法计算其存货成本如下：

$$A存货平均单位成本=\frac{1\,500+2\,400+3\,250+700}{300+400+500+100}\approx 6.04（元）$$

月末库存存货成本＝400×6.04＝2 416（元）

本月发出A材料成本＝1 500＋6 350－2 416＝5 434（元）

采用加权平均法对存货进行计价，只在月末一次计算加权平均单价，比较简单，而且在物价波动时所计算出来的单位成本平均化，对存货成本的分摊较为折中；由于加权平均法所确定的存货成本，受各批进货数量的影响，因而对存货计价的数据比较客观，不易被人为任意调控，并且操作手续简便，便于操作。但是，加权平均法平时无法从账上提供发出和结存存货的单价和金额，因而不利于对存货的管理。

三、存货发出的账务处理

（一）生产经营领用的原材料

按照实际成本，分别借记“生产成本”、“制造费用”、“销售费用”、“管理费用”等账户，贷记“原材料”账户。

（二）企业基建工程、福利部门领用的原材料

按实际成本加上不予抵扣的增值税额等，借记“在建工程”、“应付职工薪酬”等账户，按实际成本，贷记“原材料”账户，按不予抵扣的增值税税额，贷记“应交税费——应交增值税（进项税额转出）”账户。

（三）企业出售的原材料

按照已收或应收的价款，借记“银行存款”或“应收账款”等账户，按实现的收入，贷记“其他业务收入”账户，按应交的增值税税额，贷记“应交税费——应交增值税（销项税额）”账户；按出售原材料的实际成本，借记“其他业务成本”账户，贷记“原材料”账户。

（四）因委托加工而发出的原材料

应按实际成本计价核算，其实际成本包括：加工中实际耗用材料的实际成本、支付的加工费用、支付的税金、支付加工材料往返运杂费等。企业发出材料时，应按其实际成本，借记“委托加工物资”账户，贷记“原材料”账户；支付加工费和增值税时，借记“委托加工物资”、“应交税费——应交增值税（进项税额）”账户，贷记“银行存款”账户；需要交纳消费税的委托加工物资，收回后直接用于销售的，应将受托方代收代交的消费税计入委托加工物资成本，借记“委托加工物资”账户，贷记“应付账款”、“银行存款”等账户；收回后用于连续生产应税消费品的，按规定准予抵扣的受托方代收代交的消费税，借记“应交税费——应交消费税”账户，贷记“应付账款”、“银行存款”等账户。加工完成验收入库的材料和剩余材料，应按其实际成本，借记“原材料”账户，贷记“委托加工物资”账户。

【例 5.8】A 企业委托 B 企业加工材料一批，原材料成本为 10 000 元，支付的加工费为 8 000 元（不包括增值税），材料加工完毕后验收入库，加工费已经支付，适用的增值税税率为 17%。要求作出委托方的账务处理。

（1）发出委托加工材料时：

借：委托加工物资	10 000	
贷：原材料		10 000

（2）支付加工费时：

借：委托加工物资	8 000	
应交税费——应交增值税（进项税额）	1 360	
贷：银行存款		9 360

（3）收回委托加工物资时：

借：原材料	18 000	
贷：委托加工物资		18 000

第四节　计划成本法下存货的核算

原材料按计划成本法进行日常收发核算的特点是：从材料的收发凭证到明细分类账和

总分类账，全部按计划成本计价。材料的实际成本与计划成本的差异通过“材料成本差异”账户核算。

一、账户设置

在按计划成本计价时，企业存货的收入、发出和结余均按预先制定的计划成本计价，企业要设置“原材料”、“材料采购”、“材料成本差异”账户。“原材料”账户用来核算库存材料的计划成本，“材料采购”账户用来核算原材料的实际成本，二者之间的差异计入“材料成本差异”账户。“材料成本差异”账户借方登记材料实际成本大于计划成本的差异额（超支额），以及调整库存材料成本时，调整减少计划成本的数额；贷方登记材料实际成本小于计划成本的差异额（节约额），调整库存材料的成本时，调整增加的计划成本数额，以及结转发出材料应负担的成本差异（节约差用红字）；期末借方余额反映各种库存材料的实际成本大于计划成本的差异，期末贷方余额反映实际成本小于计划成本的差异。

二、账务处理

原材料核算的主要内容同样包括收入原材料和发出原材料两部分内容，其具体账务处理方法如下：

（一）外购原材料的账务处理

在按计划成本计价时，外购原材料的核算除以下不同之外，其他均与按实际成本计价的核算相同。第一，平时，根据结算凭证、发票账单、收料单等凭证在结算货款和运杂费后，按应计入材料采购的金额，借记“材料采购”账户，按专用发票上注明的增值税税额，借记“应交税费——应交增值税（进项税额）”账户，按实际结算的价款，贷记“银行存款”、“应付账款”、“应付票据”等账户；第二，月份终了，企业应将仓库转来的外购材料收料凭证，按照材料品种并分别下列不同情况进行汇总：对于已经进行货款结算的收料凭证，应按实际成本和计划成本分别汇总，并按计划成本借记“原材料”账户，贷记“材料采购”账户；将实际成本大于计划成本的差异，借记“材料成本差异”账户，贷记“材料采购”账户；将实际成本小于计划成本的差异，借记“材料采购”账户，贷记“材料成本差异”账户；对于尚未进行货款结算的收料凭证，应分别材料品种，抄列清单，并按计划成本暂估入账，借记“原材料”账户，贷记“应付账款——暂估应付款”账户，下月初用红字作同样的记录予以冲回，以便下月按正常程序处理。

购入材料超过正常信用条件延期支付价款（如分期付款购买材料），实质上具有融资性质的，应按购买价款的现值金额，借记“材料采购”账户，按可抵扣的增值税税额，借记“应交税费——应交增值税（进项税额）”账户，按应付金额，贷记“长期应付款”账户，按其差额，借记“未确认融资费用”账户。

（二）其他方式取得原材料的账务处理

其他方式取得原材料的账务处理包括自制原材料、委托加工原材料、接受捐赠原材料、接受投资人投入原材料、以债务重组方式取得原材料、通过非货币性交易取得原材料和盘盈原材料。

企业对上述情况下收到的原材料，除在验收入库时，应按其各自的计划成本，借记“原材料”账户，同时结转材料成本差异，借记或贷记“材料成本差异”账户外，其他均与按实际成本计价的核算相同。

（三）发出原材料的账务处理

采用计划成本计价时，月末也要根据计划成本计价的领发料凭证，按领用部门和用途进行归类汇总，同时计算发出材料应负担的材料成本差异，汇总编制“发料凭证汇总表”，据以编制记账凭证，月末一次登记总分类账。企业根据“发料凭证汇总表”记账时，与按实际成本计价的核算方法基本相同，只是改按计划成本计入各成本费用项目和减少原材料，同时结转发出材料应负担的材料成本差异，当实际成本大于计划成本时用蓝字借记“生产成本”、“制造费用”、“销售费用”、“管理费用”、“在建工程”、“主营业务成本”、“委托加工物资”等有关账户，贷记“材料成本差异”账户。当实际成本小于计划成本时，编制相反的会计分录。

发出材料应负担的材料成本差异，必须按月份计算，不得在季末或年末一次计算。有关计算公式如下：

$$本月材料成本差异率=\frac{月初结存材料的成本差异+本月收入材料的成本差异}{月初结存材料的计划成本+本月收入材料的计划成本}\times100\%$$

本月发出材料应负担的成本差异＝发出材料的计划成本×材料成本差异率

发出材料的实际成本＝发出材料的计划成本±发出材料应负担的成本差异

结存材料应负担的成本差异＝结存材料的计划成本×材料成本差异率

结存材料的实际成本＝结存材料的计划成本±结存材料应负担的成本差异

如果本月需要使用上月材料成本差异率，上月材料成本差异率的计算公式如下：

$$上月材料成本差异率=\frac{月初结存材料的成本差异}{月初结存材料的计划成本}\times100\%$$

需要说明的是，本月收入材料的计划成本中不包括暂估入账的材料的计划成本。发出材料应负担的材料成本差异，除委托外部加工发出材料可按上月的成本差异率计算外，其他都应使用当月的成本差异率；如果上月的成本差异率与本月成本差异率相差不大的，也可按上月的成本差异率计算。计算方法一经确定，不得随意变动，如果确需要变更，需要在会计报表附注中做出说明。

【例 5.9】 A 公司为一般纳税人，6 月该公司发生的有关原材料收发的业务如下：

6 月 3 日，购入原材料一批，取得的增值税专用发票上注明的原材料价款为 20 000 元，增值税为 3 400 元，发票等结算凭证已经收到，货款已通过银行转账支付。材料已验收入库。该批材料的计划成本为 21 000 元。

借：材料采购	20 000	
应交税费——应交增值税（进项税额）	3 400	
贷：银行存款		23 400

6 月 6 日，购入原材料一批，发票等结算凭证已到，其中列明价款 10 000 元，增值税 1 700 元，货款已经支付，但到月末材料尚未运到。该批材料的计划成本为 9 000 元。

借：材料采购	10 000	
应交税费——应交增值税（进项税额）	1 700	
贷：银行存款		11 700

6 月 10 日，购入原材料一批，材料已经运到，并验收入库，但发票等结算凭证尚未收到，货款尚未支付。该批材料的计划成本为 30 000 元。

暂不进行会计处理。

6月12日，收到有关结算凭证并支付货款，假设该批材料的实际成本为35 000元，支付的增值税为5 950元。

借：材料采购　　35 000

　　应交税费——应交增值税（进项税额）　　5 950

　　贷：银行存款　　40 950

6月15日，购进材料一批，取得的增值税专用发票上注明的原材料价款3 000元，增值税为510元。双方商定采用商业承兑汇票结算方式支付货款，付款期限为三个月。材料已经到达并验收入库。该批材料的计划成本为2 800元。

借：材料采购　　3 000

　　应交税费——应交增值税（进项税额）　　510

　　贷：应付票据　　3 510

6月30日，汇总本月已付款或已开出承兑商业汇票的入库原材料计划成本为53 800元。

借：原材料　　53 800

　　贷：材料采购　　53 800

6月30日，结转本月已经付款或已开出承兑商业汇票的入库原材料的材料成本差异，其实际成本为58 000元，材料成本差异额为58 000－53 800＝4 200元（超支额）

借：材料成本差异　　4 200

　　贷：材料采购　　4 200

假设该企业月初“材料成本差异”账户贷方余额为2 600元，“原材料”账户借方余额26 200元。计算本月材料成本差异率如下：

本月材料成本差异率＝（4 200－2 600）/（26 200＋53 800）＝2%

6月30日，原材料“发料凭证汇总表”表明，生产车间领用原材料10 000元，车间管理部门领用原材料3 000元，厂部管理部门领用原材料7 000元，销售部门领用原材料1 000元，售出原材料4 000元。

发出材料时：

借：生产成本　　10 000

　　制造费用　　3 000

　　管理费用　　7 000

　　销售费用　　1 000

　　其他业务成本　　4 000

　　贷：原材料　　25 000

分配材料成本差异时：

借：生产成本　　200

　　制造费用　　60

　　管理费用　　140

　　销售费用　　20

　　其他业务成本　　80

　　贷：材料成本差异　　500

经过材料成本差异的分配，本月发出材料应分配的成本差异从“材料成本差异”账户转出之后，属于月末库存材料应分配的成本差异仍保留在“材料成本差异”账户内，作为库存材料的调整项目，编制资产负债表时，存货项目中的材料，应当列示加（减）材料成本差异后的实际成本。

第五节　存货的期末核算

存货的期末核算包括存货期末计价的核算与存货清查的核算。

一、存货的期末计价

按照《企业会计准则第 1 号——存货》的规定，期末存货应当按照成本与可变现净值孰低计量。

（一）成本与可变现净值孰低的含义

所谓“成本与可变现净值孰低”，是指对期末存货按照成本与可变现净值两者之中较低者进行计价的方法。即当成本低于可变现净值时，存货按成本计价；当可变现净值低于成本时，存货按可变现净值计价。这里的“成本”是指存货的历史成本，即按照以历史成本为基础的发出存货计价方法，如个别计价法、先进先出法、加权平均法计算确定的期末存货成本。这里的“可变现净值”是指存货预计的未来净现金流入量，即在正常生产经营过程中，以存货的估计售价减去至完工估计将要发生的成本、估计的销售费用及相关税金后的金额。

“成本与可变现净值孰低”的理论基础主要是使存货符合资产的定义。当存货的可变现净值下跌至成本以下时，表明该存货给企业带来的未来经济利益低于其账面金额，因而应将这部分损失从资产价值中扣除，计入当期损益。否则，当存货的可变现净值低于其成本时，如果仍然以其历史成本计量，就会出现虚计资产的现象。

（二）可变现净值的确定

1. 确定可变现净值应考虑的主要因素

企业确定存货的可变现净值，应当以取得的确凿证据为基础，并且考虑持有存货的目的、资产负债表日后事项的影响等因素。

（1）在对可变现净值加以确定时，应当以取得的可靠证据为基础。此处所讲的“可靠证据”是指对确定存货的可变现净值有直接影响的确凿证明，如商品或产品的市场销售价格、与企业产品相同或类似商品的市场销售价格、供货方（销货方）提供的有关资料、产品的生产成本等。

（2）考虑存货的持有目的。企业存货的持有目的是不同的，有的是为了在生产过程或提供劳务过程中消耗的，如原材料等；有的则是为了以备出售的，如库存商品。在库存以备出售的库存商品中，有的已经签订了销售合同，有明确的销售对象，有的则还没有明确的销售对象。存货持有的目的不同，其可变现净值的确定也不同。

2. 可变现净值的具体确定

（1）为生产而持有的材料等，用其生产的产成品的可变现净值高于成本的，该材料仍然应当按照成本计量；材料价格的下降表明产成品的可变现净值低于成本的，该材料应当按照可变现净值计量。

（2）为执行销售合同或者劳务合同而持有的存货，其可变现净值应当以合同价格为基础计算。企业持有存货的数量多于销售合同订购数量的，超出部分的存货的可变现净值应当以一般销售价格为基础计算。

【例 5.10】某公司 2013 年 12 月 31 日有库存商品 A10 台，单位成本 38 万元，账面价值 380 万元，12 月 31 日市场售价每台 36 万元。①假定 12 月曾与客户签订合约，销售 A 商品 12 台，售价每台 40 万元。②假定 12 月曾与客户签订合约，销售 A 商品 8 台，售价每台 40 万元。分别计算不同情况下 A 商品的可变现净值。

假定 1：

12 月 31 日 A 商品的可变现净值＝10×40＝400（万元）

假定 2：

12 月 31 日 A 商品的可变现净值＝8×40＋2×36＝392（万元）

（三）存货跌价准备的计提方法

运用成本与可变现净值孰低法对存货计价时有三种方法：单项比较法、分类比较法和总额比较法。

单项比较法是指按单个存货项目比较其成本价和可变现净值，以其较低的数额作为存货的价值；分类比较法是指按存货类别（或产品系列）比较其成本价和可变现净值，以其较低的数额作为存货的价值；总额比较法是指比较全部存货的成本和可变现净值，以其较低的数额作为存货的价值。表 5.4 举例说明了成本与可变现净值孰低法三种计提方法的比较。

表 5.4　三种计提方法的比较　　单位：元

项目	成本	可变现净值	期末存货		
			单项比较法	分类比较法	总额比较法
男西装	2 000	2 500	2 000		
男裤	1 000	850	850		
合计	3 000	3 350		3 000	
女上装	5 000	4 500	4 500		
女裤	4 000	4 400	4 000		
合计	9 000	8 900		8 900	
总计	12 000	12 250	11 350	11 900	12 000

按照《企业会计准则第 1 号——存货》的规定，企业通常应当按照单个存货项目计提存货跌价准备；对于数量繁多、单价较低的存货，可以按照存货类别计提存货跌价准备。与在同一地区生产和销售的产品系列相关、具有相同或类似最终用途或目的，且难以与其他项目分开计量的存货，可以合并计提存货跌价准备。

（四）成本与可变现净值孰低的账务处理

采用成本与可变现净值孰低法，会计期末，对可变现净值低于成本的存货跌价损失，会计上有直接转销法和备抵法两种处理方法。直接转销法是将可变现净值低于成本的损失直接计入当期“管理费用”，并按低于成本的可变现净值调整存货账面价值。备抵法是设置“存货跌价准备”账户，单独记录存货跌价准备（即期末存货可变现净值低于成本的差额）。我国企业会计准则规定，企业应当采用备抵法计提存货跌价准备。

1. 存货跌价准备计提的情形

资产负债表日，企业在检查存货时，如果发现了以下情形之一，应当考虑计提存货跌价准备：

（1）市价持续下跌，并且在可预见的未来无回升的希望。

（2）企业使用该项原材料生产的产品的成本大于产品的销售价格。

（3）企业因产品更新换代，原有库存原材料已不适应新产品的需要，而该原材料的市场价格又低于其账面价值。

（4）因企业所提供的商品或劳务过时或消费者偏好改变而使市场的需求发生变化，导致市场价格逐渐下跌。

（5）其他足以证明该项存货实质上已经发生减值的情形。

当存在以下一项或若干项情况时，应当将存货账面价值全部转入当期损益：

（1）已霉烂变质的存货。

（2）已过期且无转让价值的存货。

（3）生产中已不再需要，并且已无使用价值和转让价值的存货。

（4）其他足以证明已无使用价值和转让价值的存货。

2. 存货跌价准备的账务处理

资产负债表日，企业应当重新确认存货的可变现净值，根据成本与可变现净值计算出“存货跌价准备”账户应有的余额，然后与“存货跌价准备”账户已有的余额进行比较，若应提取数大于已提取数，应予补提，借记“资产减值损失”账户，贷记“存货跌价准备”账户；若以前减记存货价值的影响因素已经消失，减记的金额应当予以恢复，并在原已计提的存货跌价准备金额内转回，转回的金额计入当期损益，借记“存货跌价准备”账户，贷记“资产减值损失”账户。发出存货结转计提的存货跌价准备的，借记“存货跌价准备”账户，贷记“主营业务成本”、“生产成本”等账户。

【例 5.11】A 公司采用“成本与可变现净值孰低法”进行期末存货的计价核算，并运用“备抵法”进行相应的账务处理。假设 2010 年年末存货的账面余额为 50 000 元，预计可变现净值为 45 000 元，当年应计提的存货跌价准备为 5 000 元。A 公司应编制如下会计分录：

借：资产减值损失　　5 000
　　贷：存货跌价准备　　5 000

假设 2011 年年末该存货预计可变现净值 40 000 元，应补提存货跌价准备为 5 000 元，即：

借：资产减值损失　　5 000
　　贷：存货跌价准备　　5 000

假设 2012 年年末，该存货的可变现净值有所恢复，预计可变现净值为 47 000 元，则应冲减计提的存货跌价准备 7 000 元，即：

借：存货跌价准备　　7 000
　　贷：资产减值损失　　7 000

假设 2013 年年末，该存货的可变现净值进一步恢复，预计可变现净值为 53 000 元，则应冲减计提的存货跌价准备 3 000 元（以以前已入账的减少数为限），即：

借：存货跌价准备　　3 000
　　贷：资产减值损失　　3 000

二、存货的清查（盘存）

（一）存货数量的盘存方法

为了使存货的账实数量相符，企业应定期或于资产负债表日对存货数量进行盘存，常用的存货盘存方法主要有永续盘存法和实地盘存法两种。

1. 永续盘存法

永续盘存法又称“账面结存制”。就是对各项财产物资的收入和发出，平时都要根据会计凭证，在有关账簿中逐笔进行连续登记，并随时结出账面结存数。在永续盘存制下，期末账面结存数的计算公式如下：

期末结存数＝期初结存数＋本期收入数－本期发出数

永续盘存法的优点是核算手续严密，能够通过账面记录及时反映各项存货的增减变动和结余情况，有利于加强对财产物资的管理；其缺点是核算工作量大，且期末对存货进行实地盘点时，有时会出现账实不符。在实际中除特殊情况外，企业均应采用永续盘存法。

2. 实地盘存法

实地盘存法又称“定期盘存制”。就是平时根据有关会计凭证，只登记财产物资的收入数，不登记发出数，月末对财产物资进行实地盘点，将盘点的实存数作为账面结存数，然后倒挤推算出本期发出数，将其计入账簿。在实地盘存法下，本期发出数的计算公式如下：

本期发出数＝期初结存数＋本期收入数－期末实地盘存数

实地盘存法的优点是核算工作比较简单，期末存货不会出现账实不符；其缺点是核算手续不严密，不能通过账簿随时反映和监督各项财产物资的增加、减少和结余情况，工作中如出现差错、毁损、盗窃、丢失等情况，均计入本期发出数，不利于加强对财产物资的管理。所以，若无特殊情况，一般不适宜采用实地盘存法。

（二）存货盘盈、盘亏的账务处理

企业进行存货清查盘点，应当编制“存货盘存报告单”，并将其作为存货清查的原始凭证。经过存货盘存记录的实存数与存货的账面记录核对，若账面存货小于实际存货，则为存货的盘盈；反之，则为存货的盘亏。对于盘盈、盘亏的存货要记入“待处理财产损溢”账户，待查明原因后进行处理。

（1）对于盘盈的存货，应按企业存货入账成本的确定方式及时办理入账手续，调整企业存货的账面数额，待查明原因后再冲减相关的费用。入账时，借记“原材料”、“库存商品”等账户，贷记“待处理财产损溢”账户。

（2）对于盘亏的存货，应当将处置收入扣除账面价值和相关税费后的金额计入当期损益。存货的账面价值是存货成本扣减累计跌价准备后的金额，存货盘亏造成的损失，应当计入当期损益。发生盘亏时，借记“待处理财产损溢”、“存货跌价准备”账户，贷记“原材料”、“库存商品”、“应交税费——应交增值税（进项税额转出）”等账户；材料、库存商品采用计划成本（或售价）核算的，还应同时结转成本差异（或商品进销差价）。

（3）盘盈、盘亏、毁损的财产，按管理权限报经批准后处理时，按残料价值，借记“原材料”等账户，按可收回的保险赔偿或过失人赔偿，借记“其他应收款”账户，按“待处理财产损溢”账户余额，借记或贷记该账户，按其借方差额，属于管理原因造成的，借记“管理费用”账户，属于非正常损失的，借记“营业外支出——盘亏毁损损失”账户；按其贷方差额，贷记“管理费用”、“营业外收入——盘盈利得”账户。企业的财产损溢，应查明原因，在期末结账前处理完毕，处理后本账户应无余额。

【例 5.12】某企业 2013 年 5 月 31 日 D 材料发生毁损，该材料的账面成本为 3 500 元，已计提跌价准备 300 元，尚未进行处理，则企业应编制的会计分录为：

借：待处理财产损溢　3 795
　　存货跌价准备　300
　　贷：原材料　3 500
　　　　应交税费——应交增值税（进项税额转出）　595

若材料处置收入为 3 000 元，现金收讫，如没发生相关费用，则企业应编制以下分录：

借：现金　3 000
　　管理费用　200
　　贷：待处理财产损溢　3 795

第六节　周转材料的核算

企业的其他存货主要指企业的周转材料，包括包装物和低值易耗品。2007 年实行的新会计准则规定，企业可以设置“周转材料”一级账户，下设“包装物”和“低值易耗品”两个明细账户，用以核算企业的包装物和低值易耗品；也可以视企业实际情况，将“包装物”和“低值易耗品”直接设置为一级账户。

一、包装物

包装物是指为包装本企业产品而储备的各种包装容器，如桶、瓶、袋、箱等。主要作用是盛装、装潢产品或商品。一般包括：生产过程中用于包装产品作为产品组成部分的包装物；随同商品出售而不单独计价的包装物；随同商品出售而单独计价的包装物；出租或出借给购买单位使用的包装物。

但是，下列包装物，在会计上不作为包装物存货进行核算：一是各种包装材料，如纸、绳、铁丝、铁皮等，应在“原材料”账户内核算；二是在企业生产经营过程中用于储存和保管商品、材料而不对外出售、出租或出借的包装物，如企业在经营过程中周转使用的包装容器，应按使用年限长短，分别在固定资产或低值易耗品中核算。包装物数量不大的企业，可以不设置“包装物”栏目，而是将其并入“原材料”账户内核算。单独列作企业商品产品的自制包装物，应作为库存商品处理，不在本账户内核算。

企业购入、自制、委托外单位加工完成验收入库的包装物，以及对包装物的清查盘点，可比照前述原材料的会计核算进行相关处理。

（一）企业发出包装物的核算方法

企业发出的包装物视其具体领用情况而采取不同的核算方法，主要有以下几种。

1. 生产领用的包装物

企业生产部门领用的包装物，构成了产品的组成部分，因此应将包装物的成本计入产品生产成本，借记“生产成本”等账户，贷记“包装物”账户。

2. 随同商品出售的包装物

随同商品出售但不单独计价的包装物，应在发出包装物时，按其实际成本借记“销售费用”账户，贷记“包装物”账户。对随同商品出售并单独计价的包装物，出售时视同销售材料处理，单独反映其销售收入和销售成本，即按取得的收入贷记“其他业务收入”、“应交税费——应交增值税（销项税额）”账户，借记“银行存款”等账户，同时结转包装物的实际成本，借记“其他业务成本”账户，贷记“包装物”账户。

3. 出租、出借的包装物

出租、出借包装物一般是企业对外销售产品时提供给购物单位的配套服务。出租、出借包装物，在第一次领用新包装物时，按出租、出借包装物的实际成本，借记“其他业务成本”（出租包装物）、“销售费用”（出借包装物）账户，贷记“包装物”账户。为了确保外单位能安全使用其租借的包装物，企业在发出包装物时一般要收取押金，收取押金时，借记“银行存款”账户，贷记“其他应付款”账户。收取的包装物押金到期时，如果退回租金，作相反的会计分录，如果没收押金，借记“其他应付款”账户，贷记“其他业务收入”、“应交税费——应交增值税（销项税额）”账户。对于出租包装物收取的租金，借记“银行存款”账户，贷记“其他业务收入”账户。

（二）包装物的摊销

企业应当采用一次转销法或者五五摊销法对包装物进行摊销，计入相关资产的成本或者当期损益。

1. 一次摊销法

一次摊销法是指在领用出租、出借包装物时，将包装物的成本一次性全部摊销。这种方法账务处理简单，主要是用于价值不高且易毁损的包装物。会计分录为：

借：其他业务成本——出租包装物
　　销售费用——出借包装物
　　贷：包装物

2. 五五摊销法

“五五摊销法”是指包装物在领用时先摊销其价值的一半，在报废时再摊销其价值的另一半。这种方法适用于各期使用数量和报废数量大致相等的包装物。采用五五摊销法时，领用时应按其账面价值的50%，借记“生产成本”、“其他业务成本”、“销售费用”等账户，贷记“包装物”账户；报废时，按其账面价值，借记“生产成本”、“其他业务成本”、“销售费用”等账户，贷记“包装物”账户。

借：生产成本
　　其他业务成本
　　销售费用
　　贷：包装物

二、低值易耗品

低值易耗品是指使用年限较短、不能作为固定资产管理的各种用具物品，如工具、管理用具、玻璃器皿，以及在生产经营过程中周转使用的容器等。

（一）低值易耗品核算使用的主要账户

为了反映和监督各种低值易耗品的收发和结存情况，企业应设置“低值易耗品”账户，对低值易耗品进行总分类核算。"低值易耗品"账户属于资产类账户，其借方登记企业购入、自制、委托加工完成、盘盈等原因而增加的低值易耗品的成本，贷方登记企业领用、摊销及盘亏等原因减少的低值易耗品成本，期末借方余额反映库存低值易耗品的实际成本或计划成本。企业应按低值易耗品的品种规格进行数量和金额的明细分类核算。

（二）低值易耗品的摊销及账务处理

低值易耗品的摊销方法同样有一次摊销法和五五摊销法两种，其账务处理如下：

（1）采用一次摊销法，在领用时应将其全部价值摊入有关的成本费用，借记"制造费用"、"管理费用"、"其他业务成本"等账户，贷记"低值易耗品"账户；报废时，将报废低值易耗品的残料价值作为当月低值易耗品摊销额的减少，冲减有关的成本费用，借记"原材料"等账户，贷记"制造费用"、"管理费用"和"其他业务成本"等账户。

（2）采用五五摊销法，在领用时将其一半的价值摊入有关的成本费用，借记"制造费用"、"管理费用"、"其他业务成本"等账户，贷记"低值易耗品"账户；报废时，摊销剩余一半的价值，同时将报废低值易耗品的残料价值作为当月低值易耗品摊销额的减少，冲减有关成本费用，借记"原材料"等账户，贷记"制造费用"、"管理费用"、"其他业务成本"等账户。

本章小结

存货是企业的一项重要资产，在企业的资产甚至流动资产中占有很大比重。存货包括原材料、库存商品、周转材料及委托加工物资等；存货的核算有实际成本法与计划成本法等核算方法；存货发出计价方法包括先进先出法、个别计价法、加权平均法及移动加权平均法；委托加工物资的核算应注意区分消费税的计算与不同情况下的核算方法；周转材料应重点掌握五五摊销法。

专业词汇中英对照

账面价值 book value
销货成本 cost of sales
在产品 goods in process
运费 freight
存货 stock on hand / inventory
永续盘存制 perpetual inventory system
实地盘存制 physical inventory system
期末存货 closing stock
先进先出法 first-in，first-out，FIFO
产成品 finished goods
在途物资 goods in transit
原材料 materials
期初存货 opening stock
盘点 stocktake

复习思考题

一、单选题

1．下列各种物资中，不应作为企业存货核算的是（　　）。

A．包装物　B．低值易耗品　C．在产品　D．工程物资

2．某企业为增值税一般纳税人，2013年4月购入A材料1 000千克，增值税专用发票上注明价款30 000元，增值税5 100元，该批材料在运输途中发生1%的合理损耗，实际验收入库990千克，入库前发生挑选整理费用300元。该批入库A材料的实际总成本为（　）元。

A．29 700　　B．29 997　　C．30 300　　D．35 400

3．某商品流通企业（一般纳税人）采购甲商品100件，每件售价2万元，取得的增值税专用发票上注明的增值税34万元，另支付采购费用10万元（金额较大）。该企业采购的该批商品的单位成本是（　）万元。

A．2　　B．2.1　　C．2.34　　D．2.44

4．下列各项与存货相关的费用中，不应计入存货成本的是（　）。

A．材料采购过程中发生的保险费　　B．材料入库前发生的挑选整理费

C．库存商品入库后发生的储存费用　　D．材料采购过程中发生的装卸费

5．某企业原材料按实际成本进行日常核算。2013年3月1日结存甲材料300千克，每千克实际成本为20元；3月15日购入甲材料280千克，每千克实际成本为25元；3月31日发出甲材料200千克。如按先进先出法计算3月发出甲材料的实际成本为（　）元。

A．400　　B．500　　C．4 000　　D．1 400

6．在物价不断上涨时期，一个企业可以选用的存货计价方法中，若要使会计报表中的净收益最高，可以采用的计价方法是（　）。

A．加权平均法　　B．先进先出法　　C．移动加权平均法　　D．个别计价法

7．存货采用先进先出法进行核算的企业，在物价持续上涨的情况下将会使企业（　）。

A．期末库存升高，当期损益增加　　B．期末库存降低，当期损益减少

C．期末库存升高，当期损益减少　　D．期末库存降低，当期损益增加

8．某企业为增值税小规模纳税人，原材料采用计划成本法核算，A材料计划成本每吨20元。本期购进A材料6 000吨，收到的增值税专用发票上注明的价款102 000元，税17 340元。另发生运杂费用1 400元，途中保险费用359元。原材料运抵企业后验收入库原材料5 995吨，运输途中合理损耗5吨。购进A材料发生的成本差异（超支）是（　）元。

A．1 099　　B．1 199　　C．16 141　　D．16 241

9．某企业3月1日存货结存数量为200件，单价为4元；2日发出存货150件；3月5日购进存货200件，单价4.4元；3月7日发出存货100件。在对存货发出采用移动加权平均法的情况下，3月7日结存存货的实际成本为（　）元。

A．628　　B．432　　C．1 080　　D．1 032

10．下列关于存货可变现净值的表述中，正确的是（　）。

A．可变现净值等于存货的市场销售价格

B．可变现净值等于销售存货产生的现金流入

C．可变现净值等于销售存货产生现金流入的现值

D．可变现净值是确认存货跌价准备的重要依据之一

二、多选题

1．下列项目中，应计入材料采购成本的有（　）。

A．制造费用

B．进口关税

C．运输途中的合理损耗

D．一般纳税人购入材料支付的可以抵扣的增值税

2．企业对发出存货的实际成本进行计价的方法有（　　）。

A．个别计价法　　B．加权平均法

C．先进先出法　　D．后进先出法

3．下列各项与存货相关的费用中，应计入存货成本的有（　　）。

A．材料采购过程中发生的保险费

B．材料入库前发生的挑选整理费

C．在生产过程中为达到下一个生产阶段所必需的仓储费用

D．非正常消耗的直接材料

4．下列各项中，增值税一般纳税企业应计入收回委托加工物资成本的有（　　）。

A．支付的加工费

B．随同加工费支付的增值税

C．支付的收回后继续加工的委托加工物资的消费税

D．支付的收回后直接销售的委托加工物资的消费税

5．下列关于存货会计处理的表述中，正确的有（　　）。

A．存货采购过程中发生的合理损耗计入存货采购成本

B．存货跌价准备通常应当按照单个存货项目计提也可分类计提

C．债务人因债务重组转出存货时不结转已计提的相关存货跌价准备

D．发出原材料采用计划成本核算的应于资产负债表日调整为实际成本

三、思考题

1．简述存货的性质与特点。

2．简述企业存货入账价值的确认。

3．存货发出计价的方法有哪些？各有什么优缺点？

4．比较实地盘存制和永续盘存制。

5．简单叙述五五摊销法的核算步骤与方法。

6．比较实际成本法与计划成本法的核算方法及适用范围。

四、业务处理题

1．某一般纳税企业月初“原材料”账户期初余额为 610 000 元，“材料成本差异”贷方余额 3 000 元，本月购入原材料一批，价款 200 000 元，增值税 34 000 元，运杂费 3 000 元，已入库，计划成本 190 000 元，本月发出材料计划成本 600 000 元。

要求：计算发出材料实际成本和结存材料实际成本（材料成本差异率采用本期差异率）。

2．甲企业为增值税一般纳税人，增值税税率为 17%。原材料采用实际成本法核算，原材料发出采用月末一次加权平均法计价。运输费不考虑增值税。

2013 年 4 月，与 A 材料相关的资料如下：

（1）1 日，“原材料——A 材料”账户余额 20 000 元（共 2 000 千克，其中含 3 月末验收入库但因发票账单未到而以 2 000 元暂估入账的 A 材料 200 千克）。

（2）5 日，收到 3 月末以暂估价入库 A 材料的发票账单，货款 1 800 元，增值税 306 元，对方代垫运输费 400 元，全部款项已用转账支票付讫。

（3）8 日，以汇兑结算方式购入 A 材料 3 000 千克，发票账单已收到，货款 36 000 元，增值税 6 120 元，运输费用 1 000 元。材料尚未到达，款项已由银行存款支付。

（4）11 日，收到 8 日采购的 A 材料，验收时发现只有 2 950 千克。经检查，短缺的 50 千克确定为运输途中的合理损耗，A 材料验收入库。

（5）18 日，持银行汇票 80 000 元购入 A 材料 5 000 千克，增值税专用发票上注明的货款为 49 500 元，增值税为 8 415 元，另支付运输费用 2 000 元，材料已验收入库，剩余票款退回并存入银行。

（6）21 日，基本生产车间自制 A 材料 50 千克验收入库，总成本为 600 元。

（7）30 日，根据“发料凭证汇总表”的记录，4 月基本生产车间为生产产品领用 A 材料 6 000 千克，车间管理部门领用 A 材料 1 000 千克，企业管理部门领用 A 材料 1 000 千克。

要求：

（1）计算甲企业 4 月发出 A 材料的单位成本。

（2）根据上述资料，编制甲企业 4 月与 A 材料有关的会计分录。

3．某企业为增值税一般纳税企业，材料按计划成本法核算。甲材料计划单位成本 10 元。该企业 2012 年 8 月有关资料如下：

（1）“原材料”账户月初余额 40 000 元，“材料成本差异”账户月初贷方余额 548 元，“材料采购”账户月初借方余额 10 600 元（上述账户核算的均为甲材料）。

（2）8 月 5 日，上月已付款的甲材料 1 000 千克如数收到，已验收入库。

（3）8 月 15 日，从外地 A 公司购入甲材料 6 000 千克，增值税专用发票注明价款 59 000 元，增值税 10 030 元，企业已用银行存款支付上述款项，材料尚未到达。

（4）8 月 20 日，从 A 公司购入的甲材料到达，验收入库时发现短缺 40 千克，属于定额内自然损耗。按实收数量验收入库。

（5）8 月 31 日汇总本月发料凭证，本月共发出甲材料 7 000 千克，全部用于生产产品。

要求：

（1）编制会计分录。

（2）计算本月材料成本差异率、本月发出材料应负担的成本差异及月末库存材料的实际成本。

4．甲企业为一般纳税人，委托乙企业加工应交消费税材料一批。发出原材料成本为 300 000 元，支付的加工费 175 500 元（含增值税），支付消费税 5 000 元，材料加工完成验收入库。甲企业采用实际成本法核算原材料。

要求：分别作出甲企业收回加工材料继续生产应税消费品和直接用于出售两种情况下的账务处理。

五、案例分析题

2012 年 12 月 31 日，甲公司存货的账面价值为 1 390 万元，其具体情况如下：

（1）A 产品 100 件，每件成本 10 万元，账面总成本 1 000 万元，其中，40 件已与乙公司签订不可撤销的销售合同，销售价格为每件 11 万元，其余未签订销售合同。

A 产品 2009 年 12 月 31 日的市场价格为每件 10.2 万元，预计销售每件 A 产品需要发生的销售费用及相关税金为 0.5 万元。

（2）B 配件 50 套，每套成本为 8 万元，账面总成本 400 万元。B 配件是专门为组装 A 产品而购进的。50 套 B 配件可以组装成 50 件 A 产品。B 配件 2009 年 12 月 31 日的市场价格为每套 9 万元。将 B 配件组装成 A 产品，预计每件还需发生加工成本 2 万元。

2012 年 1 月 1 日，存货跌价准备余额为 30 万元（均为对 A 产品计提的存货跌价准备），2012 年对外销售 A 产品转销存货跌价准备 20 万元。

要求：（1）分别计算 2012 年 12 月 31 日 A 产品、B 配件应计提的跌价准备；

（2）编制计提存货跌价准备的会计分录；

（3）总结本业务涉及的主要知识点，说明存货跌价准备计提的原则与基本程序。

第六章

固定资产

本章导读

本章将在介绍固定资产概念、计量与分类的基础上，重点介绍固定资产的增加、折旧、减少、减值等的会计核算方法。通过本章学习，应能够：

- 理解固定资产的确认与分类方法，掌握其入账价值的确定；
- 掌握固定资产外购、自行建造、租入、接受捐赠的会计核算与账务处理；
- 理解计提折旧的意义与范围，掌握折旧的计算方法与会计处理；
- 掌握固定资产清理、对外投资、出租等的会计处理；
- 掌握其固定资产减值、固定资产清查的方法及会计处理。

导入案例

注册会计师吴生审计大华公司2013年度会计报表的固定资产项目时，发现2013年度公司对综合办公楼进行了较大的改建，并于2013年7月投入使用，改建总支出为400万元。在改建过程中实现变价收入50万元，改建后预计可使用年限为15年。截至7月31日原办公楼的原值为800万元，累计折旧为400万元，已使用年限为20年，剩余使用年限为20年。大华公司对于改建后的办公楼仍采用40年计提折旧。

请问大华公司以上处理是否符合会计法规规定？在本案例中，你认为应该怎样处理固定资产的折旧？

第一节　固定资产概述

固定资产是企业生产经营过程中的主要资产，是企业竞争实力的物化体现，主要包括房屋建筑物、机器设备、运输工具、工具器具等。为了规范我国企业固定资产的核算和披露，我国财政部2001年1月1日施行的《企业会计制度》和2007年1月1日施行的《企业会计准则第4号——固定资产》对我国企业固定资产的核算和披露作出了明确的规定。

一、固定资产的确认

固定资产，是指同时具有下列特征的有形资产：①为生产商品、提供劳务、出租或经营管理而持有的；②使用寿命超过一个会计年度。

其中，使用寿命是指企业使用固定资产的预计期间，或者该固定资产所能生产产品或提供劳务的数量。

固定资产同时满足下列条件的，才能予以确认：

（1）与该固定资产有关的经济利益很可能流入企业；

（2）该固定资产的成本能够可靠地计量。

如果固定资产的各组成部分具有不同使用寿命或者以不同方式为企业提供经济利益，适用不同折旧率或折旧方法的，应当分别将各组成部分确认为单项固定资产。

企业应当根据固定资产定义，结合本企业的具体情况，制定适合于本企业的固定资产目录、分类方法、每类或每项固定资产的折旧年限、折旧方法，作为进行固定资产核算的依据。企业制定的固定资产目录、分类方法、每类或每项固定资产的预计使用年限、预计净残值、折旧方法等，应当编制成册，并按照管理权限，经股东大会或董事会，或经理（厂长）会议或类似机构批准，按照法律、行政法规的规定报送有关各方备案，同时备置于企业所在地，以供投资者等有关各方查阅。企业已经确定并对外报送，或备置于企业所在地的有关固定资产目录、分类方法、预计净残值、预计使用年限、折旧方法等，一经确定不得随意变更，如需变更，仍然应当按照上述程序，经批准后报送有关各方备案，并在会计报表附注中予以说明。

未作为固定资产管理的工具、器具等，作为低值易耗品核算。

二、固定资产的分类

固定资产按管理和核算的不同需要可以有不同的分类，目前常见的分类如下所示。

（一）按固定资产的经济用途分类

固定资产按其经济用途可分为生产经营用固定资产和非生产经营用固定资产两类。生产经营用固定资产是指直接服务于生产、经营过程的各项固定资产，如行政办公楼、车间厂房、仓库、机器设备等；非生产经营用固定资产是指不直接服务于生产、经营过程的各项固定资产，如职工食堂、职工宿舍、职工浴室、职工理发室、幼儿园等。

（二）按固定资产的使用情况分类

固定资产按其使用情况可分为使用中固定资产、未使用固定资产和不需用固定资产三类。使用中固定资产是指正在使用的固定资产，包括目前正在运转的固定资产、由于季节性生产暂时停用的固定资产、由于大修理暂时停用的固定资产、出租的固定资产和内部替换使用的固定资产等；未使用固定资产是指已达到预定可使用状态但尚未交付使用的固定资产，包括新增尚未使用的固定资产和因改扩建等原因暂停使用的固定资产；不需用固定资产是指企业不再适用的或多余的，需要进行处理的固定资产，如由于企业压缩生产而多余的机器设备等。

（三）按固定资产的产权归属分类

固定资产按其产权归属不同可分为自有固定资产和租入固定资产。自有固定资产是指产权归属本企业的固定资产，如购入的固定资产、接受投资者投入的固定资产、自行建造的固定资产和接受捐赠的固定资产等；租入固定资产是企业通过租赁方式从其他单位或个人租入的固定资产，包括融资租入的固定资产和经营租入的固定资产。

（四）固定资产的综合分类

固定资产按经济用途和使用情况综合分为以下七类：①生产经营用固定资产；②非生产经营用固定资产；③租出固定资产；④不需用固定资产；⑤未使用固定资产；⑥土地；⑦融资租入固定资产。

其中，土地是指过去已经估价单独入账的土地。土地使用权不属于固定资产的核算内容，而属于无形资产的核算内容；因征地而支付的土地补偿费，直接计入与土地有关的房屋建筑物价值中，不单独作为“固定资产——土地”核算。

融资租入固定资产是指企业采用融资租赁方式租入的固定资产，按照实质重于形式原则，融资租入固定资产应视同自有固定资产管理。需要注意的是经营租入的固定资产不需要进行固定资产核算，对于经营租入固定资产价值只需在备查账中进行登记。

三、固定资产计价及核算账户

（一）固定资产的计价基础

从《企业会计准则第 4 号——固定资产》和《企业会计制度》的有关规定来看，企业固定资产的计价基础有五种，分别用于不同来源、不同情况下的固定资产计价。

1. 按历史成本计价

《企业会计准则第 4 号——固定资产》规定：“固定资产应当按照成本进行初始计量。”这里的成本指的就是固定资产取得时发生的实际成本，也称历史成本。固定资产采用历史成本计价，具有业务发生时的支付凭证，因此具有客观性和可验证性等优点。

2. 按现值计价

《企业会计准则第 4 号——固定资产》规定：“购买固定资产的价款超过正常信用条件延期支付，实质上具有融资性质的，固定资产的成本以购买价款的现值为基础确定。”此处的“购买价款的现值”是指延期支付的各笔款项按同期银行存款利率折现的购入固定资产时的现值。固定资产采用现值计价，更符合谨慎性原则的要求。

3. 按净值计价

固定资产净值是指固定资产的原值减去已提折旧后的净额，也称折余价值。固定资产净值反映了固定资产的新旧程度，在固定资产盘亏、毁损时使用。

4. 按重置成本计价

重置成本是指按现在购买相同或者相似固定资产所需支付的现金或者现金等价物的金额。在固定资产盘盈和接受捐赠固定资产时，采用重置成本计价。

5. 按可收回金额计价

《企业会计准则第 8 号——资产减值》规定：“资产存在减值迹象的，应当估计其可收回金额。”所谓“可收回金额”，是指资产的公允价值减去处置费用后的净额与资产预计未来现金流量的现值两者之间较高者确定。其中，处置费用是指处理资产过程中发生的各项费用，包括与资产处置有关的法律费用、相关税费、搬运费及为使资产达到可销售状态所发生的直接费用等。可收回金额在固定资产的期末计价中采用。

（二）固定资产入账价值的确定

《企业会计准则第 4 号——固定资产》规定：“固定资产应当按照成本进行初始计量。”由于固定资产的取得途径不同，其成本构成也有所差异。

（1）外购固定资产的成本，包括购买价款、相关税费、使固定资产达到预定可使用状态前所发生的可归属于该项资产的运输费、装卸费、安装费和专业人员服务费等。

以一笔款项购入多项没有单独标价的固定资产，应当按照各项固定资产公允价值比例对总成本进行分配，分别确定各项固定资产的成本。

购买固定资产的价款超过正常信用条件延期支付，实质上具有融资性质的，固定资产的成本以购买价款的现值为基础确定。实际支付的价款与购买价款的现值之间的差额，除按照《企业会计准则第 17 号——借款费用》应予资本化的以外，应当在信用期间内计入当期损益。

（2）自行建造固定资产的成本，由建造该项资产达到预定可使用状态前所发生的必要支出构成。

（3）投资者投入固定资产的成本，应当按照投资合同或协议约定的价值确定，但合同或协议约定价值不公允的除外。

（4）以非货币性资产交换方式换入的固定资产，非货币性资产交换同时满足下列条件的，应当以公允价值和应支付的相关税费作为换入固定资产的成本，公允价值与换出资产账面价值的差额计入当期损益：

① 该项交换具有商业实质。

② 换入资产或换出资产的公允价值能够可靠地计量。

换入资产和换出资产公允价值均能够可靠计量的，应当以换出资产的公允价值作为确定换入资产成本的基础，但有确凿证据表明换入资产的公允价值更加可靠的除外。

满足下列条件之一的非货币性资产交换具有商业实质：

① 换入资产的未来现金流量在风险、时间和金额方面与换出资产显著不同。

② 换入资产与换出资产的预计未来现金流量现值不同，且其差额与换入资产和换出资产的公允价值相比是重大的。

在确定非货币性资产交换是否具有商业实质时，企业应当关注交易各方之间是否存在关联方关系。关联方关系的存在可能导致发生的非货币性资产交换不具有商业实质。

未同时满足上述规定条件的非货币性资产交换，应当以换出资产的账面价值和应支付的相关税费作为换入固定资产的成本，不确认损益。

企业在按照公允价值和应支付的相关税费作为换入资产成本的情况下，发生补价的，应当分别按下列情况处理：

① 支付补价的，换入资产成本与换出资产账面价值加支付的补价、应支付的相关税费之和的差额，应当计入当期损益。

② 收到补价的，换入资产成本加收到的补价之和与换出资产账面价值加应支付的相关税费之和的差额，应当计入当期损益。

企业在按照换出资产的账面价值和应支付的相关税费作为换入资产成本的情况下，发生补价的，应当分别按下列情况处理：

① 支付补价的，应当以换出资产的账面价值，加上支付的补价和应支付的相关税费，作为换入固定资产的成本，不确认损益。

② 收到补价的，应当以换出资产的账面价值，减去收到的补价并加上应支付的相关税费，作为换入固定资产的成本，不确认损益。

非货币性资产交换同时换入多项资产的，在确定各项换入资产的成本时，应当分别按下列情况处理：

① 非货币性资产交换具有商业实质，且换入资产的公允价值能够可靠计量的，应当按照换入各项资产的公允价值占换入资产公允价值总额的比例，对换入资产的成本总额进行分配，确定各项换入资产的成本。

② 非货币性资产交换不具有商业实质，或者虽具有商业实质但换入资产的公允价值不能可靠计量的，应当按照换入各项资产的原账面价值占换入资产原账面价值总额的比例，对换入资产的成本总额进行分配，确定各项换入资产的成本。

（5）以债务重组方式取得的固定资产，应当对受让的固定资产按公允价值入账，其债权账面价值与固定资产公允价值的差额部分，计入当期损益。

（6）以融资租赁方式取得的固定资产，按租赁开始日租赁资产的公允价值与最低租赁付款额现值两者中较低者作为租入固定资产的入账价值。

（7）以改扩建方式增加的固定资产，按原固定资产的账面价值，加上由于改扩建而使该项固定资产达到预定可使用状态前发生的支出，减支改扩建过程中发生的变价收入作为入账价值。

（8）盘盈的固定资产，按同类或类似固定资产的市场价格，减去按该固定资产的新旧程度估计的价值损耗后的余额，作为入账价值。如果不存在活跃的市场，按该项固定资产的预计未来现金流量现值，作为入账价值。

（9）接受捐赠的固定资产，应按以下规定确定其入账价值：

① 捐赠方提供了有关凭据的，按凭据上标明的金额加上应支付的相关税费，作为入账价值。

② 捐赠方没有提供有关凭据的，按如下顺序确定其入账价值：

同类或类似无形资产存在活跃市场的，按同类或类似固定资产的市场价格估计的金额，加上应支付的相关税费，作为实际成本。

同类或类似固定资产不存在活跃市场的，按该项固定资产的预计未来现金流量的现值，作为实际成本。

（10）无偿调入的固定资产，按调出单位的账面价值加上相关税费，作为入账价值。

需要特别说明的是，企业为取得固定资产交纳的车辆购置税、耕地占用税和契税等相关税费也应计入固定资产入账价值。同时，确定固定资产成本时，应当考虑预计弃置费用因素。

（三）账户设置

固定资产的核算需要设置和使用“固定资产”、“在建工程”、“工程物资”、“累计折旧”、“固定资产清理”等账户。

1. “固定资产”账户

“固定资产”账户用来核算固定资产原始价值的增减变动。“固定资产”账户的借方登记固定资产的原始价值增加金额，贷方登记固定资产的原始价值减少金额，其余额表示现有固定资产的原始价值数额。

2. “在建工程”账户

“在建工程”账户用来核算自行建造固定资产的建造成本。“在建工程”账户借方登记固定资产建造过程中发生的各项支出，贷方登记建造完工转入“固定资产”账户的实际建造成本，其余额表示正在建造工程已发生的实际成本。

3. “工程物资”账户

“工程物资”账户用来核算企业购入的用于固定资产建造的各种物资的实际成本。“工程物资”账户的借方登记增加工程物资的实际成本，贷方登记发出工程物资的实际成本，其余额表示现有工程物资的实际成本。

4. “累计折旧”账户

“累计折旧”账户用来核算固定资产计提的折旧。“累计折旧”账户贷方登记计提折旧的增加数额，借方登记减少固定资产应转出的折旧数额，其余额表示现有固定资产已累计计提的折旧总额。

5. “固定资产清理”账户

“固定资产清理”账户用来核算固定资产出售、报废、毁损等清理业务，并计算固定资产清理的净损益。“固定资产清理”账户借方登记清理固定资产的账面价值、清理费用、相关税费等，贷方登记固定资产清理过程中所取得的各项收入和赔款，固定资产清理的净损益转入“营业外收入”或“营业外支出”账户。固定资产清理完毕后，“固定资产清理”账户无余额。

第二节　固定资产增加

一、自行建造固定资产

企业自行建造固定资产的方式有两种：自营和出包。自营和出包方式建造固定资产时，会计核算有较大的差别。

（一）自营方式建造的固定资产

企业自营方式建造的固定资产，应按建造该项资产达到预定可使用状态前所发生的必要支出作为入账价值，包括建造过程中耗用的工程物资、直接人工费、直接机械施工费、应负担的工程管理费、需要安装的设备价款等。

企业为在建工程准备的各种物资，应当按照实际支付的买价、增值税额、运输费、保险费等相关费用，作为实际成本，并按照各种专项物资的种类进行明细核算。工程完工后剩余的工程物资，如转作本企业库存材料的，按其实际成本或计划成本，转作企业的库存材料。如可抵扣增值税进项税额的，应按减去增值税进项税额后的实际成本或计划成本，转作企业的库存材料。盘盈、盘亏、报废、毁损的工程物资，减去保险公司、过失人赔偿部分后的差额，工程项目尚未完工的，计入或冲减所建工程项目的成本；工程已经完工的，在筹建期间应将其净损失计入长期待摊费用，属于生产经营期间的，应将其净损失直接计入当期营业外收支。

工程达到预定可使用状态前因进行试运转所发生的净支出，计入工程成本。企业的在建工程项目在达到预定可使用状态前所取得的试运转过程中形成的、能够对外销售的产品，其发生的成本，计入在建工程成本，销售或转为库存商品时，按实际销售收入或按预计售价冲减工程成本。

在建工程发生单项或单位工程报废或毁损，减去残料价值和过失人或保险公司等赔款后的净损失，计入继续施工的工程成本；如为非常原因造成的报废或毁损，或在建工程项目全部报废或毁损，在筹建期间应将其净损失计入“长期待摊费用”，属于生产经营期间的，应将其净损失直接计入当期营业外支出。

所建造的固定资产已达到预定可使用状态，但尚未办理竣工决算的，应当自达到预定可使用状态之日起，根据工程预算、造价或者工程实际成本等，按估计的价值转入固定资产，并按本制度关于计提固定资产折旧的规定，计提固定资产的折旧。待办理了竣工决算手续后再作调整。

注意：按最新会计准则，生产型固定资产购进及自行建造时，所涉及增值税应作为增值税进项税额单独处理（参见第五章存货中增值税的处理，此处不再赘述），不再计入固定资产价值。本章中所有例题均假设固定资产为非生产型固定资产。

【例 6.1】 A 企业自行建造简易厂房一座，购入建造厂房需要的钢筋、水泥、砖块等，用银行存款支付买价 100 000 元，增值税 17 000 元。在厂房建造过程中领用工程物资 93 600 元，应负担的工人工资 20 000 元，应负担的职工福利费 2 800 元，应负担的供电车间的电费 7 200 元，用现金支付临时工费用 8 400 元，另外还领用了生产用的材料一批，实际成本 10 000 元，应转出的增值税为 1 700 元。工程完工后，尚未使用的工程物资转为生产使用。其会计分录如下：

（1）购入工程物资时：

借：工程物资	117 000	
贷：银行存款		117 000

（2）领用工程物资时：

借：在建工程——厂房	93 600	
贷：工程物资		93 600

（3）分配工人工资和福利费时：

借：在建工程——厂房	22 800	
贷：应付职工薪酬		22 800

（4）分配供电车间的电费时：

借：在建工程——厂房	7 200	
贷：生产成本——供电车间		7 200

（5）支付临时工费用时：

借：在建工程——厂房	8 400	
贷：现金		8 400

（6）领用了生产用的材料时：

借：在建工程——厂房	11 700	
贷：原材料		10 000
应交税费——应交增值税（进项税额转出）		1 700

（7）工程完工交付使用时：

借：固定资产——厂房	143 700	
贷：在建工程——厂房		143 700

（8）未使用的工程物资转为生产使用时：

借：原材料　　20 000

　　应交税费——应交增值税（进项税额）　　3 400

　　贷：工程物资　　23 400

（二）出包方式建造的固定资产

出包方式建造的固定资产，预付的工程款通过“在建工程”账户核算，即按合同规定预付给承包单位工程款时，借记“在建工程”账户，贷记“银行存款”账户；工程完工验收合格补付工程款时，借记“在建工程”账户，贷记“银行存款”账户；工程交付使用时，借记“固定资产”账户，贷记“在建工程”账户。

【例 6.2】A 企业采用招标方式将行政办公楼的建造出包给 B 建筑公司，按合同规定工程款 1 000 万元，分三次支付，工程开工时支付 500 万元，工程封顶时支付 300 万元，工程完工验收合格时支付 200 万元。A 企业工程款均用银行存款支付。其会计分录如下：

（1）工程开工时支付 500 万元：

借：在建工程——行政办公楼　　5 000 000

　　贷：银行存款　　5 000 000

（2）工程封顶时支付 300 万元：

借：在建工程——行政办公楼　　3 000 000

　　贷：银行存款　　3 000 000

（3）工程完工验收合格时支付 200 万元：

借：在建工程——行政办公楼　　2 000 000

　　贷：银行存款　　2 000 000

（4）工程完工交付使用时：

借：固定资产——行政办公楼　　10 000 000

　　贷：在建工程——行政办公楼　　10 000 000

二、购置固定资产

（一）购入不需安装的固定资产

企业购入不需安装的固定资产，按购置过程中发生的购买价款、相关税费等，借记“固定资产”账户，贷记“银行存款”等账户。

【例 6.3】A 企业向某电脑公司购入电脑一批，用银行存款支付买价 100 000 元，增值税 17 000 元。其会计分录如下：

借：固定资产　　117 000

　　贷：银行存款　　117 000

（二）购入需安装的固定资产

企业购入需安装的固定资产，按购置过程中发生的购买价款、相关税费等，借记“在建工程”账户，贷记“银行存款”等账户；支付安装费时，借记“在建工程”账户，贷记“银行存款”等账户；建造完工交付使用时，借记“固定资产”账户，贷记“在建工程”账户。

【例 6.4】A 企业用银行存款购入锅炉一台，支付买价 20 000 元，增值税 3 400 元，支付运输费 1 700 元，安装过程中用银行存款支付安装费 1 000 元。其会计分录如下：

（1）购买锅炉时：

借：在建工程　　25 000

　　贷：银行存款　　25 000

（2）支付安装费时：

借：在建工程　　1 000

　　贷：银行存款　　1 000

（3）安装完毕交付使用时：

借：固定资产　　26 000

　　贷：在建工程　　26 000

三、租入固定资产

租入固定资产的方式有两种，一是采用融资方式租入，二是采用经营方式租入。采用经营方式租入的固定资产不需要对固定资产进行核算，只需要在备查账中登记。采用融资方式租入固定资产应视同自有资产管理。

融资租入固定资产时，承租人应按租赁资产公允价值与最低租赁付款额现值两者中较低者，加上初始直接费用，作为租入资产的入账价值，借记“固定资产——融资租入固定资产”账户，按最低租赁付款额，贷记“长期应付款”账户，按其差额，借记“未确认融资费用”账户。

【例 6.5】A 公司于 2011 年 12 月 10 日与 B 租赁公司签订了一份设备融资租赁合同。合同主要条款如下：

（1）租赁标的物：甲生产设备。

（2）起租日：2011 年 12 月 31 日。

（3）租赁期：2011 年 12 月 31 日—2013 年 12 月 31 日，共 2 年。

（4）租金支付方式：每年年末支付租金 1 000 万元。

（5）租赁期满时，甲设备的估计余值为 200 万元，其中 A 公司担保的余值为 100 万元，未担保的余值为 100 万元。

（6）甲生产设备为全新设备，2011 年 12 月 31 日的原账面价值为 1 922.40 万元，预计使用年限为 3 年。

（7）租赁内含利率为 6%。

（8）2013 年 12 月 31 日，A 公司将甲生产设备归还给 B 租赁公司。

甲生产设备于 2011 年 12 月 31 日运抵 A 公司，其固定资产均采用平均年限法计提折旧，与租赁有关的未确认融资费用均采用实际利率法摊销，并假定未确认融资费用在相关资产的折旧期限内摊销。

其租赁开始日的会计分录如下：

最低租赁付款额＝1 000×2＋100＝2 100（万元）

由于最低租赁付款额现值是按租赁内含利率计算，所以：

甲生产设备的原账面价值＝最低租赁付款额现值＝1 922.40（万元）

租赁资产的入账价值＝甲生产设备的原账面价值＝最低租赁付款额现值＝1 922.40（万元）

未确认的融资费用＝2 100－1 922.4＝177.60（万元）

借：固定资产——融资租入固定资产　1 922.4
　　未确认融资费用　177.6
　　贷：长期应付款　2 100

四、接受投资与捐赠固定资产

（一）接受投资固定资产

企业接受投资者投入的固定资产，应当按照投资合同或协议约定的价值确定入账价值，借记“固定资产”账户，贷记“实收资本”等账户。

【例 6.6】 A 公司收到 B 公司投入的不需安装的机器一台，双方协议价为 100 000 元，有关手续已全部办理完毕。其会计分录如下：

借：固定资产　100 000
　　贷：实收资本　100 000

（二）接受捐赠固定资产

企业接受捐赠增加的固定资产，应按会计制度规定确定入账价值，借记“固定资产”或“在建工程”账户，贷记“营业外收入”账户，按接受捐赠过程中支付的相关税费，贷记“银行存款”等账户。

【例 6.7】 A 公司收到 C 公司捐赠的全新汽车一辆，发票上注明的售价 100 000 元，增值税为 17 000 元，另外用现金支付运输费等 3 000 元。有关手续已全部办理完毕。其会计分录如下：

借：固定资产　120 000
　　贷：营业外收入　117 000
　　　　库存现金　3 000

五、固定资产的改扩建

固定资产改扩建时，首先应该将需要改扩建的固定资产账面价值转入在建工程，即按改扩建固定资产的账面价值，借记“在建工程”账户，按改扩建固定资产的已提折旧，借记“累计折旧”账户，按已计提固定资产减值准备，借记“固定资产减值准备”账户，按固定资产的原值，贷记“固定资产”账户；改扩建过程中的各项支出发生时，借记“在建工程”账户，贷记“银行存款”等账户；改扩建过程中的各项变价收入，借记“原材料”、“银行存款”等账户，贷记“在建工程”账户；改扩建完工达到预定可使用状态后，借记“固定资产”账户，贷记“在建工程”账户。

据此，在导入案例中，大华公司的上述事项，是在原有固定资产的基础上进行改建，改善或扩大了原有固定资产的经济利益的流入能力，故此，应根据原有的剩余账面价值加上新支出作为新的原值入账，即 800 万元－400 万元＋400 万元－50 万元＝750 万元，并根据此原值扣除预计的净残值后，按改建后的预计可使用年限即 15 年计算每年应计提的折旧额。

【例 6.8】 A 公司现有一条生产线需要进行改扩建，该生产线的原始价值为 100 万元，已提折旧为 40 万元，已提减值准备为 10 万元。改扩建过程中用银行存款支付工程费用 100 万元，发生残料变价收入 20 万元。改扩建完工后立即投入生产使用。其会计分录如下：

（1）将原生产线转入在建工程时：

借：在建工程　500 000

累计折旧 400 000
固定资产减值准备 100 000
贷：固定资产 1 000 000

（2）支付改扩建支出时：

借：在建工程 1 000 000
贷：银行存款 1 000 000

（3）发生残料变价收入时：

借：原材料 200 000
贷：在建工程 200 000

（4）改扩建完工达到预定可使用状态时：

借：固定资产 1 300 000
贷：在建工程 1 300 000

六、以非货币交易取得的固定资产

（一）具有商业实质的非货币性交易

以具有商业实质的非货币性交易换入的固定资产，按换出资产的公允价值和应支付的相关税费，借记“固定资产”账户，按换出资产的账面价值贷记“原材料”、“固定资产清理”等账户，按换出资产的公允价值与换出资产账面价值的差额，借记“营业外支出”或贷记“营业外收入”账户。

【例 6.9】A 公司以甲专利换取 B 公司的乙机器，甲专利的账面价值为 50 000 元，甲专利的公允价值为 100 000 元，另外应交纳营业税 5 000 元；乙机器的公允价值为 60 000 元。同时，B 公司以银行存款支付 A 公司补价 40 000 元。其会计分录如下：

借：固定资产——乙机器 65 000
银行存款 40 000
贷：无形资产 50 000
应交税费——应交营业税 5 000
营业外收入 50 000

（二）不具有商业实质的非货币性交易

以不具有商业实质的非货币性交易换入的固定资产，按换出资产的账面价值和应支付的相关税费，借记“固定资产”账户，按换出资产的账面价值贷记“原材料”、“固定资产清理”等账户，按应负担的相关税费，贷记“应交税费”等账户，不确认当期损益。

【例 6.10】A 公司以甲专利换取 B 公司的乙机器，甲专利的账面价值为 50 000 元，甲专利的公允价值为 100 000 元，另外应交纳营业税 5 000 元；乙机器的公允价值为 90 000 元。同时，B 公司以银行存款支付 A 公司补价 10 000 元。其会计分录如下：

借：固定资产——乙机器 45 000
银行存款 10 000
贷：无形资产 50 000
应交税费——应交营业税 5 000

七、以债务重组方式取得固定资产

以债务重组方式取得的固定资产，按受让的固定资产按公允价值，借记“固定资产”账户，按债权账面价值，贷记“应收账款”等账户，按债权账面价值与固定资产公允价值的差额部分计入当期损益，借记“营业外支出”账户或贷记“营业外收入”账户。

【例 6.11】A 公司应收 D 公司销售款 100 000 元，由于 D 公司发生财务困难，双方达成债务重组协议，D 公司以一台汽车偿还债务，该汽车的公允价值为 80 000 元，不考虑相关税费。A 公司已对该应收账款计提了 10 000 元坏账准备。其会计分录如下：

借：固定资产——乙机器　　80 000
　　坏账准备　　10 000
　　营业外支出　　10 000
　　贷：应收账款　　100 000

第三节　固定资产折旧与修理

一、固定资产折旧的意义

《企业会计准则第 4 号——固定资产》规定：“固定资产折旧是指在固定资产使用寿命内，按照确定的方法对应计折旧额进行系统分摊。其中，应计折旧额，是指应当计提折旧的固定资产的原价扣除其预计净残值后的金额。已计提减值准备的固定资产，还应当扣除已计提的固定资产减值准备累计金额。预计净残值，是指假定固定资产预计使用寿命已满并处于使用寿命终了时的预期状态，企业目前从该项资产处置中获得的扣除预计处置费用后的金额。”

企业应当根据固定资产的性质和使用情况，合理确定固定资产的使用寿命和预计净残值。固定资产的使用寿命、预计净残值一经确定，不得随意变更。企业确定固定资产使用寿命，应当考虑下列因素：

（1）预计生产能力或实物产量；

（2）预计有形损耗和无形损耗；

（3）法律或者类似规定对资产使用的限制。

其中，有形损耗是指固定资产在使用过程中由于使用和自然力影响而引起的在使用价值和价值上的损失；无形损耗是指固定资产由技术进步而引起的价值上的损失。

固定资产折旧是固定资产重置的一种保证。企业为了以后有能力购置新的固定资产或进行固定资产的更新改造，必须在固定资产的有效使用年限内分期计提一定数额的折旧额，作为以后进行固定资产更新改造的一种资金储备。因此，可以认为，固定资产折旧是固定资产再生产正常进行的一种保障措施。

企业选择的固定资产折旧方法、使用寿命和预计净残值，按照管理权限，经股东大会或董事会，或经理（厂长）会议或类似机构批准，作为计提折旧的依据。同时，按照法律、行政法规的规定报送有关各方备案，并备置于企业所在地，以供投资者等有关各方查阅。企业已经确定并对外报送，或备置于企业所在地的有关固定资产预计使用年限和预计净残值、折旧方法等，一经确定不得随意变更，如需变更，仍然应当按照上述程序，经批准后报送有关各方备案，并在会计报表附注中予以说明。

二、固定资产折旧的范围

（一）固定资产折旧的空间范围

《企业会计准则第 4 号——固定资产》规定："企业应当对所有固定资产计提折旧。但是，已提足折旧仍继续使用的固定资产和单独计价入账的土地除外。"

具体来说，下列固定资产应当计提折旧：

（1）已达到预定可使用状态的房屋和建筑物；

（2）已达到预定可使用状态的机器设备、仪器仪表、运输工具、工具器具；

（3）季节性停用、大修理停用的固定资产；

（4）融资租入和以经营租赁方式租出的固定资产。

下列固定资产不计提折旧：

（1）以经营租赁方式租入的固定资产；

（2）已提足折旧继续使用的固定资产；

（3）按规定单独估价作为固定资产入账的土地。

达到预定可使用状态应当计提折旧的固定资产，在年度内办理竣工决算手续的，按照实际成本调整原来的暂估价值，并调整已计提的折旧额，作为调整当月的成本、费用处理。如果在年度内尚未办理竣工决算的，应当按照估计价值暂估入账，并计提折旧；待办理了竣工决算手续后，再按照实际成本调整原来的暂估价值，调整原已计提的折旧额，同时调整年初留存收益各项目。

融资租入的固定资产，应当采用与自有应计折旧资产相一致的折旧政策。能够合理确定租赁期届满时将会取得租赁资产所有权的，应当在租赁资产尚可使用年限内计提折旧；无法合理确定租赁期届满时能够取得租赁资产所有权的，应当在租赁期与租赁资产尚可使用年限两者中较短的期间内计提折旧。

（二）固定资产折旧的时间范围

《企业会计准则第 4 号——固定资产》规定："固定资产应当按月计提折旧，并根据用途计入相关资产的成本或者当期损益。"

同时，《企业会计制度》规定："企业一般应按月提取折旧，当月增加的固定资产，当月不提折旧，从下月起计提折旧；当月减少的固定资产，当月照提折旧，从下月起不提折旧。固定资产提足折旧后，不论能否继续使用，均不再提取折旧；提前报废的固定资产，也不再补提折旧。"

三、固定资产折旧的计算方法

企业应当根据与固定资产有关的经济利益的预期实现方式，合理选择固定资产折旧方法。《企业会计准则第 4 号——固定资产》规定："可选用的折旧方法包括年限平均法、工作量法、双倍余额递减法和年数总和法等。固定资产的折旧方法一经确定，不得随意变更。"如需变更，应当在会计报表附注中予以披露。

（一）年限平均法

年限平均法，也称直线法，是指将固定资产的应提折旧总额平均分配给各使用期的一种方法。年限平均法的折旧额可用下列公式计算：

$$\text{固定资产年折旧额}=\frac{\text{固定资产原值}-\text{预计净残值}}{\text{固定资产预计使用年限}}$$

固定资产月折旧额＝固定资产年折旧额/12

【例 6.12】A 公司某项固定资产原值为 128 000 元，预计残值为 10 000 元，预计清理费用为 2 000 元，预计使用年限为 10 年。按年限平均法计算结果如下：

$$固定资产年折旧额=\frac{128\,000-（10\,000-2\,000）}{10}=12\,000（元）$$

固定资产月折旧额＝12 000/12＝1 000（元）

从年限平均法的计算原理可以看出，年限平均法计算的每年和每月折旧额都是相等的。这种方法对房屋建筑物等随技术影响不大的固定资产计提折旧是合理的，但是对于受技术影响较大或使用程度影响较大的固定资产就很不合理了。

（二）工作量法

工作量法是指按固定资产所能行驶的里程、机器的运转时数或机器的工作时数等工作量来平均计算折旧的一种方法。其计算公式如下：

$$单位工作量的折旧额=\frac{固定资产原值-预计净残值}{固定资产预计总工作量}$$

固定资产月折旧额＝该月固定资产的实际工作量×单位工作量的折旧额

其中，公式中的“工作量”根据不同用途的固定资产可以是行驶的里程、机器的运转时数或机器的工作时数等。

【例 6.13】A 公司某辆汽车的原值是 330 000 元，净残值为 30 000 元，预计行驶总里程为 300 000 千米。本月该汽车实际行驶了 1 000 千米。

$$单位行驶里程的折旧额=\frac{330\,000-30\,000}{300\,000}=1（元/千米）$$

本月折旧额＝1 000×1＝1 000（元）

（三）双倍余额递减法

双倍余额递减法是一种加速折旧的方法，它是在不考虑固定资产净残值的条件下，根据每年年初固定资产的折余价值和双倍的直线法折旧率计算固定资产折旧额的一种方法。双倍余额递减法有以下四个特点：

（1）不考虑固定资产净残值；

（2）采用的折旧率是直线法折旧率的双倍；

（3）每年计算折旧的基数是每年年初固定资产的折余价值；

（4）按我国制度规定，最后两年将固定资产账面净值扣除预计净残值后的余额平均摊销，即最后两年改用直线法计提折旧。

双倍余额递减法的计算公式如下：

固定资产年折旧率＝2/预计使用年限×100%

固定资产月折旧率＝固定资产年折旧率/12

固定资产月折旧额＝固定资产年初折余价值×固定资产月折旧率

【例 6.14】A 公司某项固定资产的原值为 100 000 元，预计净残值 1 600 元，预计使用年限 5 年。采用双倍余额递减法计算结果如表 6.1 所示。

表 6.1　双倍余额递减法　　单位：元

年份	固定资产年初折余价值	年折旧率	年折旧额	累计折旧额	固定资产年末折余价值
1	100 000	40%注	40 000	40 000	60 000
2	60 000	40%	24 000	64 000	36 000
3	36 000	40%	14 400	78 400	21 600
4	21 600		10 000	88 400	11 600
5	11 600		10 000	98 400	1 600

注：年折旧率＝2/5×100%＝40%

（四）年数总和法

年数总和法，也称折旧年数积数法、级数递减法、合计年限法等，是指将固定资产的原值减去净残值后的净额乘以一个逐年递减的分数计算每年的折旧额。年数总和法也是一种加速折旧的方法，其计算公式如下：

$$\text{固定资产年折旧额率}=\frac{\text{尚可使用年数}}{\text{预计使用牛限的年数总和}}$$

或

$$\text{固定资产年折旧额率}=\frac{\text{预计使用年限}-\text{已使用年限}}{\text{预计使用年限}\times(\text{预计使用年限}+1)/2}$$

【例 6.15】A 公司某项固定资产原值 151 000 元，净残值 1 000 元，预计使用年限 5 年。采用年数总和法计算结果如表 6.2 所示。

表 6.2　年数总和法　　单位：元

年份	原值－净残值	年折旧率	年折旧额	累计折旧额
1	150 000	5/15	50 000	50 000
2	150 000	4/15	40 000	90 000
3	150 000	3/15	30 000	120 000
4	150 000	2/15	20 000	140 000
5	150 000	1/15	10 000	150 000

四、固定资产折旧的账务处理

固定资产计提的折旧额应通过“累计折旧”账户进行核算，按生产车间固定资产计提的折旧额，借记“制造费用”账户，按行政管理部门固定资产计提的折旧额，借记“管理费用”账户，按销售部门固定资产计提的折旧额，借记“营业费用”账户，按出租固定资产计提的折旧额，借记“其他业务成本”账户，按企业当期所计提的折旧总额，贷记“累计折旧”账户。

在我国会计实务中，企业各月固定资产折旧的计算一般是通过编制“固定资产折旧计算表”来完成的。该表可由会计部门编制，也可由固定资产的各使用部门编制，再由会计部门统一汇总。其编制依据是：本月固定资产折旧额＝上月固定资产折旧额＋上月增加固定资产应计提的折旧额－上月减少固定资产应计提的折旧额。“固定资产折旧计算表”的格式如表 6.3 所示。

【例 6.16】A 公司某月固定资产的折旧计算表如表 6.3 所示。

表 6.3 固定资产折旧计算表 单位：元

使用部门	固定资产类别	上月固定资产折旧额	上月增加固定资产		上月减少固定资产		本月固定资产折旧额	应记入的科目
			原值	折旧额	原值	折旧额		
一车间	厂房	1 000					1 500	制造费用
	机器设备	10 000	100 000	500			10 000	
	其他设备	500					500	
	小计	11 500					12 000	
二车间	厂房	2 000					2 000	
	机器设备	20 000					19 000	
	其他设备	1 000			200 000	1 000	1 000	
	小计	23 000					22 000	
行政管理部门	房屋建筑物	3 000					3 000	管理费用
	运输工具	1 000					1 000	
	小计	4 000					4 000	
合计		38 500	100 000	500	200 000	1 000	38 000	

根据表 6.3，编制固定资产计提折旧的会计分录如下：

借：制造费用——一车间　　12 000
　　　　　　——一车间　　22 000
　　管理费用　　4 000
　　贷：累计折旧　　38 000

五、固定资产修理

《企业会计准则第 4 号——固定资产》规定，不符合固定资产确认条件的后续支出，应当在发生时计入当期损益。固定资产的确认条件是：①与该固定资产有关的经济利益很可能流入企业；②该固定资产的成本能够可靠地计量。因此，固定资产的修理支出应在发生时直接确认为费用，不再通过预提或者待摊的方式进行核算。

【例 6.17】A 公司本月用银行存款支付行政管理部门电脑的修理费 1 000 元，车间机器设备的修理费 2 000 元，专设销售机构汽车的修理费 500 元。其会计分录如下：

借：管理费用　　1 000
　　制造费用　　2 000
　　销售费用　　500
　　贷：银行存款　　3 500

第四节　固定资产减少

固定资产减少的途径主要有：对外投资转出固定资产、清理固定资产、对外捐赠固定资产、出租固定资产、以非货币性交易换出固定资产和以固定资产抵偿债务等。

一、对外投资转出固定资产

企业对外投资减少的固定资产，首先应按固定资产的账面价值，借记“固定资产清理”账户，按固定资产已提的折旧，借记“累计折旧”账户，按固定资产已提的减值准备，借记“固定资产减值准备”账户，按固定资产的原值，贷记“固定资产”账户；然后按固定资产账面价值和相关税费合计数，借记“长期股权投资”账户，按固定资产清理的余额，贷记“固定资产清理”科目，按应负担的相关税费，贷记“应交税费”、“银行存款”等账户。

【例 6.18】 A 公司以一项固定资产投资给 B 公司，该固定资产的账面原值为 1 000 000 元，已提折旧 400 000 元，已提减值准备为 100 000 元。固定资产投资过程中以银行存款支付清理费用 20 000 元，应交营业税 30 000 元。A 公司取得的投资按成本法核算。其会计分录如下：

借：固定资产清理	500 000	
累计折旧	400 000	
固定资产减值准备	100 000	
贷：固定资产		1 000 000
借：长期股权投资——B 公司	550 000	
贷：固定资产清理		500 000
应交税费——应交营业税		30 000
银行存款		20 000

二、清理固定资产

清理固定资产是指企业出售、报废和毁损等减少的固定资产。清理固定资产的会计核算一般按以下步骤进行：

第一步，将固定资产转入清理。即按固定资产的账面价值，借记“固定资产清理”账户，按固定资产已提的折旧，借记“累计折旧”账户，按固定资产已提的减值准备，借记“固定资产减值准备”账户，按固定资产的原值，贷记“固定资产”账户。

第二步，支付清理费用。即按清理过程中发生的各项费用，借记“固定资产清理”账户，贷记“银行存款”等账户。

第三步，计算缴纳各种应负担的税费。即按清理过程中应交的各种税费，借记“固定资产清理”账户，贷记“应交税费”、“其他应交款”等账户。

第四步，收取出售收入或残料变价收入。即按出售固定资产的收入或报废和毁损固定资产的残料变价收入，借记“银行存款”、“原材料”等账户，贷记“固定资产清理”账户。

第五步，赔款的核算。企业毁损的固定资产，可能能从保险公司或个人获得赔款，赔款确认时，借记“其他应收款”等账户，贷记“固定资产清理”账户。

第六步，结转清理净损益的核算。经过上述五步骤核算后，固定资产清理账户的余额即为固定资产清理的净损益，如果余额在借方，表示固定资产清理的净损失，应转入“营业外支出”（生产经营期间）或“长期待摊费用”（筹建期间），即借记“营业外支出”或“长期待摊费用”账户，贷记“固定资产清理”账户；如果余额在贷方，表示固定资产清理的净收益，应转入“营业外收入”（生产经营期间）或“长期待摊费用”（筹建期间），即借记“固定资产清理”账户，贷记“营业外收入”或“长期待摊费用”账户。

【例 6.19】A 公司出售一幢房屋，出售收入为 200 万元，出售过程中，支付清理费用 5 万元，营业税 10 万元，该房屋的账面原值 250 万元，已提折旧 70 万元，未计提减值准备，不考虑其他税费。其会计分录如下：

（1）固定资产转入清理：

借：固定资产清理　　1 800 000

　　累计折旧　　700 000

　　贷：固定资产　　2 500 000

（2）支付清理费用：

借：固定资产清理　　50 000

　　贷：银行存款　　50 000

（3）收到出售价款时：

借：银行存款　　2 000 000

　　贷：固定资产清理　　2 000 000

（4）计算应交纳的营业税：

借：固定资产清理　　100 000

　　贷：应交税费——应交营业税　　100 000

（5）结转固定资产清理的净收益：

借：固定资产清理　　50 000

　　贷：营业外收入　　50 000

三、对外捐赠固定资产

企业捐赠转出的固定资产，首先应按固定资产的账面价值，借记“固定资产清理”账户，按固定资产已提的折旧，借记“累计折旧”账户，按固定资产已提的减值准备，借记“固定资产减值准备”账户，按固定资产的原值，贷记“固定资产”账户；其次按固定资产捐赠过程中应负担的相关税费，借记“固定资产清理”账户，贷记“应交税费”、“银行存款”等账户；最后按“固定资产清理”账户的余额，借记“营业外支出”账户，贷记“固定资产清理”账户。

【例 6.20】A 公司将一辆汽车捐赠给 F 公司，该汽车的原值为 200 000 元，已提折旧为 100 000 元，支付清理费用 10 000 元。其会计分录如下：

（1）固定资产转入清理：

借：固定资产清理　　100 000

　　累计折旧　　100 000

　　贷：固定资产　　200 000

（2）支付清理费用：

借：固定资产清理　　10 000

　　贷：银行存款　　10 000

（3）结转余额：

借：营业外支出　　110 000

　　贷：固定资产清理　　110 000

四、出租固定资产

企业对外出租固定资产有两种方式：经营方式出租固定资产和融资方式出租固定资产。由于经营方式出租固定资产并不引起固定资产的减少，所以不需对固定资产减少进行核算，因此，能引起固定资产减少的出租指的是融资方式出租的固定资产。

企业以融资租赁方式出租固定资产时，出租人应将最低租赁收款额与初始直接费用之和作为长期应收款的入账价值，借记“长期应收款”账户，同时按未担保余值，借记“未担保余值”账户，按租赁资产的原账面价值，贷记“固定资产”账户，按支付的初始直接费用，贷记“银行存款”等账户，最后将最低租赁收款额、初始直接费用及未担保余值之和与其现值之和（数额上等于租赁资产的原账面价值）的差额确认为未实现融资收益，贷记“递延收益——未实现融资收益”账户。

【例 6.21】 A 公司于 2011 年 12 月 20 日与 B 公司签订了一份设备融资租赁合同。合同主要条款如下：

（1）租赁标的物：甲生产设备。

（2）起租日：2011 年 12 月 31 日。

（3）租赁期：2011 年 12 月 31 日—2013 年 12 月 31 日，共 2 年。

（4）租金支付方式：每年年末支付租金 1 000 万元。

（5）租赁期满时，甲设备的估计余值为 200 万元，其中 B 公司担保的余值为 100 万元，未担保的余值为 100 万元。

（6）甲生产设备为全新设备，2011 年 12 月 31 日的原账面价值为 1 922.40 万元，预计使用年限为 3 年。

（7）租赁内含利率为 6%。

（8） 2013 年 12 月 31 日，B 公司将甲生产设备归还给 A 公司。

甲生产设备于 2011 年 12 月 31 日运抵 B 公司。

出租日的会计分录如下（单位：万元）：

最低租赁收款额＝1 000×2＋100＝2 100（万元）

递延收益＝2 100＋100－1 922.40＝277.60（万元）

借：长期应收款	2 100	
未担保余值	100	
贷：固定资产		1 922.40
递延收益		277.60

五、以非货币性交易换出固定资产

（一）具有商业实质的非货币性交易

以具有商业实质的非货币性交易换出的固定资产，首先应将需换出的固定资产转入清理，即按固定资产的账面价值，借记“固定资产清理”账户，按固定资产已提的折旧，借记“累计折旧”账户，按固定资产已提的减值准备，借记“固定资产减值准备”账户，按固定资产的原值，贷记“固定资产”账户；其次，按换出固定资产的公允价值和应支付的相关税费，借记“无形资产”等相关资产账户，按换出固定资产的账面价值，贷记“固定资产清理”等账户，按应支付的相关税费，贷记“应交税费”等科目，按换出固定资产的公允价值与换出资产账面价值的差额，借记“营业外支出”或贷记“营业外收入”账户。

【例 6.22】A 公司以甲设备换取 B 公司的乙专利，甲设备的账面原值为 50 000 元，已提折旧为 20 000 元，甲设备的公允价值为 40 000 元，乙专利的公允价值为 20 000 元，同时，B 公司以银行存款支付 A 公司补价 20 000 元。其会计分录如下：

借：固定资产清理	30 000	
累计折旧	20 000	
贷：固定资产		50 000
借：无形资产——乙专利	20 000	
银行存款	20 000	
贷：固定资产清理		30 000
营业外收入		10 000

（二）不具有商业实质的非货币性交易

以不具有商业实质的非货币性交易换出的固定资产，首先应将需换出的固定资产转入清理，即按固定资产的账面价值，借记“固定资产清理”账户，按固定资产已提的折旧，借记“累计折旧”账户，按固定资产已提的减值准备，借记“固定资产减值准备”账户，按固定资产的原值，贷记“固定资产”账户；其次，按换出固定资产的账面价值和应支付的相关税费，借记“无形资产”等相关账户，按换出资产的账面价值，贷记“固定资产清理”账户，按应负担的相关税费，贷记“应交税费”等账户，不确认当期损益。

【例 6.23】A 公司以甲机器换取 B 公司的乙专利，甲机器的账面原值为 50 000 元，已提折旧为 20 000 元，甲机器的公允价值为 40 000 元，换入的乙专利的公允价值为 40 000 元。其会计分录如下：

借：固定资产清理	30 000	
累计折旧	20 000	
贷：固定资产		50 000
借：无形资产——乙专利	30 000	
贷：固定资产清理		30 000

六、以固定资产抵偿债务

以固定资产抵偿债务减少的固定资产，首先应将需换出的固定资产转入清理，即按固定资产的账面价值，借记“固定资产清理”账户，按固定资产已提的折旧，借记“累计折旧”账户，按固定资产已提的减值准备，借记“固定资产减值准备”账户，按固定资产的原值，贷记“固定资产”账户；其次，按减少的债务账面余额，借记“应付账款”等账户，按固定资产的账面价值，贷记“固定资产清理”账户，差额部分，贷记“营业外收入”或借记“营业外支出”账户。

【例 6.24】A 公司应收付 H 公司销售款 100 000 元，由于 A 公司发生财务困难，双方达成债务重组协议，A 公司以一台汽车偿还债务，该汽车的账面原值 120 000 元，已提折旧为 50 000 元，未计提减值准备，不考虑相关税费。其会计分录如下：

借：固定资产清理	70 000	
累计折旧	50 000	

　　贷：固定资产　　120 000
借：应付账款——H 公司　　100 000
　　贷：固定资产清理　　70 000
　　　　营业外收入　　30 000

第五节　固定资产的期末核算

一、固定资产减值

（一）固定资产减值的认定

企业应当在资产负债表日判断固定资产是否存在可能发生减值的迹象。

存在下列迹象的，表明固定资产可能发生了减值：

（1）固定资产的市价当期大幅度下跌，其跌幅明显高于因时间的推移或者正常使用而预计的下跌。

（2）企业经营所处的经济、技术或者法律等环境，以及固定资产所处的市场在当期或者将在近期发生重大变化，从而对企业产生不利影响。

（3）市场利率或者其他市场投资报酬率在当期已经提高，从而影响企业计算资产预计未来现金流量现值的折现率，导致固定资产可收回金额大幅度降低。

（4）有证据表明固定资产已经陈旧过时或者其实体已经损坏。

（5）固定资产已经或者将被闲置、终止使用或者计划提前处置。

（6）企业内部报告的证据表明固定资产的经济绩效已经低于或者将低于预期，如固定资产所创造的净现金流量或者实现的营业利润（或者亏损）远远低于（或者高于）预计金额等。

（7）其他表明固定资产可能已经发生减值的迹象。

（二）固定资产可收回金额的计量

固定资产存在减值迹象的，应当估计其可收回金额。可收回金额应当根据固定资产的公允价值减去处置费用后的净额与固定资产预计未来现金流量的现值两者之间较高者确定。处置费用包括与固定资产处置有关的法律费用、相关税费、搬运费，以及为使固定资产达到可销售状态所发生的直接费用等。

固定资产的公允价值减去处置费用后的净额与固定资产预计未来现金流量的现值，只要有一项超过了固定资产的账面价值，就表明固定资产没有发生减值，不需再估计另一项金额。

固定资产的公允价值减去处置费用后的净额，应当根据公平交易中销售协议价格减去可直接归属于该固定资产处置费用的金额确定。

不存在销售协议但存在固定资产活跃市场的，应当按照该固定资产的市场价格减去处置费用后的金额确定。固定资产的市场价格通常应当根据固定资产的买方出价确定。

在不存在销售协议和固定资产活跃市场的情况下，应当以可获取的最佳信息为基础，估计固定资产的公允价值减去处置费用后的净额，该净额可以参考同行业类似固定资产的最近交易价格或者结果进行估计。

企业按照上述规定仍然无法可靠估计固定资产的公允价值减去处置费用后的净额的，

应当以该固定资产预计未来现金流量的现值作为其可收回金额。

固定资产预计未来现金流量的现值，应当按照固定资产在持续使用过程中和最终处置时所产生的预计未来现金流量，选择恰当的折现率对其进行折现后的金额加以确定。预计固定资产未来现金流量的现值，应当综合考虑固定资产的预计未来现金流量、使用寿命和折现率等因素。

预计的固定资产未来现金流量应当包括下列各项：

（1）固定资产持续使用过程中预计固定产生的现金流入。

（2）为实现固定资产持续使用过程中产生的现金流入所必需的预计现金流出（包括为使固定资产达到预定可使用状态所发生的现金流出）。该现金流出应当是可直接归属于或者可通过合理和一致的基础分配到固定资产中的现金流出。

（3）固定资产使用寿命结束时，处置固定资产所收到或者支付的净现金流量。该现金流量应当是在公平交易中，熟悉情况的交易双方自愿进行交易时，企业预期可从固定资产的处置中获取或者支付的、减去预计处置费用后的金额。

预计固定资产未来现金流量时，企业管理层应当在合理和有依据的基础上对固定资产剩余使用寿命内整个经济状况进行最佳估计。

预计固定资产的未来现金流量，应当以经企业管理层批准的最近财务预算或者预测数据，以及该预算或者预测期之后年份稳定的或者递减的增长率为基础。企业管理层如能证明递增的增长率是合理的，可以以递增的增长率为基础。建立在预算或者预测基础上的预计现金流量最多涵盖 5 年，企业管理层如能证明更长的期间是合理的，可以涵盖更长的期间。

在对预算或者预测期之后年份的现金流量进行预计时，所使用的增长率除了企业能够证明更高的增长率是合理的之外，不应当超过企业经营的产品、市场、所处的行业或者所在国家或者地区的长期平均增长率，或者该资产所处市场的长期平均增长率。

预计固定资产的未来现金流量，应当以固定资产的当前状况为基础，不应当包括与将来可能会发生的、尚未作出承诺的重组事项或者与固定资产改良有关的预计未来现金流量。

预计固定资产的未来现金流量也不应当包括筹资活动产生的现金流入或者流出，以及与所得税收付有关的现金流量。

企业已经承诺重组的，在确定固定资产的未来现金流量的现值时，预计的未来现金流入和流出数，应当反映重组所能节约的费用和由重组所带来的其他利益，以及因重组所导致的估计未来现金流出数。其中重组所能节约的费用和由重组所带来的其他利益，通常应当根据企业管理层批准的最近财务预算或者预测数据进行估计；因重组所导致的估计未来现金流出数应当根据《企业会计准则第 13 号——或有事项》所确认的因重组所发生的预计负债金额进行估计。

折现率是反映当前市场货币时间价值和资产特定风险的税前利率。该折现率是企业在购置或者投资资产时所要求的必要报酬率。

在预计固定资产的未来现金流量时已经对固定资产特定风险的影响作了调整的，估计折现率不需要考虑这些特定风险。如果用于估计折现率的基础是税后的，应当将其调整为税前的折现率。

预计固定资产的未来现金流量涉及外币的，应当以该固定资产所产生的未来现金流量的结算货币为基础，按照该货币适用的折现率计算资产的现值；然后将该外币现值按照计算固定资产未来现金流量现值当日的即期汇率进行折算。

（三）固定资产减值损失的确定

可收回金额的计量结果表明，固定资产的可收回金额低于其账面价值的，应当将固定资产的账面价值减记至可收回金额，减记的金额确认为固定资产减值损失，计入当期损益（资产减值损失），同时计提相应的资产减值准备。

固定资产减值损失确认后，减值资产的折旧应当在未来期间作相应调整，以使该资产在剩余使用寿命内，系统地分摊调整后的固定资产账面价值（扣除预计净残值）。

固定资产减值损失一经确认，在以后会计期间不得转回。

（四）固定资产减值披露

企业应当在附注中披露与固定资产减值有关的下列信息：

（1）当期确认的各项固定资产减值损失金额。

（2）计提的各项固定资产减值准备累计金额。

（3）提供分部报告信息的，应当披露每个报告分部当期确认的减值损失金额。

发生重大固定资产减值损失的，应当在附注中披露导致每项重大固定资产减值损失的原因和当期确认的重大固定资产减值损失的金额。

（1）发生重大减值损失的固定资产是单项资产的，应当披露该单项固定资产的性质。提供分部报告信息的，还应披露该项固定资产所属的主要报告分部。

（2）发生重大减值损失的资产是资产组（或者资产组组合，下同）的，应当披露：①资产组的基本情况；②资产组中所包括的各项资产于当期确认的减值损失金额；③资产组的组成与前期相比发生变化的，应当披露变化的原因及前期和当期资产组组成情况。

对于重大固定资产减值，应当在附注中披露固定资产（或者资产组，下同）可收回金额的确定方法。

（1）可收回金额按固定资产的公允价值减去处置费用后的净额确定的，还应当披露公允价值减去处置费用后的净额的估计基础。

（2）可收回金额按固定资产预计未来现金流量的现值确定的，还应当披露估计其现值时所采用的折现率，以及该固定资产前期可收回金额也按照其预计未来现金流量的现值确定的情况下，前期所采用的折现率。

【例 6.25】A 公司 2008 年 12 月 31 日对固定资产进行检查时，发现某类固定资产可能发生减值，该类固定资产的账面原值为 1 200 万元，已提折旧为 100 万元，目前公允价值为 1 000 万元，预计处置费用为 100 万元，该类固定资产预计尚可使用 5 年，预计未来 5 年的现金流量分别为：300 万元、250 万元、200 万元、150 万元、200 万元，折现率为 5%。

（1）计算可收回金额：

① 该类固定资产销售净额＝1000－100＝900（万元）

② 该类固定资产预计未来现金流量的现值计算如表 6.4 所示。

表 6.4 固定资产预计未来现金流量的现值计算表

年度	预计未来现金流量/元	折现率	现值系数	现值/元
2009	3 000 000	5%	0.9524	2 857 200
2010	2 500 000	5%	0.9070	2 267 500

续表

年度	预计未来现金流量/元	折现率	现值系数	现值/元
2011	2 000 000	5%	0.8638	1 727 600
2012	1 500 000	5%	0.8227	1 234 050
2013	2 000 000	5%	0.7835	1 567 000
合计				9 653 350

③ 该类固定资产的可收回金额＝9 653 350（元）

（2）计算应计提的固定资产减值准备＝（12 000 000－1 000 000）－9 653 350

＝1 346 650（元）

（3）会计分录：

借：资产减值损失　　1 346 650

　　贷：固定资产减值准备　　1 346 650

二、在建工程减值

企业应当在资产负债表日判断在建工程是否存在可能发生减值的迹象。

存在下列迹象的，表明在建工程可能发生了减值：

（1）在建工程的市价当期大幅度下跌，其跌幅明显高于因时间的推移或者正常使用而预计的下跌。

（2）企业经营所处的经济、技术或者法律等环境，以及在建工程所处的市场在当期或者将在近期发生重大变化，从而对企业产生不利影响。

（3）市场利率或者其他市场投资报酬率在当期已经提高，从而影响企业计算资产预计未来现金流量现值的折现率，导致在建工程可收回金额大幅度降低。

（4）有证据表明在建工程已经陈旧过时或者其实体已经损坏。

（5）在建工程已经或者将被闲置、终止使用或者计划提前处置。

（6）企业内部报告的证据表明在建工程的经济绩效已经低于或者将低于预期，如在建工程所创造的净现金流量或者实现的营业利润（或者亏损）远远低于（或者高于）预计金额等。

（7）其他表明在建工程可能已经发生减值的迹象。

在建工程发生减值时，按减值额，借记“资产减值损失”账户，贷记“在建工程减值准备”账户。在建工程减值损失一经确认，在以后会计期间不得转回。

三、固定资产清查

（一）固定资产盘盈

企业盘盈的固定资产，按同类或类似固定资产的市场价格，减去按该固定资产的新旧程度估计的价值损耗后的余额，作为入账价值。如果不存在活跃的市场，按该项固定资产的预计未来现金流量现值，作为入账价值。即盘盈的固定资产时，借记“固定资产”账户，贷记“待处理财产损溢”账户；批准处理时，借记“待处理财产损溢”账户，贷记“营业外收入”账户。

【例 6.26】A 公司盘盈机器一台，该机器目前的市场价 100 000 元，估计的成新率为 60%。其会计分录如下：

（1）盘盈固定资产时：

借：固定资产　　100 000

　　贷：待处理财产损溢　　100 000

（2）批准处理时：

借：待处理财产损溢　　100 000

　　贷：营业外收入　　100 000

（二）固定资产盘亏

固定资产盘亏，应按固定资产的账面价值，借记“待处理财产损溢”账户，按固定资产已提的折旧，借记“累计折旧”账户，按固定资产已提的减值准备，借记“固定资产减值准备”账户，按固定资产的原值，贷记“固定资产”账户；其次按固定资产盘亏应收取的个人赔偿金额，借记“其他应收款”账户，贷记“待处理财产损溢”账户；最后批准转销时，借记“营业外支出”账户，贷记“待处理财产损溢”账户。

【例 6.27】 A 公司在财产清查中发现盘亏机器一台，其账面原值为 20 000 元，已提折旧为 3 000 元。其会计分录如下：

（1）盘亏时：

借：待处理财产损溢　　17 000

　　累计折旧　　3 000

　　贷：固定资产　　20 000

（2）批准转销时：

借：营业外支出　　17 000

　　贷：待处理财产损溢　　17 000

本 章 小 结

固定资产是企业重要的生产资料。

固定资产应按照取得成本并区分取得方式进行初始计量；固定资产的取得方式主要有外购、自行建造、投资者投入、融资租赁取得等诸多方式，取得方式不同，初始计量方法也不同。企业固定资产应按月计提折旧，影响固定资产折旧的因素有固定资产原价、预计净残值、固定资产减值准备、固定资产预计使用寿命等。固定资产折旧计算方法有平均年限法、工作量法、双倍余额递减法、年数总和法等方法，企业应根据实际情况选择合适的固定资产折旧计提方法，折旧方法一经选定，不得随意进行变更。固定资产在使用过程中的后续支出，包括修理、更新改造支出等，企业应按照会计法规要求区分后续支出并进行恰当会计处理。期末，固定资产发生减值的，企业应按照会计准则要求进行减值确认，并进行相关会计处理。同时，固定资产一旦计提减值准备，以后期间都不得转回。

专业词汇中英对照

折旧 depreciation　　累计折旧 accumulated depreciation

固定资产 fixed asset　　机器设备 machinery equipment

净收入 net income

净值 net value

折旧费用 depreciation expense

估计残值 estimated scrap value

历史成本 historical cost

净亏损 net loss

折旧年限 depreciable life

折旧率 depreciation rate

使用年限 useful life

折余价值 residual（salvage）value

复习思考题

一、单选题

1．A 企业 2009 年 12 月购入一项固定资产，原价为 600 万元，采用年限平均法计提折旧，使用寿命为 10 年，预计净残值为零，2013 年 1 月该企业对该项固定资产的某一主要部件进行更换，发生支出合计 400 万元，符合固定资产确认条件，被更换的部件的原价为 300 万元。则对该项固定资产进行更换后的原价为（　　）万元。

A．210　　B．1000　　C．820　　D．610

2．甲公司为增值税一般纳税人，采用自营方式建造一条生产线，实际领用工程物资 351 万元（含增值税）。另外领用本公司所生产的产品一批，账面价值为 360 万元，该产品适用的增值税税率为 17%，计税价格为 390 万元；发生的在建工程人员应付职工薪酬为 222.3 万元，假定该生产线已达到预定可使用状态；不考虑除增值税以外的其他相关税费。该生产线的入账价值为（　　）万元。

A．999.6　　B．972.3　　C．933.3　　D．1029.6

3．A 公司 2012 年 6 月 19 日购入设备一台，取得的增值税专用发票上注明的设备买价为 180 万元，增值税为 30.6 万元，支付的运输费为 1 万元，预计净残值为 1.6 万元，预计使用年限为 6 年，在采用年数总和法计提折旧的情况下，该设备 2013 年应提折旧额为（　　）万元。

A．65　　B．60　　C．55　　D．50

4．由于自然灾害等原因造成的在建工程报废或毁损，减去残料价值和过失人或保险公司等赔款后的净损失，应借记的账户是（　　）。

A．在建工程　　B．待处理财产损溢

C．营业外支出　　D．固定资产清理

5．企业生产车间使用的固定资产发生的下列支出中，直接计入当期损益的是（　　）。

A．购入时发生的安装费用　　B．发生的装修费用

C．购入时发生的运杂费　　D．发生的修理费

6．购入固定资产超过正常信用条件延期支付价款（如分期付款购买固定资产），实质上具有融资性质的，应按所购固定资产购买价款的现值，借记“固定资产”账户或“在建工程”账户，按应支付的金额，贷记“长期应付款”账户，按其差额，借记的账户是（　　）。

A．未确认融资费用　　B．财务费用

C．递延收益　　D．营业外支出

7．2013 年 12 月 31 日 AS 公司进行盘点，发现有一台使用中的机器设备未入账，该型

号机器设备存在活跃市场，市场价格为 750 万元，该机器八成新。其正确的会计处理方法是（　　）。

A. 贷记“待处理财产损溢”账户 750 万元

B. 贷记“待处理财产损溢”账户 1350 万元

C. 贷记“待处理财产损溢”账户 600 万元

D. 贷记“以前年度损益调整”账户 600 万元

8. AS 公司的一台机器设备采用工作量法计提折旧。原价为 153 万元，预计生产产品产量为 450 万件，预计净残值率为 3%，本月生产产品 7.65 万件。则该台机器设备的月折旧额为（　　）万元。

A. 2.679 03　　B. 2.629 59　　C. 2.522 97　　D. 2.522 835

9. 2013 年 1 月 1 日，AS 公司决定对现有生产线进行改扩建，以提高其生产力能力。原值 2 400 万元，已计提折旧 750 万元。经过五个月的改扩建，完成了对这条生产线的改扩建工程，共发生支出 1 200 万元，符合固定资产确认条件。被更换的部件的原价为 200 万元，被更换的部件的折旧为 50 万元。则对该项生产线进行更换后的原价为（　　）万元。

A. 3 450　　B. 2 700　　C. 3 600　　D. 3 000

10. 某企业 2013 年 6 月期初固定资产原值 10 500 万元。6 月增加了一项固定资产入账价值为 750 万元；同时 6 月减少了固定资产原值 150 万元；则 6 月该企业应提折旧的固定资产原值为（　　）万元。

A. 11 100　　B. 10 650　　C. 10 500　　D. 10 350

二、多选题

1. 根据《企业会计准则第 4 号——固定资产》规定，应通过“固定资产”账户核算的内容包括（　　）。

A. 企业（航空）的高价周转件

B. 企业以经营租赁方式租入的固定资产发生的改良支出

C. 企业购置计算机硬件所附带的、未单独计价的软件

D. 企业为开发新产品、新技术购置的符合固定资产定义和确认条件的设备

E. 采用成本模式计量的已出租的建筑物

2. 下列固定资产应计提折旧的有（　　）。

A. 融资租入的固定资产

B. 按规定单独估价作为固定资产入账的土地

C. 大修理停用的固定资产

D. 持有待售的固定资产

E. 未使用的机器设备、房屋及建筑物

3. 下列事项中，应对固定资产账面价值进行调整的有（　　）。

A. 为了维护固定资产的正常运转和使用，充分发挥其使用效能，企业将对固定资产进行必要的维护

B. 企业通过对自有固定资产进行改良，符合资本化条件

C. 确定原暂估入账固定资产的实际成本

D．企业通过对经营租入的设备进行改良，符合资本化条件

E．盘亏固定资产

4．下列经济业务应计入固定资产价值的有（　　　）。

A．经营租入固定资产改良支出

B．在建工程领用本企业产品应交的消费税

C．在建工程领用原材料应交的增值税

D．在建工程发生的工程管理费

E．在建工程达到预定可使用状态前发生的借款汇兑差额

5．采用自营方式建造固定资产的情况下，下列项目中应计入固定资产取得成本的有（　　）。

A．工程人员的应付职工薪酬

B．工程耗用原材料时发生的增值税

C．工程领用本企业商品产品的实际成本

D．生产车间为工程提供水电等费用

E．工程在达到预定可使用状态前进行试运转时发生的支出

三、思考题

1．简述自行建造固定资产的核算方法。

2．简述固定资产计提折旧的原则与范围都有哪些。

3．举例说明不同类型固定资产购置时对增值税的处理要点。

4．简述固定资产报废清理的处理程序与分录。

5．举例说明固定资产后续支出的处理要点与不同。

四、业务处理题

1　AS公司购建一个生产车间，包括厂房和一条生产线两个单项工程，厂房价款为130万元、生产线安装费用50万元。2013年采用出包方式出包给甲公司，2013年有关资料如下：

（1）1月10日，预付厂房工程款100万元。

（2）2月10日，购入生产线各种设备，价款为500万元，增值税为85万元，款已支付。

（3）3月10日，在建工程发生的管理费、征地费、临时设施费、公证费、监理费等15万元，以银行存款支付。

（4）4月16日，将生产线的设备交付建造承包商建造安装。

（5）5月31日，结算工程款项，差额以银行存款支付。

（6）5月31日，生产线进行负荷联合试车发生的费用10万元，试车形成的副产品对外销售价款5万元，均通过银行存款结算。

（7）6月1日，厂房、生产线达到预定可以使用状态，并交付使用。

要求：

（1）编制1月10日，预付厂房工程款的会计分录。

（2）编制2月10日购入生产线设备的会计分录。

（3）编制3月10日支付管理费、征地费、临时设施费、公证费、监理费等的会计分录。

（4）编制4月16日将生产线的设备交付建造承包商建造安装的会计分录。

（5）编制5月31日结算工程款项的会计分录。

（6）编制5月31日生产线进行负荷联合试车的会计分录。

（7）编制计算分配待摊支出的会计分录。

（8）编制结转在建工程成本的会计分录。

2．AS公司为一般纳税企业。2013年8月3日，购入一台需要安装的生产用机器设备，取得的增值税专用发票上注明的设备价款为3 900万元，增值税进项税额为663万元，支付的运输费为37.50万元，款项已通过银行支付；安装设备时，领用本公司原材料一批，价值363万元，购进该批原材料时支付的增值税进项税额为61.71万元；领用本公司所生产的产品一批，成本为480万元，计税价格500万元，增值税税率17%，消费税税率10%，应付安装工人的职工薪酬为72万元；假定不考虑其他相关税费。2013年10月8日达到预定可使用状态，预计使用年限为10年，净残值为2万元，采用双倍余额递减法计算年折旧额。

要求：编制2013年有关会计分录。

3．甲公司对采用经营租赁方式租入的一条生产线进行改良，发生如下有关支出：2011年9月20日，领用生产用原材料360万元，购进该批原材料时支付的增值税进项税额为61.20万元；辅助生产车间为生产线改良提供的劳务支出为38.40万元；计提有关人员职工薪酬820.8万元。2011年12月20日，生产线改良工程完工，达到预定可使用状态交付使用。假定该生产线预计尚可使用年限为6年，剩余租赁期为5年；不考虑其他因素。

要求：编制甲公司2011年有关经营租赁方式租入的固定资产改良的会计分录和2012年摊销的会计分录。

4．甲公司为一般纳税企业，适用增值税税率为17%。2012年2月购入设备一台，价款380万元，增值税64.60万元，运杂费3.75万元，立即投入安装。安装中领用工程物资22.40万元；领用原材料的实际成本为5万元；领用库存商品（应税消费品）的实际成本为18万元，市场售价20万元（不含税），消费税税率10%。安装完毕投入使用，该设备预计使用5年，预计净残值为20万元。

要求：

（1）计算安装完毕投入使用固定资产成本。

（2）假定2012年4月10日安装完毕并交付使用，采用平均年限法计算2012年、2013年和2017年年折旧额。

（3）假定2012年9月10日安装完毕并交付使用，采用年数总和法计算2012年、2013年和2017年年折旧额。

（4）假定2012年12月10日安装完毕并交付使用，采用双倍余额递减法计算2013—2017年年折旧额。

（5）假定2012年3月10日安装完毕并交付使用，采用双倍余额递减法计算2012—2017年年折旧额。

5．A公司有关固定资产核算业务如下：

（1）2010年1月1日A公司从C公司购入一台机器设备作为生产车间固定资产使用，该机器已收到。购货合同约定，该机器的总价款为3 000万元，分3年支付价款，2010年12月31日支付1 500万元，2011年12月31日支付900万元，2012年12月31日支付600万元。假定A公司3年期银行借款年利率为6%。

（2）2010 年 1 月 10 日将该机器设备投入安装，支付安装费用 200 万元。

（3）2010 年 3 月 20 日，支付安装费用 1 339.34 万元。安装工程达到预定可使用状态交付生产车间使用，但未办理竣工决算手续，按照实际工程成本转入固定资产。固定资产采用直线法计提固定资产折旧，预计使用年限为 10 年，净残值为 120 万元。假定按年于年末计提折旧。

（4）2010 年 12 月 31 日支付设备价款。

（5）2010 年 12 月 31 日办理竣工决算手续，固定资产实际总成本为 4 020 万元，工程尾款 20 万元当即支付。折旧年限、净残值、折旧方法均不变。

（6）2011 年 12 月 31 日支付设备价款。

（7）2012 年 6 月 30 日发生该机器设备修理费用 30 万元，以银行存款支付。

（8）2012 年 12 月 31 日支付设备价款。

要求：

（1）计算该机器总价款的现值。

（2）确定该机器总价款与现值的差额，计算未确认融资费用。

（3）编制 2010 年 1 月 1 日会计分录。

（4）编制 2010 年 1 月 10 日会计分录。

（5）编制 2010 年 3 月 20 日会计分录。

（6）编制 2010 年 12 月 31 日会计分录。

（7）编制 2010 年 12 月 31 日支付尾款的会计分录。

（8）编制 2011 年 12 月 31 日会计分录。

（9）编制 2012 年 6 月 30 日会计分录。

（10）编制 2012 年 12 月 31 日会计分录。

6．淮河公司为一般纳税企业，适用的增值税税率为 17%。有关资料如下：

（1）2010 年 8 月 6 日，购入一台需要安装的生产用机器设备，取得的增值税专用发票上注明的设备价款为 3 900 万元，增值税进项税额为 663 万元，支付的运输费为 125.29 万元，款项已通过银行支付。安装设备时，领用原材料一批，价值 363 万元；领用本公司所生产的产品一批，成本为 480 万元，计税价格 500 万元，消费税税率为 10%，支付安装工人的薪酬为 72 万元；假定不考虑其他相关税费。

（2）2010 年 9 月 8 日达到预定可使用状态，预计使用年限为 10 年，净残值为 200 万元，采用年限平均法计算年折旧额。

（3）2011 年年末，公司在进行检查时发现该设备有可能发生减值，现时的销售净价为 4 200 万元，未来持续使用及使用寿命结束时的处置中形成的现金流量现值为 4 500 万元。计提固定资产减值准备后，固定资产折旧方法、预计使用年限均不改变，但预计净残值变更为 300 万元。

（4）2012 年 4 月 30 日，公司决定对现有设备进行改扩建，以提高其生产力能力。同日将该设备账面价值转入在建工程。

（5）2012 年 5 月 1 日，以出包方式进行改扩建，预付工程款 1 500 万元，通过银行结算。

（6）2012 年 6 月 30 日，根据工程进度结算工程款 1 560 万元，差额通过银行结算。

（7）2012 年 7 月进行负荷联合试车发生的费用，以银行存款支付 200 万元，试车形成的产品对外销售取得银行存款 100 万元。

（8）2012 年 7 月 31 日改扩建工程达到预定可使用状态后。改扩建后固定资产包含的经济利益的预期实现方式有重大改变，改按新的折旧方法年数总和法计提折旧，同时对预计使用寿命进行复核，预计尚可使用年限为 5 年，预计净残值不变仍然为 300 万元。

要求：

（1）编制固定资产安装及安装完毕的有关会计分录。

（2）计算 2010 年折旧额并编制会计分录。

（3）计算 2011 年应计提的固定资产减值准备并编制会计分录。

（4）计算 2012 年折旧额。

（5）编制有关固定资产改扩建的会计分录。

（6）计算 2012 年应计提的折旧额。

7．北方股份有限公司（以下简称北方公司）为注册地在北京市的一家上市公司，其 2010 年至 2014 年与固定资产有关的业务资料如下：

（1）2010 年 10 月 10 日，北方公司购进一台需要安装的设备，取得的增值税专用发票上注明的设备价款为 500 万元，增值税为 85 万元，另发生运输费和保险费 2 万元，款项以银行存款支付；没有发生其他相关税费。安装设备时，领用原材料一批，价值为 10 万元，购进该批原材料时支付的增值税进项税额为 1.7 万元；支付安装工人的工资为 11.3 万元。该设备于 2010 年 12 月 10 日达到预定可使用状态并投入行政管理部门使用，预计使用年限为 10 年，预计净残值为 10 万元，采用年限平均法计提折旧。

（2）2011 年 12 月 31 日，北方公司对该设备进行检查时发现其已经发生减值，预计可收回金额为 460 万元；计提减值准备后，该设备原预计使用年限、预计净残值、折旧方法保持不变。

（3）2012 年 9 月 30 日，北方公司因生产经营方向调整，决定采用出包方式对该设备进行改良，改良工程验收合格后支付工程价款。该设备于当日停止使用，开始进行改良。

（4）2013 年 3 月 15 日，改良工程完工并验收合格，北方公司以银行存款支付工程总价款 62.5 万元。当日，改良后的设备投入使用，预计尚可使用年限 8 年，采用直线法计提折旧，预计净残值为 5 万元。改良后该设备的可收回金额为 500 万元。2013 年 12 月 31 日，该设备未发生减值。

（5）2014 年 10 月 10 日，该设备因遭受自然灾害发生严重毁损，北方公司决定进行处置，取得残料变价收入 10 万元、保险公司赔偿款 30 万元，发生清理费用 5 万元；款项均以银行存款收付，不考虑其他相关税费。

要求：

（1）编制 2010 年 10 月 10 日取得该设备的会计分录。

（2）编制设备安装及设备达到预定可使用状态的会计分录。

（3）计算 2011 年度该设备计提的折旧额，并编制相应的会计分录。

（4）计算 2011 年 12 月 31 日该设备计提的固定资产减值准备，并编制相应的会计分录。

（5）计算 2012 年度该设备计提的折旧额，并编制相应会计分录。

（6）编制 2012 年 9 月 30 日该设备转入改良时的会计分录。

（7）编制 2013 年 3 月 15 日支付该设备改良价款、结转改良后设备成本的会计分录。

（8）计算 2014 年度该设备计提的折旧额。

（9）计算 2014 年 10 月 10 日处置该设备实现的净损益。

（10）编制 2014 年 10 月 10 日处置该设备的会计分录。

（金额单位用“万元”表示）

五、案例分析题

A 公司是一家制造业企业，有关业务资料如下：

（1）2007 年 12 月，该公司自行建成了一条生产线，建造成本为 852 万元；采用年限平均法计提折旧；预计净残值率为 3%，预计使用年限为 6 年。

（2）2009 年 12 月 31 日，现有生产线的生产力已难以满足公司生产发展的需要，公司决定对现有生产线进行改扩建，以提高其生产能力。同日将该生产线的账面价值转入在建工程。

（3）2009 年 12 月 31 日至 2009 年 3 月 31 日，经过三个月的改扩建，完成了对这条生产线的改扩建工程，并对固定资产的某一主要部件进行更换，发生支出合计 370.13 万元，全部款项以银行存款支付，符合固定资产确认条件，被更换的部件的原价为 90.58 万元。该生产线改扩建工程达到预定可使用状态后，大大提高了生产能力，预计尚可使用年限为 7 年零 9 个月，改扩建后的生产线的预计净残值率、折旧方法仍不变。

（4）2011 年 12 月 31 日，公司在进行检查时发现该设备有可能发生减值，现时的销售净价为 600 万元，未来持续使用及使用寿命结束时的处置中形成的现金流量现值为 580 万元。计提固定资产减值准备后，固定资产折旧方法、预计使用年限和预计净残值均不改变。

（5）2012 年 6 月 6 日，公司由于生产结构的调整，决定将生产线对外捐赠。

（6）为简化计算过程，整个过程不考虑其他相关税费；公司按年度计提固定资产折旧。

要求：

（1）编制 2008 年固定资产折旧的会计分录。

（2）编制结转固定资产的账面价值会计分录。

（3）计算并编制被更换部件的账面价值的会计分录。

（4）编制更换发生支出的会计分录。

（5）计算 2010 年 3 月 31 日生产线改扩建工程达到预定可使用状态的固定资产账面价值。

（6）计算 2010 年改扩建后计提的折旧额。

（7）计算 2011 年计提的固定资产减值准备。

（8）计算 2012 年计提的折旧额。

（9）编制 2012 年 6 月 6 日对外捐赠固定资产的相关会计分录。

（10）结合本案例，分析总结固定资产核算中的知识要点，简单陈述固定资产减值处理的关键步骤。

第七章

无形资产和其他资产

本章导读

本章在介绍无形资产的概念、特征、内容及其分类的基础上，提出不同取得方式下无形资产的初始计量，以及无形资产的摊销与减值等后续计量问题，最后介绍其他资产的会计核算。通过本章的学习，应能够：

- 了解无形资产的特征与分类；
- 熟悉无形资产的确认与初始计量、后续计量的核算，以及无形资产处置的核算；
- 熟悉其他资产。

导入案例

注册会计师小王检查伟达公司 2005 年度会计报表时，了解到该公司 2005 年 3 月 1 日购买某项专有技术，支付价款 240 万元，根据相关法律规定，该项无形资产的有效使用年限为 10 年。2005 年 12 月 31 日，公司与转让该技术的单位发生合同纠纷，专有技术的使用范围也因受到一定的限制而可能造成减值，经有关专业技术人员估计，预计可收回金额为 50 万元。除了伟达公司在 2005 年 3 月 1 日购买该项专有技术时作为无形资产入账外，以后未发现伟达公司进行相关账务处理。伟达公司的会计处理正确吗？应如何进行？

第一节　无形资产概述

一、无形资产的定义与特征

无形资产，是指企业拥有或者控制的、没有实物形态的、可辨认的非货币性资产。无形资产是与有形资产（如固定资产、存货等）相区别的一个资产类别，我们日常经济生活中所接触到的商标权（如海尔、联想等）、专利权、版权、特许经营权等都属于无形资产的范畴。通常，无形资产具有以下特征：

（一）无实物形态

无形资产不具有实物形态，是无形的。这是区别于存货、固定资产及其他有形资产的最明显标志。它没有实物形态，却具有价值，体现的通常是某种权利或某种专门技术，如土地使用权、特许权、专利权、非专利技术等。当然，某些无形资产的存在需要依赖于实物载体，如计算机软件需要存储在磁盘中，但并没有改变无形资产本身不具有实物形态的特征。

（二）非货币性

无形资产属于非货币性的长期资产。这是区别于其他没有实物形态的货币性资产的主要特征。由于其能在多个生产经营周期内使用并使企业长期收益，所以是非流动资产。长期待摊费用虽然也是非货币性长期资产，但其实它一经发生就已被耗费或者消失，不再为企业带来未来经济利益，因而本质上不属于资产。

（三）不确定性

无形资产的经济价值及其计量都具有较大的不确定性。其价值在很大程度上受企业外部因素的影响，如相关新技术更新换代的速度、利用无形资产所生产产品的市场接受程度等，其预期获利能力往往很难准确确定。另外，无形资产的取得成本不一定代表其经济价值，因为，一项取得成本较高的无形资产可能为企业带来较少的经济利益，而取得成本较低的无形资产却可能给企业带来较大的经济利益。正由于这种不确定性，因而要求企业对无形资产的确认和计量应该持更为谨慎的态度。

（四）可辨认性

无形资产虽然是无形的，但它应该是能与企业脱离并独立存在的、可分的，不同的无形资产应是可辨别的。其可辨认性，使得无形资产可以单独转让、许可和交易，也使得无形资产与商誉区别开来。我国企业会计准则指出，可辨认性的判断标准是：能够从企业中分离或者划分出来，并能单独或者与相关合同、资产或负债一起，用于出售、转移、授予许可、租赁或者交换；或者源自合同权利或其他法定权利，无论这些权利是否可以从企业或其他权利和义务中转移或者分离。

（五）企业持有无形资产的主要目的是为企业使用而非出售

企业持有无形资产的目的是用于生产商品或提供劳务、出租给他人，或为企业经营管理服务，而不是为了对外销售。脱离了生产经营活动，无形资产就失去了其经济价值。软件公司开发的、用于对外销售的计算机软件，对于购买方而言属于无形资产，而对于开发商而言却是存货。

二、无形资产的内容

（一）专利权

专利权，是指国家专利主管机关依法授予发明创造专利申请人，对其发明创造在法定期限内所享有的专利权利，包括发明专利权、实用新型专利权和外观设计专利权。发明，是指对产品、方法或者其改进所提出的新的技术方案。实用新型，是指对产品的形状、构造或者其结合所提出的适于实用的新的技术方案。外观设计，是指对产品的形状、图案或者其结合，以及色彩与形状、图案的结合所作出的富有美感并适用于工业应用的新设计。发明专利权的期限为20年，实用新型专利权和外观设计专利权的期限为10年，均自申请日起计算。

（二）非专利技术

非专利技术，也称专有技术。它是指不为外界所知、在生产经营活动中已采用了的、不享有法律保护的、可以带来经济效益的各种技术和诀窍。非专利技术一般包括工业专有技术、商业贸易专有技术、管理专有技术等。工业专有技术，指在生产上已经采用，仅限于少数人知道，不享有专利权或发明权的生产、装配、修理、工艺或加工方法的技术知识，可以用蓝图、配方、技术记录、操作方法的说明等具体材料表现出来，也可以通过卖方派出技术人员进行指导，或接受买方人员进行技术实习等手段实现；商业贸易专有技术，指具有保密性质的市场情报、原材料价格情报，以及用户、竞争对象的情况的有关知识；管理专有技术，指生产组织的经营方式、管理方法、培训职工方法等保密知识。非专利技术并不是专利法的保护对象，非专利技术用自我保密的方式来维持其独占性，具有经济性、机密性和动态性等特点。

（三）商标权

商标是用来辨认特定的商品或劳务的标记。商标权指专门在某类制定的商品或产品上使用特定的名称或图案的权利。经商标局核准注册的商标为注册商标，包括商品商标、服务商标和集体商标、证明商标；商标注册人享有商标专用权，受法律保护。集体商标，是指以团体、协会或者其他组织名义注册，供该组织成员在商事活动中使用，以表明使用者在该组织中的成员资格的标志。证明商标，是指由对某种商品或者服务具有监督能力的组织所控制，而由该组织以外的单位或者个人使用于其商品或者服务，用以证明该商品或者服务的原产地、原料、制造方法、质量或者其他特定品质的标志。注册商标的有效期为10年，自核准注册之日起计算。注册商标有效期满，需要继续使用的，应当在期满前6个月内申请续展注册；在此期间未能提出申请的，可以给予6个月的宽展期。宽展期满仍未提出申请的，注销其注册商标。每次续展注册的有效期为10年。

（四）著作权

著作权又称版权，指作者对其创作的文字、科学和艺术作品依法享有的某些特殊权利。著作权包括作品署名权、发表权、修改权和保护作品完整权，还包括复制权、发行权、出租权、展览权、表演权、放映权、广播权、信息网络传播权、摄制权、改变权、翻译权、汇编权及应当由著作权人享有的其他权利。著作权人包括作者和其他依法享有著作权的公民、法人或者其他组织。著作权属于作者，创作作品的公民是作者。由法人或者其他组织主持，代表法人或者其他组织意志创作，并由法人或者其他组织承担责任的作品，法人或者其他组织视为作者。作者的署名权、修改权、发行权、出租权、展览权、表演权、放映权、广播权、信息网络传播权、摄制权、改编权、翻译权、汇编权及应当由著作权人享有的其他权利的保护期，为作者终生及其死亡后50年，截至作者死亡后第50年的12月31日；如果是合作作品的，截至最后死亡的作者死亡后第50年的12月31日。

（五）特许权

特许权，又称经营特许权、专营权，指企业在某一地区经营或销售某种特定商品的权利或是一家企业接受另一家企业使用其商标、商号、技术秘密等的权利。通常有两种形式，一种是由政府机构授权，准许企业使用或在一定地区享有经营某种业务的特权，如水、电、邮电通信等专营权、烟草专卖权等；另一种指企业间依照签订的合同，有限期或无限期使用另一家企业的某些权利，如连锁店分店使用总店的名称等。特许权业务涉及特许权受让人和让与人两个方面。通常在特许权转让合同中规定了特许权转让的期限、转让人和受让人的权利和义务。转让人一般要向受让人提供商标、商号等使用权，传授专有技术，并负责培训营业人员，提供经营所必需的设备和特殊原料。受让人则需要向转让人支付取得特许权的费用，开业后按营业收入的一定比例或其他计算方法支付享用特许权费用。此外，还要为转让人保守商业秘密。

（六）土地使用权

土地使用权，指国家准许某些企业在一定期间内对国有土地享有开发、利用、经营的权利。根据我国土地管理法的规定，我国土地实行公有制，任何单位和个人不得侵占、买卖或者以其他形式非法转让。企业取得土地使用权的方式大致有行政划拨取得、外购取得（如以缴纳土地出让金方式取得）及投资者投资取得几种。通常情况下，作为投资性房地产或者作为固定资产核算的土地，按照投资性房地产或者固定资产核算；以缴纳土地出让金方式外购的土地使用权、投资者投入等方式取得的土地使用权，作为无形资产核算。

三、无形资产的分类

无形资产对企业来讲具有重要的意义，特别是在知识经济的条件下，其作用就更加突出，因此企业必须加强对无形资产的管理与核算。从不同的角度、采用科学的方法对无形资产进行合理的分类，是搞好无形资产管理和核算的一项重要基础工作。根据无形资产的特点，一般可以对无形资产做如下分类：

（1）按无形资产取得的来源不同分类，可分为购入的无形资产、自行开发的无形资产、投资者投入的无形资产、企业合并取得的无形资产、债务重组取得的无形资产、以非货币性资产交换取得的无形资产及政府补助取得的无形资产等。这种分类的目的主要是为了使无形资产的初始计量更加准确和合理。因为不同来源取得的无形资产，其初始成本的确定方法及所包括的经济内容是不同的。

（2）按无形资产的使用寿命是否有期限，可分为有期限无形资产和无期限无形资产。无形资产的使用寿命是否有期限应在企业取得无形资产时就加以分析和判断，其中需要考虑的因素很多（后面详细说明）。这种分类的目的主要是为了正确地将无形资产的应摊销金额在无形资产的使用寿命内系统而合理地进行摊销。因为按照会计准则的规定，使用寿命有限的无形资产才存在价值的摊销问题，而使用寿命不能确定的无形资产，其价值是不能进行摊销的。

第二节　无形资产确认与初始计量

一、无形资产的确认

一项资产要作为无形资产在会计上予以确认，首先要符合无形资产定义，其次应满足无形资产确认的条件。

（一）符合无形资产的定义

符合无形资产定义是无形资产确认的前提。一般说来，如果企业有权获得某项无形资产产生的经济利益，同时又能约束其他人获得这些经济利益，这说明企业控制了该无形资产，或者说控制了该无形资产产生的经济利益，具体表现为企业拥有该无形资产的法定所有权，或企业与他人签订了协议，使得企业的相关权利受到法律的保护。如果没有通过法定方式或合约方式等来认定企业所拥有的控制权，则说明相关的项目不符合无形资产的定义。例如，企业通常无法对因拥有一支熟练的员工队伍及对他们进行过培训将产生的预期未来经济利益实施足够的控制，因而员工所拥有的技术和能力不符合无形资产的定义；出于类似的原因，特定的管理或技术才能、客户信赖、市场份额、企业与客户或供应商的关系等也不大可能符合无形资产的定义。

（二）满足无形资产确认的条件

（1）与该无形资产有关的经济利益很可能流入企业。资产最基本的特征是产生的经济利益预期很可能流入企业，如果某项资源产生的经济利益预期不能流入企业，就不能确认为企业的资产。对无形资产的确认来说，如果某一无形资源产生的经济利益预期不能流入企业，就不能确认为企业的无形资产；如果某一无形资产产生的经济利益很可能流入企业，且成本能够计量，那么，企业应将其确认为无形资产。另外，企业应能够控制无形资产所产生的经济利益。例如，企业通过拥有无形资产的法定所有权，或通过与他人签订了协议，使其权利受到法律保护，从而享有收益权。

因此，一般只有在企业确信这项无形资产会给企业带来经济利益，并且已具备应用的相当条件时，才能在会计上加以确认。如果一项专利技术被先进的技术取代，不能为企业带来经济利益，就不能被确认为无形资产。在判断无形资产产生的经济利益是否能流入企业时，企业管理层应对无形资产在预计使用年限内存在的各种因素作出稳健的估计。只有对企业能控制其经济利益的无形资产会计上才能加以确认。

（2）该无形资产的成本能够可靠地计量。由于无形资产价值的不确定性，加之又缺乏活跃的交易市场，给无形资产计量带来了很大的难度。出于对会计记录、会计报告的考虑，为确保会计信息的真实性、可靠性，无形资产应该采用实际成本计量。企业对于那些成本难以取得或不能可靠计量的无形资产不能确认。自创无形资产所产生的费用，由于有的要依附于其他资产或企业整体而使之难以分配计量，如内部产生的品牌、报刊名及自创商誉等不予确认；有的大部分在自创过程中按照稳健性要求已计入期间费用，其他相关的注册费、印刷费、申请费、律师费等已无法反映自创的全部成本，使得计量不完全，如自创商标权、研究开发支出（除非符合资本化条件）等一般不确认为无形资产。而成本能够可靠计量的外购无形资产则应予以确认。

二、无形资产的初始计量

无形资产通常是按实际成本计量，即以取得无形资产并使之达到预定用途而发生的全部支出，作为无形资产的成本。对于不同来源取得的无形资产，其初始成本构成也不尽相同。

（一）外购的无形资产

外购的无形资产，其成本包括购买价款、相关税费及直接归属于使该项资产达到预定用途所发生的其他支出。其中，直接归属于使该项资产达到预定用途所发生的其他支出，包括使无形资产达到预定用途所发生的专业服务费用、测试无形资产是否能够正常发挥作用的费用等。下列各项不包括在无形资产的初始成本中：

（1）为引入新产品进行宣传发生的广告费、管理费用及其他间接费用。

（2）无形资产已经达到预定用途以后发生的费用。例如，在形成预定经济规模之前发生的初始运作损失，以及在无形资产达到预定用途之前发生的其他经营活动的支出，如果该经营活动并非是无形资产达到预定用途必不可少的，则有关经营活动的损益应于发生时计入当期损益，而不构成无形资产的成本。

外购的无形资产，应按其取得成本进行初始计量；如果购入的无形资产超过正常信用条件延期支付价款，实质上具有融资性质的，应按所取得无形资产购买价款的现值计量其成本，现值与应付价款之间的差额作为未确认的融资费用，在付款期间内按照实际利率法确认利息费用。

【例 7.1】甲公司因生产经营需要购买乙公司某项专利技术，如果购得该专利并投入使用，可使甲公司的生产能力提高 20%,销售利润率提高 10%。为此，甲公司需向乙公司支付价款 200 万元，并支付相关税费 2 万元和相关专业服务费用 6 万元，款项通过银行转账支付。

分析：①甲公司购入的专利技术符合无形资产的定义，即甲公司能够拥有并控制该项专利技术，符合可辨认的条件，且其是不具有实物形态的非货币性资产。②甲公司购入的专利技术符合无形资产的确认条件。首先，甲公司将该专利技术投入使用后可以提高生产能力 20%，提高销售利润率 10%，即预期的经济利益很可能流入公司；其次，甲公司购买该专利技术的成本能够可靠计量，即购买价款 200 万元加上相关税费 2 万元，再加上相关专业服务费用 6 万元，共 208 万元。

甲公司的账务处理如下：

借：无形资产——专利权　　2 080 000

　　贷：银行存款　　2 080 000

【例 7.2】甲公司 2007 年 1 月 1 日从乙公司购买一项商标权，由于甲公司资金周转紧张，经与乙公司协议采用分期付款方式支付价款。合同规定，该项商标权总计 800 000 元，每年末付款 400 000 元，两年付清。假定银行同期贷款利率为 6%，2 年期年金现值系数为 1.833 4。

甲公司的分析处理如下：

无形资产现值＝400 000×1.833 4＝733 360（元）

未确认融资费用＝800 000－733 360＝66 640（元）

第 1 年应确认的融资费用＝733 360×6%＝44 001.60（元）

第 2 年应确认的融资费用＝66 640－44 001.60＝22 638.40（元）

（1）2007 年 1 月 1 日：

借：无形资产——商标权　　733 360

　　未确认融资费用　　66 640

　　贷：长期应付款　　800 000

（2）2007 年 12 月 31 日：

借：长期应付款　　400 000

　　贷：银行存款　　400 000

借：财务费用　　44 001.60

　　未确认融资费用　　44 001.60

（3）2008 年 12 月 31 日：

借：长期应付款　　400 000

　　贷：银行存款　　400 000

借：财务费用　　22 638.40

　　未确认融资费用　　22 638.40

(二)自创的无形资产

由于通过研究和开发活动有时可能导致某些无形资产的产生，因而在自创无形资产中都需要考虑研究与开发支出。为了合理反映自创无形资产成本，企业通常将内部研究开发项目的支出分为研究支出和开发支出。

1. 研究支出

研究是指为获取并理解新的科学或技术知识而进行的具有独创性和有计划的调查。研究阶段是探索性的，为进一步开发活动进行资料及相关方面的准备，如以获取新知识为目的的活动；研究成果或其他知识的应用研究、评价和最终选择；材料、设备、产品、工序、系统或服务替代品的研究；新的或经改进的材料、设备、产品、工序、系统或服务替代品的配置、设计、评价和最终选择等，均属于研究活动。

研究支出是企业在项目研究阶段所发生的支出。在研究阶段，由于研究成果将来是否转入开发、开发后是否形成无形资产等都具有较大的不确定性，因此，研究阶段的支出应予以费用化，并在其发生时直接计入当期损益。

2. 开发支出

开发是指在开始商业生产或使用前，将研究成果或其他知识应用于某项计划或设计，以生产出新的或具有实质性改进的材料、装置、产品等。相对于研究阶段而言，开发阶段应是已经完成研究阶段的工作，在很大程度上具备了形成一项新产品或新技术的基本条件。例如生产前或使用前的原型或模型的设计、建造和测试；含新技术的工具、夹具、模具和冲模的设计；不具有商业性生产经济规模的试生产厂房的设计、建造和营运；新的或经改进的材料、设备、产品、工序、系统或服务所选定的替代品的设计、建造和测试等，均属于开发活动。

开发支出是企业在项目开发阶段所发生的支出。在开发阶段，开发支出只有同时满足五个条件时，才能确认为无形资产(即予以资本化)：①完成该无形资产以使其能够使用或出售在技术上具有可行性；②具有完成该无形资产并使用或出售的意图；③无形资产产生经济利益的方式，包括能够证明运用该无形资产生产的产品存在市场或无形资产自身存在市场，无形资产将在内部使用的，应当证明其有用性；④有足够的技术、财务资源和其他资源支持，以完成该无形资产的开发，并有能力使用或出售该无形资产；⑤归属于该无形资产开发阶段的支出能够可靠地计量。

企业取得的已作为无形资产确认的正在进行中的研究开发项目，在取得后发生的支出，满足无形资产确认条件的，应当确认为无形资产，除此之外的其他支出，不应当确认为无形资产。

基于研究和开发活动是否最终形成能给企业带来未来经济效益的无形资产具有不确定性，从稳健性原则考虑，我国企业会计准则规定，研究阶段的支出，在发生时全部计入当期损益；开发阶段的支出，只有同时满足上述五个资本化条件时，才能计入无形资产成本，否则计入当期损益。

企业研究与开发过程中所发生的各项支出，无论是否资本化，都应先通过“研发支出”账户核算，并按研究开发项目分别“费用化支出”、“资本化支出”进行明细核算。

自行开发无形资产发生的研发支出，不满足资本化条件的，借记“研发支出——费用化支出”账户，满足资本化条件的，借记“研发支出——资本化支出”账户，根据研究与开发过程中发生的材料费用、直接参与研发人员的工资等分别贷记“原材料”、“应付职工薪酬”、“银行存款”等账户。

研究开发项目达到预定用途形成无形资产的，应按“研发支出——资本化支出”账面余额，借记“无形资产”账户，贷记“研发支出——资本化支出”账户。

资产负债表日，应将“研发支出——费用化支出”账户的金额转入“管理费用”账户，借记“管理费用”账户，贷记“研发支出——费用化支出”账户。

【例 7.3】2007 年 1 月 1 日，甲公司自行研究开发一项专利技术，研发过程中发生材料费 300 000 元、职工工资 100 000 元、以存款支付其他费用 200 000 元，总计 600 000 元，其中符合资本化条件的支出为 450 000 元，2007 年 12 月 31 日，该专利技术已经达到预定用途。

甲公司账务处理如下：

（1） 发生研发费用时：

借：研发支出——费用化支出	150 000	
——资本化支出	450 000	
贷：原材料		300 000
应付职工薪酬		100 000
银行存款		200 000

（2） 专利技术达到预定用途时：

借：管理费用	150 000	
无形资产	450 000	
贷：研发支出——费用化支出		150 000
——资本化支出		450 000

（三）投资者投入的无形资产

如果企业的生产经营活动需要某些无形资产，可以接受投资者以无形资产的形式向企业进行投资，以换取企业的权益。投资者投入的无形资产，在合同或协议约定的价值公允的前提下，应按照投资合同或协议约定的价值作为入账价值。无形资产的入账价值与折合资本额之间的差额，作为资本溢价，计入资本公积。

【例 7.4】甲公司因生产需要接受乙公司以一项专利技术进行投资，根据投资双方签订的投资合同，此项专利权的价值 200 000 元，折合为公司的股票 50 000 股，每股面值 1 元。

甲公司的账务处理如下：

借：无形资产——专利权	200 000	
贷：股本——乙公司		50 000
资本公积——股本溢价		150 000

（四）接受捐赠的无形资产

捐赠行为对于企业而言属于偶发交易或事项，不是企业日常经营活动。因此，接受捐赠的无形资产应作为当期损益中的利得，计入营业外收入。其入账的实际成本应分别按以下情况确定：捐赠方提供凭据的，按凭据上标明的金额加上应支付的相关税费确定。捐赠方没有提供凭据的，按如下顺序确定其实际成本：同类或类似无形资产存在活跃市场的，按同类或类似无形资产的市场价格估计的金额，加上应支付的相关税费，作为实际成本；

同类或类似无形资产不存在活跃市场的，按该接受捐赠的无形资产的预计未来现金流量现值，作为实际成本。

具体来说，接受捐赠的无形资产，应按会计规定确定的入账价值，借记“无形资产”账户，按企业因接受捐赠而支付的相关费用，贷记“银行存款”等账户，按借贷方的差额，贷记“营业外收入”账户。

【例 7.5】甲公司收到上级公司捐赠的专利权，根据双方合同协议其价值为 200 000 元，且甲公司为此缴纳相关税费 30 000 元，用银行存款支付。

甲公司的账务处理如下：

借：无形资产——专利权	230 000	
贷：银行存款		30 000
营业外收入		200 000

（五）其他方式取得的无形资产

企业通过非货币性资产交换取得的无形资产，包括以投资、存货、固定资产或无形资产换入的无形资产等。非货币性资产交换具有商业实质且公允价值能够可靠计量的，在发生补价的情况下，支付补价方应当以换出资产的公允价值加上支付的补价（即换入无形资产的公允价值）和应支付的相关税费，作为换入无形资产的成本；收到补价方，应当以换入无形资产的公允价值（或换出资产的公允价值减去补价）和应支付的相关税费，作为换入无形资产的成本。

通过债务重组取得的无形资产，是指企业作为债务重组人取得的债务人用于偿还债务的非现金资产，且企业作为无形资产管理的资产。通过债务重组取得的无形资产成本，应当以其公允价值入账。

通过政府补助取得的无形资产，应当按照公允价值计量；公允价值不能可靠取得的，按照名义金额计量。

第三节　无形资产的后续计量

无形资产的后续计量主要是指在无形资产持有期间，对其成本的计量，通常包括无形资产摊销、无形资产复核和减值测试。

一、无形资产的摊销

无形资产作为企业的长期资产，能够在未来较长时间内给企业带来经济利益。但无形资产通常有一定的有效期限，它所具有的价值权利或特权终究会结束或消失。因此，企业应当在取得无形资产时分析其使用寿命，并将无形资产的成本在其使用寿命内进行摊销。

（一）使用寿命估计

企业在估计无形资产使用寿命时，应当综合考虑如下因素：运用该资产生产的产品通常的寿命周期，可获得的类似资产使用寿命的信息，技术、工艺等方面的现阶段情况及未来发展趋势的估计，以该资产生产的产品或提供服务的市场需求情况，现在或潜在的竞争者预期采取的行动，为维持该资产带来经济利益能力的预期维护支出，以及企业预计支付有关支出的能力，对该资产控制期限的相关法律规定或类似限制（如特许使用期、租赁期等），与企业持有其他资产使用寿命的关联性等。会计实务中，确定其使用寿命还应该注意：

（1）估计的无形资产使用寿命不应超过合同规定的受益年限或法律规定的有效年限。例如，甲公司与乙公司签订协议使用乙公司的某项非专利技术，协议期为3年，法律没有规定非专利技术的有效年限，则甲公司取得的该项特许权（非专利技术）的使用寿命不超过3年。

（2）合同约定了受益年限，同时，法律又规定了有效年限的，按照稳健性原则，无形资产的使用寿命应采用两者之中较短的来确定。

（3）合同或法律都没有规定年限的，企业应当综合各方面因素判断，如与同行业的情况进行比较、参考历史经验、聘请相关专家进行论证等，以确定无形资产的使用寿命，通常不应超过10年。

（4）如果按照上述方法仍无法确定无形资产为企业带来经济利益期限的，该项无形资产应当视为使用寿命不确定的无形资产。使用寿命不确定的无形资产不予摊销。

（二）摊销方法选择

企业应当选择恰当的摊销方法，将无形资产在其使用寿命内予以摊销。摊销方法要能够反映与该项无形资产有关的经济利益的预期实现方式，以确保其摊销金额更为合理和系统。企业一般选择直线法摊销，但是，如果能够可靠地确定无形资产预期实现方式的，也可选择加速摊销法或工作量法等，如企业对公路经营权摊销可采用工作量法（如具体按车流量法）；某些更新换代迅猛的非专利技术、专利权等，可选择加速摊销法（如双倍余额递减法、年数总和法）。无形资产应摊销总额等于无形资产成本减去预计残值和已计提减值准备。使用寿命有限的无形资产，其残值应当视为零，但下列情况除外：①有第三方承诺在无形资产使用寿命结束时购买该无形资产；②可以根据活跃市场得到预计残值信息，并且该市场在无形资产使用寿命结束时很可能存在。

（三）摊销的会计处理

企业应当在无形资产达到预定可使用状态时开始摊销，直至其停止确认时结束。具体而言，企业应当在取得无形资产的当月开始摊销，处置无形资产的当月不再摊销，即：当月增加的无形资产，当月开始摊销；当月减少的无形资产，当月不再摊销。

企业应按月计提无形资产摊销，将其计入当期损益。企业自用的无形资产摊销时，借记“管理费用”等账户，贷记“累计摊销”账户。出租的无形资产摊销时，借记“其他业务支出”账户，贷记“累计摊销”账户。

【例7.6】甲公司根据市场发展的需要，于2007年年初购入一项专利权。根据相关规定，购买时该专利权的使用寿命为10年，企业采用直线法按10年期限进行摊销。专利权购买成本为240 000元。

甲公司的账务处理如下：

（1）购买专利权时：

借：无形资产——专利权	240 000	
贷：银行存款		240 000

（2）每月末摊销时：

每月摊销额＝240 000÷10÷12＝2 000（元）

借：管理费用	2 000	
贷：累计摊销		2 000

二、无形资产的复核与减值

随着企业所处商业环境的不断变化，随着科学与技术日新月异地发展，无形资产预期为企业带来经济利益的能力很可能受到影响，其资产可能发生减值，其使用寿命、摊销方法可能发生变化。所以企业应该定期对无形资产进行复核和测试，以便真实反映企业财务状况和经营成果。我国企业会计准则规定，企业至少应当在每年年末对无形资产进行复核和减值测试。

资产负债表日在对无形资产的使用寿命及摊销方法进行复核时，如果发现其使用寿命及摊销方法与以前估计不同，应当变更摊销期限和改变摊销方法。另外，企业每年年末应对使用寿命不确定的无形资产进行复核，如果有证据表明无形资产的使用寿命是有限的，应当估计其使用寿命，并按使用寿命有限的无形资产进行会计处理。如果无形资产预期不能为企业带来经济利益，企业必须及时将该无形资产予以转销。

如发现无形资产出现减值迹象，在资产负债表日应对其进行减值测试。当无形资产的可回收金额低于其账面价值时，会使得无形资产为企业带来的未来经济利息不足以补偿其成本（账面摊余成本），因此，应将可回收金额低于其账面价值的部分确认为减值损失，即，借记“资产减值损失”账户，贷记“无形资产减值准备”账户。

【例 7.7】接**【例 7.6】**，假定甲公司在取得该专利权的第二年年末，对该无形资产进行复核与测试，发现该专利权使用寿命只剩 5 年，可收回金额也只有 180 000 元，随即对该专利权计提减值损失，并更改摊销年限。

甲公司的账务处理如下：

（1）确认减值损失时：

确认减值损失额＝240 000－（2 000×24）－180 000＝12 000（元）

借：资产减值损失　　12 000

　　贷：无形资产减值准备　　12 000

（2）按复核后使用年限进行摊销时：

每月摊销额＝180 000÷5÷12＝3 000（元）

借：管理费用　　3 000

　　贷：累计摊销　　3 000

第四节　无形资产的处置

无形资产的处置，主要是指无形资产出售、对外出租、对外捐赠，或者是无法为企业带来未来经济利益时，应予终止确认并转销。

一、无形资产的出售

企业出售某项无形资产，表明企业放弃无形资产的所有权，应将所取得的价款与该无形资产账面价值的差额计入当期损益。但是，值得注意的是，企业出售无形资产确认其利得的时点，应按照收入确认中的有关原则进行确认。

出售无形资产时，应按实际收到的金额，借记“银行存款”等账户，按已计提的累计摊销，借记“累计摊销”账户，原已计提减值准备的，借记“无形资产减值准备”账户，按应支付的相关税费，贷记“应交税费”等账户，按其账面余额，贷记“无形资产”账户，按其差额，贷记“营业外收入——处置非流动资产利得”账户或借记“营业外支出——处置非流动资产损失”账户。

【例 7.8】2007 年 1 月 1 日，甲公司拥有某项专利技术的成本为 800 000 元，已摊销金额为 300 000 元，已计提的减值准备为 50 000 元，该公司于 2007 年中将该专利技术出售给乙公司，取得出售收入 600 000 元，应交纳的营业税等相关税费为 36 000 元。

甲公司的账务处理如下：

借：银行存款	600 000	
累计摊销	300 000	
无形资产减值准备	50 000	
贷：无形资产		800 000
应交税费——应交营业税		36 000
营业外收入——处置非流动资产利得		114 000

如果该公司转让该项专利技术取得的收入为 400 000 元，应交纳的营业税等相关税费为 24 000 元。

则甲公司的账务处理如下：

借：银行存款	400 000	
累计摊销	300 000	
无形资产减值准备	50 000	
营业外支出——处置非流动资产损失	74 000	
贷：无形资产		800 000
应交税费——应交营业税		24 000

二、无形资产出租

企业将所拥有的无形资产的使用权让渡给他人，并收取租金，在满足收入确认条件的情况下，应确认相关的收入及成本，并通过其他业务收支科目进行核算。让渡无形资产使用权而取得的租金收入，借记“银行存款”等账户，贷记“其他业务收入”等账户；摊销出租无形资产的成本并发生与转让有关的各种费用支出时，借记“其他业务成本”账户，贷记“累计摊销”账户。

【例 7.9】2007 年 1 月 1 日，甲公司将其一项专利权出租给乙公司使用，该专利权账面余额为 300 000 元，摊销期限为 10 年，出租合同规定，承租方每销售一件用该专利生产的产品，必须付给出租方 100 元专利使用费。假定乙公司当年销售该产品 10 000 件，根据计算甲公司应交的营业税为 100 000 元。

甲公司的账务处理如下：

（1）取得该专利使用费时：

借：银行存款	1 000 000	
贷：其他业务收入		1 000 000

（2）按年对该项专利进行摊销并计算应交的营业税：

借：其他业务成本	30 000	
营业税金及附加	100 000	

贷：累计摊销　　30 000
　　应交税金——应交营业税　　100 000

三、无形资产的报废

如果无形资产预期不能为企业带来未来经济利益，如该无形资产已被其他新技术所替代或超过法律保护期，不能再为企业带来经济利益的，则不再符合无形资产的定义，应将其报废并予以转销，其账面价值转作当期损益。转销时，应按已计提的累计摊销，借记“累计摊销”账户；按其账面余额，贷记“无形资产”账户；按其差额，借记“营业外支出”账户。已计提减值准备的，还应同时结转减值准备。

【例 7.10】甲企业拥有某项专利技术，根据市场调查，用其生产的产品已没有市场，决定应予转销。转销时，该项专利技术的账面余额为 800 000 元，已累计摊销 300 000 元，已累计计提的减值准备为 150 000 元，假定该项专利技术的残值为零，不考虑其他相关因素。

甲公司的账务处理如下：

借：累计摊销　　300 000
　　无形资产减值准备　　150 000
　　营业外支出——处置非流动资产损失　　350 000
　　贷：无形资产——专利权　　800 000

第五节　其 他 资 产

其他资产是指在流动资产、长期投资、固定资产、无形资产等以外的各项资产，主要包括长期待摊费用和其他长期资产。

一、长期待摊费用的核算

长期待摊费用是指企业已经支出，但摊销期限在 1 年以上（不含 1 年）的各项费用。它包括开办费、股票发行费用、固定资产大修理支出、以经营租赁方式租入固定资产的改良支出，以及摊销期限在 1 年以上的其他长期待摊费用等。

在资产负债表上，长期待摊费用虽然也列为资产项目，但它具有明显不同于一般资产的两个特征：一是长期待摊费用本身没有转让价值，不能为企业带来经济利益。因此，既不能转让，也不能用于清偿债务；二是长期待摊费用在本质上是一种费用，只是由于支出数额较大、影响时间较长，若将其全部计入当期的费用中，势必会造成损益的非正常波动，因此根据权责发生制的要求，应将其暂时列为一项没有实体的过渡性资产，然后再在恰当的期间内分期摊入“管理费用”、“销售费用”账户中。企业在进行长期待摊核算时，不能任意增加费用项目，不能人为地把应计入当期损益的费用计入长期待摊费用。

企业应设置“长期待摊费用”账户核算由本期和以后各期负担的分摊期限在 1 年以上的各项费用。该账户属于资产类科目，借方登记发生的各项长期待摊费用的支出数额；贷方登记摊销数额；期末借方余额反映企业尚未摊销的长期待摊费用。该账户应按费用的种类设置明细账，进行明细核算。

企业发生的长期待摊费用，借记“长期待摊费用”账户，贷记有关账户。摊销时，借记“销售费用”、“管理费用”等账户，贷记“长期待摊费用”账户。

【例 7.11】甲公司年初对生产用某设备进行修理，领用修理用备件及维修材料 750 000 元，以银行存款支付修理人员工资 150 000 元，修理费用总额为 900 000 元，在三年内按月平均分摊。

甲公司的账务处理如下：

（1）领用修理用备件及维修材料时：

借：长期待摊费用　　750 000

　　贷：原材料　　750 000

（2）确认人员职工薪酬时：

借：长期待摊费用　　150 000

　　贷：应付职工薪酬　　150 000

（3）按月摊销修理费用时：

每月摊销额＝（750 000＋150 000）÷3÷12＝25 000（元）

借：管理费用　　25 000

　　贷：长期待摊费用　　25 000

二、其他长期资产的核算

其他长期资产一般包括国家批准储备的特种物资、银行冻结存款，以及临时设施和涉及诉讼中的财产等。正常经营中的企业一般很少发生。其他长期资产可以根据资产的性质及特点单独设置相关账户核算。一般可设置“其他资产”一级账户，并设置“特种储备物资”、“银行冻结存款”、“冻结物资”、“涉及诉讼财产”等明细账户。在资产负债表上，应根据其他资产的性质，分别列入“其他流动资产”和“其他长期资产”项目。

（1）特种储备物资。特种储备物资是指国有企业经国家批准储备的、具有专门用途、不参加生产经营周转的特种物资，是一种企业由于某种储藏条件而代为国家储备的物资。一般说来，特种储备物资不属于企业的资产，企业不拥有其所有权，但有保管的责任。

（2）银行冻结存款。银行冻结存款是指因某种原因被银行冻结不能正常支取的存款。由于这部分存款被冻结，不再具有货币资金的支付手段功能，因此应将其确认为其他资产。

（3）诉讼中的财产。诉讼中的财产是指由于企业发生产权纠纷，进入司法程序后被法院认定为涉及诉讼、尚未判定产权归属的财产。由于这些财产涉及诉讼，不能为企业正常使用，因此应将其确认为其他资产。

本 章 小 结

无形资产是没有实物形态的非货币性长期资产，主要包括专利权、非专利技术、商标权、著作权、土地使用权和特许权等。无形资产应当按照成本进行初始计量。在无形资产的后续计量中，无形资产价值摊销和减值测试是核心问题，与固定资产同类业务核算的性质和思路一致。

其他长期资产是指固定资产、长期投资和无形资产等以外的其他长期资产，主要包括长期待摊费用、投资性房地产和商誉。

专业词汇中英对照

无形资产 intangible assets　　研发支出 research and development expenditure
累计摊销 accumulated amortization
无形资产减值准备 impairment of intangible assets
长期待摊费用 long-term deferred expenses

复习思考题

一、单选题

1．按照现行规定，下列各项中，股份有限公司应作为无形资产入账的是（　　）。

A．开办费

B．商誉

C．为获得土地使用权支付的土地出让金

D．开发新技术过程中发生的研究开发费

2．购买无形资产的价款超过正常信用条件延期支付，实质上具有融资性质的，无形资产的成本以（　　）为基础确定。

A．全部购买价款　　B．全部购买价款的现值

C．对方提供的凭据上标明的金额　　D．市价

3．A 公司为甲、乙两个股东共同投资设立的股份有限公司。经营一年后，甲、乙股东之外的另一个投资者丙要求加入 A 公司。经协商，甲、乙同意丙以一项非专利技术投入，三方确认该非专利技术的价值是 100 万元。该项非专利技术在丙公司的账面余额为 120 万元，市价为 100 万元，那么该项非专利技术在 A 公司的入账价值为（　　）万元。

A．100　　B．120　　C．0　　D．150

4．由投资者投资转入无形资产，应按合同或协议约定的价值（假定该价值是公允的），借记“无形资产”账户，按其在注册资本中所占的份额，贷记“实收资本”账户，按其差额记入下列账户的是（　　）。

A．资本公积——资本（或股本）溢价　　B．营业外收入

C．资本公积——股权投资准备　　D．最低租赁付款额

5．A 公司 2006 年 3 月 1 日开始自行开发成本管理软件，在研究阶段发生材料费用 10 万元，开发阶段发生开发人员工资 100 万元，福利费 20 万元，支付租金 30 万元。开发阶段的支出满足资本化条件。2006 年 3 月 16 日，A 公司自行开发成功该成本管理软件，并依法申请了专利，支付注册费 1 万元，律师费 2.5 万元，A 公司 2006 年 3 月 20 日为向社会展示其成本管理软件，特举办了大型宣传活动，支付费用 50 万元，则 A 公司无形资产的入账价值应为（　　）万元。

A．213.5　　B．3.5　　C．153.5　　D．163.5

6．企业在研发阶段发生的无形资产支出应先记入（　　）账户。

A．无形资产　　B．管理费用　　C．研发支出　　D．累计摊销

7．企业购入或支付土地出让金取得的土地使用权，在已经开发或建造自用项目的，通常作为（　　）账户核算。

A．固定资产　　B．在建工程　　C．无形资产　　D．长期待摊费用

8．下列属于无形资产后续支出的是（　　）。

A．相关宣传活动支出　　B．无形资产研究费用

C．无形资产开发支出　　D．无形资产购买价款

9．无形资产的期末借方余额，反映企业无形资产的（　　）。

A．成本　　B．摊余价值　　C．账面价值　　D．可收回金额

10．A 公司于 2004 年 1 月 5 日购入专利权支付价款 225 万元。该无形资产预计使用年限为 7 年，法律规定年限为 5 年。2005 年 12 月 31 日，由于与该无形资产相关的经济因素发生不利变化，致使其发生减值，A 公司估计可收回金额为 90 万元。假定无形资产按照直线法进行摊销。则至 2006 年年底，无形资产的累计摊销额为（　　）万元。

A．30　　B．45　　C．135　　D．120

二、多选题

1．下列可以确认为无形资产的有（　　）。

A．计算机公司购入的为客户开发的软件

B．高级专业技术人才

C．企业通过行政划拨无偿取得的土地使用权

D．有偿取得一项为期 15 年的高速公路收费权

E．购买的商标权

2．外购无形资产的成本，包括（　　）。

A．购买价款

B．进口关税

C．其他相关税费

D．直接归属于使该项资产达到预定用途所发生的其他支出

3．投资者投入无形资产的成本，应当按照（　　）确定，但该金额不公允的除外。

A．投资合同约定的价值　　B．公允价值

C．投资方无形资产的账面价值　　D．协议约定的价值

4．下列属于研究活动的是（　　）。

A．意于获取知识而进行的活动

B．研究成果或其他知识的应用研究、评价和最终选择

C．材料、设备、产品、工序、系统或服务替代品的研究

D．新的或经改进的材料、设备、产品、工序、系统或服务的可能替代品的配制、设计、评价和最终选择

5．企业内部研究开发项目开发阶段的支出，同时满足下列（　　）条件的，才能确认为无形资产。

A．完成该无形资产以使其能够使用或出售在技术上具有可行性

B．具有完成该无形资产并使用或出售的意图

C. 无形资产产生经济利益的方式，包括能够证明运用该无形资产生产的产品存在市场或无形资产自身存在市场，无形资产将在内部使用的，应当证明其有用性

D. 有足够的技术、财务资源和其他资源支持，以完成该无形资产的开发，并有能力使用或出售该无形资产

E. 归属于该无形资产开发阶段的支出能够可靠地计量

三、思考题

1. 什么是无形资产？其主要特征是什么？包括哪些内容？
2. 无形资产取得有哪些方式？举例说明对不同方式取得的无形资产进行初始计量。
3. 如何对无形资产进行摊销核算？如何对无形资产进行减值核算？
4. 如何对无形资产的处置、出租及报废进行核算？
5. 长期待摊费用该如何核算？

四、业务处理题

1. 某企业自行研究开发一项新产品专利技术，在研究开发过程中发生材料费 200 000 元、人工工资 50 000 元，以及其他费用 150 000 元，总计 400 000 元，其中，符合资本化条件的支出为 250 000 元，期末该专利技术已经达到预定用途。

要求：对研发费用及无形资产的取得成本进行会计核算。

2. 2007 年 1 月 1 日，向阳公司从伟达公司购入无形资产一项，实际支付价款为 1 250 000 元。根据相关法律的规定，向阳公司购入的无形资产的有效年限为 10 年，向阳公司对无形资产的预计使用年限为 5 年。

2008 年 12 月 31 日，由于与该无形资产相关的经济环境因素发生了骤变，导致该无形资产的可回收额降低至 240 000 元。假定不考虑相关税费，且企业之前的无形资产减值准备的余额为零。

要求：对取得无形资产、无形资产的摊销及集体减值准备进行账务处理。

3. 某公司将拥有的一项非专利技术出售，取得收入 600 000 元，应交的营业税为 300 000 元。该非专利技术的账面余额为 800 000 元，累计摊销为 300 000 元，已计提的减值准备为 500 000 元。

要求：对该公司无形资产处置业务进行账务处理。

五、案例分析题

注册会计师小李在审计方兴股份有限公司 2005 年度会计报表时，了解到方兴股份有限公司从当年初开始研究开发一项新技术，至 2005 年 9 月 10 日研究成功，共发生开发费用 300 万元。为使该项新技术运用到生产中，方兴股份有限公司发生相关费用 30 万元。方兴股份有限公司将 330 万元全部计入无形资产的入账价值。

要求：

（1）这样的会计处理正确吗？

（2）无形资产的入账价值应该是多少？

第八章

资产减值

本章导读

本章将在介绍资产减值的概念和范围的基础上，重点介绍金融资产、长期股权投资、固定资产、无形资产等单项资产及资产组减值的核算。通过本章学习，应能够：

- 掌握资产减值的含义、资产可收回金额估计的基本方法；
- 掌握金融资产减值的核算；
- 掌握长期股权投资、固定资产和无形资产减值的核算；
- 掌握资产组减值的核算；
- 了解总部资产和商誉减值的核算。

导入案例

A公司对B公司的长期股权投资1 700万元，占B公司有表决权资本的30%，采用权益法核算。自2011年开始，B公司由于所处行业生产技术发生重大变化，B公司已失去竞争能力，拟于2011年进行清理整顿。2010年12月31日，该投资的公允价值1 200万元，直接归属于该股权的处置费用为10万元；如果继续持有此项投资，预计在持有期间和处置投资时形成的未来现金流量的现值总额为1 150万元。A公司对B公司的长期股权投资是否需要考虑资产减值？减值金额是多少？如何进行会计处理？

资产是企业过去的交易或者事项形成的、由企业拥有或者控制的、预期会给企业带来经济利益的资源。资产的主要特征之一是它必须能够为企业带来经济利益的流入，如果资产不能够为企业带来经济利益或者带来的经济利益低于其账面价值，那么，该资产就不能再予确认，或者不能再以原账面价值予以确认，否则不符合资产的定义，也无法反映资产的实际价值，其结果会导致企业资产虚增和利润虚增。因此，当企业资产的可收回金额低于其账面价值时，即表明资产发生了减值，企业应当确认资产减值损失，并把资产的账面价值减记至可收回金额。

第一节　资产减值概述

一、资产减值的概念及其范围

资产减值，即指资产的可收回金额低于其账面价值。本章所指资产，除特别说明外，包括单项资产和资产组。企业所有资产在发生减值时，原则上都应当及时加以确认和计量，但由于不同资产的特性不同，其减值会计处理有所不同，所适用的具体准则也有所不同。例如，存货、建造合同形成的资产、采用公允价值后续计量的投资性房地产、由金融工具确认和计量准则所规范的金融资产的减值，分别适用存货、建造合同、投资性房地产、金融工具确认和计量等会计准则。因此，资产减值包括所有资产的减值。但是，由于有关资产特性不同，其减值会计处理也有所差别，因而所适用的具体准则也不尽相同。

二、资产减值的迹象与测试

（一）资产减值迹象的判断

企业在资产负债表日应当判断资产是否存在可能发生减值的迹象。如果资产存在减值迹象的，应当进行减值测试，估计资产的可收回金额。可收回金额低于账面价值的，应当按照可收回金额低于账面价值的金额，计提减值准备。资产存在减值迹象是资产是否需要进行减值测试的必要前提，但是有两项资产除外，即因企业合并形成的商誉和使用寿命不确定的无形资产，对于这两类资产，无论是否存在减值迹象，都应当至少于每年年度终了进行减值测试。

资产可能发生减值的迹象主要可从外部信息来源和内部信息来源两个方面加以判断。

（1）从企业外部信息来源来看，以下情况均属于资产可能发生减值的迹象，企业需要据此估计资产的可收回金额，决定是否需要确认减值损失。

① 如果出现了资产的市价在当期大幅度下跌，其跌幅明显高于因时间的推移或者正常使用而预计的下跌。

② 如果企业经营所处的经济、技术或者法律等环境，以及资产所处的市场在当期或者将在近期发生重大变化，从而对企业产生不利影响。

③ 如果市场利率或者其他市场投资报酬率在当期已经提高，从而影响企业计算资产预计未来现金流量现值的折现率，导致资产可收回金额大幅度降低等。

（2）从企业内部信息来源来看，以下情况均属于资产可能发生减值的迹象，企业需要据此估计资产的可收回金额，决定是否需要确认减值损失。

① 如果企业有证据表明资产已经陈旧过时或者其实体已经损坏。

② 如果资产已经或者将被闲置、终止使用或者计划提前处置。

③ 如果企业内部报告的证据表明资产的经济绩效已经低于或者将低于预期，如资产所创造的净现金流量或者实现的营业利润远远低于原来的预算或者预计金额，资产发生的营业损失远远高于原来的预算或者预计金额，资产在建造或者收购时所需的现金支出远远高于最初的预算，资产在经营或者维护中所需的现金支出远远高于最初的预算等。

需要说明的是，上述列举的资产减值迹象并不能穷尽所有的减值迹象，企业应当根据实际情况来认定资产可能发生减值的迹象。

（二）资产减值的测试

如果有确凿证据表明资产存在减值迹象的，应当进行减值测试，估计资产的可收回金额。资产存在减值迹象是资产是否需要进行减值测试的必要前提，但是以下资产除外，即因企业合并形成的商誉和使用寿命不确定的无形资产，对于这些资产，无论是否存在减值迹象，都应当至少于每年年度终了进行减值测试。其原因是，因企业合并所形成的商誉和使用寿命不确定的无形资产在后续计量中不再进行摊销，但是考虑到这些资产的价值和产生的未来经济利益有较大的不确定性，为了避免资产价值高估，及时确认商誉和使用寿命不确定的无形资产的减值损失，如实反映企业财务状况和经营成果，对于这些资产，企业至少应当于每年年度终了进行减值测试。另外，对于尚未达到可使用状态的无形资产由于其价值具有较大的不确定性，也应当每年进行减值测试。

企业在判断资产减值迹象以决定是否需要估计资产可收回金额时，应当遵循重要性原则。根据这一原则，企业资产存在下列情况的，可以不估计其可收回金额。

（1）以前报告期间的计算结果表明，资产可收回金额远高于其账面价值，之后又没有发生消除这一差异的交易或者事项的，企业在资产负债表日可以不需重新估计该资产的可收回金额。

（2）以前报告期间的计算与分析表明，资产可收回金额对于资产减值准则中所列示的一种或者多种减值迹象反应不敏感，在本报告期间又发生了这些减值迹象的，在资产负债表日企业可以不需因为上述减值迹象的出现而重新估计该资产的可收回金额。例如，在当期市场利率或者其他市场投资报酬率提高的情况下，如果企业计算资产未来现金流量现值时所采用的折现率不大可能受到该市场利率或者其他市场投资报酬率提高的影响；或者即使会受到影响，但以前期间的可收回金额敏感性分析表明，该资产预计未来现金流量也很可能相应增加，因而不大可能导致资产的可收回金额大幅度下降的，企业可以不必对资产可收回金额进行重新估计。

三、资产可收回金额的计量

（一）估计资产可收回金额的基本方法

资产可收回金额的估计，应当根据其公允价值减去处置费用后的净额与资产预计未来现金流量的现值两者之间较高者确定。因此，要估计资产的可收回金额，通常需要同时估计该资产的公允价值减去处置费用后的净额和资产预计未来现金流量的现值，但是，在下列情况下，可以有例外或者作特殊考虑。

（1）资产的公允价值减去处置费用后的净额与资产预计未来现金流量的现值，只要有一项超过了资产的账面价值，就表明资产没有发生减值，不需再估计另一项金额。

（2）没有确凿证据或者理由表明，资产预计未来现金流量现值显著高于其公允价值减去处置费用后的净额的，可以将资产的公允价值减去处置费用后的净额视为资产的可收回金额。对于企业持有待售的资产往往属于这种情况，即该资产在持有期间（处置之前）所产生的现金流量可能很少，其最终取得的未来现金流量往往就是资产的处置净收入，因此，在这种情况下，以资产公允价值减去处置费用后的净额作为其可收回金额是适宜的，因为资产的未来现金流量现值不大会显著高于其公允价值减去处置费用后的净额。

（3）资产的公允价值减去处置费用后的净额如果无法可靠估计的，应当以该资产预计未来现金流量的现值作为其可收回金额。

（二）资产的公允价值减去处置费用后的净额的估计

资产的公允价值减去处置费用后的净额，通常反映的是资产如果被出售或者处置时可以收回的净现金收入。其中，资产的公允价值是指在公平交易中，熟悉情况的交易双方自愿进行资产交换的金额；处置费用是指可以直接归属于资产处置的增量成本，包括与资产处置有关的法律费用、相关税费、搬运费，以及为使资产达到可销售状态所发生的直接费用等，但是，财务费用和所得税费用等不包括在内。

企业在估计资产的公允价值减去处置费用后的净额时，应当按照下列顺序进行：

首先，应当根据公平交易中资产的销售协议价格减去可直接归属于该资产处置费用的金额确定资产的公允价值减去处置费用后的净额。这是估计资产的公允价值减去处置费用后的净额的最佳方法，企业应当优先采用这一方法。但是，在实务中，企业的资产往往都是内部持续使用的，取得资产的销售协议价格并不容易，为此，需要采用其他方法估计资产的公允价值减去处置费用后的净额。

其次，在资产不存在销售协议但存在活跃市场的情况下，应当根据该资产的市场价格减去处置费用后的金额确定。资产的市场价格通常应当按照资产的买方出价确定。但是，如果难以获得资产在估计日的买方出价的，企业可以以资产最近的交易价格作为其公允价值减去处置费用后的净额的估计基础，其前提是资产的交易日和估计日之间，有关经济、市场环境等没有发生重大变化。

最后，在既不存在资产销售协议又不存在资产活跃市场的情况下，企业应当以可获取的最佳信息为基础，根据在资产负债表日如果处置资产的话，熟悉情况的交易双方自愿进行公平交易愿意提供的交易价格减去资产处置费用后的净额，估计资产的公允价值减去处置费用后的净额。在实务中，该金额可以参考同行业类似资产的最近交易价格或者结果进行估计。

如果企业按照上述要求仍然无法可靠估计资产的公允价值减去处置费用后的净额的，应当以该资产预计未来现金流量的现值作为其可收回金额。

（三）资产预计未来现金流量现值的估计

资产预计未来现金流量的现值，应当按照资产在持续使用过程中和最终处置时所产生的预计未来现金流量，选择恰当的折现率对其进行折现后的金额加以确定。因此，预计资产未来现金流量的现值，主要应当综合考虑资产的预计未来现金流量、资产的使用寿命和折现率。其中，资产使用寿命的预计与《企业会计准则第 4 号——固定资产》、《企业会计准则第 6 号——无形资产》等规定的使用寿命预计方法相同。以下重点阐述资产未来现金流量和折现率的预计方法。

1. 资产未来现金流量的预计

（1）预计资产未来现金流量的基础

为了估计资产未来现金流量的现值，需要首先预计资产的未来现金流量，为此，企业管理层应当在合理和有依据的基础上对资产剩余使用寿命内整个经济状况进行最佳估计，并将资产未来现金流量的预计建立在经企业管理层批准的最近财务预算或者预测数据之上。但是，出于数据可靠性和便于操作等方面的考虑，建立在该预算或者预测基础上的预计现金流量最多涵盖 5 年，企业管理层如能证明更长的期间是合理的，可以涵盖更长的期间。其原因是，在通常情况下，要对期限超过 5 年的未来现金流量进行较为可靠的预测比较困难，即使企业管理层可以以超过 5 年的财务预算或者预测为基础对未来现金流量进行预计，企业管理层应当确保这些预计的可靠性，并提供相应的证明，如根据过去的经验和实践，企业有能力而且能够对超过 5 年的期间作出较为准确的预测。

如果资产未来现金流量的预计还包括最近财务预算或者预测期之后的现金流量，企业应当以该预算或者预测期之后年份稳定的或者递减的增长率为基础进行估计。但是，企业管理层如能证明递增的增长率是合理的，可以以递增的增长率为基础进行估计。同时，所使用的增长率除了企业能够证明更高的增长率是合理的之外，不应当超过企业经营的产品、市场、所处的行业或者所在国家或者地区的长期平均增长率，或者该资产所处市场的长期平均增长率。在恰当、合理的情况下，该增长率可以是零或者负数。

需要说明的是，由于经济环境随时都在变化，资产的实际现金流量往往会与预计数有出入，而且预计资产未来现金流量时的假设也有可能发生变化，因此，企业管理层在每次预计资产未来现金流量时，应当首先分析以前期间现金流量预计数与现金流量实际数出现差异的情况，以评判当期现金流量预计所依据的假设的合理性。通常情况下，企业管理层应当确保当期现金流量预计所依据的假设与前期实际结果相一致。

（2）预计资产未来现金流量的内容

预计的资产未来现金流量应当包括下列各项：

① 资产持续使用过程中预计产生的现金流入。

② 为实现资产持续使用过程中产生的现金流入所必需的预计现金流出（包括为使资产达到预定可使用状态所发生的现金流出）。该现金流出应当是可直接归属于或者可通过合理和一致的基础分配到资产中的现金流出，后者通常是指那些与资产直接相关的间接费用。

对于在建工程、开发过程中的无形资产等，企业在预计其未来现金流量时，就应当包括预期为使该类资产达到预定可使用（或者可销售）状态而发生的全部现金流出数。

③ 资产使用寿命结束时，处置资产所收到或者支付的净现金流量。该现金流量应当是在公平交易中，熟悉情况的交易双方自愿进行交易时企业预期可从资产的处置中获取或者支付的减去预计处置费用后的金额。

（3）预计资产未来现金流量的考虑因素

企业为了预计资产未来现金流量，应当综合考虑下列因素：

① 以资产的当前状况为基础预计资产未来现金流量。

企业资产在使用过程中有时会因为修理、改良、重组等原因而发生变化，因此，在预计资产未来现金流量时，企业应当以资产的当前状况为基础，不应当包括与将来可能会发生的、尚未作出承诺的重组事项或者与资产改良有关的预计未来现金流量。具体包括以下几层意思：

- 重组通常会对资产的未来现金流量产生影响，有时还会产生较大影响，因此，对于重组的界定就显得十分重要。这里所指的重组，专门指企业制定和控制的，将显著改变企业组织方式、经营范围或者经营方式的计划实施行为。关于重组的具体界定和对已作出承诺的重组事项的判断标准，企业应当依据《企业会计准则第13号——或有事项》有关规定加以判断。
- 企业已经承诺重组的，在确定资产的未来现金流量的现值时，预计的未来现金流入和流出数，应当反映重组所能节约的费用和由重组所带来的其他利益，以及因重组所导致的估计未来现金流出数。其中，重组所能节约的费用和由重组所带来的其他利益，通常应当根据企业管理层批准的最近财务预算或者预测数据进行估计；因重组所导致的估计未来现金流出数应当根据《企业会计准则第13号——或有事项》所确认的因重组所发生的预计负债金额进行估计。

- 企业在发生与资产改良（包括提高资产的营运绩效）有关的现金流出之前，预计的资产未来现金流量仍然应当以资产的当前状况为基础，不应当包括因与该现金流出相关的未来经济利益增加而导致的预计未来现金流入金额。
- 企业未来发生的现金流出如果是为了维持资产正常运转或者资产正常产出水平而必要的支出或者属于资产维护支出，应当在预计资产未来现金流量时将其考虑在内。

② 预计资产未来现金流量不应当包括筹资活动和所得税收付产生的现金流量。

企业预计的资产未来现金流量，不应当包括筹资活动产生的现金流入或者流出，以及与所得税收付有关的现金流量。其原因：一是所筹集资金的货币时间价值已经通过折现因素予以考虑；二是折现率要求是以税前基础计算确定的，因此，现金流量的预计也必须建立在税前基础之上，这样可以有效避免在资产未来现金流量现值的计算过程中可能出现的重复计算等问题，以保证现值计算的正确性。

③ 对通货膨胀因素的考虑应当和折现率相一致。

企业在预计资产未来现金流量和折现率时，考虑因一般通货膨胀而导致物价上涨的因素，应当采用一致的基础。如果折现率考虑了因一般通货膨胀而导致的物价上涨影响因素，资产预计未来现金流量也应予以考虑；反之，如果折现率没有考虑因一般通货膨胀而导致的物价上涨影响因素，资产预计未来现金流量也应当剔除这一影响因素。总之，在考虑通货膨胀因素的问题上，资产未来现金流量的预计和折现率的预计，应当保持一致。

④ 内部转移价格应当予以调整。

在一些企业集团里，出于集团整体战略发展的考虑，某些资产生产的产品或者其他产出可能是供其集团内部其他企业使用或者对外销售的，所确定的交易价格或者结算价格基于内部转移价格，而内部转移价格很可能与市场交易价格不同，在这种情况下，为了如实测算企业资产的价值，就不应当简单地以内部转移价格为基础预计资产未来现金流量，而应当采用在公平交易中企业管理层能够达成的最佳的未来价格估计数进行预计。

（4）预计资产未来现金流量的方法

企业预计资产未来现金流量的现值，需要预计资产未来现金流量。预计资产未来现金流量，通常应当根据资产未来每期最有可能产生的现金流量进行预测。这种方法通常叫作传统法，它使用的是单一的未来每期预计现金流量和单一的折现率计算资产未来现金流量的现值。

【例 8.1】企业某固定资产剩余使用年限为 3 年，企业预计未来 3 年里在正常的情况下，该资产每年可为企业产生的净现金流量分别为 100 万元、50 万元、10 万元。该现金流量通常即为最有可能产生的现金流量，企业应以该现金流量的预计数为基础计算资产的现值。

但在实务中，有时影响资产未来现金流量的因素较多，情况较为复杂，带有很大的不确定性，为此，使用单一的现金流量可能并不会如实反映资产创造现金流量的实际情况。这样，企业应当采用期望现金流量法预计资产未来现金流量。

2. 折现率的预计

为了资产减值测试的目的，计算资产未来现金流量现值时所使用的折现率应当是反映当前市场货币时间价值和资产特定风险的税前利率。该折现率是企业在购置或者投资资产时所要求的必要报酬率。需要说明的是，如果在预计资产的未来现金流量时已经对资产特定风险的影响作了调整的，折现率的估计不需要考虑这些特定风险。如果用于估计折现率的基础是税后的，应当将其调整为税前的折现率以便于与资产未来现金流量的估计基础相一致。

在实务中，折现率的确定，应当首先以该资产的市场利率为依据。如果该资产的利率无法从市场获得，可以使用替代利率估计。在估计替代利率时，企业应当充分考虑资产剩余寿命期间的货币时间价值和其他相关因素，如资产未来现金流量金额及其时间的预计离散程度、资产内在不确定性的定价等，如果资产预计未来现金流量已经对这些因素作了有关调整的，应当予以剔除。

在估计替代利率时，可以根据企业加权平均资本成本、增量借款利率或者其他相关市场借款利率作适当调整后确定。调整时，应当考虑与资产预计现金流量有关的特定风险，以及其他有关政治风险、货币风险和价格风险等。

估计资产未来现金流量现值，通常应当使用单一的折现率。但是，如果资产未来现金流量的现值对未来不同期间的风险差异或者利率的期间结构反应敏感的，企业应当在未来各不同期间采用不同的折现率。

3. 资产未来现金流量现值的预计

在预计了资产的未来现金流量和折现率后，资产未来现金流量的现值只需将该资产的预计未来现金流量按照预计的折现率在预计的资产使用寿命里加以折现即可确定。其一般计算公式如下：

$$\text{资产未来现金流量的现值 PV}=\sum\left[\frac{\text{第}t\text{年预计资产未来现金流量NCF}_t}{(1+\text{折现率}R)^t}\right]$$

需要说明的是，由于资产组、总部资产和商誉的减值确认、计量和账务处理有一定的特殊性，因此，有关特殊处理将在本章第五节中作具体说明。

第二节　金融资产减值

一、金融资产减值概述

在资产负债表日，企业应当对以公允价值计量且变动计入当期损益的金融资产以外的金融资产的账面价值进行检查，有客观证据表明该金融资产发生减值的，应当确认减值损失，计提减值准备。

表明金融资产发生减值的客观证据，是指金融资产初始确认后实际发生的、对该金融资产的预计未来现金流量有影响，且企业能够对该影响进行可靠计量的事项。金融资产发生减值的客观证据，包括下列各项。

（1）发行方或债务人发生严重财务困难。

（2）债务人违反了合同条款，如偿付利息或本金发生违约或逾期等。

（3）债权人出于经济或法律等方面因素的考虑，对发生财务困难的债务人作出让步。

（4）债务人很可能倒闭或进行其他财务重组。

（5）因发行方发生重大财务困难，该金融资产无法在活跃市场继续交易。

（6）无法辨认一组金融资产中的某项资产的现金流量是否已经减少，但根据公开的数据对其进行总体评价后发现，该组金融资产自初始确认以来的预计未来现金流量的确已减少且可计量，如该组金融资产的债务人支付能力逐步恶化，或债务人所在国家或地区失业率提高、担保物在其所在地区的价格明显下降、所处行业不景气等。

（7）债务人经营所处的技术、市场、经济或法律环境等发生重大不利变化，使权益工具投资人可能无法收回投资成本。

（8）权益工具投资的公允价值发生严重或非暂时性下跌。

（9）其他表明金融资产发生减值的客观依据。

二、金融资产减值的计量

（一）持有至到期投资减值

在资产负债表中，持有至到期投资通常应按账面摊余成本列示其价值。但有客观证据表明持有至到期投资发生了减值的，应当将其账面价值与预计未来现金流量现值之间的差额确认为减值损失，计入当期损益。资产负债表日的未来现金流量现值按初始确认时确定的实际利率作为折现率。

资产负债表日，持有至到期投资发生减值的，按其账面价值与预计未来现金流量现值之间的差额，借记“资产减值损失”账户，贷记“持有至到期投资减值准备”账户。

已计提减值准备的持有至到期投资，若其价值又得以恢复，应在原已计提的减值准备金额内，借记“持有至到期投资减值准备”账户，贷记“资产减值损失”账户。

【例 8.2】甲公司 2007 年 1 月 1 日（债券发行日）购入面值 200 000 元、期限 6 年、票面利率 6%、每年 12 月 31 日付息的乙公司债券作为持有至到期投资。2009 年 12 月 31 日，甲公司在对持有至到期投资进行减值测试时发现，因乙公司发生财务困难，所持有的乙公司债券预计只能收回分期支付的利息及 80%的本金。该项持有至到期投资在初始确认时确定的实际利率为 5%，2009 年 12 月 31 日，乙公司债券账面摊余成本为 205 000 元。

乙公司债券预计到期可收回本金＝200 000×80%＝160 000（元）

乙公司债券预计每年可收回利息＝200 000×6%＝12 000（元）

复利现值系数：$(P/S, i, n)$

$$(1+i)^{-n}=(1+5\%)^{-3}\approx 0.863\,8$$

年金现值系数：$(P/A, i, n)$

$$\frac{1-(1+i)^{-n}}{i}=\frac{1-(1+5\%)^{-3}}{5\%}\approx 2.723\,2$$

乙公司债券预计到期可收回本息的现值＝复利现值＋年金现值

$$=160\,000\times(1+5\%)^{-3}+12\,000\times\frac{1-(1+5\%)^{-3}}{5\%}$$

$$=160\,000\times 0.863\,8+12\,000\times 2.723\,2=170\,886\text{（元）}$$

（按折现率计算的未来现金流量现值）

乙公司债券减值损失＝205 000－170 886＝34 114（元）

借：资产减值损失　　34 114

　　贷：持有至到期投资减值准备　　34 114

（二）可供出售金融资产减值

判断可供出售金融资产是否发生减值，应当注重该金融资产公允价值是否持续下降。通常情况下，如果可供出售金融资产的公允价值发生较大幅度下降，或在综合考虑各种相关因素后预期这种下降趋势属于非暂时性的，可以认定该可供出售金融资产已发生减值，应当确认减值损失。

可供出售金融资产发生减值时，即使该金融资产没有终止确认，原直接计入所有者权益中的因公允价值下降形成的累计损失，应当予以转出，计入当期损益。该转出的累计损失，等于可供出售金融资产的初始取得成本扣除已收回本金和已摊余金额、当前公允价值和原已计入损益的减值损失后的余额。

对于已确认减值损失的可供出售债务工具，在随后的会计期间公允价值已上升且客观上与确认原减值损失确认后发生的事项有关的，原确认的减值损失应当予以转回，计入当期损益。可供出售权益工具投资发生的减值损失，不得通过损益转回。

【例 8.3】2010 年 1 月 1 日，A 公司按面值从债券二级市场购入 M 公司发行的债券 10 000 张，每张面值 100 元，票面年利率 3%，划分为可供出售金融资产。

2010 年 12 月 31 日，该债券的市场价格为每张 100 元。

2011 年，M 公司因投资决策失误，发生严重财务困难，但仍可支付该债券当年的票面利息。2011 年 12 月 31 日，该债券的公允价值下降为每张 80 元。A 公司预计，如 M 公司不采取措施，该债券的公允价值预计会持续下跌。

2012 年，M 公司调整产品结构并整合其他资源，致使上年发生的财务困难大为好转。2012 年 12 月 31 日，该债券的公允价值已上升至每张 95 元。

假定 A 公司初始确认该债券时计算确定的债券实际利率为 3%，且不考虑其他因素，则 A 公司有关的账务处理如下：

（1）2010 年 1 月 1 日购入债券：

借：可供出售金融资产——成本	1 000 000	
贷：银行存款		1 000 000

（2）2010 年 12 月 31 日确认利息、公允价值变动：

借：应收利息	30 000	
贷：投资收益		30 000
借：银行存款	30 000	
贷：应收利息		30 000

债券的公允价值变动为零，故不作账务处理。

（3）2011 年 12 月 31 日确认利息收入及减值损失：

借：应收利息	30 000	
贷：投资收益		30 000
借：银行存款	30 000	
贷：应收利息		30 000
借：资产减值损失	200 000	
贷：可供出售金融资产——公允价值变动		200 000

由于该债券的公允价值预计会持续下跌，公司应确认减值损失。

（4）2012 年 12 月 31 日确认利息收入及减值损失转回：

应确认的利息收入＝（期初摊余成本 1 000 000—发生的减值损失 200 000）×3%

＝24 000（元）

借：应收利息　　30 000

　　贷：投资收益　　24 000

　　　　可供出售金融资产——利息调整　　6 000

借：银行存款　　30 000

　　贷：应收利息　　30 000

减值损失转回前，该债券的摊余成本＝1000 000－200 000－6 000＝794 000（元）

2012 年 12 月 31 日，该债券的公允价值＝950 000（元）

应转回的金额＝950 000－794 000＝156 000（元）

借：可供出售金融资产——公允价值变动　　156 000

　　贷：资产减值损失　　156 000

发生减值计入资产减值损失的金额＝期末的债券计提减值前的摊余成本－当前的公允价值

此时，确认的计入可供出售金融资产的公允价值变动的金额＝发生减值的金额－资本公积转入

【例 8.4】 A 公司 2011 年 3 月 10 日购买 B 公司发行的股票 300 万股，成交价为 14.7 元/股，另付交易费用 90 万元，占 B 公司表决权 5%，作为可供出售金融资产核算；2011 年 4 月 20 日 B 公司宣告现金股利 1 200 万元；5 月 20 日收到现金股利；2011 年 12 月 31 日，该股票每股市价为 13 元，A 公司预计股票价格下跌是暂时性的；2012 年 12 月 31 日，B 公司因违反相关证券法规，受到证券监管部门查处，受此影响，B 公司股票的价格发生严重下跌。2012 年 12 月 31 日收盘价格为每股市价 6 元。

A 公司有关的账务处理如下：

（1）2011 年 3 月 10 日购买 B 公司发行的股票：

借：可供出售金融资产——成本　　4 500

　　贷：银行存款　　4 500

（2）2011 年 4 月 20 日 B 公司宣告现金股利，由于 A 公司所占股份很低，应适用成本法的分红原理，即投资当年的分红应确认投资收益：

借：应收股利　　60

　　贷：投资收益　　60

（3）2011 年 5 月 20 日收到现金股利：

借：银行存款　　60

　　贷：应收股利　　60

（4）2011 年 12 月 31 日，该股票每股市价为 13 元：

借：资本公积—其他资本公积　　600

　　贷：可供出售金融资产—公允价值变动　　600

（5）2012 年 12 月 31 日，确认可供出售金融资产减值：

确认可供出售金融资产减值损失＝4 500－300×6＝2 700（万元）

借：资产减值损失　　2 700

　　贷：资本公积——其他资本公积　　600

　　　　可供出售金融资产——公允价值变动　　2 100

发生减值计入资产减值损失的金额＝初始取得时股票的入账价值－当前的公允价值
此时确认的可供出售金融资产的公允价值变动＝上期的公允价值－当期的公允价值

第三节 存货减值

一、存货减值的含义

按照《企业会计准则第 1 号——存货》的规定，存货应当在期末按成本与可变现净值孰低计量，对存货成本高于可变现净值的差额，计提存货跌价准备。

二、存货减值应注意的问题

（一）确定存货成本和可变现净值

在计提存货跌价准备中，应分别确定存货的成本和可变现净值。

（1）存货的成本就是存货的账面余额，可以根据存货的日常核算确定，即在存货期初余额的基础上，加上本月增加的存货，减去本月发出的存货，即为存货的期末余额。

（2）可变现净值，是指企业在正常经营过程中，以存货的估计售价减去估计完工成本及销售直接费用和相关税金后的价值。根据存货的用途不同，可变现净值有两种确定方法：

① 外售的存货，包括外售的库存商品、外售的材料等：

可变现净值＝a（存货的估计售价）－c（估计的销售费用及相关税金）

【例 8.5】2009 年 12 月 31 日，A 库存商品的账面成本为 800 万元，估计售价为 750 万元，估计的销售费用及相关税金为 15 万元。年末计提跌价准备前，A 库存商品的跌价准备余额为 10 万元，则年末 A 库存商品计提存货跌价准备如下：

A 库存商品可变现净值＝A 库存商品的估计售价－估计的销售费用及相关税金
＝750－15＝735（万元）

A 库存商品的账面成本为 800 万元，应保留存货跌价准备 65 万元；年末计提跌价准备前，A 库存商品的跌价准备余额为 10 万元，故应补提跌价准备 55 万元。企业的账务处理如下：

借：资产减值损失　　55
　贷：存货跌价准备　　55

② 自用存货，包括用于生产的材料、半成品、包装物、低值易耗品等：

可变现净值＝a（自用存货的估计售价）－b（至完工估计将要发生的成本）
－c（估计的销售费用及相关税金）

（二） 估计售价的确定

为了计算出可变现净值，必须先确定估计售价。估计售价有三种确定方法：

（1）为执行销售合同或者劳务合同而持有的存货，通常应当以产成品或者商品的合同价格作为其可变现净值的计量基础。

（2）如果企业持有存货的数量多于销售合同订购数量，超出部分的存货可变现净值，应当以产成品或商品的一般销售价格作为计量基础。

（3）没有销售合同或劳务合同约定的存货，其可变现净值应当以产成品或商品的一般销售价格或原材料的市场价格作为计量基础。

（三）材料等自用存货计提存货跌价准备的特殊规定

（1）对于用于生产而持有的材料等，如果用其生产的产成品的可变现净值预计高于产成品的生产成本，则该材料应当按照材料成本计量，即不计提跌价准备。

（2）如果材料价格的下降表明产成品的可变现净值低于产成品的生产成本，则该材料应当按材料的可变现净值计量，即需要计提跌价准备。应特别注意的是，材料的可变现净值应通过用其生产的产成品的估计售价和产成品的预计销售费用及税金来计算：

材料的可变现净值＝产成品的估计售价－将材料加工成产成品尚需投入的成本
－产成品估计销售费用及相关税金

【例 8.6】2011 年 12 月 31 日，D 原材料的账面成本为 1 000 万元，D 原材料的市场价格为 850 万元；假设用 1 000 万元 D 原材料生产成乙商品的成本为 1 300 万元（即至完工估计将要发生的成本为 300 万元），乙商品的估计售价为 1 280 万元，估计乙商品销售费用及相关税金为 70 万元，年末计提跌价准备前，D 原材料的跌价准备余额为 120 万元。

年末计提存货跌价准备如下：

乙商品可变现净值＝乙商品的估计售价－估计的乙商品销售费用及相关税金
＝1 280－70＝1 210（万元）

因乙商品的可变现净值 1 210 万元低于乙商品的成本 1 300 万元，D 原材料应当按照原材料的可变现净值计量：

D 原材料可变现净值＝乙商品的估计售价－将 D 原材料加工成乙商品估计将要发生的成本－估计的乙商品销售费用及相关税金＝1 280－300－70＝910（万元）

D 原材料的成本为 1 000 万元，可变现净值为 910 万元，存货跌价准备余额应为 90 万元；年末计提跌价准备前，D 材料的跌价准备余额为 120 万元，故应冲回 30 万元。

企业的账务处理如下：

借：存货跌价准备	30	
贷：资产减值损失		30

第四节　长期资产减值

一、长期资产减值概述

长期资产减值，是指长期股权投资、固定资产、无形资产等资产的可收回金额低于其账面价值。如果长期资产的可收回金额低于账面价值，就应计提资产减值准备。

本部分资产减值执行的是《企业会计准则第 8 号——资产减值》，资产减值对象主要包括：对子公司、联营企业和合营企业的长期股权投资；采用成本模式进行后续计量的投资性房地产；固定资产；生产性生物资产；无形资产；商誉；探明石油天然气矿区权益和井及相关设施等。

在资产负债表里，如果长期资产出现了减值的迹象，应进行减值测试，即长期资产出现减值迹象，是进行减值测试的前提，但有两个例外：因企业合并所形成的商誉和使用寿命不确定的无形资产，无论是否存在减值迹象，每年都应当进行减值测试。

二、长期股权投资减值的核算

作为长期股权投资的权益性投资，在按照《企业会计准则第 2 号——长期股权投资》规定进行核算确定的账面价值基础上，如果存在减值现象的，应当按照相关准则的规定计提减值准备。其中，对子公司、联营企业及合营企业的投资，应当按照本书第三章的相关内容计提减值准备；企业持有的对被投资单位不具有控制、共同控制或重大影响、在活跃市场中没有报价、公允价值不能可靠计量的长期股权投资，应当按照本书第四章的相关内容计提减值准备。

三、固定资产减值的核算

计提固定资产减值应该确定固定资产的账面价值和资产的可收回金额，关键是确定固定资产的可收回金额。

固定资产可收回金额是指固定资产的公允价值减去处置费用后的净额与固定资产预计未来现金流量的现值两者之间较高者。

（一）固定资产可收回金额的计量

要估计固定资产的可收回金额，通常需要同时估计该固定资产的公允价值减去处置费用后的净额和固定资产预计未来现金流量的现值。

1. 固定资产的公允价值减去处置费用后净额的确定

【例 8.7】甲公司的某项固定资产在公平交易中的销售协议价格为 300 万元，可直接归属于该资产的处置费用（包括有关的法律费用、相关税费、搬运费等直接费用）为 20 万元。

该固定资产的公允价值减去处置费用后的净额＝300－20＝280（万元）

2. 资产预计未来现金流量现值的确定

资产预计未来现金流量的现值，应当按照资产在持续使用过程中和最终处置时所产生的预计未来现金流量，选择恰当的折现率对其进行折现后的金额加以确定，即先确定“现金流量”，再确定“现值”。

【例 8.8】2012 年 12 月 31 日，甲公司对一辆货运汽车进行检查时发现，该货运汽车因市场环境变化可能发生减值。此货运汽车的公允价值为 10 万元，可归属于该货运汽车的处置费用为 0.5 万元；预计尚可使用 3 年，预计其在未来 2 年内每年年末产生的现金流量分别为：4.8 万元、4 万元；第 3 年在使用中产生的现金流量及使用寿命结束时处置形成的现金流量合计为 4.5 元。综合考虑货币时间价值及相关风险确定折现率为 10%。

可收回金额计算如下：

（1）货运汽车的公允价值减去处置费用后的净额＝公允价值－处置费用

$$=10-0.5=9.5\text{（万元）}$$

（2）货运汽车预计未来现金流量现值$=\dfrac{4.8}{1+10\%}+\dfrac{4}{(1+10\%)^2}+\dfrac{4.5}{(1+10\%)^3}$

$$=4.36+3.31+3.38=11.05\text{（万元）}$$

（3）根据孰高原则，该货运汽车的可收回金额为 11.05 万元。

（二）计提资产减值准备的账务处理

（1）资产的可收回金额低于其账面价值的，企业应当将资产的账面价值减记至可收回金额，减记的金额确认为资产减值损失，计入当期损益，同时计提相应的资产减值准备。

资产的账面价值是资产成本扣减累计折旧和累计减值准备后的金额。

（2）资产减值损失确认后，减值资产的折旧应当在未来期间作相应调整，以使该资产在剩余使用寿命内，系统地分摊调整后的资产账面价值（扣除预计净残值）。例如，固定资产计提了减值准备后，固定资产账面价值将根据计提的减值准备相应抵减，因此，固定资产在未来计提折旧时，应当按照新的固定资产账面价值为基础计提每期折旧。

（3）固定资产等资产减值损失一经确认，在以后会计期间不得转回。这个规定主要是为了防止企业以此作为盈余管理的手段。

【例 8.9】甲公司有关货运汽车的购入和使用情况如下：

（1）2009 年 12 月 20 日甲公司购入一辆货运汽车，用银行存款支付的买价和相关税费为 20.8 万元。

借：固定资产——货车　　20.8

　　贷：银行存款　　20.8

（2）从 2010 年 1 月起计提折旧。假设该货运汽车的预计使用年限 5 年，预计净残值 0.8 万元，按直线法计提折旧。2010 年年末计提折旧如下：

2010 年计提折旧额＝（原价－预计净残值）÷年限＝（20.8－0.8）÷5＝4（万元）

借：其他业务成本　　4

　　贷：累计折旧　　4

注：假设货运收入计入“其他业务收入”。

（3）假设 2010 年年末该货运汽车未出现减值的迹象，不计提固定资产减值准备。

（4）2011 年年末计提折旧

借：其他业务成本　　4

　　贷：累计折旧　　4

（5）2011 年年末计提减值

2011 年 12 月 31 日，甲公司对该货运汽车进行检查时发现该货运汽车因市场环境变化可能发生减值。经测算该货运汽车的可收回金额为 11.05 万元。因该货运汽车的账面价值为 12.8 万元（20.8－4×2），高于其可收回金额 11.05 万元，应计提固定资产减值准备 1.75 万元（12.8－11.05）。

借：资产减值损失　　1.75

　　贷：固定资产减值准备　　1.75

（6）2012 年计提折旧

计提固定资产减值准备后，2012 年年初固定资产净额为 11.05 万元，假设预计使用年限为 3 年，预计净残值为 0.01 万元，则 2012 年应计提折旧额＝（年初账面价值－预计净残值）÷年限＝（11.05－0.01）÷3＝3.68（万元）。

借：其他业务成本　　3.68

　　贷：累计折旧　　3.68

（7）如果以后年度造成固定资产减值的因素消失，固定资产价值回升。

按照新准则规定，已计提的减值不得转回。

第五节　资产组的认定及其减值

一、资产组的认定

如果有迹象表明一项资产可能发生减值的，企业应当以单项资产为基础估计可收回金额。但是在企业难以对单项资产的可收回金额进行估计的情况下，应当以该资产所属的资产组为基础确定资产组的可收回金额，并据此判断是否需要计提资产减值准备及应当计提多少资产减值准备。因此，资产组的认定十分重要。

（一）资产组的概念

资产组是企业可以认定的最小资产组合，其产生的现金流入应当基本上独立于其他资产或者资产组。资产组应当由创造现金流入的相关资产组成。

（二）认定资产组应当考虑的因素

（1）资产组的认定，应当以资产组产生的主要现金流入是否独立于其他资产或者资产组的现金流入为依据。因此，资产组能否独立产生现金流入是认定资产组的最关键因素。

例如，企业的某一生产线、营业网点、业务部门等，如果能够独立于其他部门或者单位等创造收入、产生现金流，或者其创造的收入和现金流入的绝大部分独立于其他部门或者单位的，并且属于可认定的最小的资产组合的，通常应将该生产线、营业网点、业务部门等认定为一个资产组。

【例 8.10】某矿业公司拥有一个煤矿，与煤矿的生产和运输相配套，建设有一条专用铁路。该铁路除非报废出售，其在持续使用中，难以脱离与煤矿生产和运输相关的资产而产生单独的现金流入，因此，企业难以对专用铁路的可收回金额进行单独估计，专用铁路和煤矿其他资产必须结合在一起，成为一个资产组，以估计该资产组的可收回金额。

在资产组的认定中，企业几项资产的组合生产的产品（或者其他产出）存在活跃市场的，无论这些产品或者其他产出是用于对外出售还是仅供企业内部使用，均表明这几项资产的组合能够独立产生现金流入，在符合其他相关条件的情况下，应当将这些资产的组合认定为资产组。

【例 8.11】甲企业生产某一产品，并且只拥有 A、B、C 三家工厂。三家工厂分别位于三个不同的国家，而三个国家又位于三个不同的洲。工厂 A 生产一种组件，由工厂 B 或者工厂 C 进行组装，最终产品由 B 或者 C 销往世界各地，工厂 B 的产品可以在本地销售，也可以在 C 所在洲销售（如果将产品从 B 运到 C 所在洲更加方便的话）。

B 和 C 的生产能力合在一起尚有剩余，并没有被完全利用。B 和 C 生产能力的利用程度依赖于甲企业对于所销售产品在两地之间的分配。以下分别认定与 A、B、C 有关的资产组。

假定 A 生产的产品（即组件）存在活跃市场，则 A 很可能可以认定为一个单独的资产组，原因是它生产的产品尽管主要用于 B 或者 C，但是由于该产品存在活跃市场，可以带来独立的现金流量，因此通常应当认定为一个单独的资产组。在确定其未来现金流量的现值时，公司应当调整其财务预算或预测，将未来现金流量的预计建立在公平交易的前提下 A 所生产产品的未来价格的最佳估计数，而不是其内部转移价格。

对于 B 和 C 而言，即使 B 和 C 组装的产品存在活跃市场，B 和 C 的现金流入依赖于产品在两地之间的分配。B和C的未来现金流入不可能单独地确定。因此，B和C组合在一起是可以认定的、可产生基本上独立于其他资产或者资产组的现金流入的资产组合。B和C应当认定为一个资产组。在确定该资产组未来现金流量的现值时，公司也应当调整其财务预算或预测，将未来现金流量的预计建立在公平交易的前提下从A所购入产品的未来价格的最佳估计数，而不是其内部转移价格。

（2）资产组的认定，应当考虑企业管理层对生产经营活动的管理或者监控方式（如按照生产线、业务种类还是按照地区或者区域等）和对资产的持续使用或者处置的决策方式等。例如，企业各生产线都是独立生产、管理和监控的，那么各生产线很可能应当认定为单独的资产组；如果某些机器设备是相互关联、互相依存的，其使用和处置是一体化决策的，那么这些机器设备很可能应当认定为一个资产组。

【例8.12】某家具制造有限公司有A车间和B车间两个生产车间，A车间专门生产家具部件且该部件没有活跃市场，生产完后由B车间负责组装并对外销售，该企业A车间和B车间资产的使用和处置等决策是一体的，在这种情况下，A车间和B车间通常应当认定为一个资产组。

（三）资产组认定后不得随意变更

资产组一经确定后，在各个会计期间应当保持一致，不得随意变更。即资产组的各项资产构成通常不能随意变更。但是，如果由于企业重组、变更资产用途等原因，导致资产组构成确需变更的，企业可以进行变更，企业管理员应当证明该变更是合理的，并应在附注中作相应说明。

二、资产组可收回金额和账面价值的确定

资产组的可收回金额应当按照该资产组的公允价值减去处置费用后的净额与其预计未来现金流量的现值两者之间较高者确定。

资产组账面价值的确定基础应当与其可收回金额的确定方式相一致。资产组的账面价值包括可直接归属于资产组与可以合理和一致地分摊至资产组的资产账面价值，通常不应当包括已确认负债的账面价值，但如不考虑该负债金额就无法确认资产组可收回金额的除外。

资产组在处置时如要求购买者承担一项负债（如环境恢复负债等）、该负债金额已经确认并计入相关资产账面价值，而且企业只能取得包括上述资产和负债在内的单一公允价值减去处置费用后的净额的，为了比较资产组的账面价值和可收回金额，在确定资产组的账面价值及其预计未来现金流量的现值时，应当将已确认的负债金额从中扣除。

【例8.13】MN公司在某山区经营一座某有色金属矿山，根据规定公司在矿山完成开采后应当将该地区恢复原貌。恢复费用主要为山体表层复原费用（如恢复植被等），因为山体表层必须在矿山开发前挖走。因此，企业在山体表层挖走后，就应当确认一项预计负债，并计入矿山成本，假定其金额为500万元。

2012年12月31日，随着开采进展，公司发现矿山中的有色金属储量远低于预期，因此，公司对该矿山进行了减值测试。考虑到矿山的现金流量状况，整座矿山被认定为一个资产组。该资产组在2012年年末的账面价值为1 000万元（包括确认的恢复山体原貌的预计负债）。

矿山（资产组）如于2012年12月31对外出售，买方愿意出价820万元（包括恢复山

体原貌成本，即已经扣减这一成本因素)，预计处置费用为 20 万元，因此，该矿山的公允价值减去处置费用后的净额为 800 万元。

矿山的预计未来现金流量的现值为 1 200 万元，不包括恢复费用。

根据上述资料，为了比较资产组的账面价值和可收回金额，在确定资产组的账面价值及其预计未来现金流量的现值时，应当将已确认的负债金额从中扣除。

在本例中，资产组的公允价值减去处置费用后的净额为 800 万元，该金额已经考虑了恢复费用。该资产组预计未来现金流量的现值在考虑了恢复费用后为 700 万元（1 200−500)。因此，该资产组的可收回金额为 800 万元。资产组的账面价值在扣除了已确认的恢复原貌预计负债后的金额为 500 万元（1 000−500)。这样，资产组的可收回金额大于其账面价值，所以，资产组没有发生减值，不必确认减值损失。

三、资产组减值测试

资产组减值测试的原理和单项资产相一致，即企业需要预计资产组的可收回金额和计算资产组的账面价值，并将两者进行比较，如果资产组的可收回金额低于其账面价值，应当确认相应的减值损失。减值损失金额应当按照下列顺序进行分摊：

(1）首先抵减分摊至资产组中商誉的账面价值。

(2）然后根据资产组中除商誉之外的其他各项资产的账面价值所占比重，按比例抵减其他各项资产的账面价值。

以上资产账面价值的抵减，应当作为各单项资产（包括商誉）的减值损失处理，计入当期损益。抵减后的各资产的账面价值不得低于以下三者之中最高者：该资产的公允价值减去处置费用后的净额（如可确定的)、该资产预计未来现金流量的现值（如可确定的）和零。因此而导致的未能分摊的减值损失金额，应当按照相关资产组中其他各项资产的账面价值所占比重进行分摊。

【例 8.14】XYZ 公司有一条甲生产线，该生产线生产光学器材，由 A、B、C 三部机器构成，成本分别为 400 000 元、600 000 元、1 000 000 元。使用年限为 10 年，净残值为零，以年限平均法计提折旧。各机器均无法单独产生现金流量，但整条生产线构成完整的产销单位，属于一个资产组。2005 年甲生产线所生产的光学产品有替代产品上市，到年底，导致公司光学产品的销路锐减 40%，因此，对甲生产线进行减值测试。

2012 年 12 月 31 日，A、B、C 三部机器的账面价值分别为 200 000 元、300 000 元、500 000 元。估计 A 机器的公允价值减去处置费用后的净额为 150 000 元，B、C 机器都无法合理估计其公允价值减去处置费用后的净额及未来现金流量的现值。

整条生产线预计尚可使用 5 年。经估计其未来 5 年的现金流量及其恰当的折现率后，得到该生产线预计未来现金流量的现值为 600 000 元。由于公司无法合理估计生产线的公允价值减去处置费用后的净额，公司以该生产线预计未来现金流量的现值为其可收回金额。

鉴于在 2012 年 12 月 31 日该生产线的账面价值为 1 000 000 元，而其可收回金额为 600 000 元，生产线的账面价值高于其可收回金额，因此，该生产线已经发生了减值，因此，公司应当确认减值损失 400 000 元，并将该减值损失分摊到构成生产线的 3 部机器中。由于 A 机器的公允价值减去处置费用后的净额为 150 000 元，因此，A 机器分摊了减值损失后的账面价值不应低于 150 000 元。具体分摊过程如表 8.1 所示。

表 8.1　资产组减值损失分摊表　　单位：元

项目	机器 A	机器 B	机器 C	整个生产线（资产组）
账面价值	200 000	300 000	500 000	1 000 000
可收回金额				600 000
减值损失				400 000
减值损失分摊比例	20%	30%	50%	
分摊减值损失	50 000	120 000	200 000	370 000
分摊后账面价值	150 000	180 000	300 000	
尚未分摊的减值损失				30 000
二次分摊比例		37.50%	62.50%	
二次分摊减值损失		11 250	18 750	30 000
二次分摊后应确认减值损失总额		131 250	218 750	
二次分摊后账面价值	150 000	168 750	281 250	600 000

注：按照分摊比例，机器 A 应当分摊减值损失 80 000 元（400 000×20%）但由于机器 A 的公允价值减去处置费用后的净额为 150 000 元，因此，机器 A 最多只能确认减值损失 50 000 元（200 000－150 000），未能分摊的减值损失 30 000 元（80 000－50 000）元，应当在机器 B 和机器 C 之间进行再分摊。

根据上述计算和分摊结果，构成甲生产线的机器 A、机器 B 和机器 C 应当分别确认减值损失 50 000 元、131 250 元和 218 750 元，账务处理如下：

借：资产减值损失——机器 A　　50 000
　　　　　　　　——机器 B　　131 250
　　　　　　　　——机器 C　　218 750
　贷：固定资产减值准备——机器 A　　50 000
　　　　　　　　　　　——机器 B　　131 250
　　　　　　　　　　　——机器 C　　218 750

四、总部资产减值测试

企业总部资产包括企业集团或其事业部的办公楼、电子数据处理设备、研发中心等资产。总部资产的显著特征是难以脱离其他资产或者资产组来产生独立的现金流入，而且其账面价值难以完全归属于某一资产组。因此，总部资产通常难以单独进行减值测试，需要结合其他相关资产组或者资产组组合进行。资产组组合，是指由若干个资产组组成的最小资产组组合，包括资产组或者资产组组合，以及按合理方法分摊的总部资产部分。

在资产负债表日，如果有迹象表明某项总部资产可能发生减值的，企业应当计算确定该总部资产所归属的资产组或者资产组组合的可收回金额，然后将其与相应的账面价值相比较，据以判断是否需要确认减值损失。

企业在对某一资产组进行减值测试时，应当先认定所有与该资产组相关的总部资产，再根据相关总部资产能否按照合理和一致的基础分摊至该资产组，分别下列情况处理：

（1）对于相关总部资产能够按照合理和一致的基础分摊至该资产组的部分，应当将该部分总部资产的账面价值分摊至该资产组，再据以比较该资产组的账面价值（包括已分摊的总部资产的账面价值部分）和可收回金额，并按照前述有关资产组减值测试的顺序和方法处理。

（2）对于相关总部资产中有部分资产难以按照合理和一致的基础分摊至该资产组的，应当按照下列步骤处理：

首先，在不考虑相关总部资产的情况下，估计和比较资产组的账面价值和可收回金额，并按照前述有关资产组减值测试的顺序和方法处理。

其次，认定有若干个资产组组成的最小的资产组组合，该资产组组合应当包括所测试的资产组与可以按照合理和一致的基础将该部分总部资产的账面价值分摊其上的部分。

最后，比较所认定的资产组组合的账面价值（包括已分摊的总部资产的账面价值部分）和可收回金额，并按照前述有关资产组减值测试的顺序和方法处理。

本章小结

本章主要介绍了存货、长期股权投资、固定资产、无形资产等单项资产减值和资产组减值的核算。

资产减值，是指资产的可收回金额低于其账面价值。

企业应当在资产负债表日判断资产是否存在可能发生减值的迹象；对于存在减值迹象的资产，应当进行减值测试，计算可收回金额。

可收回金额低于账面价值的，应当按照可收回金额低于账面价值的金额，计提减值准备。资产可收回金额的估计，应当根据其公允价值减去处置费用后的净额与资产预计未来现金流量的现值两者之间较高者确定。

金融资产减值的处理，包括持有至到期投资、可供出售金融资产等资产的减值损失的确认和计量、减值损失转回等的处理。

存货应当在期末按成本与可变现净值孰低计量，对存货成本高于可变现净值的差额，计提存货跌价准备。长期股权投资、固定资产、无形资产等的可收回金额若低于其账面价值，应计提资产减值准备。

在企业难以对单项资产的可收回金额进行估计的情况下，应当以该资产所属的资产组为基础确定资产组的可收回金额，并据此判断是否需要计提资产减值准备及应当计提多少资产减值准备。资产组是企业可以认定的最小资产组合，其产生的现金流入应当基本独立于其他资产或资产组。

专业词汇中英对照

资产减值 impairment of assets　　存货跌价准备 inventory write-down provided

可收回金额 recoverable amount　　固定资产减值准备 impairment of fixed assets

无形资产减值准备 impairment of intangible assets

资产减值损失 losses on the asset impairment

长期投资减值准备 impairment of long-term investments

商誉 goodwill　　资产组 asset group

复习思考题

一、单选题

1．计提资产减值准备时，借记的账户是（　　）。

A．营业外支出　　B．资产减值损失　　C．投资收益　　D．管理费用

2．下列各项资产减值准备中，在相应资产的持有期间内可以转回的是（　　）。

A．无形资产减值准备　　B．贷款损失准备

C．商誉减值准备　　D．长期股权投资减值准备

3．2009 年 1 月 1 日，A 公司以银行存款 666 万元购入一项无形资产，其预计使用年限为 6 年，采用直线法按月摊销，2009 年和 2010 年年末，A 公司预计该无形资产的可收回金额分别为 500 万元和 420 万元，假定该公司于每年年末对无形资产计提减值准备，计提减值准备后，原预计的使用年限保持不变，不考虑其他因素，2011 年 6 月 30 日该无形资产的账面净值是（　　）万元。

A．405　　B．388.5　　C．350　　D．666

4．甲公司拥有 B 公司 30%的股份，以权益法核算，2008 年期初该长期股权投资账面余额为 100 万元，2008 年 B 公司盈利 60 万元，其他相关资料如下：根据测算，该长期股权投资市场公允价值为 120 万元，处置费用为 20 万元，预计未来现金流量现值为 110 万元，则 2008 年年末该公司对长期股权投资应提减值准备（　　）万元。

A．0　　B．2　　C．8　　D．18

5．2012 年 12 月 31 日甲企业对其拥有的一台机器设备进行减值测试时发现，该资产如果立即出售，则可以获得 920 万元的价款，发生的处置费用预计为 20 万元；如果继续使用，那么在该资产使用寿命终结时的现金流量现值为 888 万元。该资产目前的账面价值是 910 万元，甲企业在 2012 年 12 月 31 日应该计提的固定资产减值准备是（　　）万元。

A．10　　B．20　　C．12　　D．2

6．甲公司的行政管理部门于 2010 年 12 月底增加设备一项，该项设备原值 21 000 元，预计净残值率为 5%，预计可使用 5 年，采用年数总和法计提折旧。至 2012 年年末，在对该项设备进行检查后，估计其可收回金额为 7 200 元，则持有该项固定资产对甲公司 20×8 年度损益的影响数为（　　）元。

A．1 830　　B．7 150　　C．6 100　　D．780

7．下列说法中，错误的是（　　）。

A．以前报告期间的计算结果表明，资产可收回金额远高于其账面价值，之后又没有发生消除这一差异的交易或事项，企业在资产负债表日可以不需要重新估计该资产的可收回金额

B．资产的公允价值减去处置费用后的净额与资产预计未来现金流量的现值，必须都超过资产的账面价值，才表明资产没有发生减值

C．资产的公允价值减去处置费用后的净额如果无法估计的，应当以该资产预计未来现金流量的现值作为其可收回金额

D．以前报告期间的计算与分析表明，资产可收回金额对于资产减值准则中所列示的一种或多种减值迹象不敏感，在本报告期间又发生了这些减值迹象的，在资产负债表日企业可以不需因为上述减值迹象的出现而重新估计该资产的可收回金额

8．在计算确定资产公允价值减去处置费用后的净额时，下列项目中不应抵减的是（　　）。

A．与资产处置有关的法律费用

B．与资产处置有关的相关税费

C．与资产处置有关的所得税费用

D．与资产处置有关的搬运费

9．长城公司属于矿业生产企业，法律规定业主必须在完成开采后将该地区恢复原貌。恢复费用包括表土覆盖层的复原，因为表土覆盖层在矿山开发前必须搬走。表土覆盖层一旦移走，企业就应为其确认一项负债，其有关费用计入矿山成本，并在矿山使用寿命内计提折旧。假定该公司为恢复费用确认的预计负债的账面金额为 2 000 万元。2012 年 12 月 31 日，该公司正在对矿山进行减值测试，矿山的资产组是整座矿山。长城公司已经收到愿意以 4 500 万元的价格购买该矿山的合同，这一价格已经考虑了复原表土覆盖层的成本。矿山预计未来现金流量的现值为 6 600 万元，不包括恢复费用；矿山的账面价值为 7 000 万元。该资产组 2012 年 12 月 31 日应计提减值准备（　　）万元。

A．600　　B．400　　C．200　　D．500

10．下列有关资产组减值的说法中，正确的是（　　）。

A．在可确定单项资产可收回金额和资产组可收回金额的情况下，应该按照资产组计提减值

B．资产组是指企业可以认定的最小资产组合，其产生的现金流入应当基本上独立于其他资产或资产组产生的现金流入

C．资产组的可收回金额应当按照该资产组的账面价值减去处置费用后的净额与其预计未来现金流量的现值两者之间较高者确定

D．资产组减值损失金额应当直接冲减资产组内的各项资产

二、多选题

1．企业在计提了固定资产减值准备后，下列会计处理正确的有（　　）。

A．固定资产减值后，预计使用寿命变更的，应当改变固定资产折旧年限

B．以后期间如果该固定资产的减值因素消失，那么可以按照不超过原来计提减值准备的金额予以转回

C．固定资产减值后，预计净残值变更的，应当改变固定资产的折旧方法

D．固定资产减值后，所含经济利益预期实现方式变更的，应改变固定资产折旧方法

E．固定资产减值损失一经确认，在以后会计期间不得转回

2．下列说法中正确的有（　　）。

A．资产组账面价值的确定基础应当与其可收回金额的确定方式相一致

B．资产组的账面价值包括可直接归属于资产组与可以合理和一致地分摊至资产组的资产账面价值，通常不应当包括已确认负债的账面价值，但如不考虑该负债金额就无法确认资产组可收回金额的除外

C．资产组在处置时如要求购买者承担一项负债（如环境恢复负债等）、该负债金额已经确认并计入相关资产账面价值，而且企业只能取得包括上述资产和负债在内的单一公允价值减去处置费用后的净额的，为了比较资产组的账面价值和可收回金额，在确定资产组的账面价值及其预计未来现金流量的现值时，应当将已确认的负债金额从中扣除

D．资产组的可收回金额应当按照该资产组的公允价值减去处置费用后的净额与其预计未来现金流量的现值两者之间较高者确定

E．资产组的认定基本原则是以资产组产生的主要现金流入是否独立于其他资产或者资产组的现金流入为依据

3．下列情况中有可能导致资产发生减值迹象的有（　　　　）。

A．资产市价的下跌幅度明显高于因时间的推移或者正常使用而预计的下跌

B．如果企业经营所处的经济、技术或者法律等环境，以及资产所处的市场在当期或者将在近期发生重大变化，会对企业产生不利影响

C．如果有证据表明资产已经陈旧过时或者其实体已经损坏

D．资产所创造的净现金流量或者实现的营业利润远远低于原来的预算或者预计金额

E．资产在建造或者收购时所需的现金支出远远高于最初的预算

4．可收回金额是按照下列（　　　　）两者较高者确定的。

A．资产的账面价值减去处置费用后的净额

B．资产的公允价值减去处置费用后的净额

C．预计未来现金流量之和

D．预计未来现金流量现值

E．资产的公允价值

5．依据《企业会计准则第 8 号——资产减值》的规定，下列说法中正确的有（　　　　）。

A．可收回金额的计量结果表明，资产的可收回金额低于其账面价值的，应当将资产的账面价值减记至可收回金额，减记的金额确认为资产减值损失，计入当期损益，同时计提相应的资产减值准备

B．资产减值损失确认后，减值资产的折旧或者摊销费用应当在未来期间作相应调整，以使该资产在剩余使用寿命内，系统地分摊调整后的资产账面价值（扣除预计净残值）

C．资产减值损失一经确认，在以后会计期间不得转回

D．确认的资产减值损失，在以后会计期间可以转回

E．分摊资产组的减值损失时，首先应抵减分摊至资产组的商誉的账面价值

三、思考题

1．什么是资产减值？

2．企业在估计资产的公允价值减去处置费用后的净额时，应当按照什么顺序进行？

3．简述金融资产发生减值的客观证据。

4．固定资产减值的判断标准是什么？

5．简述固定资产减值损失的账务处理。

6．预计未来现金流量应当考虑的因素有哪些？

四、业务处理题

1．昌盛公司2012年12月31日，对下列资产进行减值测试，有关资料如下：

（1）对购入A机器设备进行检查时发现该机器可能发生减值。该机器原值为8 000万元，累计折旧5 000万元，2012年年末账面价值为3 000万元。该机器公允价值总额为2 000万元；直接归属于该机器处置费用为100万元，尚可使用5年，预计其在未来4年内产生的现金流量分别为：600万元、540万元、480万元、370万元；第5年产生的现金流量及使用寿命结束时处置形成的现金流量合计为300万元；在考虑相关因素的基础上，公司决定采用5%的折现率。

（2）一项专有技术B的账面成本190万元，已摊销额为100万元，已计提减值准备为零，该专有技术已被其他新的技术所代替，其为企业创造经济利益的能力受到重大不利影响。公司经分析，认定该专有技术虽然价值受到重大影响，但仍有30万元左右的剩余价值。

（3）对某项管理用大型设备C进行减值测试，发现其销售净价为2 380万元，预计该设备持续使用和使用寿命结束时进行处置所形成的现金流量的现值为 2 600 万元。该设备系2008年12月购入并投入使用，账面原价为4 900万元，预计使用年限为8年，预计净残值为100万元，采用年限平均法计提折旧。2011年12月31日，昌盛公司对该设备计提减值准备360万元，其减值准备余额为360万元。计提减值准备后，设备的预计使用年限、折旧方法和预计净残值均不改变。

（4）对D公司的长期股权投资进行减值测试，发现该公司经营不善，亏损严重，对该公司长期股权投资的可收回金额下跌至2 100万元。该项投资系2011年8月以一幢写字楼从另一家公司置换取得的。昌盛公司换出写字楼的账面原价为8 000万元，累计折旧5 300万元。2011年8月该写字楼的公允价值为2 700万元。假定昌盛公司对该长期股权投资采用成本法核算。

要求：计算在2012年12月31日上述各项计提减值损失，并编制会计分录。

2．正大股份有限公司（以下简称正大公司）有关资产的资料如下：

（1）正大公司有一条生产电子产品的生产线，由A、B、C三项设备构成，初始成本分别为40万元、60万元和100万元。使用年限为10年，预计净残值为零，采用年限平均法计提折旧，至2012年年末该生产线已使用5年。三项设备均无法单独产生现金流量，但整条生产线构成完整的产销单位，属于一个资产组。

（2）2012年该生产线所生产的电子产品有替代产品上市，到年底导致公司生产的电子产品销路锐减40%，因此，公司于年末对该条生产线进行减值测试。

（3）2012年年末，正大公司估计该生产线的公允价值为56万元，估计相关处置费用为2万元；经估计生产线未来5年现金流量及其折现率，计算确定的现值为60万元。另外，A设备的公允价值减去处置费用后的净额为15万元，B、C两设备都无法合理估计其公允价值减去处置费用后的净额及未来现金流量的现值。

（4）整条生产线预计尚可使用5年。

要求：

（1）计算资产组和各项设备的减值损失；

（2）编制有关会计分录。

五、案例分析题

永丰股份有限公司在A、B、C三个城市拥有三家分公司，其中，C分公司是上年吸收合并的公司。这三家分公司的经营活动由一个总部负责运作。由于A、B、C三家分公司均能产生独立于其他分公司的现金流入，所以该公司将这三家分公司确定为三个资产组。2012年12月1日，企业经营所处的技术环境发生了重大不利变化，出现减值迹象，需要进行减值测试。假设总部资产的账面价值为150万元，能够按照各资产组账面价值的比例进行合理分摊，A分公司资产的使用寿命为10年，B、C分公司和总部资产的使用寿命为20年。减值测试时，A、B、C三个资产组的账面价值分别为100万元、150万元和200万元（其中合并商誉为15万元）。该公司计算得出A分公司资产的可收回金额为219万元，B分公司资产的可收回金额为156万元，C分公司资产的可收回金额为200万元。

要求：按照《企业会计准则第8号——资产减值》的要求，对该公司A、B、C三个资产组进行减值测试分析。

第九章

流动负债与或有负债

本章导读

本章首先介绍流动负债的界定及其构成，以及短期借款及应付款项的核算；预收账款及其他应付款的入账价值及核算方法；再介绍各项应交税费的核算；以及应付职工薪酬的核算。通过本章学习，应能够：

- 掌握流动负债各项目的核算方法；
- 掌握短期借款、应付账款、应付职工薪酬、应交税费等科目的账务处理；
- 了解其他流动负债及或有负债的核算方法。

导入案例

2012 年 10 月，A 公司向中国工商银行申请了短期借款 100 万元，期限 6 个月。同时 A 公司从 M 公司采购原材料 B 材料，价税合计 117 万元，经与 M 公司谈判，M 公司同意先发货，款项两个月过后一次性支付。另外本月应付职工工资合计 10 万元，于下月 6 日发放职工工资。A 公司应如何记录所借入的短期借款？A公司应如何记录向M公司赊销的材料款？又应该如何记录应付的职工工资？

第一节　流动负债的界定及其构成

一、负债的形成及其特点

负债在企业内代表的是一项优先求偿权。企业清算时，在偿还债权人权益之前，不得偿付股东。负债的优先求偿权代表着对债权人的保护，因为债权人虽然和股东在资本市场中都属于企业外部的投资者，但股东因为拥有投票权而可能对管理当局的经营和财务政策施加影响，而债权人在企业正常经营的情况下，除了定期收取利息和到期收回本金之外，基本上无法对企业的经营活动产生实质性的影响。“资产—负债—所有者权益”就可以形象地说明上面的论述。

会计上的“负债”是一个广义的概念。不仅仅指企业因借款而产生的债务。关于负债的含义、美国财务会计准则委员会在其财务会计概念第 6 号公告中有具有一定代表性的定义：“负债是某一特定主体由于过去的交易或事项所产生的、并需于未来转移资产或提供劳务给其他经济实体的责任或义务。这种责任或义务将导致该特定主体未来的经济利益的牺牲。”

国际会计准则委员会也有类似的定义：“负债是由于以往事项而发生的企业的现有义务，这种义务的结算将会引起含有经济利益的企业资源的外流。”与美国财务会计准则委员会的定义相比较的不同之处在于，经济利益的牺牲体现在企业资源的减少，而资源又包含有经济利益。

我国的《企业会计制度》在对负债作定义时，强调了现时义务和经济利益的流出：“负债，是指过去的交易、事项形成的现时义务，履行该义务预期会导致经济利益流出企业。”

尽管上述各种定义存在着差别，但是其内涵及需要说明的问题是一致的。我们可以从这些定义中得出，负债至少具有以下几个方面的特征。

（1）负债是由于过去的交易或事项而使企业现时应承担的对其他经济实体的经济义务或责任：只有使企业承担经济业务的交易或事项确立发生时才予以确认。例如，企业从银行借入资金，就应对银行承担还本付息的义务；从供应单位赊购材料或商品，就应对其负有偿还货款的义务。对于尚未履行的合同或意向是要在将来发生的交易，并不构成企业当前的负债。例如，企业与供应单位签订的购货合同（或订单），约定在两个月后进行交易，这仅仅是未来交易的意向，不应作为企业的负债。

（2）负债是企业负有的将来做出经济利益的牺牲或丧失的义务。不论何种原因产生的负债，企业都必须在未来某一特定时间偿还，这种义务的偿还即意味着企业经济利益的减少。可以给企业带来经济利益的资产或劳务等可以作为偿还的条件。负债的偿还方式主要包括：用资产偿还（现金、存货或长期资产）；提供劳务偿还；举借新债还旧债；将债务转为资本；债权人放弃债权；企业不用偿还等。总之，负债的清偿代表着企业未来经济利益的牺牲或丧失。

（3）负债是能用货币确切计量或合理估计的经济义务。任何一项负债通常都可以用货币进行计量，而这种计量可以是确定的偿还金额，也可以没有确定的金额，但可以合理地加以判断或估计。这个特征符合会计核算的基本前提即货币计量假设。例如，企业赊购 A 商品 100 件，每件 45 元，则企业承担的债务是一个确定的金额 4 500 元。假定企业在未对固定资产进行修理之前计提修理基金，这时的计提数是无法肯定的，但可以根据以前的经验合理估计。

（4）负债一般有确切或合理估计的债权人和到期日。负债一般有确切的偿还对象和偿还日期，但这并不是负债确认的必要条件。即使在债权人和到期日不明确的情况下，只要能对债权人和到期日合理地估计而加以确定，也应确认负债。例如，企业对出售的产品，在约定的保修期内，有免费为顾客维修的义务，这笔修理费构成企业的负债。但在销售产品时，无法确定以后将为谁修理产品，什么时间修理，发生多少修理费。只能根据出售产品的销售额及保修期限等作出合理的估计。

综上所述，负债是企业的一项现存义务，必须在未来某一特定时日以牺牲自己的经济利益去偿还，而偿还的对象和金额可以是确定的、也可以是合理估计的。因此，某一项目是否应作为企业的一笔负债，基本的判断标准就是负债的含义及特征。

企业的负债是一种重要的资金来源，合理而有效地加以运用，会给企业带来较好的经济效益，提高企业资金的运用效果。适当的负债经营是现代企业生产经营管理的普遍方式。因此，正确、合理地确认、计量和报告企业的负债，既是财务会计核算的重要内容之一，也有利于正确反映企业的财务状况及财务状况变动，从而为投资者提供预测企业未来现金流量、偿债能力、投资风险等方面的决策信息。

二、负债的分类

负债是企业承担的能以货币计量，需以资产或劳务偿付的债款。根据不同的分类标准，可以将负债进行分类。

1. 按照偿还期限分为流动负债和非流动负债

负债是企业到期必须履行的经济责任，但不同的负债要求的偿付方式和时间不同，为了便于分析企业的财务状况和偿债能力，会计上将负债划分为流动负债和非流动负债两部分。我国《企业会计准则——基本准则》规定，流动负债是指将在 1 年（含 1 年）或者超过 1 年的一个营业周期内偿还的债务，包括短期借款、应付票据、应付账款、预收账款、应付职工薪酬、应交税费、应付股利、其他暂收应付款项、预提费用和 1 年内到期的长期借款等。而非流动负债是指偿还期在 1 年的一个营业周期以上的负债，包括长期借款、应付债券、长期应付款等。

2. 按负债发生的确定因素分为可确定负债和或有负债

由于负债是企业现在承担的但要在将来才履行的债务责任，因此，它不可避免地含有某些不确定因素。根据这种不确定性，将负债分为可确定性负债和或有负债。

可确定性负债是指有可能准确地计量的负债。诸如短期借款、长期借款、应付票据、应付账款、预收货款、应交税费、应付债券、长期应付款等。

或有负债是指由于可能招致损失的偶发事项而形成的负债。诸如已贴现的商业承兑汇票、信用担保、待决诉讼、预提的产品保修费用等。

三、流动负债的特点及计价

流动负债是指将在 1 年（含 1 年）或者超过 1 年的一个营业周期内偿还的债务，包括短期借款、应付票据、应付账款、预收账款、应付职工薪酬、应交税费、应付股利、其他暂收应付款项、预提费用和 1 年内到期的长期借款等。流动负债除了具有负债的各种特性外，还具有如下两个特点。

（1）清偿期短。流动负债需要在一年或超过一年的一个营业周期内清偿。所谓营业周期，是指企业在正常的生产经营过程中从取得存货、购买劳务一直到销售商品和劳务，最后收取货款和劳务款这一时间跨度。

（2）清偿时通常需动用流动资产或增加另一项对方（债权人）可以接受的流动负债。

我国企业会计制度规定，各项流动负债应按实际发生额入账。如果是短期借款、带息应付票据、短期应付债券，还应当按照借款本金或债券面值和预先确定的利率按期计提利息，计入损益。

第二节　短期借款及应付款项

一、短期借款

短期借款是企业向银行或其他金融机构等借入的期限在 1 年以下（含 1 年）的各种款项。

企业应设置“短期借款”账户，核算借入的期限在1年以内（含1年）的各种借款，并按债权人设置明细账，按借款种类进行明细核算。其贷方登记企业借入的款项（本金），借方登记企业已归还的款项（本金），贷方余额反映企业尚未归还的短期借款。

短期借款一般是企业为维持正常的生产经营所需的资金或者是为抵偿某项债务而借入的资金，所以，短期借款的利息应作为一项筹资费用计入损益，在会计核算上应区别情况加以处理。

（1）如果借款利息按月支付，或到期和本金一并支付，且金额不大时，可以直接计入财务费用。借记“财务费用”账户，贷记“银行存款”账户。

（2）如果借款利息按期（如季、半年度）支付，或到期和本金一并支付，且金额较大时，为了正确计算各期盈亏，可以采用计提利息费用的办法。

按月预提计入当期损益。预提时，借记“财务费用”账户，贷记“应付利息”账户；在实际支付时，按已经预提的利息金额借记“应付利息”账户，按实际支付的利息金额与已经预提利息金额的差额（即尚未提取部分）借记“财务费用”账户，按实际支付的利息金额贷记“银行存款”账户。

【例9.1】世行公司因临时资金短缺，于2011年12月16日向中国建设银行申请借入一笔金额为120 000元的短期借款，期限3个月，利率为10%。世行公司为该短期借款按月预提利息，到期一次还本付息。

（1）2011年12月16日：

借：银行存款	120 000	
贷：短期借款		120 000

（2）2011年12月31日，结账日的会计处理：

借：财务费用	500	
贷：应付利息		500

应付利息＝120 000×10%÷360×15＝500（元）

（3）2012年1月31日、2012年2月28日，同样按月计提利息费用：

借：财务费用	1 000	
贷：应付利息		1 000

应付利息＝120 000×10%÷12×1＝1 000（元）

（4）2012年3月15日短期借款到期时：

借：应付利息	2 500	
财务费用	500	
短期借款	120 000	
贷：银行存款		123 000

其中，借方所记的财务费用500元为最后15天的利息费用。

二、应付票据

应付票据是由出票人签发、委托付款人在指定日期无条件支付确定的金额给收款人或者持票人的票据。它通常是因为企业购买材料、商品和接受劳务供应等而开出、承兑的商业汇票。应付票据和应付账款虽然都是因交易而引起的负债，都属于流动负债性质，但两者是不同的：应付账款是尚未结清的款项，没有确切的到期日；应付票据则是延期付款的证明，有确切的兑付日期并有合法的票据作保证。

商业汇票按照是否带息，分为带息票据和不带息票据两种。由于期限较短（最长不超过六个月），无论是否带息，取得时一般按其面值入账。

企业应设置“应付票据”账户，核算采用商业汇票结算方式的应付金额。其贷方登记企业开出、承兑汇票或者以承兑汇票抵付货款的金额及应计的利息，借方登记票据到期支付的金额，贷方余额反映尚未到期的应付票据本息。

企业还应当设置“应付票据备查簿”，详细登记每一张应付票据的种类、号数、签发日期、到期日、票面金额、票面利率、合同交易号、收款人姓名或单位名称，以及付款日期和金额等情况。应付票据到期结清时，应当在备查簿内逐笔注销。

企业应区不带息应付票据和分带息应付票据进行核算。

1. 不带息应付票据的核算

不带息应付票据，其面值就是票据到期时的应付金额。

企业开出汇票结算时，借记“原材料”、“应交税费——应交增值税（进项税额）”账户，贷记“应付票据”账户。

2. 带息应付票据的核算

企业开出的如为带息商业汇票，通常应于期末对尚未支付的应付票据计提利息，借记“财务费用”账户，贷记“应付票据”账户。商业承兑汇票到期，如企业无力支付票款，应将应付票据的账面价值转入应付账款。银行承兑汇票到期，如企业无力支付票款，承兑银行除凭票向持票人无条件支付票款外，对出票人尚未支付的汇票金额转作逾期贷款处理，并按一定的利率计收利息。企业接到银行转来的有关凭证，借记“应付票据”账户，贷记“短期借款”账户。

【例 9.2】 A 公司是增值税一般纳税人，增值税税率为 17%，采用实际成本法进行材料的日常核算。2011 年 8 月 1 日向 H 公司购入原材料一批，买价 60 000 元，开出半年期、票面利率为 10%、票面金额为价税合计金额的商业承兑汇票一张。A 公司采用年末结息方式计算应付票据利息。票据至 2012 年 2 月到期，A 公司如数支付票据利息。A 公司会计处理如下：

（1）2011 年 8 月 1 日，A 公司购入原材料，开出商业承兑汇票。编制会计分录如下：

借：原材料	60 000	
应交税费——应交增值税（进项税额）	10 200	
贷：应付票据——H 公司		70 200

（2）2011 年 12 月 31 日：

借：财务费用	2 925	
贷：应付票据——H 公司		2 925

其中，财务费用＝70 200×10%×5÷12＝2 925（元）。

（3）2012 年 2 月 1 日到期：

借：应付票据——H 公司	73 125	
财务费用	585	
贷：银行存款		73 710

假定2012年2月1日，票据到期时，A公司因银行存款不足，无法支付。编制会计分录如下：

借：财务费用　585
　　应付票据——H公司　73 125
　　贷：应付账款——H公司　73 710

如果A公司签发的商业汇票经其开户银行承兑。编制会计分录如下：

借：财务费用　585
　　应付票据——H公司　73 125
　　贷：短期借款　73 710

三、应付账款

应付账款指企业因购买商品、材料和接受劳务等产生的应支付给供应商的款项，它是买卖双方在购销活动中因取得物资或接受劳务与款项结算在时间上不一致而产生的负债。应付账款是由企业的正常经营活动引起的，具有偿付时间较短、反复出现的特点。应付账款和应付票据虽然都是由购买货物、接受劳务而引起的，都属于流动负债，但应付账款属于尚未结清的债务，而应付票据是一种承诺付款的期票，是延期付款的证明。

1. 应付账款的入账时间

应付账款的入账时间应以商品所有权转移或已接受劳务为标志，即在取得货物的所有权时确认应付账款。在实际工作中，区别两种情况进行处理：

第一，货物和购货发票同时到达，应在货物验收入库后确认应付账款。目的是为了避免应付账款先入账，但在验收货物时发现货物质量、品种、规格、数量等与合同不符拒付部分或全部货款，而再行调整已入账的应付账款。

第二，货物已验收入库，发票账单未同时到达。这种情况月内不记账，如月末发票仍未到达，由于该项负债已经成立，为正确反映企业的财务状况，应将所购货物和应付账款估价入账，反映在资产负债表中，下月初再用红字冲回，待收到发票账单时，再按具体情况处理。

2. 应付账款的入账金额

应付账款按应付金额（到期偿付金额）入账，存在购货折扣的情况下，如系商业折扣，应付账款应按发票金额，即扣除商业折扣后的金额入账；如果购货条件带有现金折扣，应付账款入账金额应为发票上记载的应付金额的总值，即不扣除现金折扣，按总价法核算。待实际取得现金折扣时，将折扣金额冲减当期的财务费用。应支付给供货单位代垫的运杂费等也应计入应付账款。

3. 应付账款的核算

为核算企业应付账款的发生和偿还情况，应设置“应付账款”账户，该账户属负债类账户。企业购入的材料、商品验收入库，货款尚未支付时，应根据发票账单等凭证，借记“在途物资”、“原材料”等账户，按增值税专用发票注明的增值税额，借记“应交税费——应交增值税（进项税额）”账户，贷记“应付账款”账户。企业支付应付账款时，借记“应付账款”账户，贷记“银行存款”账户；其余额一般在贷方，表示企业尚未支付的应付款项，该账户应按债权人设置明细账，进行明细分类核算。

因债权单位撤销或其他原因无法支付的应付账款，应借记“应付账款”账户，贷记“资本公积——其他资本公积”账户。

【例 9.3】华夏公司从庆阳公司购入材料一批，材料价款为 20 000 元，增值税税率为 17%，价税款尚未支付。

购货时：

借：在途物资　　20 000

　　应交税费——应交增值税（进项税额）　　3 400

　　贷：应付账款——庆阳公司　　23 400

材料验收入库时：

借：原材料　　20 000

　　贷：在途物资　　20 000

支付货款时：

借：应付账款——庆阳公司　　23 400

　　贷：银行存款　　23 400

假如上述货款到期，企业无力支付，征得庆阳公司同意，开出期限为 60 天的商业承兑汇票 23 400 元抵付货款时：

借：应付账款——庆阳公司　　23 400

　　贷：应付票据　　23 400

第三节　预收账款及其他应付款

一、预收账款

预收账款是企业按买卖双方协议，预先向购货方或劳务接受方收取一部分货款或定金而形成的负债。该项负债将来要用商品或劳务偿还。预收的货款，因商品或劳务尚未发出或提供，与商品所有权有关的风险和报酬尚未转移，企业尚未取得收取全部货款的权力，因而不能确认为收入，应作为一项负债核算。

为了核算和监督预收账款的发生和结算情况，企业应设置“预收账款”账户，该账户属负债类账户。贷方登记企业收到的购货方预付的货款及补付的货款，借方登记企业发出商品或提供劳务的全部价款。期末贷方余额，表示企业向购货单位预收的款项；期末借方余额，表示应由购货单位补付的款项，即应收款项。该账户应按购货单位设置明细账，进行明细分类核算。

【例 9.4】华夏公司与长城公司签订 500 000 元的销货合同，增值税税率为 17%。2011 年 12 月 10 日预收 40%货款，余款在 2012 年 1 月 10 日商品交货后全部结清。

（1）2011 年 12 月 10 日收到货款 40%：

$$500\,000\times40\%=200\,000\text{（元）}$$

借：银行存款　　200 000

　　贷：预收账款——长城公司　　200 000

（2）2012 年 1 月 10 日发出商品：

借：预收账款——长城公司　　585 000

贷：主营业务收入　500 000

应交税费——应交增值税（销项税额）　85 000

（3）2012 年 1 月 20 日收到补付货款：

借：银行存款　385 000

贷：预收账款——长城公司　385 000

预收账款业务不多的企业，为了简化其会计核算，也可不设置“预收账款”账户，应合并在“应收账款”账户中进行核算。提供商品或劳务后，应收的货款，与一般销售业务应收账款的核算方法相同。在编制资产负债表时，应根据“应收账款”账户的明细记录，分清预收账款和应收账款，并分别填列在资产负债表中的预收账款和应收账款项目内。

二、其他应付款

其他应付款是指与企业的购销业务没有直接关系的应付、暂收其他单位或个人的款项，如应付租入固定资产和包装物的租金、存入保证金、出租或出借包装物收取的押金、应付统筹退休金、转入的职工未按期领取的工资、企业为职工代扣的款项（如水电费、托儿费等），构成企业的一项流动负债。

企业对发生的应付、暂收其他单位或个人的款项，应设置“其他应付款”账户进行核算，该账户属负债类账户。其贷方反映实际发生的各种应付、暂收其他单位或个人的款项，借方登记偿还或支付的各种应付、暂收其他单位或个人的款项，期末贷方余额表示结存的各种应付、暂收其他单位或个人的款项。“其他应付款”账户应按债权单位名称或个人姓名或款项种类设置明细账，进行明细分类核算。

【例 9.5】A 公司 2012 年 1 月 2 日与 L 公司签订一项租赁合同，L 公司将其临街的一栋大楼租赁给 A 公司用于办公，租约期 2 年，月租金 5 万元，租约期满后，A 公司是否续租，再行商定。2012 年 3 月，A 公司的租金暂时未付。其会计分录为：

借：管理费用　50 000

贷：其他应付款——L 公司　50 000

【例 9.6】某公司 6 月对外出租一台设备，收到承租人按租赁合同规定支付的押金 10 000 元，款项已存入银行；转账支付代扣的职工水电费 3 500 元。编制会计分录如下：

（1）借：银行存款　10 000

贷：其他应付款——存入保证金　10 000

（2）借：其他应付款——职工水电费　3 500

贷：银行存款　3 500

第四节　应 交 税 费

一、应交税费的主要类别

企业在生产经营过程中，涉及的税费主要有：耕地占用税、契税、关税、增值税、消费税、营业税、土地增值税、资源税、城市维护建设税、房产税、土地使用税、车船使用税、印花税、所得税，以及教育费附加、矿产资源补偿费、土地使用费、海域使用费等。这些税费有的与固定资产相关，如耕地占用税和契税；有的与企业的流转额有关，如增值税、消费税、营业税等；有的与财产相关，如房产税、土地使用税等，还有的与企业的盈利相关，如所得税等。对这些税种进行会计核算时，除少部分税费外，一般都应通过“应交税费”账户核算。

二、应交税费基本业务会计处理

企业核算的各种税费，在进行账务处理时，按其确认的税额，借记有关账户，贷记“应交税费”账户（耕地占用税、印花税除外）。

（一）计入管理费用的税费

企业在生产经营过程中发生的税费，如房产税、土地使用税、车船使用税和印花税，以及矿产资源补偿费、土地使用费、海域使用费等计入管理费用。发生时，借记“管理费用”账户，贷记“应交税费”等账户。但印花税在发生时，直接通过“银行存款”等账户核算。

【例 9.7】甲公司拥有房屋 12 栋，其中 10 栋用于生产经营，房产原值 8 000 万元，不包括冷暖通风设备 300 万元，另外 2 栋房屋出租给 H 公司作为经营用房，年租金收入 50 万元。其适用税率为：房产余值按 1.2%计税（按税法规定，自用房产按原值一次扣除 30%后的余值计税）；租金按 12%计税。有关会计处理如下：

（1）计算应交房产税：

自用房产＝[（8 000＋300）×（1－30%）]×1.2%＝69.72（万元）

出租房产＝50×12%＝6（万元）

（2）作会计分录如下：

借：管理费用　　　　757 200

　　贷：应交税费——应交房产税　　　　757 200

【例 9.8】甲公司 2012 年 1 月发生如下涉及印花税的业务：

（1）签订房屋出租合同 5 份，共计所载金额为 50 万元，适用税率 1‰。

（2）启用非资金账簿 8 本，适用税额 5 元/本。

（3）领受工商执照、商标注册证、土地使用证、房屋产权证各 1 份，适用税额 5 元/本。

（4）签订财产保险合同 1 份，所载金额 100 万元，适用税率 1‰。

应交印花税：

经济合同：500 000×1‰＋1 000 000×1‰＝1 500（元）

营业账簿：8×5＝40（元）

权利许可证照：4×5＝20（元）

应交印花税合计：1 500＋40＋20＝1 560（元）

以银行存款缴纳印花税，其会计分录为：

借：管理费用　　　　1 560

　　贷：银行存款　　　　1 560

（二）计入营业税金及附加的税费

1. 消费税

消费税是对在我国境内生产、委托加工和进口应税消费品的单位或个人征收的税种。目前，我国的应税消费品包括烟、酒及酒精、化妆品、护肤护发品、贵重首饰及珠宝玉石、鞭炮烟火、汽油、柴油、汽车轮胎、摩托车、小汽车等。

消费税的纳税义务人为生产、委托加工和进口产品的企业，即消费税在生产和进口环节征收，进入流通领域不再征收消费税。

消费税的计算有从价定率和从量定额两种方法。

从量定额法适用于黄酒、啤酒、汽油、柴油等应税物品应纳税额的计算。计算公式为：

应纳税额＝销售数量×单位数量税额

从价定率法适用于除从量定额征收范围以外的应税消费品。计算公式为：

应纳税额＝（不含税销售额＋价外费用）×适用税率

企业应设置“应交税费——应交消费税”二级明细账户核算应纳消费税。“应交消费税”明细账户的借方发生额，反映企业实际交纳的消费税和待扣的消费税，贷方发生额反映应交的消费税；期末借方余额反映多交或待扣的消费税；期末贷方余额反映尚未交纳的消费税。

一般情况下，企业将生产的产品直接对外销售的，按规定计算应交的消费税，借记“营业税金及附加”账户，贷记“应交税费——应交消费税”账户。

【例 9.9】某汽车制造厂生产并销售汽车 980 000 元，汽车消费税税率为 8%，则应纳消费税额为 78 400 元。其会计分录如下：

借：营业税金及附加　　78 400

　　贷：应交税费——应交消费税　　78 400

但若将应税消费品对外投资、用于在建工程、非生产机构等其他方面，按规定应交纳的消费税，应计入有关的成本，借记“长期股权投资”、“固定资产”、“在建工程”、“营业外支出”等账户，贷记“应交税费——应交消费税”账户。

若委托加工物资需要交纳消费税的，由受托方向委托方交货时，代收代缴税款（除受托加工或翻新改制金银首饰按规定由受托方交纳消费税外）。

委托加工物资收回后，直接用于销售的，应将代收代缴的消费税计入委托加工物资的成本，借记“委托加工物资”等账户，贷记“应付账款”、“银行存款”等账户。

委托加工物资收回后用于连续生产的，按规定准予抵扣的，委托方应按代收代缴的消费税，借记“应交税费——应交消费税”账户，贷记“应付账款”、“银行存款”等账户。

2. 资源税

资源税是国家对在我国境内开采矿产品或生产盐的单位和个人征收的税种。其应纳税额按照应税产品的销售量和规定的单位税额计算。计算公式如下：

应纳税额＝销售量×单位税额

企业销售应税产品，按规定应交纳的资源税，借记“营业税金及附加”账户，贷记“应交税费——应交资源税”账户。

3. 营业税

营业税是对提供劳务（除加工、修理修配劳务外）、转让无形资产或者销售不动产的单位和个人征收的税种。营业税按照营业额和规定的税率计算，其计算公式为：

应纳税额＝营业额×税率

企业按规定应交纳的营业税，在“应交税费”账户下设置“应交营业税”明细账户，该账户属负债类账户，其贷方登记应交的营业税，借方登记已交纳的营业税，期末贷方余额反映应交未交的营业税，期末借方余额反映多交的营业税。

企业主营业务应交纳的营业税，应借记“营业税金及附加”账户，贷记“应交税费——应交营业税”账户；与其他业务收入相关的营业税，如工业企业提供运输等非工业性劳务应交纳的营业税，借记“其他业务支出”账户，贷记“应交税费——应交营业税”账户；销售固定资产（不动产）应交纳的营业税，借记“固定资产清理”账户，贷记“应交税费——应交营业税”账户；出租无形资产应交纳的营业税，借记“其他业务支出”账户，贷记“应交税费——应交营业税”账户；出售无形资产应交纳的营业税，通过“营业外收入”、“营业外支出”账户核算。实际交纳营业税时，应借记“应交税费——应交营业税”账户，贷记“银行存款”账户。

【例 9.10】某汽车制造公司是大型汽车制造公司，同时对外提供汽车运输服务。2012 年 2 月客运收入 35 000 元，价外收取各种费用 15 000 元；货运收入 30 000 元，价外收取各种费用 12 000 元，营业税税率 3%。同期转让一项无形资产所有权收入 200 000 元，营业税税率 5%。期末将一项固定资产出售，获得收入 500 000 元，营业税税率 5%。该公司有关营业税计算交纳的会计处理如下：

（1）计算应交营业税：

提供运输劳务应交营业税＝（35 000＋15 000＋30 000＋12 000）×3%＝2 760（元）

转让无形资产所有权应交营业税＝200 000×5%＝10 000（元）

出售固定资产应交营业税＝500 000×5%＝25 000（元）

（2）编制会计分录如下：

借：营业税金及附加	12 760	
固定资产清理	25 000	
贷：应交税费——应交营业税		37 760

（3）下月交纳营业税时，编制会计分录如下：

借：应交税费——应交营业税	37 760	
贷：银行存款		37 760

4. 土地增值税

土地增值税是对我国境内转让国有土地使用权、地上建筑物及其附着物并取得收入的单位和个人征收的一种税。

土地增值税按转让房地产所取得的增值额和规定的税率计算征收。增值额指转让房地产取得的收入减除规定扣除项目金额后的余额。企业转让房地产所取得的收入包括货币收入、实物收入和其他收入。计算增值额的主要扣除项目有：①取得土地使用权支出；②开发土地的成本、费用；③新建房屋及配套设施的成本、费用；④旧房及建筑物的评估价格；⑤与转让房地产有关的税金。

为核算土地增值税的应交和上交情况，企业应设置“应交税费——应交土地增值税”账户，其贷方登记应交纳的土地增值税，借方登记已交纳的土地增值税，期末贷方余额表示尚未交纳的土地增值税。

兼营房地产业务的企业，应交纳的土地增值税应借记“其他业务支出”账户，贷记“应交税费——应交土地增值税”账户。转让的国有土地使用权及其地上建筑物及附着物，转让前在“固定资产”或“在建工程”账户核算的，转让时应交纳的土地增值税，借记“固定资产清理”或“在建工程”账户，贷记“应交税费——应交土地增值税”账户。实际缴纳土地增值税时，借记“应交税费——应交土地增值税”账户，贷记“银行存款”账户。

5. 城市维护建设税

为了加强城市维护建设，扩大和稳定城市维护建设资金来源，国家开征了城市维护建设税。城市维护建设税按企业应交纳的增值税、消费税、营业税税额之和的一定比例征收，是一种附加税。

城市维护建设税按照纳税人所在地的不同，设置三档地区差别比例税率，具体为：市区 7%，县城、建制镇 5%，其他 1%。应纳税额的计算公式为：

应纳税额＝（应交增值税额＋应交消费税额＋应交营业税额）×适用税率

企业应交城市维护建设税，通过“应交税费——应交城市维护建设税”账户核算。核算时应区别业务类型列支：①主营业务应交纳的城市维护建设税，列入“营业税金及附加”账户；②材料出售、租赁和非工业性劳务等其他业务应交纳的城市维护建设税，列入“其他业务支出”账户；③固定资产清理业务应交纳的城市维护建设税，列入“固定资产清理”账户。

6. 教育费附加

教育费附加是国家为发展我国的教育事业，提高人民的文化素质而征收的一项纳税附加费用，教育费附加按企业应交纳的增值税、消费税、营业税税额之和的一定比例征收，教育费附加的征收率为 3%，计算公式如下：

应纳教育费附加＝（应交增值税额＋应交消费税额＋应交营业税额）×征收率

对应交教育费附加核算时，应区别业务类型列支：

（1）产品销售业务应交纳的教育费附加，列入“营业税金及附加”账户。

（2）材料出售、租赁业务等其他业务应交纳的教育费附加，列入“其他业务支出”账户。

（3）固定资产清理业务应交纳的教育费附加，列入“固定资产清理”账户。

【例 9.11】某公司 2012 年 1 月实际应交纳增值税 40 000 元、消费税 25 000 元，销售无形资产所有权交纳营业税 20 000 元。该公司当月应交城市维护建设税、教育费附加计算及会计处理如下：

应交城市维护建设税＝（40 000＋20 000＋25 000）×7%＝5 950（元）

应交教育费附加＝（40 000＋20 000＋25 000）×3%＝2 550（元）

编制会计分录如下：

借：营业税金及附加	8 500	
贷：应交税费——应交城市维护建设税		5 950
——应交教育费附加		2 550

（三）耕地占用税

耕地占用税是国家为了利用土地资源，加强土地管理，保护农用耕地而征收的税种。

应交的耕地占用税直接借记“在建工程”账户，贷记“银行存款”账户，不必通过“应交税费”账户核算。

三、增值税

增值税是就货物和应税劳务的增值部分征收的一种税。凡是在我国境内销售货物或者提供加工、修理修配劳务，以及进口货物的单位和个人，都属于增值税的纳税人。

增值税的征收范围包括：①销售有形货物（不包括房地产等不动产）；②加工、修理修配劳务；③进口货物。

增值税的税率分为：①出口货物税率为零，即销项税率为零，但可以抵扣，所以出口货物可以实现退税；②销售或进口粮食、自来水、煤气、书报、化肥、农机、农药等必需品税率为 13%，属于增值税的低税率；③销售或进口其他货物和加工、修理修配劳务税率为 17%，属于增值税的基本税率；④销售或进口废旧物资税率为 10%。

确定应交增值税应根据增值税暂行条例规定，我国在征收增值税时，不是直接根据商品的新增价值计算征收增值税，而是采用当期销项税减去可以抵扣的进项税后的余额为应交增值税的计算方法，即企业购买货物、接受应税劳务支付的增值税，可以从销售货物或提供应税劳务收取的增值税中抵扣，其余额为当期应缴纳的增值税税款。计算公式为：

当期应纳增值税税款＝当期销项税额－当期准予抵扣的进项税额

当期销项税额如小于当期准予抵扣的进项税额而不足抵扣时，不足部分可以结转下期继续抵扣。

进项税指企业购买货物、接受应税劳务时所支付的，准予从销项税额中抵扣的增值税额。

销项税指企业销售货物或提供应税劳务时，按照销售额和适用税率计算向购货方或接受劳务方收取的增值税额，企业销售货物或提供应税劳务，一般应开具增值税专用发票，分别注明货款和销项税额。销项税的计算公式如下：

销项税额＝销售额×增值税税率

其中：销售额指不含增值税的销售额。

（1）进项税抵扣规定。根据增值税暂行条例规定，企业购买货物、接受应税劳务必须具备以下凭证，其进项税才能予以抵扣。

（2）增值税专用发票。实行增值税以后，一般纳税人销售货物或提供应税劳务均应开具增值税专用发票，增值税专用发票记载了销售货物的售价、税率和税额等，购货方以增值税专用发票记载的购买货物、接受应税劳务已支付的增值税额，作为扣税和记账的依据。

（3）海关完税凭证。企业进口货物必须交纳增值税，其交纳的增值税在完税凭证上注明，进口货物的企业以海关完税凭证记载的进口货物已支付的增值税额，作为扣税和记账的依据。

购买免税农产品或收购废旧物资，按照经税务机关批准的收购凭证上注明的收购金额和一定的扣除率计算进项税额，以此作为扣税和记账的依据。

企业购买货物或接受应税劳务，没有按照规定取得并保存增值税扣税凭证，或者增值税扣税凭证未按照规定注明增值税额及其他有关事项的，其进项税额不得从销项税额中抵扣。在会计核算中，如购买货物或接受应税劳务支付的进项税额不能抵扣，应将其计入购入货物或接受劳务的成本。

我国税法规定，增值税的纳税人分为一般纳税企业和小规模纳税企业两种。小规模纳税企业实行简易征税办法，一般不使用增值税专用发票，而一般纳税企业则实行增值税专用发票抵扣税款的制度。一般纳税企业和小规模纳税企业的计税方法不同，相应的会计处理方法也不同。

（一）一般纳税企业

1. 账户设置

一般纳税企业在核算增值税时，应当在“应交税费”账户下设置“应交增值税”和“未交增值税”两个明细账户，在“应交增值税”明细账下再设置若干专栏，并使用多栏式明细账页核算增值税。该账户的借方发生额反映企业的进项税额、已交税金、减免税款、出口抵减内销产品应纳税额、转出未交增值税，贷方发生额反映销项税额、出口退税、进项税额转出、转出多交增值税，期末借方余额反映企业尚未抵扣的增值税。该账户的多栏式明细账页如表 9.1 所示。

表 9.1 应交税费——应交增值税

摘要	借方						贷方					
	合计	进项税额	已交税金	减免税款	出口抵减内销产品应纳税额	转出未交增值税	合计	销项税额	出口退税	转出多交增值税	借或贷	余额

但是，小规模纳税企业只需设置“应交增值税”二级明细账户，不需要再设置上述专栏。

2. 账务处理

（1）一般购销业务

一般纳税企业在购进阶段，账务处理时实行价与税的分离，价税分离的依据为增值税专用发票上注明的价款和增值税。属于价款部分，计入购入货物的成本；属于增值税额部分，计入进项税额。在销售阶段，销售价格中不再含税，如果定价时含税，应将其还原为不含税价格作为销售收入，向购买方收取的增值税作为销项税额。

如果未能取得增值税专用发票，则普通发票不可作为抵扣凭证，其金额应全部计入购货成本。

【例 9.12】华夏公司为一般纳税人，本月购进原材料所取得的增值税专用发票上注明的材料价款为 10 000 000 元，增值税进项税额为 1 700 000 元，已用银行存款支付。同期，该企业销售产品收入为 15 000 000 元，增值税销项税额为 2 550 000 元，价税款已经收到，并存入银行。

（1）购进材料：

借：在途物资　　10 000 000

　　应交税费——应交增值税（进项税额）　　1 700 000

　　贷：银行存款　　11 700 000

（2）销售产品：

借：银行存款　　17 550 000

　　贷：主营业务收入　　15 000 000

　　　　应交税费——应交增值税（销项税额）　　2 550 000

（3）下月初缴纳增值税：2 550 000－1 700 000＝850 000（元）。

借：应交税费——应交增值税（已交税金）　　850 000

　　贷：银行存款　　850 000

（2）购进免税农产品

购进免税农产品，应按购进农产品的买价和规定的税率计算的进项税额，借记“应交税费——应交增值税（进项税额）”账户，按买价减去按规定计算的进项税额后的差额，借记“原材料”、“库存商品”等账户，按应付或实际支付的价款，贷记“应付账款”、“银行存款”等账户。

【例 9.13】某公司 2012 年 4 月向农业生产者收购 300 000 元免税农产品。收购的农产品已验收入库，款项已通过银行支付。编制会计分录如下：

进项税额＝300 000×13%＝39 000（元）

借：原材料　　261 000
　　应交税费——应交增值税（进项税额）　　39 000
　　贷：银行存款　　300 000

（3）接受投资

接受投资转入的物资，按增值税专用发票上注明的增值税，借记“应交税费——应交增值税（进项税额）”账户，按确定的价值，借记“原材料”等账户，按其在注册资本中所占有的份额，贷记“实收资本”或“股本”账户，按其差额，贷记“资本公积”账户。

（4）接受应税劳务

接受应税劳务，按增值税专用发票上注明的增值税，借记“应交税费——应交增值税（进项税额）”账户，按增值税专用发票上记载的应当计入加工、修理修配等物资成本的金额，借记“生产成本”、“委托加工物资”、“管理费用”等账户，按应付或实际支付的金额，贷记“应付账款”、“银行存款”等账户。

（5）视同销售

对于企业将货物交付他人代销；销售代销货物；将自产或委托加工的货物用于非应税项目；将自产、委托加工或购买的货物作为投资，提供给其他单位或个体经营者；将自产、委托加工或购买的货物分配给股东或投资者；将自产、委托加工的货物用于集体福利或个人消费；将自产、委托加工或购买的货物无偿赠送他人等行为，应视同销售货物，计算应交增值税。借记“在建工程”、“长期股权投资”、“应付职工薪酬”、“营业外支出”等账户，贷记“应交税费——应交增值税（销项税额）”账户。

【例 9.14】某公司为增值税一般纳税人，2012 年 4 月以自有的甲产品对丙公司投资，双方协议按产品的成本作价，该批产品的成本 500 000 元，市场同类产品售价 700 000 元，甲产品适用 17%的税率。编制会计分录如下。

对外投资转出甲产品的成本为 500 000 元，但应以市场同类产品售价 700 000 元作为计税价格，计算应交增值税。

销项税额＝700 000×17%＝119 000（元）

借：长期股权投资　　619 000
　　贷：库存商品　　500 000
　　　　应交税费——应交增值税（销项税额）　　119 000

（6）出售包装物

随同商品出售但单独计价的包装物，按规定收取的增值税，借记“应收账款”等账户，贷记“应交税费——应交增值税（销项税额）”账户。出租、出借包装物逾期未收回而没收的押金应交的增值税，借记“其他应付款”账户，贷记“应交税费——应交增值税（销项税额）”账户。

（7）发生非正常损失等

购进的物资、在产品、产成品发生非正常损失，以及购进物资改变用途等，其进项税额应相应转入有关账户，借记“待处理财产损溢”、“在建工程”、“应付福利费”等账户，贷记“应交税费——应交增值税（进项税额转出）”账户。属于转作待处理财产损失的部分，应与遭受非正常损失的购进货物、在产品、产成品成本一并处理。

（8）出口退税

实行“免、抵、退”办法的有进出口经营权的生产性企业，按规定计算的当期出口物资不予免征、抵扣和退税的税额，计入出口物资成本，借记“主营业务成本”账户，贷记“应交税费——应交增值税（进项税额转出）”账户。按规定计算的当期应予以抵扣应交增值税（出口抵减内销产品应纳税的税额）账户，借记“应交税费——应交增值税（出口退税）”账户。因应抵扣的税额大于应纳税额而未全部抵扣，按规定应予退回的税款，借记“应收补贴款”账户，贷记“应交税费——应交增值税（出口退税）”账户；收到退回的税款，借记“银行存款”科目，贷记“应收补贴款”账户。

未实行“免、抵、退”办法的企业，物资出口销售时，按当期出口物资应收的款项，借记“应收账款”等账户，按规定计算的应收出口退税，借记“应收补贴款”账户，按规定计算的不予退回的税金，借记“主营业务成本”账户，按当期出口物资实现的营业收入，贷记“主营业务收入”账户，按规定计算的增值税，贷记“应交税费——应交增值税（销项税额）”账户。收到退回的税款，借记“银行存款”账户，贷记“应收补贴款”账户。

（9）交纳增值税

为了分别反映增值税一般纳税企业欠交增值税款和待抵扣增值税的情况，确保企业及时足额上交增值税，企业应在“应交税费”账户下增设“未交增值税”明细账户，核算一般纳税企业月度终了转入的应交未交增值税和多交的增值税；在“应交税费——应交增值税”明细账户下增设“转出多交增值税”和“转出未交增值税”两个专栏，分别记录一般纳税企业月份终了转出多交或未交的增值税。

本月上交本月的应交增值税，借记“应交税费——应交增值税（已交税金）”账户，贷记“银行存款”账户。月度终了，将本月应交增值税从“应交税费——应交增值税”明细账户转入“应交税费——未交增值税”明细账户，借记“应交税费——应交增值税（转出未交增值税）”账户，贷记“应交税费——未交增值税”账户；将本月多交的增值税从“应交税费——应交增值税（转出多交增值税）”明细账户转入“应交税费——未交增值税”明细账户，借记“应交税费——未交增值税”账户，贷记“应交税费——应交增值税（转出多交增值税）”账户。本月上交上期应交未交的增值税，借记“应交税费——未交增值税”账户，贷记“银行存款”账户。

（二）小规模纳税人

小规模纳税企业的特点：一是小规模纳税企业销售货物、提供应税劳务一般只能开具普通发票，不能开具增值税专用发票；二是小规模纳税企业销售货物、提供应税劳务，实行简易办法，即按销售额及6%（非商业企业）或4%（商业企业）的征收率计算应纳税额；三是小规模纳税企业不实行税额抵扣制度，购买货物或接受应税劳务支付的增值税额不能抵扣，应计入所购货物或劳务的成本；四是小规模纳税企业销售额不包括应纳税额，采用价税合并定价方法的，应按公式“销售额＝含税销售额÷（1＋征收率）”还原为不含税销售额，并按不含税销售额计算增值税额。

从会计核算的角度看，首先，小规模纳税企业销售货物、提供应税劳务，不论是否取得增值税专用发票，其支付的增值税额均不计入进项税额，不得由销项税额抵扣；因而，小规模纳税企业只需设置“应交税费——应交增值税”明细账户，而且只采用三栏式账页。其次，小规模纳税企业的销售收入按不含税价格计算。

【例 9.15】H 公司为增值税小规模纳税人企业，2012 年 7 月 3 日用银行汇票从 G 公司购进原材料一批，增值税专用发票上注明的价款为 12 000 元、增值税 2 040 元，材料按实际成本核算。2012 年 7 月 10 日销售带包装物的货物一批，货物及包装物分别计价核算，当月销售货物及包装物的价款分别为 36 000 元和 4 200 元，款项已收到存入银行。增值税的征收率为 6%。有关会计分录如下：

（1）购进原材料：

借：原材料	14 040	
贷：其他货币资金——银行汇票		14 040

（2）销售货物的增值税：

36 000÷（1＋6%）×6%＝2 037.74（元）

借：银行存款	36 000	
贷：主营业务收入		33 962.26
应交税费——应交增值税		2 037.74

（3）销售包装物的增值税：

4 200÷（1＋6%）×6%＝237.74（元）

借：银行存款	4 200	
贷：其他业务收入		3 962.26
应交税费——应交增值税		237.74

四、所得税

企业所得税是企业以其生产经营所得和其他所得为依据交纳的税种。企业所得税按应纳税所得额和税率计算，计算公式为：

应纳所得税＝应纳税所得额×所得税税率

企业按照一定方法计算计入损益的所得税，借记“所得税费用”等账户，贷记“应交税费——应交所得税”等账户。实际上交时，借记“应交税费——应交所得税”账户，贷记“银行存款”账户。

按照国家规定实行所得税先征后返的企业，应当在实际收到返还的所得税时，冲减收到当期的所得税费用，借记“银行存款”账户，贷记“所得税费用”账户。

第五节　应付职工薪酬

一、职工薪酬的范围

职工薪酬是指企业为获得职工提供的服务而给予各种形式的报酬及其他相关支出。职工薪酬包括职工在职期间和离职后提供给职工的全部货币性薪酬和非货币性薪酬，既包括提供给职工本人的薪酬，也包括提供给职工配偶、子女或其他赡养人的福利等。

根据国家2006年发布的《企业会计准则第9号——职工薪酬》，职工薪酬包括如下八个部分：

一是职工工资、奖金、津贴和补贴。

二是职工福利费。

三是医疗保险费、养老保险费、失业保险费、工伤保险费和生育保险费等社会保险费。其中，养老保险费包括根据国家规定标准向社会保险经办机构缴纳的基本养老保险费，以及根据年金计划向企业年金基金相关管理人缴纳的补充养老保险费。以购买商为保险形式提供给职工的各种保险待遇，也属于职工薪酬。

四是住房公积金。

五是工会经费和职工教育经费。

六是非货币性福利，包括企业以自产产品发放给职工作为福利、将企业拥有的资产无偿提供给职工使用、为职工无偿提供医疗保健服务等。

七是因解除与职工的劳动关系给予的补偿。

八是其他与获得职工提供的服务相关的支出。

二、应付职工薪酬的核算

（一）应付工资核算

1. 应付工资的含义

工资是企业支付给职工的劳动报酬，是企业使用职工的知识、技能、时间和精力而给予职工的一种补偿。职工工资在尚未支付之前，构成企业对职工的负债。

2. 工资总额的构成

工资总额是各单位在一定时期内直接支付给本单位全部职工的劳动报酬总额，工资总额由以下几部分构成。

（1）计时工资，指按计时工资标准和工作时间支付给职工的劳动报酬。

（2）计件工资，指对职工已完成的工作按计件单价支付的劳动报酬。

（3）奖金，指支付给职工的超额劳动报酬和增收节支的劳动报酬，包括生产奖、节约奖、劳动竞赛奖等。

（4）津贴和补贴，指为补偿职工特殊或额外的劳动消耗和因其他特殊原因支付给职工的津贴，以及为使职工工资水平不受物价等因素的影响支付给职工的各种补贴，如保健津贴、技术津贴、年功性津贴等。

（5）加班加点工资，指按规定支付给职工的加班工资和加点工资。

（6）特殊情况下支付的工资，包括按国家有关规定，支付给工伤、病假、产假、婚丧假、探亲假、定期休假等职工的工资。

在进行工资费用核算时，应划清工资总额组成和非工资总额组成的界限。例如，购买劳动保护用品的支出，属于劳动保护费，应计入成本或期间费用，支付给职工的市内交通补贴应计入管理费用，都不应计入工资费用。

3. 应付工资的计算

（1）工资核算的原始记录

企业应按劳动工资制度的规定，根据原始记录，计算各项工资。工资原始记录包括：

① 工资卡。工资卡主要记录职工的职务、工作时间、津贴、工资级别和工资标准等。工资卡应按每个职工设立。

② 考勤记录。考勤记录是记录每个职工出勤、缺勤情况的原始记录，是计算计时工资和计件工资的依据之一。

③ 产量记录。产量记录是反映生产人员或班组在出勤时间内完成产量和耗用工时的原始记录，是计算计件工资的主要依据。

（2）工资结算凭证的编制

企业与职工之间的工资结算，是通过编制“工资单”来进行的。“工资单”一般根据工资核算的原始记录和奖金、津贴的发放标准及代扣款项等资料，按职工姓名和所在部门按月编制，分别计算每一职工的“应付工资”、“代扣款项”及“实发工资”。“工资单”由职工签字后，作为工资结算的凭证。工资单的格式如表 9.2 所示，其中：

应付工资＝基本工资＋岗位工资＋绩效工资＋补贴和津贴＋奖金－应扣款项

实发工资＝应付工资－代扣款项

表 9.2　工资表格式

部门：一车间　　　　2012 年 10 月　　　　单位：元

107	姓名	基本工资	岗位工资	绩效工资	津贴	应扣款项	应付工资	代扣款项						实发工资
								养老保险	失业保险	医疗保险	住房公积金	个人所得税	小计	
1001	闻玉	850	350	250	80		1 530	107.10	15.30	30.60	153	25.80	331.80	1 198.2
1002	王凤	750	300	200	50	35	1 265	88.55	12.65	25.30	126.50	22	275	990
1003	景晖	800	300	200	50	50	1 300	91	13	26	130	22	282	1 018
1004	严政	700	200	150	50		1 100	77	11	22	110	12.50	232.50	867.50
（略）														
合计		22 000	5 500	10 100	1 600	1 120	38 080	2 666	380.80	761.60	3 808	184	7 800	30 280

为了有效地进行工资核算，便于分配工资费用，会计部门应根据各车间、部门人员的“工资单”编制“工资汇总表”，“工资汇总表”的格式如表 9.3 所示。

表 9.3　工资汇总表（2012 年 10 月）　　单位：元

部门		基本工资	岗位工资	绩效工资	津贴	应扣款项	应付工资	代扣款项						实发金额
								养老保险	失业保险	医疗保险	住房公积金	个人所得税	合计	
一车间	生产工人	20 000	4 900	9 400	1 480	1 120	34 880	2 426.20	346.60	693.20	3 466	115.80	7 047.80	27 612.20
	管理人员	2 000	600	700	120		3 420	239.40	34.20	68.40	342	68.20	752.20	2 667.80
	小计	22 000	5 500	10 100	1 600	1 120	38 080	2 665.60	380.80	761.60	3 808	184	7 800	2 667.80

续表

部门	基本工资	岗位工资	绩效工资	津贴	应扣款项	应付工资	代扣款项						实发金额
							养老保险	失业保险	医疗保险	住房公积金	个人所得税	合计	
（略）												0	
合计	22 000	5 500	10 100	1 600	1 120	38 080	2 666	380.80	761.60	3 808	184	7 800	30 280

（3）工资结算的会计处理

工资结算一般包括提取现金、发放工资、结转代扣款项等几项内容。企业发放工资，应根据“工资汇总表”中的实发工资数额，从银行提取现金，借记“库存现金”账户，贷记“银行存款”账户。实际支付工资时，借记“应付职工薪酬”账户，贷记“库存现金”账户。

对“工资汇总表”中由职工个人负担的代扣、代垫款项，应在工资结算时结转，对代扣的款项，如养老保险金、失业保险金、医疗保险金、住房公积金等，应借记“应付职工薪酬”账户，贷记“其他应付款”账户；对代扣的个人所得税，应借记“应付职工薪酬”账户，贷记“应交税费——应交个人所得税”账户；对代垫款项，如代垫水电费，应借记“应付职工薪酬”账户，贷记“其他应收款”账户；职工在规定期限未领取的工资，借记“应付职工薪酬”、“库存现金”账户，贷记“其他应付款”账户。

【例 9.16】甲公司 2007 年 10 月的工资结算汇总表如表 9.3 所示。

有关会计处理如下所示。

（1）根据实发工资额发放工资：

借：应付职工薪酬——工资　　30 280

　　贷：银行存款　　30 280

（2）代扣款项转账：

借：应付职工薪酬——工资　　7 800

　　贷：其他应付款——有关部门　　7 800

（3）工资分配的会计处理。月份终了，会计部门根据“工资汇总表”，将本月应付工资按工资发生的部门、职工岗位（用途）对工资费用进行分配，编制“工资分配汇总表”，计入有关成本费用账户。“工资分配汇总表”的格式如表 9.4 所示。

表 9.4　工资分配汇总表

2012 年 10 月　　单位：元

应借账户	部门										合计
	一车间	二车间	辅助生产车间	工程人员	办公室	财务部	人力资源部	采购部	销售部	生产技术部	
生产成本	34 660	34 900	20 000								89 560
制造费用	3 420	3 600									7 020

续表

应借账户	部门										合计
	一车间	二车间	辅助生产车间	工程人员	办公室	财务部	人力资源部	采购部	销售部	生产技术部	
在建工程				31 300							31 300
管理费用					24 600	18 200	8 500	12 890		7 800	71 990
销售费用									19 550		19 550
合计	38 080	38 500	20 000	31 300	24 600	18 200	8 500	12 890	19 550	7 800	219 420

按企业会计制度规定，生产部门职工工资应计入产品成本，其中基本生产车间直接从事产品生产的生产工人工资，借记“生产成本——基本生产成本”账户，车间管理人员工资借记“制造费用”账户；辅助生产车间生产工人的工资借记“生产成本——辅助生产成本”账户，企业行政管理人员的工资借记“管理费用”账户；销售部门人员的工资借记“销售费用”账户；工程建设人员工资，借记“在建工程”账户；应付职工的工资总额，贷记“应付职工薪酬”账户。

【例 9.17】依据表 9.4 进行工资分配，编制会计分录如下：

借：生产成本——基本生产成本　　69 560
　　　　　　——辅助生产成本　　20 000
　　制造费用　　7 020
　　管理费用　　71 990
　　在建工程　　31 300
　　销售费用　　19 550
　　贷：应付职工薪酬——工资　　219 420

（二）应付福利费核算

应付福利费是企业根据国家规定，按工资总额的一定比例从成本费用中提取的，专门用于职工福利支出的款项。

企业使用职工的知识、技能、时间和精力，除了支付职工劳动报酬外，还需负担职工的某些福利支出，以保证职工的健康，提高职工的福利待遇和生活水平。职工福利费主要用于职工的医药费、职工生活困难补助、企业医疗机构人员工资及医务经费、职工食堂和幼儿园等生活福利部门人员工资、职工因公负伤外出就医路费，以及按规定应由福利费开支的其他费用。福利费不包括职工集体福利设施支出，职工集体福利设施支出由从税后利润中提取的公益金负担。企业按期提取的职工福利费，由企业统一掌握，一般不按期偿付给职工，在没有使用之前，构成企业对职工的一项负债，所以称为“应付职工薪酬——职工福利”。

企业计提职工福利费的基数为应付工资总额，国家规定的统一计提比例为 14%，其计算公式为：

$$本月福利费提取额＝工资总额\times 14\%$$

从费用中提取福利费，借记“生产成本”等账户，贷记“应付职工薪酬——职工福利”

账户；列支福利费时，借记“应付职工薪酬——职工福利”账户，贷记“银行存款”等账户。

【例 9.18】仍沿用例 9.17 的资料，甲公司 2012 年 10 月提取的福利费会计分录为：

借：生产成本——基本生产成本	9 738.40	
——辅助生产成本	2 800	
制造费用	982.80	
管理费用	10 078.60	
在建工程	4 382	
销售费用	2 737	
贷：应付职工薪酬——职工福利		30 718.80

【例 9.19】甲公司 2012 年 10 月 26 日，职工王红报销住院费 1 000 元（原借支 800 元，余款用现金付讫），会计分录为：

借：应付职工薪酬——职工福利	1 000	
贷：其他应收款——王红		800
库存现金		200

（三）其他应付职工薪酬核算

（1）企业以自产产品发放给职工作为职工薪酬的，根据职工的岗位，按产品的公允价值，借记“生产成本”、“制造费用”、“管理费用”等账户，贷记“应付职工薪酬——非货币性福利”账户。并借记“应付职工薪酬——非货币性福利”账户，贷记“主营业务收入”、“应交税费——应交增值税（销项税额）”账户，同时结转产成品的成本，借记“主营业务成本”账户，贷记“库存商品”账户。

（2）企业将拥有的房屋或资产提供给职工无偿使用时，根据其受益对象，将其应计提的折旧计入相关的资产成本或当期损益，同时确认应付职工薪酬。借记“生产成本”、“制造费用”、“管理费用”等账户，贷记“应付职工薪酬——非货币性福利”账户；同时，借记“应付职工薪酬——非货币性福利”账户，贷记“累计折旧”等账户。

（3）企业将租赁的住房等资产提供给职工无偿使用的，按每期支付的租金，借记“制造费用”、“管理费用”等账户，贷记“应付职工薪酬——非货币性福利”账户；同时，借记“应付职工薪酬——非货币性福利”账户，贷记“银行存款”等账户。

（4）“五险一金两费”是医疗保险费、养老保险费（包括补充养老保险）、失业保险费、工伤保险费、生育保险费、住房公积金、工会经费和职工教育经费的简称。这些费用发生时，借记“管理费用”等账户，贷记“应付职工薪酬”账户；同时，借记“应付职工薪酬”账户，贷记“银行存款”等账户。

（5）外商投资企业从税后利润中提取职工奖励和福利基金，也通过“应付职工薪酬”账户核算。计提时，借记“利润分配”账户，贷记“应付职工薪酬”账户，实际支付时，借记“应付职工薪酬”账户，贷记“银行存款”等账户。

第六节　其他流动负债及或有负债

一、应付股利

企业作为独立核算的经济实体，对其实现的经营成果除了按照税法及有关法规规定交税、交费外，还必须对运用投资者投入的资金给予一定的回报。作为投资者应该分取的所得税后的利润分配，取得投资收益。因此，企业分配给投资者的现金股利或利润，在实际未支付给投资者之前，形成了一笔负债。

股利是股份制企业股东对企业净利润的分享。在我国，股利的支付通常有两种基本形式，即现金股利和股票股利。所谓现金股利，是反映企业以现金形式向股东派发的股利；而股票股利则是企业用增发的股票向股东派发的股利，当作股利发放的股票，又称红股，俗称送股。当企业经董事会或股东大会决议确定分配现金股利时，自宣告之日起，应付的股利就构成企业的一项流动负债：如果董事会或股东大会决议确定发放股票股利，则并下构成企业的负债，因为它只是从未分配利润转增股本，是企业权益内部的一种变化，不会引起任何含有经济利益的资源外流。

按会计制度规定，设置"应付股利"账户，核算内容为企业经董事会或股东大会决议确定分配的现金股利，而企业分配的股票股利、在正式办理增资手续以前，只需在备查簿中做相应登记，不需要作正式的账务处理。

通常，企业派发现金股利需经历两个步骤或阶段，首先是企业董事会或股东大会决议确定并宣告股利分配方案。这时，按应支付的现金股利，借记"利润分配——应付股利"账户，贷记"应付股利"账户；然后，企业如数拨出一笔现款存入受托的证券公司或银行，用于实际支付股东的现金股利，此时，借记"应付股利"账户，贷记"库存现金"、"银行存款"等账户。

股东大会批准的年度利润分配方案与董事会提请股东大会批准的利润分配方案不一致的，按股东大会批准的利润分配方案与董事会提请股东大会批准的利润分配方案中分配现金股利的差额，调整"利润分配"和"应付股利"账户。

【例 9.20】经股东大会表决通过，甲公司（总股本 5 000 万股）2012 年度的利润分配方案为：每 10 股送 2 股，并派 0.2 元/股的现金股利。有关会计处理如下：

（1）宣告发放现金股利：

借：利润分配——应付股利　　1 000

　　贷：应付股利　　1 000

其中，应付股利＝5 000×0.2＝1 000（元）。

（2）将银行存款存入受托的证券公司或银行用于发放现金股利：

借：应付股利　　1 000

　　贷：银行存款　　1 000

二、或有负债

或有负债是指由于某种约定的条件或允诺的责任，在未来可能发生某种情况或某种意外事故时，企业要承担的清偿债务的责任。或有负债是一种潜在的负债，这种债务可能会发生，也可能不发生。常见的或有负债有：①已贴现的商业承兑汇票；②未决诉讼、仲裁；③产品质量保证；④追加税款；⑤应收账款抵借；⑥通融票据。企业确认或有负债，必须同时具备如下三个条件：一是该义务是企业承担的现时义务，从而与作为潜在义务的或有负债相区别；二是该义务的履行很可能导致经济利益流出企业。这里的"很可能"，指发生的可能性为"大于 50%，小于或等于 95%"；三是该义务的金额能够可靠地计量。否则，不能确认企业的或有负债。

按会计制度的规定，设置“预计负债”账户核算企业各项预计的负债。对企业确认的或有负债，借记“管理费用”、“销售费用”、“营业外支出”等账户，贷记“预计负债”账户。实际发生时，借记“预计负债”账户，贷记“银行存款”等账户。

【例 9.21】甲公司 2012 年 11 月 20 日，因一项担保协议而成为相关诉讼的第二被告。截至 2012 年 12 月 31 日，尚未判决。据预计，公司很有可能承担还款连带责任。承担还款金额为 350 万元的可能性为 60%，承担还款金额为 150 万元的可能性为 40%，并可能甲公司承担 10 万元的诉讼费用。要求：作出甲公司 2012 年年末的会计处理。

本例中，甲公司承担了一项现时义务，很可能导致经济利益流出企业，且金额可以可靠计量。因此，甲公司在 2012 年年末应确认一项负债 350 万元。

借：营业外支出——赔偿支出	3 500 000	
管理费用	100 000	
贷：预计负债——未决诉讼		3 600 000

根据或有事项准则的要求，预计负债应在资产负债表中单列项目反映，并在会计报表附注中作相应的披露，而与确认预计负债有关的费用或支出应在扣除确认的补偿金额后，在利润表中反映。也就是说，在资产负债表中，预计负债应与其他负债项目区别开来，单独反映。同时还应在会计报表附注中对各项预计负债形成的原因及金额作相应披露，以使会计报表使用者获得充分信息。

本章小结

负债在企业内代表的是一项优先求偿权。我国的《企业会计制度》对负债的定义是“负债，是指过去的交易、事项形成的现时义务，履行该义务预期会导致经济利益流出企业”。负债按照偿还期限分为流动负债和非流动负债；按负债发生的确定因素分为可确定负债和或有负债。

流动负债是指将在 1 年（含 1 年）或者超过 1 年的一个营业周期内偿还的债务，包括短期借款、应付票据、应付账款、预收账款、应付职工薪酬、应交税费、应付股利、其他暂收应付款项、预提费用和 1 年内到期的长期借款等。

短期借款一般是企业为维持正常的生产经营所需的资金或者是为抵偿某项债务而借入的资金，所以，短期借款的利息应作为一项筹资费用计入损益。

应付票据是由出票人签发、委托付款人在指定日期无条件支付确定的金额给收款人或者持票人的票据。

应付账款指企业因购买商品、材料和接受劳务等产生的应支付给供应商的款项，它是买卖双方在购销活动中因取得物资或接受劳务与款项结算在时间上不一致而产生的负债。

预收账款是企业按买卖双方协议，预先向购货方或劳务接受方收取一部分货款或定金而形成的负债。

或有负债是指由于可能遭致损失的偶发事项而形成的负债。诸如已贴现的商业承兑汇票、信用担保、待决诉讼、预提的产品保修费用等。

企业在生产经营过程中，各项应交税费主要有：耕地占用税、契税、关税、增值税、消费税、营业税、土地增值税、资源税、城市维护建设税、房产税、土地使用税、车船使用税、印花税、所得税，以及教育费附加、矿产资源补偿费、土地使用费、海域使用费等。

专业词汇中英对照

流动负债 current liabilities
短期借款 short-term borrowings
应付账款 accounts payable
应付票据 notes payable
预收账款 advances from customers
或有负债 contingent liability
应交税费 taxes payable

复习思考题

一、单选题

1．甲企业为增值税一般纳税企业，月初欠缴的增值税为 16 万元，无尚未抵扣的增值税。本月发生的进项税额为 36 万元，销项税额为 60 万元，进项税额转出为 4 万元，缴纳本月的增值税为 18 万元，则月末结转以前“应交税费——应交增值税”账户的余额为（　　）万元。

A．26　　B．10　　C．2　　D．18

2．企业缴纳的下列税款中，需要通过“营业税金及附加”账户核算的是（　　）。

A．增值税　　B．所得税　　C．印花税　　D．消费税

3．企业当月缴纳当月增值税，应借记的科目是（　　）。

A．应交税费——应交增值税（转出未交增值税）

B．应交税费——未交增值税

C．应交税费——应交增值税（转出多交增值税）

D．应交税费——应交增值税（已交税金）

4．下列项目中，不通过应付账款的账户核算的是（　　）。

A．应付货物负担的进项税额　　B．应付货物的采购价款

C．应付销货企业代垫的运杂费　　D．应付租金

5．对于签发并承兑的商业承兑汇票到期无法偿付的票款，企业应当进行的处理是（　　）。

A．转作应付账款　　B．转作短期借款

C．不进行处理　　D．转作其他应付款

6．企业收取包装物押金及其他各种暂时款项时，应贷记的账户是（　　）。

A．营业外收入　　B．其他业务收入

C．其他应付款　　D．其他应收款

7．按规定计算代扣代缴职工个人所得税，应贷记的是（　　）。

A．应交税费　　B．其他应付款

C．应付职工薪酬　　D．银行存款

8．企业购进货物用于工程项目时，该货物负担的增值税额应当计入（　　）。

A．应交税费——应交增值税　　B．在建工程

C．营业外支出　　　　　　D．管理费用

9．下列各项税金中，不影响企业损益的是（　　）。

A．房产税　　　　　　　　B．车船税

C．一般纳税企业的增值税销项税额　D．所得税

10．甲公司为增值税一般纳税人，适用的增值税税率为 17%。2008 年 1 月甲公司董事会决定将本公司生产的 500 件产品作为福利发放给公司管理人员，该批产品单件成本为 1.2 万元，市场销售价格为每件 2 万元（不含增值税），不考虑其他相关税费，甲公司在 2008 年因该项业务应计入管理费用的金额为（　　）万元。

A．600　　B．770　　C．1 000　　D．1 170

二、多选题

1．教育费附加的计税基础是（　　）。

A．应交所得税　B．应交消费税　C．应交增值税　D．应交营业税

2．下列各项中，应纳入职工薪酬核算的有（　　）。

A．工会经费　　　　　　B．职工养老保险费

C．职工住房公积金　　　D．辞退职工经济补偿

3．企业下列各项行为中，应视同销售计算缴纳增值税销项税额的有（　　）。

A．在建工程领用本单位库存商品　B．销售代销货物

C．委托他人代销货物　　　　　　D．以产品对外投资

4．在进行会计核算时，若贷记“应付职工薪酬——福利费”，则对应借记的账户有（　　）。

A．制造费用　　　　　　B．营业费用

C．生产成本　　　　　　D．管理费用

5．下列各项中，一定计入“财务费用”的有（　　）。

A．支付银行承兑汇票的手续费　B．长期借款计提的利息

C．销售企业实际发生的现金折扣　D．发行债券计提的利息

三、思考题

1．负债是指什么？负债划分为流动负债和长期负债的依据是什么？

2．应付职工薪酬的核算中具体包括哪些项目？

3．或有负债和预计负债划分的依据是什么？

4．企业与增值税有关的各账户及明细账户都有哪些？分别有什么含义？

四、业务处理题

1．新江公司发生有关短期借款的经济业务如下：

（1）2012 年 3 月 1 日，因生产经营需要，从交通银行西湖支行取得一项为期 3 个月的临时借款 25 万元，年利率 4.8%，借款利息数额不大，于 6 月 1 日借款到期时，一并以存款还本付息。（利息不计提）

要求：核算以下项目。

① 取得借款；

② 到期还本付息。

（2）2012 年 7 月 1 日，公司因生产经营需要，从深圳发展银行四海支行取得一项为期半年的生产周转借款 150 万元，年利率 5.76%，借款利息按月计提，按季支付，到期还本。

要求：核算以下项目。

① 7 月 1 日取得借款；

② 7 月、8 月末计提利息；

③ 9 月末支付此借款本季应付利息；

④ 10 月、11 月末计提借款利息；

⑤ 12 月末归还借款本金、支付本季度利息。

2．新江公司发生有关经济业务如下：

（1）7 月 1 日，企业从 D 公司购入原材料一批，货款 8 万元，增值税税率 17%，材料已验收入库，价税款尚未支付，双方商定的现金折扣条件为 5/10，3/20，*N*/30。公司原材料按实际成本计价核算，假定按不含税价计算现金折扣。

（2）7 月 2 日，公司按合同向三星公司预收货款 5 万元，款项收存银行。

（3）7 月 15 日，公司向三星公司发售产品，货款 7 万元，增值税 11 900 元。

（4）7 月 18 日，以存款支付 7 月 1 日向 D 公司购材料的款项。

（5）7 月 20 日，收到三星公司补付的价款存入银行。

（6）7 月 25 日公司从 D 公司购入 B 材料一批，货款 5 万元，增值税 8500 元，材料已验收入库，企业签发经开户银行承兑的一张为期两个月的不带息银行承兑汇票支付价税款，并以银行存款支付承兑手续费 1 000 元。

（7）9 月 25 日，从 D 公司购入 B 材料开出的银行承兑汇票到期，公司无力支付，票款由开户银行支付。

（8）公司上月从 A 公司购入材料的应付价款 27 000 元，经协商公司签发为期一个月的不带息商业承兑汇票抵付。

要求：核算应付账款、应付票据、预收账款、其他应付款。

3．甲公司为增值税一般纳税人，适用的增值税税率 17%。2012 年 3 月发生与职工薪酬有关的交易或事项如下：

（1）对行政管理部门使用的设备进行日常维修，应付企业内部维修人员工资 1.2 万元。

（2）为公司总部下属 25 名部门经理每人配备汽车一辆免费使用，假定每辆汽车每月折旧额 0.08 万元。

（3）月末，分配职工工资 150 万元，其中直接生产产品工人工资 105 万元，车间管理人员工资 15 万元，企业行政管理人员工资 20 万元，专设销售机构人员工资 10 万元。

要求：核算应付职工薪酬。

4．甲公司为增值税一般纳税人，适用的增值税税率为 17%，材料采用实际成本进行日常核算。2012 年 5 月发生如下涉及增值税的经济业务：

（1）购买原材料一批，增值税专用发票上价款 60 万元，增值税 10.2 万元，已开出商业承兑汇票。材料入库。

（2）对外销售原材料一批，成本 36 万元，计税价格 41 万元。

（3）销售产品一批，销价 20 万元（不含增值税额），成本 16 万元，发票等单据已交购货方，货款尚未收到。

（4）在建工程领用原材料一批，成本 30 万元。

（5）用银行存款交纳本月增值税 2.5 万元。

要求：编制上述经济业务相关的会计分录（“应交税费”账户要求写出明细账户及专栏名称）。

第十章

非流动负债

本章导读

本章首先介绍非流动负债的概念、特征及其分类，然后提出借款费用的构成内容，借款费用资本化的条件，以及借款费用资本化金额的确定；最后讲述了长期借款、应付债券、长期应付款等负债的核算。通过本章的学习，应能够：

- 了解非流动负债的概念与分类；
- 熟悉借款费用的确认与计量；
- 掌握长期借款、应付债券的核算；
- 熟悉长期应付款与专项应付款的应用。

导入案例

某企业与银行签订借款合同，20×1 年 8 月 31 日从银行借入资金 400 万元，借款期限 3 年，年利率为 7.5%（到期一次还本付息，不计复利），所借款项已存入银行。企业用该借款于当日购买不需安装的设备一台，取得的增值税专用发票上注明价款 330 万元，增值税 56.1 万元，另支付运杂费等费用 10 万元，设备已于当日投入使用。企业于每个资产负债表日计提长期借款利息。假定借款合同约定的利率与实际利率相同，不考虑闲置借款资金存款的利息收入或者投资收益。则该企业如何对借款业务进行核算？

第一节　非流动负债概述

一、非流动负债特征及分类

（一）非流动负债的概念

非流动负债是指偿还期在一年或超过一年的一个营业周期以上的负债。主要包括长期借款、应付债券、长期应付款、专项应付款和预计负债等。非流动负债因长期性的理财活动而产生。例如，企业为了扩大经营规模而增加各种长期耐用的固定资产，如添置大型设备、购置房地产、增建或扩建厂房等。上述业务的投资回收期较长，所需要资金仅仅通过企业正常的经营资金或举借短期债务往往不能满足，筹措长期资金势在必行。企业筹措长期资金主要有两种来源：一是增发股票，由股东追加投资；二是举借非流动负债，由债权人提供资金，即举债经营。

与增发股票相比，举债经营有几点好处：首先，举借非流动负债不会影响企业原有的股权结构，从而保证原有股东对企业的控制能力或权限不受损害，与此同时，又能取得可以长期占用的资金；其次，举借非流动负债，债权人除了按期取得本金和利息外，不享有剩余盈余的索取权，当企业的投资利润率高于长期债务的利率时，剩余盈余全部归股东所有；最后，举借非流动负债，其债务的利息可以作为一项费用支出从应税收益中扣除，从而使企业少纳所得税。而股利只能从税后利润中支付，不能作为纳税扣减项目。

当然，举借非流动负债也有其不利的方面，主要是非流动负债都有明确的还本付息期，本息的偿还作为长期的固定性支出，会增加企业的财务负担，特别是，如果举借的非流动负债利润率高于投资报酬率，还将会减少股东利益。因此，企业究竟以何种方式筹集能够长期占用的资金，是一项重要的财务决策。

（二）非流动负债的特征

非流动负债除具有负债的共同特征外，与流动负债相比，还具有以下特征：

（1）偿还期限较长。非流动负债的偿还期应为一年或超过一年的一个营业周期以上。因此，企业应将剩余债务期限不足一年的非流动负债列为流动负债。

（2）债务金额较大。企业举借非流动负债，一般都用于购建固定资产，扩大经营规模。因此，所需金额较大。

（3）借款费用较高。由于非流动负债金额较大，期限较长，利率较高，因此，其利息费用较高，构成企业的一项长期的固定性支出。

（4）偿还方式灵活。非流动负债可采用分期偿还的方式，也可以采用分期偿还利息、定期偿还本金的方式，还可以采用到期一次偿还本息的方式。而流动负债的偿还方式一般是到期一次偿还。

（三）非流动负债的分类

（1）非流动负债按其内容不同，可分为长期借款、应付债券、长期应付款、预计负债及其他非流动负债。

（2）非流动负债按是否计息划分：需要计息的非流动负债，如长期借款、应付债券、长期应付款等，和不需要计息的非流动负债，如预计负债、递延所得税负债等。

其中，需要计息的非流动负债也可以从不同角度分类：如按计息方式可分为单利计息的非流动负债和复利计息的非流动负债；按偿还方式可分为定期偿还的非流动负债和分期偿还的非流动负债；按付息方式可分为一次付息和分次付息；按付款方式可分为人民币非流动负债和外币非流动负债。

二、非流动负债的确认与计价

（一）非流动负债的确认

非流动负债的确认应当同时符合以下确认条件：

（1）符合非流动负债的定义；

（2）具有负债的一般特征；

（3）具有非流动负债的主要特征。

对于在资产负债表日起一年内到期的负债，企业预计能够自主地将清偿义务展期至资产负债表日后一年以上的，应当归类为非流动负债；贷款人在资产负债表日或之前同意提供在资产负债表日一年以上的宽限期，企业能够在此期限内改正违约行为，且贷款人不能要求随时清偿，该项负债应当归类为非流动负债。其他非流动负债存在类似情况的，比照上述第一款和第二款处理。

（二）非流动负债的计价

（1）非流动负债的计价应以未来偿还债务的现金流出量（包括本金和利息）的现值为基础。

（2）现行制度规定，非流动负债应当以实际发生额入账，并按照负债本金或债券面值，按照规定的利率按期计提利息。

第二节 借款费用

我国于2006年颁布了《企业会计准则第17号——借款费用》，该准则规定，应对因购建固定资产、投资型房地产、存货等而发生的借款费用进行资本化。下面就介绍我国对借款费用的核算要求。

一、借款费用的含义

借款费用是指企业因借款而发生的利息、折价或溢价的摊销和辅助费用，以及因外币借款而发生的汇兑差额。

因借款而发生的利息，包括企业向银行或其他金融机构等借入资金而发生的利息、发行债券发生的利息等。

因借款而发生的折价或溢价主要是发行债券发生的折价或溢价。折价或溢价的摊销实质上是对借款利息的调整，因而构成了借款费用的组成部分。

因借款而发生的辅助费用，是指企业在借款过程中发生的诸如手续费、佣金、印刷费、承诺费等费用。由于这些费用是因安排借款而发生的，也是借入资金的一部分代价，因而这些费用构成了借款费用的组成部分。

因外币借款而发生的汇兑差额，是指由于汇率变动而对外币借款本金及其利息的记账本位币金额产生的影响金额。由于这部分汇兑差额是与外币借款直接相联系的，因而也构成借款费用的组成部分。

二、借款费用的确认原则

关于借款费用的确认原则问题，主要集中在企业每期发生的借款费用是应该费用化，直接计入当期损益，还是应该资本化，计入相关资产的成本。

借款费用费用化观点的支持者认为，将所有借款费用于发生的当期确认为费用，计入当期损益，可以避免相同的资产因筹资方式的不同而出现不同的价值，可以提高会计信息的可比性，简化工作量，使资产和损益的确认更具稳健性。

借款费用资本化观点的支持者认为，如果企业在购置或建造一项资产中使用了借款资金，而且要使该资产达到预定可使用状态需要经过较长的时间，则发生在该资产支出上的借款费用，应当资本化，构成资产成本的组成部分。因为将所有借款费用都费用化，不符合实际成本原则和收入与费用相配比的原则。首先，为购建资产而借入的资金所发生的借款费用，与其他计入资产成本的购建费用没有什么区别，应该构成资产购建成本的有机组成部分；其次，从收入与费用相配比的原则来看，这些借款费用将在所购建资产的使用期间为企业带来未来经济利益，而非与借款费用发生的当期的收入相配比。

目前，各国对借款费用是资本化还是费用化的规定并不统一。我国企业会计准则规定，企业应对因购建固定资产、投资型房地产、存货等而发生的借款费用进行资本化。对借款费用的确认，需要明确借款费用资本化的范围及资本化期间两个问题。

（一）借款费用资本化的范围

1. 借款费用应予资本化的资产范围

我国企业会计准则规定，符合资本化条件的资产是指需要经过相当长时间的购建或生产活动才能达到预定可使用状态或可销售状态的资产，如固定资产、投资性房地产、存货（如房地产开发企业开发的用于对外出售的房地产开发产品）、建造合同成本、确认为无形资产的开发支出等。之所以这样规定，是因为如果资产经过很短时间的购建或生产过程就能达到预定可使用状态或可销售状态，则进行资本化的意义不大，而且实务操作比较困难。

2. 借款费用应予资本化的借款范围

借款费用可予资本化的借款范围既包括专门借款，也包括一般借款。所谓专门借款，是指为购建或者生产符合资本化条件的资产而专门借入的款项。这种款项应当有明确的用途，即为购建或生产符合资本化条件的资产而专门借入的，并应当具有表明该用途的借款合同。一般借款是指除专门借款之外的借款，相对于专门借款而言，一般借款在借入时，其用途通常没有特指用于符合资本化条件的资产的购建或者生产。

（二）资本化期间的确定

只有资本化期间内的借款费用才可资本化，资本化期间外的借款费用必须费用化，因此，确定资本化期间对于借款费用的确认相当重要。允许资本化的期间是指开始资本化时点到停止资本化时点这一时间段。但在这一时间段内，符合资本化条件的资产的购建或生产活动有时会发生非正常中断，而且中断时间较长，这时候，借款费用应暂停资本化，允许资本化的期间应扣除这一非正常中断的时间。因此，资本化期间的确定应综合考虑开始资本化、暂停资本化和停止资本化三个因素确定。

1. 借款费用开始资本化的条件

借款费用只有在同时符合以下三个条件时才能开始资本化。

（1）资产支出已经发生。这里所指的资产支出有其特定的含义，它只包括企业为购建或生产符合资本化条件的资产而支付现金、转移非现金资产或者承担带息债务形式发生的支出。具体说来：支付现金是指用货币资金支付符合资本化条件的资产的购建或生产支出，如用现金、银行存款或其他货币资金等购买工程用材料，用现金支付建造或生产符合资本化条件的资产的职工工资等；转移非现金资产是指将非现金资产用于符合资本化条件的资产的建造或者生产，如将企业自己生产的产品用于符合资本化条件的资产的建造或者生产，或以企业自己生产的产品向其他企业换取用于符合资本化条件的资产的购建或生产所需要的物资等；承担带息债务是指企业为了购建或生产符合资本化条件的资产而承担了带息应付款项（如带息应付票据）。企业为购建或生产符合资本化条件的资产可能承担带息债务，如带息应付票据，也有可能承担不带息债务，如应付账款、应付工资、应付福利费等。前者应视作资产支出已经发生，后者不应被视为资产支出已经发生。

（2）借款费用已经发生。这一条件是指，企业已经发生了因购建或生产符合资本化条件的资产而专门借入款项的借款费用或者占用了一般借款的借款费用。例如，企业以发行债券的方式筹集资金来建造一项固定资产，在债券本身可能没有开始计息时，就为发行债券向承销机构支付了一笔承销费，即发生了专门借款的辅助费用。此时，应当认为借款费用已经发生。

（3）为使资产达到预定可使用状态所必要的购建活动已经开始。这里所指的“为使资产达到预定可使用状态所必要的购建活动”主要是指资产的实体建造或生产工作，如主体设备的安装、厂房的实际开工建造等。它不包括仅仅持有资产但没有发生为改变资产形态而进行的实质上的建造活动，如企业购置了建筑用地，但是尚未开工兴建房屋或者发生有关房屋实体建造活动，即属于这种情况。

只有在上述三个条件同时满足的情况下，借款费用才应当开始资本化，只要其中有一个条件没有满足不能开始资本化。

2. 借款费用暂停资本化的条件

在符合资本化条件的资产的购建或生产过程中，如果购建或生产活动发生了非正常中断，并且中断时间连续超过 3 个月，则中断期间所发生的借款费用应当停止资本化，直至购建或生产活动重新开始。这里需要注意的是：

（1）中断原因是非正常中断，不是正常中断。例如，在固定资产购建过程中，企业因与施工方发生了质量纠纷，或者工程用料没有及时供应，或者资金周转发生了困难，或者施工发生了安全事故，或者发生了与工程建设有关的劳动纠纷等原因，导致固定资产购建活动所发生的中断，均属于工程的非正常中断，它通常是由于企业管理决策上的原因或者其他不可预见方面的原因所导致的中断。至于在固定资产购建工程中所发生的正常中断则仅限于该中断是使所购建的固定资产达到预定可使用状态所必需的程序的情况或者事先可预见的不可抗力因素导致的中断的情况。例如，某些工程在建造到一定阶段后必须停下来进行工程质量或者安全检查，检查通过后方能继续下一步工作，这种中断是所购建固定资产达到预定可使用状态所必要的程序，属于正常中断。又如，某些地方的工程在建造工程中，由于可预见的不可抗力因素，如本地普遍存在雨季或台风等不利天气，导致施工出现停顿，也属于正常中断。

（2）中断时间应大于等于 3 个月。如果中断时间小于 3 个月，即使是非正常中断，也不应暂停资本化。

3. 借款费用停止资本化的条件

当所购建或生产的符合资本化条件的资产达到预定可使用状态，应当停止其借款费用的资本化，以后发生的借款费用应计入当期损益。

所谓“达到预定可使用状态”是指资产已经达到购建方或生产方预先设想的可使用的状态。确定借款费用停止资本化的时点需要较多的判断。为了便于实务操作，可从以下几个方面加以判断：①符合资本化条件的资产的实体建造或生产工作已经全部完成或者实质上已经完成，即应认为资产的购建或生产工作已经完成；②所购建或生产的资产与设计或合同要求相符合或基本相符，即使有极个别与设计或合同要求不相符合的地方，也不会影响其正常使用；③继续发生在相关资产上的支出金额很少或几乎不再发生。符合上述几个条件之一，即应认为资产已达到预定可使用状态。

如果所购建固定资产需要试生产或试运行，则在试生产结果表明资产能够正常运行或能够生产出合格产品时，或试运行结果表明能够正常运转或营业时，就应当认为资产已经达到预定可使用状态，并应停止借款费用的资本化。因此，企业并不一定要等到试生产或试运行是否已经表明相关资产已达到预定可使用状态。如果规定在试生产或试运行结束时才停止资本化，则企业可能为了提高利润而一直“试生产”或“试运行”下去。

需要注意的是，达到预定可使用状态要涉及职业判断，至于资产验收日、资产移交日、竣工决算日、投入使用日等，一般是在相关资产达到预定可使用状态日之后，因此不能把这些日期作为停止资本化的标准，如我国以前规定，借款费用在固定资产交付使用后停止资本化，这就造成了很多企业在固定资产完工后，迟迟不交付或迟迟不投入，导致固定资产价值高估。

如果所购建或生产的资产分别建造、分别完工，企业应当区别情况界定借款费用资本化的时点：①所购建或生产的符合资本化条件的资产的各部分分别完工，且每部分在其他部分继续建造或者生产过程中可供使用或者对外销售，且为使该部分资产达到预定可使用或可销售状态所必要的购建或生产活动实质上已经完成的，应当停止与该部分资产相关的借款费用的资本化，因为该部分资产已经达到预定可使用或可销售状态。②如果企业购建或生产的资产的各部分分别完工，但必须等到整体完工后才可使用或者对外销售的，应当在该资产整体完工时停止借款费用的资本化。在这种情况下，即使某部分资产已经完工，也不能认为该部分资产已经达到了预定可使用或可销售状态，企业只能在所购建固定资产整体完工时，才能认为资产已经达到了预定可使用或可销售状态，借款费用方可停止资本化。

三、借款费用的计量

前已述及，借款费用主要包括借款利息、借款折价或溢价的摊销、外币借款汇兑差额和借款辅助费用四项。由于借款折价或溢价的摊销实质上是对利息费用的调整，因此这四项可分为三类，即借款利息费用、外币借款汇兑差额、借款辅助费用。根据企业会计准则的规定，这三类借款费用的计量方式有所不同，下面分别进行阐述。

（一）借款利息费用

借款利息只有在允许资本化的期间才能资本化，其他期间必须费用化，在资本化期间内，借款利息资本化的金额按以下方式确定：①为购建或生产符合资本化条件的资产而借入专门借款的，应当以专门借款当期实际发生的利息费用，减去将尚未动用的借款资金存入银行取得的利息收入或进行暂时性投资取得的投资收益后的金额确定；②为购建或者生产符合资本化条件的资产而占用的一般借款的，利息费用资本化金额等于累计资产支出超过专门借款部分的资产支出加权平均数乘以所占用的一般借款的资本化率，其中，资本化率等于一般借款的加权平均利率；③每一会计期间的利息资本化金额，不应当超过当期有关借款实际发生的利息金额。其中：

累计资产支出超过专门借款部分的资产支出加权平均数

$$=\sum\left(\text{超过专门借款部分每笔资产支出金额}\times\frac{\text{超过专门借款部分每笔资产支出占用的天数}}{\text{会计期间涵盖的天数}}\right)$$

$$一般借款的加权平均利率=\frac{一般借款当期实际发生的利息之和}{一般借款本金加权平均数}\times 100\%$$

（二）外币借款汇兑差额

在允许资本化期间内，外币专门借款本金及其利息的所有汇兑差额都应予以资本化；而除外币专门借款之外的其他外币借款本金及其利息所产生的汇兑差额应当作为财务费用，计入当期损益。另外，在允许资本化期间外，即使是外币专门借款的汇兑差额，也应该予以费用化。

（三）借款辅助费用

因安排专门借款而发生的辅助费用，在所购建或生产的符合资本化条件的资产达到预定可使用或可销售状态之前发生的，应当在发生时予以全额资本化；以后发生的辅助费用应当于当期确认为费用。

一般借款发生的费用，应当在发生时根据其发生额确认为费用，计入当期损益。需要注意的是，专门借款辅助费用资本化的条件比外币借款汇兑差额资本化的条件更加宽松，辅助费用只要发生在所购建或生产的符合资本化条件的资产达到预定可使用状态之前，就可以资本化，而外币专门借款汇兑差额必须发生在允许资本化的期间内，才能资本化。显然，前者资本化的期间范围大于后者。

【例 10.1】甲公司为建造一栋办公楼，于 2007 年 12 月 31 日借入期限为 3 年，本金为 1 000 万元，年利率为 6%，按年付息到期一次还本的专门借款。另外，甲公司有一般借款 200 万元，年利率为 7%，期限为 2 年，每年年末计提利息，将于 2009 年 6 月 30 日到期。工程采用出包方式，2008 年 1 月 1 日，用银行存款支付工程价款 300 万元，工程也于 2008 年 1 月 1 日动工；工程因质量纠纷于 2008 年 3 月 1 日—2008 年 6 月 30 日发生非正常中断。2008 年 9 月 1 日用银行存款支付工程价款 800 万元，工程于 2009 年 1 月 1 日达到预定可使用状态。2009 年 2 月 10 日办理竣工决算，2009 年 2 月 28 日交付使用，甲公司借款费用按年资本化。2008 年末动用的专门借款资金取得利息收入 2 万元。试计算借款利息资本化的金额并作出相关会计分录。

甲公司分析处理如下：

（1）借款利息资本化金额的计算：

资本化期间为 2008 年 1 月 1 日—2008 年 3 月 1 日，2008 年 7 月 1 日—2009 年 1 月 1 日。

专门借款利息资本化金额＝1 000×6%×（8/12）－2＝38（万元）

2008 年 9 月 1 日时累计资产支出 1 100 万元，超过专门借款 1 000 万元，超过部分 100 万元占用一般借款。

一般借款利息资本化金额＝100×7%×（4/12）≈2.33（万元）

当期总的利息费用＝1 000×6%－2＋200×7%＝72（万元）

（2）会计分录：

借：在建工程	40.33	
财务费用	31.67	
贷：银行存款		58
应付利息		14

第三节 长期借款

一、长期借款概述

长期借款，是指企业向银行或其他金融机构借入的偿还期在一年以上（不含一年）的各种借款。长期借款是企业长期负债的重要组成部分，长期借款的使用关系到企业的生产经营规模和效益，它一般用于固定资产的购建、改扩建工程、大修理工程、对外投资以及为了保持长期经营能力等方面，所以必须要加强管理和核算。企业除了要遵守借款规定、编制借款计划并要有不同形式的担保外，还应监督借款的使用、按期还本付息等。因此，长期借款核算的基本要求是反映和监督长期借款的借入、借款利息的结算和借款本金的归还情况，促使企业遵守信贷纪律，提高信用等级，同时也要确保长期借款发挥效益。

长期借款可以按不同的分类标准进行分类，一般有以下几种分类方法：

（1）按照借款用途的不同，可以分为基本建设借款、技术改造借款和生产经营借款三类。

（2）按照偿还方式的不同，可以分为定期一次性偿还的长期借款和分期偿还的长期借款两类。

（3）按照涉及货币种类的不同，可以分为人民币长期借款和外币长期借款。

（4）按照来源的不同，可以分为从银行借入的长期借款和从其他金融机构借入的长期借款等。

二、长期借款的核算

企业向银行或其他金融机构借入的长期借款，在会计核算中设置“长期借款”账户核算。为反映企业长期借款借入、借款利息的结算和借款本息的偿付情况，一般需在该账户下设置“本金”、“利息调整”明细账户。

长期借款的核算主要包括以下内容：

（1）企业借入长期借款，应按实际收到的金额，借记“银行存款”账户，贷记“长期借款——本金”账户，如有差额，还应借记“长期借款——利息调整”账户。

（2）在资产负债表日，企业应按长期借款的摊余成本和实际利率计算确定长期借款的利息费用，借记“在建工程”、“制造费用”、“财务费用”等账户，按借款本金和合同利率计算确定的应付未付利息，贷记“应付利息”账户，按其差额，贷记“长期借款——利息调整”账户。实际利率与合同利率差异较小的，也可以采用合同利率计算确定利息费用。

（3）企业归还长期借款，按归还的长期借款本金，借记“长期借款——本金”账户，按转销的利息调整金额，贷记“长期借款——利息调整”账户，按实际归还的款项，贷记“银行存款”账户，按借贷双方的差额，借记“在建工程”、“制造费用”、“财务费用”等账户。

【例 10.2】 2007 年 1 月 1 日，甲企业为建造新厂房，借入了两年期的专门借款 500 万元，年利率为 5%，每年年末付息一次，到期归还本金。新厂房于 2007 年 1 月 1 日动工兴建，并将专门借款 500 万元全部投入工程建造。工程于 2007 年 12 月 31 日完工，达到预定可使用状态。请编制相应的会计分录。

甲企业账务处理如下：

（1）2007 年 1 月 1 日，取得借款：

借：银行存款　5 000 000

　　贷：长期借款　5 000 000

（2）2007 年 1 月 1 日，借款投入工程建造：

借：在建工程　5 000 000

　　贷：银行存款　5 000 000

（3）2007 年 12 月 31 日，计算应计入工程成本的利息、支付利息、结转工程成本：

借：在建工程　250 000

　　贷：应付利息　250 000

借：应付利息　250 000

　　贷：银行存款　250 000

借：固定资产　5 250 000

　　贷：在建工程　5 250 000

（4）2008 年 12 月 31 日，计算应计入财务费用的利息、支付利息：

借：财务费用　250 000

　　贷：应付利息　250 000

借：应付利息　250 000

　　贷：银行存款　250 000

（5）2009 年 1 月 1 日到期归还本金：

借：长期借款　5 000 000

　　贷：银行存款　5 000 000

第四节　应付债券

一、应付债券概述

应付债券是企业筹集长期使用资金而发行的一种书面凭证。通过凭证上所记载的利率、期限等，表明发行债券企业承诺在未来某一特定日期还本付息。企业发行的超过一年期以上的债券，构成了一项长期负债。

企业发行的债券可按有无抵押担保、是否记名、是否可转换及偿还方式等进行分类。

（1）按有无抵押担保分类。债券根据其有无抵押担保，可分为信用债券和担保债券。信用债券也称无担保债券，是仅凭债券发行者的信用而发行的、没有抵押品作担保的债券。

（2）按是否记名分类。根据在券面上是否记名的不同情况，可以将债券分为记名债券和无记名债券。记名债券是指在券面上注明债权人姓名，同时在发行公司的账簿上作同样登记的债券。转让记名债券时，除要交付票券外，还要在债券上背书和在公司账簿上更换债权人姓名。而无记名债券是指券面未注明债权人姓名，也不在公司账簿上登记其姓名的债券。现在市面上流通的一般都是无记名债券。

（3）按是否可转换分类。按是否可转换来分类，债券又可分为可转换债券与不可转换债券。可转换债券是能按一定条件转换为其他金融工具的债券，而不可转换债券就是不能转化为其他金融工具的债券。可转换债券一般都是指可转换公司债券，这种债券的持有者可按一定的条件根据自己的意愿将持有的债券转换成股票。

（4）按偿还方式分类。企业发行的债券按偿还方式，可分为一次还本债券和分期还本债券。一次还本债券是指本金在到期日一次偿还的债券；分期还本债券是指本金分期偿还的债券。

企业发行债券有多项条件和要求，《公司法》规定，企业发行债券必须符合以下条件：第一，股份有限公司的净资产不低于人民币 3 000 万元，有限责任公司的净资产不低于人民币 6 000 万元；第二，累计债券总额不超过公司净资产的 40%；第三，企业最近 3 年平均可分配利润足够支付公司债券 1 年的利息；第四，资金投向符合国家产业政策；第五，债券的利率不得超过国务院限定的利率水平；第六，国务院规定的其他条件。此外，我国《公司法》还就公司再次发行债券的条件作出了限制性规定，即前一次发行的公司债券尚未募足，或已发行的公司债券或其他债务有违约或延迟支付本息的事实，且仍处于继续状态的，不得再次发行公司债券。

企业发行的债券的价格，可以与债券的票面价值一致，也可以高于或低于债券的票面价值。这主要是债券的发行价格受同期银行存款利率的影响较大，一般情况下，债券的票面利率高于银行利率，可按超过债券票面价值的价格发行，称为溢价发行。溢价发行表明企业以后多付利息而事先得到的补偿。

如果债券的票面利率低于银行利率，可按低于债券票面价值的价格发行，称为折价发行。折价发行表明企业以后少付利息而预先给投资者的补偿。

如果债券的票面利率与银行利率一致，可按票面价值发行，称为面值发行。溢价或折价是发行债券企业在债券存续期内对利息费用的一种调整。

二、一般公司债券

企业为筹集长期资金而发行的债券，应设置“应付债券”账户核算。为反映长期债券的发行、利息的计提、本金的偿付等情况，可在该账户下设置“面值”、“利息调整”、“应计利息”等明细账户。

企业应按债券种类设置明细账，进行明细核算。另外，企业在发行债券时，应将待发行债券的票面金额、债券票面利率、还本期限与方式、发行总额、发行日期和编号、委托代售部门等情况在备查簿中进行登记。

（一）公司债券发行的核算

企业发行债券时，按实际收到的款项，借记“银行存款”、“库存现金”等账户，按债券票面价值，贷记“应付债券——面值”账户，按其差额（即存在溢价、折价的情况），贷记或借记“应付债券——利息调整”账户。

关于债券发行费用的核算，根据《企业会计准则第 22 号——金融工具确认和计量》的规定，除以公允价值计量且其变动计入当期损益的金融负债之外，其他金融负债相关的交易费用应当计入金融负债的初始确认金额。应付债券属于除以公允价值计量且其变动计入当期损益的金融负债之外的其他金融负债，因此，对于债券的发行直接产生的发行费用扣除发行期间冻结资金所产生的利息收入，应当作为“利息调整”的一部分计入债券的初始确认金额，在债券存续期间于计提利息时摊销，并按借款费用的处理原则予以资本化或费用化。

（二）利息调整的摊销

企业债券应按期计提利息。溢价或折价发行债券的，其债券发行价格与债券面值总额的差额即利息调整，应当在债券存续期间分期摊销。摊销方法采用实际利率法。

实际利率法，是指按照应付债券的实际利率计算其摊余成本及各期利息费用的方法，即各期的利息费用等于实际利率乘以期初应付债券的摊余成本；实际利率，是指将应付债券在债券存续期间的未来现金流量，折现为该债券当前账面价值所使用的利率。

当实际利率与合同约定的名义利率差异不大时，也可以采用合同约定的名义利率计算确定利息费用。

分期计提利息及摊销利息调整时，应当区别情况进行会计处理：

面值发行的债券，企业应按应计提的利息，借记“在建工程”、“制造费用”、“财务费用”等账户，贷记“应付债券——应计利息”（到期一次还本付息债券，下同）或“应付利息”（分期付息、一次还本债券，下同）账户。

溢价或折价发行的债券，应按摊余成本和实际利率计算确定的利息费用，借记“在建工程”、“制造费用”、“财务费用”等账户，按票面金额与票面利率计算确定的金额，贷记“应付债券——应计利息”或“应付利息”账户，按其差额，借记或贷记“应付债券——利息调整”账户。

（三）债券偿还的核算

对于到期一次还本付息的债券，债券到期支付债券本息时，借记“应付债券——债券面值、应计利息”账户，贷记“银行存款”等账户。

对于分期付息、一次还本的债券，在每期支付利息时，借记“应付利息”账户，贷记“银行存款”账户；债券到期偿还本金并支付最后一期利息时，借记“应付债券——面值”、“在建工程”、“财务费用”等账户，贷记“银行存款”账户，如果存在利息调整，则还应按借贷双方之间的差额，借记或贷记“应付债券——利息调整”账户。

【例 10.3】甲公司于 2007 年 12 月 31 日发行 3 年期一次还本、分期付息的公司债券一批，面值为 500 万元，发行价格为 528.286 万元，票面年利率为 5%，债券利息每年 12 月 31 日支付（不考虑发行等费用）。请进行相应的会计处理。

甲公司计算处理如下：

该批债券的实际利率 r：

$5\,000\times5\%\times(1+r)^{-1}+5\,000\times5\%\times(1+r)^{-2}+5\,000\times5\%\times(1+r)^{-3}$

$=528.286$（万元）

利用插值法，可得出 $r=3\%$。

采用实际利率法和摊余成本计算确定利息费用，如表 10.1 所示。

表 10.1　利息调整摊销表（实际利率 $r=3\%$）　　单位：元

日　期	应付利息	利息费用	摊销的利息调整	应付债券摊余成本
2007 年 12 月 31 日				5 282 860
2008 年 12 月 31 日	250 000	158 486	91 514	5 191 346
2009 年 12 月 31 日	250 000	155 740	94 260	5 097 086
2010 年 12 月 31 日	250 000	152 914*	97 086	5 000 000
总计	750 000	467 140	282 860	

注：*尾数调整。

据此，甲公司有关债券的会计分录：

（1）2007 年 12 月 31 日债券发行：

借：银行存款	5 282 860	
贷：应付债券——面值		5 000 000
——利息调整		282 860

（2）2008 年 12 月 31 日计提利息并摊销利息调整：

借：财务费用等	158 486	
应付债券——利息调整	91 514	
贷：应付利息		250 000

支付利息：

借：应付利息	250 000	
贷：银行存款		250 000

2009 年 12 月 31 日计提利息并摊销利息调整、支付利息的会计处理同 2008 年。

（3）2010 年 12 月 31 日归还债券本金及最后一期利息：

借：财务费用等	152 914	
应付债券——面值	5 000 000	
——利息调整	97 086	
贷：银行存款		5 250 000

三、可转换公司债券

可转换公司债券是指由公司发行的，投资者在一定时期内可选择在一定条件下转换成公司股票的公司债券，通常也称作可转换债券或可转债。这种债券兼具债权和股权双重属性。我国发行的可转换公司债券采用记名式无纸化发行方式，债券最短期限为 3 年，最长期限为 5 年。

在会计核算中，企业发行的可转换公司债券作为长期负债，在“应付债券”账户中设置“可转换公司债券”明细账户进行核算。

（一）发行可转换债券的核算

企业发行可转换债券，应当在初始确认时将其包含的负债成分和权益成分进行分拆，将负债成分确认为应付债券，将权益成分确认为资本公积。

在进行分拆时，应当先对负债成分的未来现金流量进行折现确定负债成分的初始确认金额，再按发行价格总额扣除负债成分初始确认金额后的金额确定权益成分的初始确认金额。

发行可转换公司债券发生的交易费用，应当在负债成分和权益成分之间按照各自的相对公允价值进行分摊。

企业按发行时实际收到的款项，借记“银行存款”等账户，按可转换公司债券面值，贷记“应付债券——可转换公司债券（面值）”账户，按权益成分的公允价值，贷记“资本公积——其他资本公积”账户，按借贷双方之间的差额，借记或贷“应付债券——可转换公司债券（利息调整）”账户。

（二）转换前的利息调整的摊销

对于可转换公司债券的负债成分，在未转换为股份前，其会计核算与一般公司债券相同，即按期计提利息，并按实际利率法摊销利息调整。

企业应按实际利率乘以摊余成本的金额，借记“在建工程”、“制造费用”、“财务费用”等账户，按票面利率乘以面值的金额，贷记“应付债券——可转换公司债券（应计利息）”（一次还本付息债券）或“应付利息”（一次还本、分期付息债券）账户，按二者的差额，贷记或借记“应付债券——可转换公司债券（利息调整）”账户。

（三）可转换债券转换为股份时的核算

债券持有者行使转换权利，将可转换公司债券转换为股份时，如债券面额不足转换 1 股股份的部分，企业应当以现金偿还。

可转换债券转换为股份时，企业应按可转换公司债券的面值，借记“应付债券——可转换公司债券（面值）”账户，按已计提尚未支付的利息余额，借记“应付债券——可转换公司债券（应计利息）”账户，按其权益成分的金额，借记“资本公积——其他资本公积”账户；按股票面值和转换的股数计算的股票面值总额，贷记“股本”账户，按未摊销利息调整，贷记或借记“应付债券——可转换公司债券（利息调整）”账户，按实际用现金支付的不可转换股份的部分，贷记“库存现金”等账户，按借贷方的差额，贷记“资本公积——股本溢价”账户。

【例 10.4】甲公司于 2007 年 1 月 1 日发行 5 年期、面值 100 元、票面利率 6%、一次还本、每年年末付息一次的可转换债券 100 万张；发行总收入（不考虑发行费用）为 1 亿元。当时市场上条款相当的不附转换权利的同类债券的利率为 8%。在 2008 年 1 月 1 日，该可转换公司债券按每张债券转换 40 股普通股的比率全部转换为普通股，普通股每股面值 1 元。请进行相应的会计处理。

根据上述资料，甲公司的账务处理如下所示。

（1）2007 年 1 月 1 日发行可转换公司债券

可转换公司债券负债成分的公允价值（现值）用 8%利率折算如下：

查复利现值和年金现值表可知，在利率为 8%、期数为 5 期的条件下，1 元的复利现值为 0.680 6，1 元的年金现值为 3.992 7。

可转换公司债券负债成分的公允价值＝100 000 000×0.6806＋100 000 000×6%×3.9927
＝92 016 200（元）

可转换公司债券权益成分的公允价值＝100 000 000－92 016 200＝7 983 800（元）

因此，该公司可编制会计分录如下：

借：银行存款	100 000 000	
应付债券——可转换公司债券（利息调整）	7 983 800	
贷：应付债券——可转换公司债券（面值）		100 000 000
资本公积——其他资本公积		7 983 800

（2）2007 年 12 月 31 日确认利息费用

按实际利率 8%乘以可转换债券负债成分的摊余成本计算利息费用：

利息费用＝92 016 200×8%＝7 361 296（元）

按票面利率乘以票面金额计算应付利息金额：

应付利息＝100 000 000×6%＝6 000 000（元）

编制会计分录如下：

借：财务费用（或在建工程等）	7 361 296	
贷：应付利息		6 000 000
应付债券——可转换公司债券（利息调整）		1 361 296

支付利息：

借：应付利息	6 000 000	
贷：银行存款		6 000 000

（3）2008 年 1 月 1 日转换为普通股：

2008年1月1日，“应付债券——可转换公司债券(利息调整)”账户借方余额＝7 983 800－1 361 296＝6 622 504（元）。

该公司编制分录如下：

借：应付债券——可转换公司债券（面值）	100 000 000	
资本公积——其他资本公积	7 983 800	
贷：股本		40 000 000
应付债券——可转换公司债券（利息调整）		6 622 504
资本公积——股本溢价		61 361 296

第五节　长期应付款与专项应付款

一、长期应付款

长期应付款，指除长期借款和应付债券以外的、偿还期限在一年或超过一年的一个经营周期以上的其他债务。长期应付款主要包括应付融资租入固定资产的租赁费、以分期付款方式购入固定资产发生的应付款项等。

（一）应付融资租入固定资产的租赁费

企业采用融资租赁方式租入的固定资产，应在租赁期开始日，将租赁开始日租赁资产公允价值与最低租赁付款额现值两者中的较低者，加上初始直接费用，作为租入资产的入账价值，借记“固定资产”等账户，按最低租赁付款额，贷记“长期应付款”账户，按发生的初始直接费用，贷记“银行存款”等账户，按其差额，借记“未确认融资费用”账户。

企业在计算最低租赁付款额的现值时，能够取得出租人租赁内含利率的，应当采用租赁内含利率作为折现率；否则，应当采用租赁合同规定的利率作为折现率。企业无法取得出租人的租赁内含利率且租赁合同没有规定利率的，应当采用同期银行贷款利率作为折现率。租赁内含利率，是指在租赁开始日，使最低租赁收款额的现值与未担保现值之和等于租赁资产公允价值与出租人的初始直接费用之和的折现率。

未确认融资费用应当在租赁期内各个期间进行分摊。企业应当采用实际利率法计算确认当期的融资费用。

（二）具有融资性质的延期付款购买资产

企业购买资产有可能延期支付有关价款。如果延期支付的购买价款超过正常信用条件，实质上具有融资性质的，所购资产的成本应当以延期支付购买价款的现值为基础确定。实际支付的价款与购买价款的现值之间的差额，应当在信用期间内采用实际利率法进行摊销，计入相关资产成本或当期损益。具体来说，企业购入资产超过正常信用条件延期付款实质上具有融资性质的，应按购买价款的现值，借记“固定资产”、“在建工程”等账户，按应支付的价款总额，贷记“长期应付款”账户，按其差额，借记“未确认融资费用”账户。

二、专项应付款

专项应付款，指企业取得的国家指定为资本性投入的具有专项或特定用途的款项，如属于工程项目的资本性拨款等。其特征是：①属于企业的负债；②专款专用；③不需要以资产或新的负债偿还。

为了核算企业取得的国家指定为资本性投入的具有专项或特定用途的款项，如属于工程项目的资本性拨款等，应设置“专项应付款”账户，并按照拨入资本性投资项目的种类进行明细核算。

企业收到资本性拨款时，借记“银行存款”账户，贷记本账户。将专项或特定用途的拨款用于工程项目，借记“在建工程”、“公益性生物资产”等账户，贷记“银行存款”、“应付职工薪酬”等账户。工程项目完工，形成固定资产或公益性生物资产的部分，借记本账户，贷记“资本公积——其他资本公积”账户；对未形成固定资产需要核销的部分，借记本账户，贷记“在建工程”等账户；拨款结余需要返还的，借记本账户，贷记“银行存款”账户。期末贷方余额，反映企业尚未转销的专项应付款。

本 章 小 结

长期负债具有数额大、偿还期限长的特点。举借长期负债往往附有一定的条件，如需要担保品或指定担保人，设置偿债基金等，以保护债权人经济利益。负债经营能给公司的所有者带来收益上的好处，主要体现在：采用借入资金方式筹集资金，相对而言付出的资金成本较低；利息支出是税前支付，使企业能获得减少纳税的好处；由于利息是一项固定支出，在企业总收益率增加时，会给每股收益带来幅度更大的增加，即所谓“财务杠杆效应”。负债经营给公司的所有者带来好处的同时也增大了经营风险，引发财务危机。当负债率增大时，对债权人的债权保证程度降低，使未来筹资成本增加，筹资难度加大。

专业词汇中英对照

非流动负债 non-current liabilities
长期借款 long-term borrowing
应付债券 bond payable
可转换债券 convertible bond
长期应付款 long-term payables
专项应付款 special payable

复习思考题

一、单选题

1．下列项目中，不属于长期负债的是（　　）。
　A．长期借款　　B．应付债券　　C．应付票据　　D．长期应付款

2．按照计息和偿还方式的不同，小企业长期负债可以分为定期一次性偿还和（　　）等。
　A．分期偿还　　B．人民币长期负债

C．长期借款　　　　　　　　　　　D．其他长期负债

3．固定资产尚未交付使用之前发生的长期借款利息应计入（　　）。

A．财务费用　　　　　　　　　　　B．生产成本

C．固定资产购建成本　　　　　　　D．计划成本

4．长期借款的利息在（　　）账户核算。

A．预提费用　　B．其他应付款　　C．长期应付款　　D．长期借款

5．单利指的是在计算利息时，根据（　　）计算利息。

A．本金　　B．前一期利息　　C．前期利息和　　D．本金及前期利息和

6．下列利息支出中，可以予以资本化的是（　　）。

A．为对外投资而发生的借款利息支出

B．为生产经营活动而发生的长期借款利息支出

C．为固定资产购建而发生的专门借款利息支出

D．清算期间发生的长期借款利息支出

7．某企业要发行一种债券，票面利率为 9%，当市场利率为 7%时，应该（　　）发行。

A．溢价　　B．平价　　C．折价　　D．降低利率

8．A 公司 2009 年 1 月 1 日折价发行 5 年期、面值为 3 750 万元的债券，发行价格为 3 000 万元，票面利率为 4.72%，每年年末支付利息，到期一次还本，按实际利率法摊销折价，债券实际利率为 10%。A 公司发行该项公司债券所募集的资金专门用于建造一条生产线，生产线从 2009 年 1 月 1 日开始建设，于 2011 年年底完工，达到预定可使用状态，则 A 公司 2010 年应予资本化的利息费用为（　　）万元。

A．300.3　　B．177.3　　C．312.3　　D．375.3

9．2011 年 7 月 1 日，甲公司同意将其可转换公司债券持有人将其持有的 3 000 万元甲公司可转换公司债券转换为 150 万股普通股（每股面值 1 元）。该可转换公司债券系 2010 年 7 月 1 日按面值发行的期限为三年期、到期一次还本付息的债券，面值总额为 6 000 万元，票面年利率为 10%，假定不考虑可转换公司债券的分拆，票面利率与实际利率相等。甲公司对于此项可转换公司债券转换时，应确认的“资本公积——股本溢价”的金额为（　　）万元。

A．3 300　　B．3 150　　C．3 000　　D．2 850

10．下列事项中，属于债务重组方式的是（　　）。

A．债务人破产清算　　　　　　　B．债务人进行公司改组

C．债务转为资本　　　　　　　　D．债务人发行可转换债券

二、多选题

1．下列项目中，属于借款费用的是（　　　）。

A．外币借款发生的汇兑损失

B．发行公司债券的印刷费

C．发行公司股票的佣金

D．借款的手续费

2．企业为购建固定资产专门借入的款项所发生的借款费用，停止资本化的时点有（　　）。

A．所购建固定资产与设计要求或合同要求相符或基本相符时

B．固定资产的实体建造工作已经全部完成或实质上已经完成时

C．继续发生在所购建固定资产上的支出金额很少或者几乎不再发生时

D．需要试生产的固定资产在试生产结果表明资产能够正常生产出合格产品时

3．在资产购建或研发期间，企业为下列长期借款计提的利息中，应计入资产成本的有（　　）。

A．为研发无形资产而借入的专门借款

B．筹建期间借入的长期借款

C．为制造生产周期较长的产品而借入的专门借款

D．为建造办公楼而借入的专门借款

4．企业发行的应付债券产生的利息调整，每期摊销时可能记入的账户有（　　）。

A．在建工程　　B．长期待摊费用

C．财务费用　　D．待摊费用

E．应收利息

5．下列表述正确的是（　　）。

A．可转换公司债券到期必须转换为股份

B．可转换公司债券在未转换成股份前，要按期计提利息，并进行利息调整

C．可转换公司债券在转换成股份后，仍要按期计提利息，并进行利息调整

D．可转换公司债券转换为股份时，不确认转换损益

E．可转换公司债券转换为股份时，按债券的账面价值转为股本

三、思考题

1．什么是非流动负债？它主要包括哪些内容？

2．借款费用主要包括哪些内容？借款费用资本化金额如何确定？

3．长期借款与短期借款相比，在核算上有何特点？

4．债券的发行价格应如何确定？债券发行、计提利息、利息调整及到期偿还应如何核算？

四、业务处理题

1．华丰实业股份有限公司 2007 年 7 月 1 日向银行借入 100 万元，期限为 3 年，年利率为 10%，分期付息到期还本。借款用于建造厂房，厂房于 2008 年 6 月 30 日交付使用。假设实际利率与合同利率相差很小。

要求：对华丰公司借款、计算支付利息、还本等业务进行账务处理。

2．华丰实业股份有限公司于 1 月 1 日发行公司债券：面值为 100 000 元，期限为 5 年，票面利率为 10%，每年付息一次，到期一次还本。假设企业发行时实际利率为 8%，则实际收到的金额为 107 985 元。

要求：对企业债券的发行、票面利息的计算、利息费用的确定和利息的支付进行账务处理。

五、案例分析题

信达机床厂建造一幢新厂房，2003 年 3 月 1 日从建设银行取得专门借款 10 000 000 元，期限 3 年，利率为 6.5%。新厂房的建设从 2003 年 4 月 10 日开工并陆续发生各项支出。2005 年 2 月 5 日，因款项迟迟不能到位，施工方停止了施工，直到 2005 年 8 月 13 日才恢复施工。新厂房于 2005 年 10 月 16 日完工，双方于 2005 年 12 月 31 日办完竣工决算手续。2006 年 5 月 1 日，新厂房投入使用。信达机床厂对这笔专门借款的利息共计 1 950 000 元，全部计入了工程造价，形成了固定资产的价值。

要求：

（1）信达机床厂对借款利息的会计处理是否正确，为什么？

（2）信达机床厂这样处理的意图是什么？对其利润会产生什么影响？

第十一章

所有者权益

本章导读

本章将在介绍所有者权益的含义和内容的基础上，重点介绍所有者权益的确认和计量。通过本章学习，应能够：

- 了解所有者权益的概念和包含的内容；
- 掌握投入资本、资本公积和留存收益的核算。

导入案例

截至 2012 年 12 月 31 日，A 公司的所有者权益总额为 208 万元，其中：实收资本 200 万元，资本公积 2 万元，盈余公积 4 万元，未分配利润 2 万元。这些所有者权益的项目是如何形成的？同为所有者权益，这些项目的具体作用有何不同？

第一节　所有者权益概述

一、所有者权益及其特征

（一）所有者权益的含义

企业的资金来源由两部分组成，即债权人权益（负债）和所有者权益。所有者权益是企业投资者对企业净资产的要求权，而净资产是企业全部资产减去全部负债后的差额部分，因此，所有者权益是一种剩余权益。

企业的所有者权益是由企业的投资者投入资本及其增值所形成的。倘若企业在生产经营中获利，那么所有者权益就随之增加；倘若企业在生产经营中亏损或向投资者分配利润，那么所有者权益就相应地减少。

对于股份公司来说，所有者权益即为股东权益，是指股东对公司净资产的要求权。对于股东权益的核算，由于涉及每个股东、债权人及其他利益相关者的利益，所以往往在法律上规定得比较详细，在会计核算上规定得比较严格，如我国公司法对公司制企业的股票发行、转让、利润分配、减资等都作出了严格规定，以保护相关利益人的利益。

（二）所有者权益的特征

会计方程式“资产－负债＝所有者权益”清楚地说明了所有者权益实质上是一种剩余权益，体现企业的产权关系。与负债相比，所有者权益具有如下特征：

（1）所有者权益不具有优先性。在通常情况下，债权人要求支付利息和偿还本金的权利在所有者权益之前，所有者权益对企业资源的要求权次于负债。

（2）所有者权益不具有固定性。负债到期日应支付的本金金额一般是固定的，其所支付的利息通常是按照一定的利率计算的，相比之下，对所有者所支付的股利往往要随期间收益、留存收益和可供分配现金的数额而转移，并且须经董事会正式宣告后才发放。

（3）所有者权益所产生的义务不具有法定偿还性。债权人要求权的到期日通常是依法或依约事先确定的，而负债一旦产生就形成了法定义务，到期必须依法或依约还本付息；而所有者权益并不代表企业的法定义务，应付股利也仅仅是在宣告之后才能视为企业的负债。

（4）所有者权益不具有时间性。对负债的偿还，一般都有明确的法律规定及偿还时间，其使用期限是有时间约束的，而所有者权益是一种永久性资本，投资者不得在中途以任何形式抽回。

二、所有者权益的构成

为了反映所有者权益的构成，便于投资者和其他会计报表使用者了解企业所有者权益的来源及其变动情况，在进行会计核算时，有必要将所有者权益进行分类。企业会计准则规定“所有者权益的来源包括所有者投入的资本、直接计入所有者权益的利得和损失、留存收益等”，所有者权益由实收资本（股本）、资本公积、盈余公积和未分配利润等构成。

1. 实收资本（股本）

实收资本是指企业在创办时及以后的生产经营过程中，所有者按照公司的章程或合同、协议的约定实际投入企业的资本。对股份有限公司而言，称之为股本。

企业实收资本按其主体不同，可以分为国家资本（或国家股）、法人资本（或法人股）、个人资本（或个人股）和外商资本（或外商股）等四类；实收资本（或股本）取得的形式，可以是货币资金，也可以是实物资产或无形资产等。

2. 资本公积

资本公积是指由投资者在投入资本过程中所发生的与投入资本有直接联系，但又不能构成实收资本的积存资金，以及从其他来源取得属于所有者共同享有的资金。主要包括资本（或股本）溢价、接受捐赠资产及其他资本公积等。资本公积可以用于转增资本（或股本）。

3. 留存收益

留存收益是指企业在经营过程中已经实现但由于企业经营发展的需要，或由于其他原因而没有分配给所有者所累积的盈利。它由盈余公积和未分配利润两部分构成。

（1）盈余公积

盈余公积是指企业按照规定从净利润中提取的各种积累资金。包括法定盈余公积和任意盈余公积两类。

法定盈余公积是指企业按照规定比例（10%）从净利润中提取的盈余公积。

任意盈余公积是指企业经股东大会或类似机构批准，按照规定比例从净利润中提取的盈余公积。

盈余公积可以用于弥补亏损、转增资本（或股本）。符合规定条件的企业，也可以用盈余公积分派现金股利。

（2）未分配利润

未分配利润是指企业留待以后年度进行分配的结存利润。一是留待以后年度处理的利润；二是未指定特定用途的利润。从数量关系上表示为：期初未分配利润＋本年净利润－已分配利润＝期末未分配利润。

三、所有者权益的确认与计量

一般来说，在企业的正常经营活动中，企业的所有者权益变动较少，对它的确认相对较为容易。对投入资本，按所有者在实际投入时确认；对资本公积，按构成项目分别确认；对留存收益，则是收入和费用配比的结果。

如前所述，所有者权益是资产减负债后的差额，也称净资产。可以看出，所有者权益的计量从属于资产和负债的计量，而资产的计量又与资本保全概念相联系。常见的净资产保全概念有货币资本保全观点、一般购买力资本保全观点及实物资本保全观点三种。各种资本保全观点都规定了各自的资本保全要求，从而使所有者权益的量度也有所不同。

货币资本保全观点是以投入的货币额保全为条件，因其用名义货币作为计量单位，因此，也称名义货币保全观。在此观点下，所有者权益是所有者在过去投入企业和其他属于净权益持有人的资产份额的货币量之和，所有者权益因利润的实现而增加，因发生亏损而减少；利润分配和减资都会引起所有者权益的减少。货币资本保全观点是目前会计实务的基础，也使所有者权益量度的确定及其分类具有客观性。

一般购买力资本保全观点也称真实净权益保全观点，此种观点将所有者权益视为权益所有者在过去投入企业和留在企业的资产份额，按货币一般购买力计算的总和为资本保全的基础，在保全了期初所有者权益的一般购买力之后的净资产增量才被认为是企业已实现的利润。一般购买力资本保全观点使得所有者权益的计量与货币保全观点有所区别，同时，这一量度在投入资本和留存收益之间的划分也存在差异。

实物资本保全观点是指所有者权益不是按发生时的名义货币单位计量，也不是按一般购买力来计量，而是以一定的实物数量或特定物价指数折算的货币来计量。要保持企业的正常生产经营活动，一定要维持企业原有的生产经营能力。

第二节 投入资本

一、投入资本的性质与意义

企业要进行经营，必须要有一定的“本钱”。我国《公司法》和《中华人民共和国企业法人登记管理条例》明确规定，企业申请开业，必须具备符合国家规定并与其生产经营和服务规模相适应的资金数额。而投入资本正是投资者作为资本投入到企业中的各种资产的价值，并且应达到法定的最低要求。

二、出资者的出资方式

企业可以吸收投资者依法投入的各种财产作为其出资，如货币资金、房屋、原材料等实物资产，以及专利权、非专利技术等无形资产，还可以通过发行股票筹集资本金。

三、投入资本的核算

企业为了完整地核算所有者投入资本的业务，应设置“实收资本”或“股本”账户，收到投资者投入的现金，应在实际收到或存入企业开户银行时，按照实际收到的金额，借记“银行存款”账户，贷记“实收资本”或“股本”账户；以实物资产投资时，应在办理实物产权转移手续后，按投资各方认可的价值（公允价值），借记“固定资产”、“原材料”等账户，贷记“实收资本”或“股本”账户；以无形资产出资的，应按合同、协议或公司章程规定，移交有关凭证时，按投资各方认可的价值（公允价值）借记“无形资产”账户，贷记“实收资本”或“股本”账户。如果所有者的实际出资额大于应缴出资额的差额，作为资本公积处理。

投入资本相关业务账户图如图 11.1 所示：

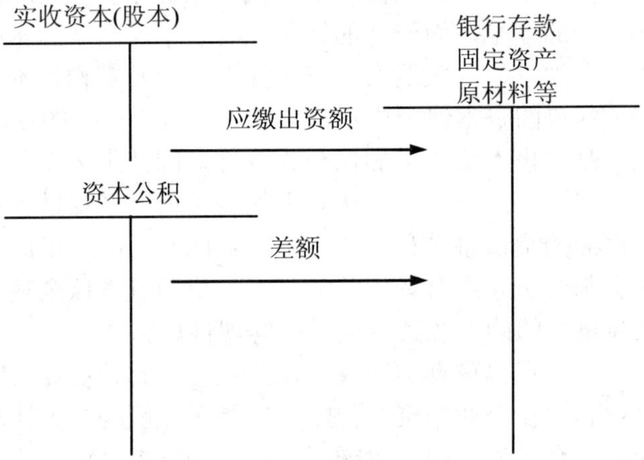

图 11.1　投入资本业务账户图

（一）国有独资公司的投入资本

根据我国《公司法》的规定，国有独资公司是由国家授权投资的机构或者国家授权的部门单独投资设立的有限责任公司。

在会计核算上，单独把国有独资公司作为一种类型，是因为这类企业在组建时，所有者投入的资本，全部作为实收资本。国有独资公司不发行股票，不会产生股票溢价发行收入，也不会在追加投资时为维持一定的投资比例而产生资本公积。

【例 11.1】甲公司是一家国有独资企业，创立于 2005 年，2012 年 6 月 1 日，该公司所有者权益账面余额为 2 120 万元，其中注册资本 1 500 万元，盈余公积 580 万元，未分配利润 40 万元，国家追加投资 300 万元，已转入企业银行账户。有关会计处理如下（单位：万元）：

借：银行存款　　300

　　贷：实收资本　　300

（二）有限责任公司的投入资本

有限责任公司（以下简称有限公司），是指由两个以上股东共同出资，每个股东以其所认缴的出资额对公司承担责任的企业法人。有限责任公司的投入资本在“实收资本”账户核算，其特点为：

（1）按照公司章程所规定的出资方式、出资额和出资缴纳期限出资。一旦投资者某一方未按规定缴纳出资的，企业有权向该投资者追缴。经追缴仍不履行义务的，企业还可依诉讼程序，请求人民法院追究投资者的违约责任。

（2）所有者投入资本应区别情况处理。初建有限责任公司时，各投资者按照合同、协议或公司章程投入企业的资本，应全部记入“实收资本”账户。在企业增资扩股时，如有新投资者加入，新加入的投资者缴纳的出资额大于其约定比例计算的其在注册资本中所占有的份额的部分，不记入“实收资本”账户，而作为资本公积，记入“资本公积”账户。

【例 11.2】乙有限责任公司由 A、B、C 三位投资者于 2008 年投资建立，A 以厂房、设备投资，评估价为 500 000 元，B 和 C 各出资 250 000 元入股，A、B、C 三人以其出资额对公司负有限责任，并按其出资比例享有权益。有关会计处理如下（单位：万元）：

借：固定资产	50	
银行存款	50	
贷：实收资本——A		50
——B		25
——C		25

【例 11.3】承【例 11.2】，2012 年 1 月，乙公司所有者权益账面余额为 1 600 000 元，其中实收资本为 1 000 000 元，盈余公积为 500 000 元，未分配利润为 100 000 元。经协商，接受 D 以专利技术入股，该专利技术作价 400 000 元，另投入货币资金 100 000 元，占公司权益的 20%。有关会计处理如下（单位：万元）：

计入实收资本金额＝1 000 000÷80%×20%＝250 000（元）

计入资本公积金额＝400 000＋100 000－250 000＝250 000（元）

借：银行存款	10	
无形资产	40	
贷：实收资本——D		25
资本公积——资本溢价		25

（三）股份有限公司的投入资本

股份有限公司（以下简称股份公司）是指全部资本由等额股份构成并通过发行股票筹集资本，股东以其所持股份对公司承担有限责任，公司以其全部资产对公司债务承担责任的企业法人。股份公司投入资本核算的特点如下所示。

1. 设置“股本”账户进行核算

股份有限公司与其他企业相比，最显著的特点就是将企业的全部资本划分为等额股份，并通过发行股票的方式来筹集资本。“股本”账户核算股东投入企业的股本，企业应将核定的股本总额、股份总数和每股面值在股本账户中作备查记录。

2. 企业根据不同的设立方式，选择不同的会计处理方法

股份有限公司设立有两种方式，即发起式和募集式。发起式设立的特点是股份全部由发起人认购，不向发起人之外的任何人募集股份；募集式设立的特点是公司股份除发起人认购外，还可以采用向其他法人或自然人以发行股票的方式进行募集。公司设立方式不同，涉及所有者权益的会计处理方法也不同。

（1）发起设立股份有限公司的会计处理

采用发起设立方式设立股份有限公司时，因股东是固定的，无须聘请证券商向社会募集股份，因其筹资费用相对较少，可以直接记入“管理费用”账户，其会计处理为：借记“长期待摊费用”或“管理费用”等账户，贷记“银行存款”等账户。投资者投入资本后，借记“银行存款”等账户，贷记“股本”账户。

【例 11.4】丙股份有限公司由 A、B、C、D 四家企业组建而成，总股本 2 000 万股，每股面值 1 元。公司采用发起设立方式，其中发起人 A 认购 1 000 万股，款项已存入银行。另外，在公司筹建期间以银行存款支付有关费用（如验资费、注册登记费等）8 万元。有关会计处理如下（单位：万元）：

借：银行存款　　992

　　管理费用　　8

　　贷：股本——A　　1 000

（2）募集设立股份有限公司的会计处理

在采用募集设立方式设立股份有限公司时，其股票发行数量大、费用支出大，其筹资费用（主要是支付给证券商的股票发行手续费）需要进行特殊的会计处理。如果是溢价发行股票，其支付给证券商的费用可以从股票溢价收入中扣除；如果股票发行成功，则按实际收到的金额，借记“银行存款”账户，按照股票的面值，贷记“股本”账户，实收的款额超过股票面值的差额记入“资本公积——股本溢价”账户。如果是按面值发行股票，其支付给证券商的费用作为管理费用处理。

【例 11.5】丁股份有限公司采用募集设立方式设立，总股本 5 000 万股，每股面值 1 元，发行价 1.5 元/股，根据与 H 证券公司签订的股票发行协议，其手续费率 2.5%，其股票发行手续费已从股票溢价收入中扣除，余款由证券公司转入公司的账户。有关会计处理如下（单位：万元）：

① 计算股票发行总收入、手续费及净收入：

发行总收入＝5 000×1.5＝7 500（万元）

应扣手续费＝7 500×2.5%＝187.5（万元）

溢价净收入＝7500－187.5＝7 312.5（万元）

② 会计分录：

借：银行存款　　7 312.5

　　贷：股本　　5 000

　　　　资本公积——股本溢价　　2 312.5

【例 11.6】沿用【例 11.5】的资料，假定该公司股票按面值发行，其发行手续费率仍为 2.5%。

① 计算股票发行总收入、手续费及净收入：

发行总收入＝5 000×1＝5 000（万元）

应支付的手续费＝5 000×2.5%＝125（万元）

发票发行净收入＝5 000－125＝4 875（万元）

② 会计分录：

借：银行存款　　4 875

管理费用 125

贷：股本 5 000

（3）股票发行失败的会计处理

发起设立股份公司时，因所需的资本由发起人认购，通常不会产生公司设立失败的问题。而对于募集设立的股份公司，因需要在证券市场募集资本，如果由于资本市场不景气或者股票发行价格不适当等原因，可能会发生股票发行失败。如果股票发行失败，其发行失败损失由发起人承担，其发行失败损失包括公司的筹建费用、筹建过程中的债务，以及认股款的同期银行利息等。如果公司预计股票有可能发行失败，在收到有关认购款时，可设立“已认购股本”账户，其会计处理为：借记“银行存款”账户，贷记“已认购股本”等账户；一旦股票发行成功，则将“已认购股本”账户转入“股本”账户，借记“已认购股本”账户，贷记“股本”账户；一旦股票发行失败，则退还其认购款，并承担相应的股票发行失败损失。其发行失败损失，计入长期待摊费用，借记“长期待摊费用”账户，贷记“银行存款”等账户。

【例 11.7】戊股份公司经批准由 J 证券公司代为发行普通股 40 000 万股，每股面值 1 元，发行价 2 元。在股票认购期内，只售出了 20 000 万股，收到认购股款 4 亿元人民币，发行合同规定，按 1%计算发行手续费。如果股票未能在规定期限内全部发行成功，证券公司不承担责任，并视为发行失败。戊公司在发行股票前，已经发生了公司筹建费用 120 万元。有关会计处理如下（单位：万元）：

① 收到认购股款并结算手续费：

借：银行存款 39 600

长期待摊费用 400

贷：已认购股本 40 000

② 支付筹建费用

借：管理费用 120

贷：银行存款 120

③ 退还认购股款

借：已认购股本 40 000

贷：银行存款 40 000

四、实收资本增减变动的核算

在一般情况下，企业的实收资本应固定不变，但在某些特殊情况下，实收资本也可能发生增减变化。《中华人民共和国企业法人登记管理条例》规定，企业的实收资本与原注册资本数额增减变化超过 20%时，应持有关资金证明，向原登记机关申请变更登记。

（一）实收资本增加的核算

一般企业增加资本的途径有三条：一是将资本公积转为实收资本。借记“资本公积”账户，贷记“实收资本”账户。二是将盈余公积转为实收资本。借记“盈余公积”账户，贷记“实收资本”账户。这里要注意的是，资本公积和盈余公积均属所有者权益，转为实收资本时，如为独资企业比较简单，直接结转即可；如为股份公司或有限责任公司，应按原投资者所持股份同比例增加各股东的股权，股份公司具体可以采用发放新股的办法。三是所有者（包括原所有者和新所有者）投入。企业应在收到投资者投入资金时，借记“银行存款”、“固定资产”、“原材料”等账户，贷记“实收资本”等账户。

【例 11.8】在【例 11.1】中，甲公司将盈余公积 600 000 元转增资本，转增后实收资本为 200 600 000 元，盈余公积为 5 200 000 元。有关会计处理如下（单位：万元）：

借：盈余公积	60	
贷：实收资本		60

【例 11.9】在【例 11.2】中，乙公司将资本公积 250 000 元、盈余公积 150 000 元转增资本。有关会计处理如下（单位：万元）：

借：盈余公积	15	
资本公积	25	
贷：实收资本——A		16
——B		8
——C		8
——D		8

（二）实收资本减少的核算

企业实收资本减少的原因大体有两种，一是资本过剩；二是企业发生重大亏损而需要减少实收资本。企业因资本过剩而减资，一般企业发还投资的核算比较简单，按发还投资的数额，借记“实收资本”账户，贷记“银行存款”账户。股份有限公司由于采用的是发行股票的方式筹集股本，发还股款时，则要收购发行的股票，发行股票的价格与股票面值可能不同，收回股票的价格也可能与发行价值不同，会计核算比较复杂。由于“股本”账户是按股票的面值登记的，收购企业股票时，应按面值注销股本。超出面值付出的价格，可区别不同情况处理：收购的股票凡属溢价发行的，则首先冲销溢价收入，不足部分，凡提有盈余公积的，冲销盈余公积：如盈余公积仍不足以支付收购款的，冲销未分配利润。凡属面值发行的，直接冲销盈余公积、未分配利润。

企业因严重亏损而减资，只要经过有关部门批准并办理了相关手续后，其会计处理为：借记“实收资本（或股本）”账户，贷记“利润分配——未分配利润”账户。

【例 11.10】甲公司因资本相对过剩，盈利能力下降，经批准减资 200 万元，已用银行存款付讫。有关会计处理如下（单位：万元）：

借：实收资本	200	
贷：银行存款		200

【例 11.11】天兴股份有限公司因股票发行时对筹集资金的使用预测发生偏差，资金相对过剩，2012 年 4 月 25 日，公司董事会提议并经股东大会批准，决定缩减资本 500 万股，该公司原发行股票 10 000 万股，每股面值 1 元，发行价 2.6 元/股。2012 年 5 月 16 日，该公司完成收购股票 500 万股，当日股价 4 元/股。有关会计处理如下（单位：万元）：

借：股本	500	
资本公积——股本溢价	1 500	
贷：银行存款		2 000

第三节 资 本 公 积

一、资本公积的概念及性质

资本公积是指由投资者在投入资本过程中所发生的与投入资本有直接联系，但又不能构成实收资本的积存资金及直接计入所有者权益的利得和损失，或从其他来源取得属于所有者享有的资金。

二、资本公积的形成

企业在核算资本公积时，除设置“资本公积”总账账户外，还应分别设置“资本溢价”、“股本溢价”和“其他资本公积”明细账户进行核算。

1. 资本溢价（股本溢价）

资本溢价主要指企业、公司在吸收新的投资者时，因企业经营了一段时间后，其资本利润率会高于初创阶段，因此，相同数量的投资，由于其出资时间不同，其对企业的影响程度也不完全一样。因此，新加入的投资者应比原投资者付出更多的投资额，才能拥有相同的出资比例，并享有其权利。超过其出资额的部分，应记入“资本公积——资本溢价”账户。

根据我国《公司法》等法律、法规的规定，股份公司可以按面值发行股票，也可以溢价发行股票，但在溢价发行股票的情况下，在会计处理时，记入“股本”账户的金额只能是按面值计价，超过股票面值的部分，在扣除股票发行的手续费、佣金后的差额记入“资本公积——股本溢价”账户。

除此之外，还包括同一控制下企业合并所产生的资本公积。根据现行会计准则的规定，在同一控制下控股合并形成的长期股权投资，在合并日，按取得被合并企业所有者权益账面价值的份额，借记“长期股权投资”账户，按支付对价的账面价值，贷记相关资产或负债账户，其差额借记或贷记“资本公积——资本溢价或股本溢价”账户。如果“资本公积——资本溢价或股本溢价”不足冲减的，借记“盈余公积”、“利润分配——未分配利润”等账户。

经股东大会或类似机构决议，用资本公积转增资本的，借记“资本公积——资本溢价或股本溢价”账户，贷记“实收资本”或“股本”账户。

【例 11.12】甲公司以按面值发行股票的方式筹集 1 亿元资金购买戊公司的全部股权，其中甲公司的所有者权益为 2.5 亿元，资本公积为 6 000 万元。戊公司系一家软件开发企业，其所有者权益账面价值为 1.3 亿元，与甲公司同属一家集团公司控制，甲公司在发行股票的过程中支付了 6 万元的手续费等相关费用，此外，甲公司为完成与戊公司的合并，还支付了 3 万元的审计费用。有关会计处理如下（单位：万元）：

（1）发生并购

借：长期股权投资	13 000
贷：资本公积——股本溢价	3 000
股本	10 000

（2）发生手续费等相关费用

借：资本公积——股本溢价	6

贷：银行存款 6

（3）支付审计费用等

借：管理费用 3

贷：银行存款 3

2. 其他资本公积

根据现行会计准则的规定，企业除了资本溢价（股本溢价）以外所产生的资本公积，均在“其他资本公积”明细账户中核算，主要包括以下内容：

（1）其他权益变动。长期股权投资采用权益法核算的，在持股比例不变的情况下，被投资单位除净损益以外的所有者权益的其他变动，企业按持股比例计算应享有的份额，借记“长期股权投资——其他权益变动”账户，贷记“资本公积——其他资本公积”账户。

处置采用权益法核算的长期股权投资，除进行正常的处置投资的会计处理外，还应结转原计入资本公积的相关金额，借记“资本公积——其他资本公积”账户，贷记“投资收益”账户。

（2）股份支付。以权益结算的股份支付换取职工或其他方服务的，应按照规定的金额，借记“管理费用”等账户，贷记“资本公积——其他资本公积”账户。

在行权日，按实际行权的权益工具的数量计算确定的金额，借记“资本公积——其他资本公积”账户，按计入实收资本或股本的金额，贷记“实收资本”或“股本”科目，按其差额，贷记“资本公积——资本溢价或股本溢价”账户。

（3）自用房地产或存货转为投资性房地产。自用房地产或存货转换为按公允价值模式计量的投资性房地产时，按其转换日的公允价值，借记“投资性房地产——成本”账户，按其账面价值，贷记“开发产品”等账户，按其差额，贷记“资本公积——其他资本公积”账户，或者借记“公允价值变动损益”账户。

【例 11.13】甲股份有限公司 2012 年 1 月 1 日决定将自产的一批房地产转换为投资性房地产，转换日，该批房地产的公允价值为 2 400 万元，其开发成本为 2 100 万元。假定该公司未对该批房地产计提减值准备，该公司对投资性房地产采用公允价值模式计量。有关会计处理如下（单位：万元）：

借：投资性房地产——成本 2 400

贷：开发产品 2 100

资本公积——其他资本公积 300

如果该批房地产公允价值为 1 800 万元，则会计分录为：

借：投资性房地产——成本 1 800

公允价值变动损益 300

贷：开发产品 2 100

（4）投资的再分类。企业将持有至到期投资重分类为可供出售金融资产，或将可供出售金融资产重分类为持有至到期投资的，除按照“持有至到期投资”、“可供出售金融资产”等账户核算外，还需相应地调整资本公积。即按重分类日该项金融资产的公允价值，借记“可供出售金融资产”账户，按其账面余额，贷记“持有至到期投资——成本、利息调整、应计利息”账户，按其差额贷记或借记“资本公积——其他资本公积”账户。

将可供出售金融资产重分类为采用成本或摊余成本计量的金融资产的，对于原计入资本公积的相关金额，还需分别两种情形处理。

一是有固定到期日的，在该项金融资产剩余年限内，在资产负债表日，按采用实际利率法计算确定的摊销金额，借记或贷记“资本公积——其他资本公积”账户，贷记或借记“投资收益”账户。

二是没有固定到期日的，应在处置该项金融资产时，借记或贷记“资本公积——其他资本公积”账户，贷记或借记“投资收益”账户。

【例 11.14】乙股份公司 2012 年 2 月 1 日决定，将持有甲公司债券 1 000 万元转为可供出售金融资产，转换日，该债券的公允价值为 1 260 万元。“持有至到期投资”账户有关余额为：成本 1 000 万元，利息调整 20 万元，应计利息 100 万元。有关会计处理如下（单位：万元）：

借：可供出售金融资产 1 260

　贷：持有至到期投资——成本 1 000

　　　　　　　　　——利息调整 20

　　　　　　　　　——应计利息 100

　　资本公积——其他资本公积 140

（5）拨款转入。拨款转入是指某些国有企业拨入的、专项用于某个项目的拨款，在该项拨款项目完成后，形成资产的拨款部分转作资本公积。在我国，国家对企业拨出专款，专门用于企业的技术改造、技术研究等项目，企业在收到拨款时，暂作长期负债处理。借记“银行存款”账户，贷记“专项应付款”账户，待该项目完工后，属于费用并且按规定予以核销的部分，冲减长期负债，借记“专项应付款”账户，贷记“在建工程”等账户；属于形成资产的部分作为资本公积处理，借记“专项应付款”账户，贷记“资本公积——其他资本公积”账户。

【例 11.15】甲公司 2012 年 3 月 1 日收到国家某部门的拨款 300 万元，用于某项目的研发。2012 年 10 月 20 日研发成功，经确认，支出研发费用 285 万元予以核销，其余款项退回。有关会计处理如下（单位：万元）：

① 收到拨款：

借：银行存款 300

　贷：专项应付款 300

② 项目研发成功，形成资产转账：

借：专项应付款 285

　贷：资本公积——其他资本公积 285

③ 退回多余款项：

借：专项应付款 15

　贷：银行存款 15

三、资本公积的使用

资本公积的主要用途是转增资本金，但是，企业用资本公积转增资本金，必须有股东大会等机构的决议并向原登记机关办理有关法律手续。在进行会计处理时，必须按照股东原有的持股比例分别增加相关股东的权益。

第四节 留 存 收 益

一、留存收益的概念及性质

留存收益是指企业从历年实现的净利润中提取或形成的留存于企业的内部积累，即企业在经营过程中已实现但由于企业经营发展的需要或由于法定的原因等而没有分配给所有者所累计的盈利或亏损。

二、留存收益的构成

1. 盈余公积

盈余公积是指企业按照有关规定从净利润中提取的积累资金，包括法定盈余公积和任意盈余公积两种。根据现行财务制度规定，企业按照净利润的一定比例（10%）提取法定盈余公积，但法定盈余公积累计金额达到注册资本的50%时，可以不再提取；任意盈余公积的提取比例由公司的股东大会决议决定。

公司提取的一般盈余公积主要用于弥补企业的亏损和转增资本金，但转增资本金后留存的余额不得少于注册资本的25%。

2. 未分配利润

未分配利润是指企业留待以后年度进行分配的留存利润，是企业实现“自我发展”的主要资金来源。

三、留存收益的核算

1. 利润分配的顺序

企业实现的利润必须按照一定的规定予以分配，依据有关法规、制度的规定，企业当年实现的净利润，按照下列顺序分配。

（1）弥补以前年度亏损。按照规定，5 年以内的亏损，可以用税前利润弥补，超过 5 年的亏损，可以用税后净利润弥补。

（2）提取法定的盈余公积和法定的公益金。企业按净利润的 10%提取法定盈余公积，按净利润的 5%～10%提取法定公益金，其会计处理为：借记“利润分配——提取盈余公积、提取公益金”账户；贷记“盈余公积——法定盈余公积、法定公益金”账户。

（3）提取任意盈余公积。企业按照股东大会的决议，以净利润为依据提取任意盈余公积。其会计处理为：借记“利润分配——提取盈余公积”账户；贷记“盈余公积——任意盈余公积”账户。

（4）向投资者分配股利或利润。企业按照股东大会的决议向投资者分配现金股利或利润时，借记“利润分配——应付股利（利润）”账户；贷记“应付股利（利润）”账户。

企业将利润分配完毕后，必须将已分配的利润转入“利润分配——未分配利润”明细账户，如此会计处理后，“利润分配”账户只有“未分配利润”明细账户存在余额，其余明细账户全部结转完毕。其会计处理为：借记“利润分配——未分配利润”明细账户，贷记“利润分配——提取盈余公积”、“利润分配——应付股利”等明细账户。

2. 利润分配的核算

企业进行利润分配时，按其分配的金额，借记“利润分配”等账户，按提取的盈余公积，贷记“盈余公积”等账户，按分配的股利（利润），贷记“应付股利（利润）”等账户。

【例 11.16】甲公司 2012 年度实现净利润 3 500 万元，公司决定，按净利润的 10%提取法定盈余公积，按净利润的 5%提取法定公益金，按净利润的 25%提取任意盈余公积，按净利润的 20%分派现金股利。有关会计处理如下（单位：万元）：

（1）将本年净利润转入“利润分配——未分配利润”：

借：本年利润　　3 500

　　贷：利润分配——未分配利润　　3 500

（2）按净利润的 10%提取法定盈余公积：

借：利润分配——提取盈余公积　　350

　　贷：盈余公积——法定盈余公积　　350

（3）按净利润的 5%提取法定公益金：

借：利润分配——提取公益金　　175

　　贷：盈余公积——法定公益金　　175

（4）按净利润的 25%提取任意盈余公积：

借：利润分配——提取盈余公积　　875

　　贷：盈余公积——任意盈余公积　　875

（5）按净利润的 20%分派现金股利：

借：利润分配——应付股利　　700

　　贷：应付股利　　700

（6）将已分配的利润转入“利润分配——未分配利润”：

借：利润分配——未分配利润　　2 100

　　贷：利润分配——提取盈余公积　　1 225

　　　　　　　　——提取公益金　　175

　　　　　　　　——应付股利　　700

3. 盈余公积的使用

盈余公积主要用于弥补亏损和转增资本金。用于弥补亏损时，按弥补亏损额，借记“盈余公积”账户，贷记“利润分配——盈余公积转入”账户；用于转增资本时，按其转增额，借记“盈余公积”账户，贷记“实收资本”或“股本”账户。

四、以前年度损益调整

企业在年度会计报表报出以后，如果由于以前年度会计差错或其他原因（包括期后事项）导致会计报表不实，但是以前年度的账目已经结清，不能再调整以前年度的账目。现行会计准则规定，发生此类情形，调整本年度会计报表的年初数，但在对外提供比较会计报表时，应当调整会计报表相关项目的数据。

【例 11.17】甲公司在 2012 年 7 月编制当年中期报告时发现，2011 年 12 月 10 日有一笔应从职工福利费开支的支出 30 万元，应会计人员的疏忽计入了管理费用。该公司的所得税税率为 25%，盈余公积提取率分别是 10%的法定盈余公积、15%的任意盈余公积。有关会计处理如下（单位：万元）：

（1）将管理费用调账：

借：应付职工薪酬　　30

贷：以前年度损益调整　　30

（2）结算补交的所得税并转账：

应交所得税＝30×25%

＝7.5（万元）

借：以前年度损益调整　　7.5

　　贷：应交税费——应交所得税　　7.5

（3）结转未分配利润

借：以前年度损益调整　　22.5

　　贷：利润分配——未分配利润　　22.5

（4）调整盈余公积

借：利润分配——未分配利润　　5.625

　　贷：盈余公积——法定盈余公积　　2.25

　　　　　　　　——任意盈余公积　　3.375

本 章 小 结

本章主要介绍了实收资本、资本公积和留存收益的核算。

实收资本是指企业在创办时及以后的生产经营过程中，所有者按照公司的章程或合同、协议的约定实际投入企业的资本。对股份有限公司而言，称之为股本。

资本公积是指由投资者在投入资本过程中所发生的与投入资本有直接联系，但又不能构成实收资本的积存资金，以及从其他来源取得属于所有者共同享有的资金。主要包括资本（或股本）溢价、接受捐赠资产及其他资本公积等。资本公积可以用于转增资本（或股本）。

企业为了完整地核算所有者投入资本的业务，应设置“实收资本”或“股本”账户，收到投资者投入的现金，应在实际收到或存入企业开户银行时，按照实际收到的金额，借记“银行存款”账户，贷记“实收资本”或“股本”账户；以实物资产投资时，应在办理实物产权转移手续后，按投资各方认可的价值（公允价值），借记“固定资产”、“原材料”等账户，贷记“实收资本”或“股本”账户；以无形资产出资的，应按合同、协议或公司章程规定，移交有关凭证时，按投资各方认可的价值（公允价值）借记“无形资产”账户，贷记“实收资本”或“股本”账户。如果所有者的实际出资额大于应缴出资额的差额，作为资本公积处理。

留存收益是指企业在经营过程中已经实现但由于企业经营发展的需要，或由于其他原因而没有分配给所有者所累积的盈利。它由盈余公积和未分配利润两部分构成。

专业词汇中英对照

所有者权益 owners’ equity　　实收资本 paid-in capital

资本公积 capital surplus　　盈余公积 surplus reserves

未分配利润 undistributed profit　　股本 capital stock

留存收益 retained earnings　　提取 withdraw

优先股 preferred share　　普通股 ordinary share

复习思考题

一、单选题

1．企业所有者权益在数量上等于（　　）。

A．企业流动负债减长期负债后的差额　　B．企业流动资产减流动负债后的差额

C．企业长期负债减流动负债后的差额　　D．企业全部资产减全部负债后的差额

2．在股份有限公司，股东投入企业的资本，应通过（　　）账户进行核算。

A．实收资本　　B．资本公积　　C．盈余公积　　D．股本

3．股份有限公司发行股票的溢价收入应计入（　　）。

A．资本公积　　B．实收资本　　C．营业外收　　D．盈余公积

4．下列各项中，会引起企业所有者权益总额发生变动的是（　　）。

A．以盈余公积弥补亏损

B．以计入资本公积的股本溢价转增资本

C．因接受外币资本投资产生的外币折算差额

D．以法定公益金购置职工集体福利设施

5．股份有限公司溢价发行股票所支付的手续费，应首先（　　）。

A．在溢价收入中支付　B．计入开办费　C．发起人负担　D．计入财务费用

6．按现行制度规定，盈余公积金可以依法定的程序转增资本金，但转增资本金后，（　　）。

A．企业法定盈余公积金不受限制

B．企业法定盈余公积金不得高于注册资本的25%

C．企业法定盈余公积金不得低于注册资本的25%

D．企业任意盈余公积金必须为零

7．下列会计事项，会引起所有者权益总额发生变化的是（　　）。

A．从净利润中提取盈余公积　　B．用盈余公积补亏

C．用盈余公积转增资　　D．向投资者分配现金股利

8．公司在增资时，新的投资者交纳的出资额大于其在注册资本中所占的份额部分，应计入（　　）。

A．实收资本　　B．股本　　C．资本公积　　D．盈余公积

9．企业的法定公益金可用于（　　）。

A．购建集体福利设施　　B．发放职工奖金

C．发给职工住房补贴　　D．弥补应付福利费不足

10．目前，我国公司制企业的法定盈余公积是按照净利润的（　　）提取的。

A．5%　　B．10%　　C．15%　　D．20%

二、多选题

1．下列各项中，可以作为财产进行出资的有（　　）。

A．货币资金　　B．原材料　　C．专利权　　D．劳动

2．所有者权益的构成包括（　　　）。

A．实收资本　　B．所得税　　C．资本公积　　D．留存收益

3．企业增加资本的途径有（　　　）。

A．将资本公积转为实收资本　　B．将盈余公积转为实收资本

C．将股本转为实收资本　　D．所有者投入资本

4．企业实收资本减少的原因有（　　　）。

A．产能过剩　　B．企业发生重大亏损

C．向投资者分配现金股利　　D．向投资者分配股票股利

5．留存收益包括（　　　）。

A．资本公积　　B．盈余公积　　C．本年利润　　D．未分配利润

三、思考题

1．简述净利润的分配顺序。

2．何谓资本公积？其构成内容如何？

3．企业减少实收资本的原因有哪些？

4．盈余公积的作用有哪些？关于盈余公积的计提和使用有何法律规定？

5．其他资本公积的核算内容有哪些？

6．什么是以前年度损益调整？

四、业务处理题

1．2012 年 1 月 1 日，甲公司委托某证券公司代理发行普通股 6 000 000 股，每股面值 1 元，发行价格为每股 1.5 元，企业与证券公司约定，按发行收入的 2%收取佣金，从发行收入中扣除，假定收到的股款已存入银行。

要求：编制甲公司有关会计分录。

2．甲公司 2012 年发生如下业务：

（1）2012 年实现税后利润 500 000 元。

（2）按税后利润 10%、5%计提法定盈余公积、公益金。

（3）决定用资本公积 300 000 元，盈余公积 200 000 元转增股本。

要求：编制甲公司有关会计分录。

五、案例分析题

公民张三和李四于 2012 年 1 月 1 日成立长木实业有限公司，注册资本为 500 万元，公司成立后不久，公司经营面临一定的困难。两人认为公司和钱反正是自己的，考虑到目前业务经营风险较大，经两人商量，于是任意减资了 100 万元。

要求：

（1）两人认为钱是自己出的，可以任意处置，这种想法对吗？为什么？

（2）两人的减资行为是否正当？应如何处理？

第十二章

收入、费用与利润

本章导读

本章主要介绍收入与收益的概念，收入的确认标准与方法，收入、费用的确认与会计处理，营业外收入和营业外支出的确认与会计处理，财务成果形成的核算，以及收入、费用和利润在财务报告中的列示。通过本章学习，应能够：

- 理解收入、收益等基本概念；
- 掌握商品销售入收入的确认方法与会计程序；
- 提供劳务收入的确认方法与会计程序；
- 让渡资产使用权收入的确认方法与会计程序；
- 建造合同等收入的确认方法与会计程序；
- 掌握费用构成及其会计处理方法。

导入案例

风险和报酬的转移是确认收入的前提条件。例如，收入确认准则规定，附有退货条款的企业，如果无法根据以往经验确定退货比例，在退货届满前，不得确认销售收入。为了规避收入确认准则在这一方面的规定，一些企业在与客户签订的正式合同中，只字不提退货条款等可能意味着风险和报酬尚未转移等事项，而是将这些重大事项写进补充协议（side agreement），并向注册会计师隐瞒补充协议，以达到其提前确认收入的目的。

Informix①诞生于信息技术发祥地硅谷，是一家从事数据库管理的高科技公司。Informix以高速成长著称，1995 年，该公司对外报告的销售收入达 7.142 亿美元，比上一年增长了52%，1996 年，销售收入进一步增至 9.393 亿美元，比 1995 年增长了 32%。证券市场对Informix 销售收入的高速成长给予应有的礼遇，1996 年，Informix 的股票市值高达 46 亿美元。然而好景不长。1997 年的“愚人节”，Informix 宣布两项令证券市场十分震惊的消息：开始使用以物易物的方式与其客户进行账款结算，许多经销商向 Informix 购买的软件无法出售给最终客户。Informix 披露的信息表明，1997 年第一季度的销售收入比 1996 年同期减少了 5 900 万～7 400 万美元，因为经销商的购货承诺已荡然无存。证券市场对这些重大利

① 本案例的资料选自 Howard Schilit 所著的 Financial Shenanigans(^{2nd})及 Charles W.Mulford 和 Eugene E.Comiskey 合著的 The Financial Numbers Game——Detecting Creative Accounting Practices。

空迅速作出反应，Informix的股价开始了一轮自由落体运动，股票市值跌至15亿美元，跌幅高达67%。

Informix从辉煌灿烂到声名狼藉[①]，所运用的主要收入操纵伎俩就是隐瞒与其经营商签订的补充协议，其主要条款包括：①允许经营商将无法出售的软件退回；②承诺以自己的营销力量为经营商寻找最终用户；③承诺将自己获得的最终用户订单分配给经销商；④将销售期限延长至24个月（软件收入确认的相关规则是不得超过12个月）；⑤将自己为最终用户提供维护服务所获得的收入秘密转给经销商或最终用户，作为对它们向Informix购买软件的补偿；⑥向经销商或最终用户支付虚构的咨询费用，再由它们以专利权使用费的名义支付给Informix。可以看出，上述条款表明Informix再确认软件销售时，风险和报酬尚未发生实质性的转移。通过这种手法，Informix在1995年和1996年分别虚增了8 140万美元和21 150万美元，虚增收入占这两个年度对外报告收入的比例高达13%和29%。

除了操纵收入外，Informix还利用其他手法如循环交易等进行盈余操纵，1994—1996年，该公司对外报告的净利润合计为25 730万元，而实际的净利润合计为1 330万美元，虚增比例高达1 835%，Informix因此被冠以硅谷第一舞弊财物案。

类似Informix通过隐瞒补充协议进行收入操纵的案例不胜枚举，值得一提的是朗讯（Lucent）公司。朗讯于1996年从美国电报电话（AT&T）公司分立出来，在四年里，其股票价格从13美元飙升至1999年年末的82美元，与安然和世界通信成为华尔街热捧的明星绩优股。2000年，朗讯舞弊丑闻曝光，其股价一泻千里，目前其股票价格不足4美元，与其巅峰期相比，投资者损失了2 599多亿美元的股票市值。朗讯的舞弊手法与Informix如出一辙，但做法更加隐蔽，例如，2000年第四季度，朗讯与其关系密切的经销商作出口头承诺，允许经销商在无法将所购买的电信设备出售给最终客户的情况下退货，通过这一口头上的“补充协议”，朗讯虚增了6.79亿美元的销售收入。正是这一收入操纵丑闻，导致朗讯的股票遭遇了前所未有的雪崩现象。

第一节　收入概述

收入是指企业在日常活动中形成的、会导致所有者权益增加的、与所有者投入资本无关的经济利益的总流入。其中“日常活动”，是指企业为完成其经营目标所从事的经常性活动及与之相关的活动。

收入可以有不同的分类，一般可以按照企业从事日常活动的性质和按照企业从事日常活动在企业的重要性来进行分类。

按照企业从事日常活动的性质，可以将收入分为销售商品收入、提供劳务收入、让渡资产使用权收入、建造合同收入等。销售商品收入是指企业通过销售商品实现的收入，如工业企业制造并销售产品、商品流通企业销售商品。提供劳务收入是指企业通过提供劳务实现的收入，如软件企业为客户开发软件、安装公司提供安装服务。让渡资产使用权收入是指企业通过让渡资产使用权实现的收入，如商业银行对外贷款、租赁公司出租资产等。

---

① Informix因虚增收入和利润，导致其股东遭受惨重损失，1999年5月法院做出裁决，Informix及为其审计的安永会计师事务所向股东赔偿1.42亿美元，其中安永承担3 400万美元的赔款。

按照企业从事日常活动在企业的重要性，可以将收入分为主营业务收入、其他业务收入等。其中，主营业务收入是指企业为完成其经营目标从事的主要生产经营性活动实现的收入。如工业企业制造并销售产品、商品流通企业销售商品、保险公司签发保单、咨询公司提供咨询服务、软件企业为客户开发软件、安装公司提供安装服务、商业银行对外贷款、租赁公司出租资产等。这些活动形成的经济利益的总流入构成收入，属于企业的主营业务收入，根据其性质的不同，分别通过“主营业务收入”、“利息收入”等账户进行核算。其他业务收入是指与企业为完成其经营目标所从事的其他经营性活动所实现的收入。例如，工业企业转让无形资产使用权、出售不需用原材料等，属于与经常性活动相关的活动，由此产生的经济利益的总流入也构成收入。在会计实务中，一般按照企业营业执照上所注明的主营业务和兼营业务，来区分主营业务收入和其他业务收入。

另外，企业处置（对外出售、报废或损毁等）固定资产、无形资产等活动，不是企业为完成其经营目标所从事的经常性活动，也不属于与经常性活动相关的活动，由此产生的经济利益的总流入不构成收入，应当确认为营业外收入。

第二节　销售商品收入

一、销售商品收入的确认

（一）销售商品收入的确认条件

销售商品收入只有同时满足以下条件时，才能加以确认。

（1）企业已将商品所有权上的主要风险和报酬转移给购货方。

与商品所有权有关的风险，是指商品可能发生减值或毁损等形成的损失；与商品所有权有关的报酬，是指商品价值增值或通过使用商品等产生的经济利益。

商品所有权上的主要风险和报酬转移给购货方，指与商品所有权有关的主要风险和报酬同时转移。当一项商品发生的任何损失均不需要销货方承担，带来的经济利益也不归销货方所有，则意味着该商品所有权上的风险和报酬已从该销货方转出。

判断一项商品所有权上的主要风险和报酬是否已转移给买方，需要关注每项交易的实质，并结合所有权凭证的转移进行判断。

通常情况下，转移商品所有权凭证并交付实物后，商品所有权上的主要风险和报酬随之转移，如大多数零售商品。某些情况下，转移商品所有权凭证但未交付实物，商品所有权上的主要风险和报酬随之转移，企业只保留了次要风险和报酬，如交款提货方式销售商品。有时，已交付实物但未转移商品所有权凭证，商品所有权上的主要风险和报酬未随之转移，如采用支付手续费方式委托代销的商品。

【例 12.1】甲公司销售一批商品给乙公司。乙公司已根据甲公司开出的发票账单支付了货款，取得了提货单。但甲公司尚未将商品移交乙公司。

甲公司采用交款提货的销售方式，即购买方已根据销售方开出的发票账单支付货款，并取得卖方开出的提货单。在这种情况下，购买方支付货款并取得提货单，说明商品所有权上的主要风险和报酬已转移给购买方，虽然商品未实际交付，甲公司仍可以认为商品所有权上的主要风险和报酬已经转移。

（2）企业既没有保留通常与所有权相联系的继续管理权，也没有对已售出的商品实施有效控制。

对售出商品实施继续管理，既可能源于仍拥有商品的所有权，也可能与商品的所有权没有关系。如果商品售出后企业仍保留与该商品的所有权相联系的继续管理权，则说明此项销售商品交易没有完成，销售不能成立，不能确认收入。同样地，如果商品售出后企业仍对售出的商品可以实施有效控制，也说明此项销售没有完成，不能确认收入。

【例 12.2】甲公司属于房地产开发商。甲公司将住宅小区销售给客户后，接受客户委托代售住宅小区商品房并管理住宅小区物业。

甲公司接受客户委托代售住宅小区商品房并管理住宅小区物业是与住宅小区销售无关的另一项提供劳务的交易。甲公司虽然仍对住宅小区进行管理，但这种管理与住宅小区的所有权无关，因为住宅小区的所有权属于客户。

（3）收入的金额能够可靠地计量。

收入的金额能否可靠地计量，是确认收入的基本前提。企业在销售商品时，售价通常已经确定。但销售过程中由于某种不确定因素，也有可能出现售价变动的情况，则新的售价未确定前不应确认收入。

（4）相关的经济利益很可能流入企业。

在销售商品的交易中，相关的经济利益主要表现为销售商品的价款。销售商品的价款能否有把握收回，是收入确认的一个重要条件。企业在销售商品时，如估计价款收回的可能性不大，即使收入确认的其他条件均已满足，也不应当确认收入。

销售商品的价款能否收回，主要根据企业以前和买方交往的直接经验，或从其他方面取得的信息和政府的有关政策等进行判断。

（5）相关的已发生或将发生的成本能够可靠地计量。

根据收入和费用配比原则，与同一项销售有关的收入和成本应在同一会计期间予以确认。成本不能可靠计量，相关的收入也不能确认。如已收到价款，收到的价款应确认为一项负债。

【例 12.3】甲公司与乙公司签订协议，约定甲公司生产并向乙公司销售一台大型设备。限于自身生产能力不足，甲公司委托丙公司生产该大型设备的一个主要部件。甲公司与丙公司签订的协议约定，丙公司生产该主要部件发生的成本经甲公司认定后，其金额的 110%即为甲公司应支付给丙公司的款项。假定甲公司本身负责的部件生产任务和丙公司负责的部件生产任务均已完成，并由甲公司组装后运抵乙公司，乙公司验收合格后及时支付了货款。但是，丙公司尚未将由其负责的部件相关的成本资料交付甲公司认定。

虽然甲公司已将大型设备交付乙公司，且已收到货款。但是，甲公司为该大型设备发生的相关成本因丙公司相关资料未送达而不能可靠地计量，也不能合理估计。因此，甲公司收到货款时不应确认为收入。

如果甲公司为该大型设备发生的相关成本因丙公司相关资料未送达而不能可靠地计量，但是甲公司基于以往经验能够合理估计出该大型设备的成本，仍可以认为满足本确认条件。

（二）销售商品收入确认条件的具体运用

（1）下列商品销售，通常按规定的时点确认为收入，有证据表明不满足收入确认条件的除外。

① 销售商品采用托收承付方式的，在办妥托收手续时确认收入。

② 销售商品采用预收款方式的，在发出商品时确认收入，预收的货款应确认为负债。

③ 销售商品需要安装和检验的，在购买方接受商品及安装和检验完毕前，不确认收入，待安装和检验完毕时确认收入。如果安装程序比较简单，可在发出商品时确认收入。

④ 销售商品采用以旧换新方式的，销售的商品应当按照销售商品收入确认条件确认收入，回收的商品作为购进商品处理。

⑤ 销售商品采用支付手续费方式委托代销的，在收到代销清单时确认收入。

（2）采用售后回购方式销售商品的，收到的款项应确认为负债；回购价格大于原售价的，差额应在回购期间按期计提利息，计入财务费用。有确凿证据表明售后回购交易满足销售商品收入确认条件的，销售的商品按售价确认收入，回购的商品作为购进商品处理。

（3）采用售后租回方式销售商品的，收到的款项应确认为负债；售价与资产账面价值之间的差额，应当采用合理的方法进行分摊，作为折旧费用或租金费用的调整。有确凿证据表明认定为经营租赁的售后租回交易是按照公允价值达成的，销售的商品按售价确认收入，并按账面价值结转成本。

二、销售商品收入的计量

确认销售商品收入时，企业应按已收或应收的合同或协议价款，加上应收取的增值税额，借记“银行存款”、“应收账款”、“应收票据”等账户，按确定的收入金额，贷记“主营业务收入”、“其他业务收入”等账户，按应收取的增值税额，贷记“应交税费——应交增值税（销项税额）”账户；同时或在资产负债表日，按应交纳的消费税、资源税、城市维护建设税、教育费附加等税费金额，借记“营业税金及附加”账户，贷记“应交税费——应交消费税（应交资源税、应交城市维护建设税等）”账户。

如果售出商品不符合收入确认条件，则不应确认收入，已经发出的商品，应当通过“发出商品”账户进行核算。

企业应当按照从购货方已收或应收的合同或协议价款确定销售商品收入金额，但已收或应收的合同或协议价款不公允的除外。

从购货方已收或应收的合同或协议价款，通常为公允价值。某些情况下，合同或协议价款的收取采用递延方式，如分期收款销售商品，实质上具有融资性质的，应当按照应收的合同或协议价款的公允价值确定销售商品收入金额。应收的合同或协议价款与其公允价值之间的差额，应当在合同或协议期间内采用实际利率法进行摊销，冲减财务费用。

销售商品涉及商业折扣的，应当按照扣除商业折扣后的金额确定销售商品收入金额。商业折扣，是指企业为促进商品销售而在商品标价上给予的价格扣除。

三、现金折扣、销售折让和销售退回的处理

（一）现金折扣

1. 现金折扣的概念

现金折扣，是指债权人为鼓励债务人在规定的期限内付款而向债务人提供的债务扣除。

2. 现金折扣的会计处理

企业销售商品涉及现金折扣的，应当按照扣除现金折扣前的金额确定销售商品收入金额。现金折扣在实际发生时计入财务费用。

（二）销售折让

1. 销售折让的概念

销售折让，是指企业因售出商品的质量不合格等原因而在售价上给予的减让。

2. 销售折让的会计处理

对于销售折让，企业应分别不同情况进行处理：已确认收入的售出商品发生销售折让的，通常应当在发生时冲减当期销售商品收入；已确认收入的销售折让属于资产负债表日后事项的，适用《企业会计准则第 29 号——资产负债表日后事项》，应当按照有关资产负债表日后事项的相关规定进行处理。

【例 12.4】甲公司在 2008 年 7 月 1 日向乙公司销售一批商品开出的增值税专用发票上注明的销售价款为 20 000 元，增值税为 3 400 元。为及早收回货款，甲公司和乙公司约定的现金折扣条件为：2/10，1/20，*n*/30。假定计算现金折扣时不考虑增值税额。甲公司的账务处理如下：

（1）7 月 1 日销售实现时，按销售总价确认收入：

借：应收账款	23 400	
贷：主营业务收入		20 000
应交税费——应交增值税（销项税额）		3 400

（2）如果乙公司在 7 月 9 日付清货款，则按销售总价 20 000 元的 2%享受现金折扣 400 元（20 000×2%），实际付款 23 000 元（23 400－400）。

借：银行存款	23 000	
财务费用	400	
贷：应收账款		23 400

（3）如果乙公司在 7 月 18 日付清货款，则按销售总价 20 000 元的 1%享受现金折扣 200 元（20 000×1%），实际付款 23 200 元（23 400－200）。

借：银行存款	23 200	
财务费用	200	
贷：应收账款		23 400

（4）如果乙公司在 7 月底才付清货款，则按全额付款。

借：银行存款	23 400	
贷：应收账款		23 400

（三）销售退回

1. 销售退回的概念

销售退回，是指企业售出的商品由于质量、品种不符合要求等原因而发生的退货。

2. 销售退回的会计处理

（1）对于未确认收入的售出商品发生销售退回的，企业应按已记入“发出商品”账户的商品成本金额，借记“库存商品”账户，贷记“发出商品”账户。采用计划成本或售价核算的，应按计划成本或售价记入“库存商品”账户，同时计算产品成本差异或商品进销差价。

（2）对于已确认收入的售出商品发生退回的，企业应在发生时冲减当期销售商品收入，同时冲减当期销售商品成本。如该项销售退回已发生现金折扣的，应同时调整相关财务费用的金额；如该项销售退回允许扣减增值税额的，应同时调整“应交税费——应交增值税（销项税额）”账户的相应金额。

（3）已确认收入的售出商品发生的销售退回属于资产负债表日后事项的，应当按照有关资产负债表日后事项的相关规定进行会计处理。

【例 12.5】甲公司在 2008 年 12 月 18 日向乙公司销售一批商品，开出的增值税专用发票上注明的销售价款为 50 000 元，增值税额为 8 500 元。该批商品成本为 26 000 元。为及早收回货款，甲公司和乙公司约定的现金折扣条件为：2/10，1/20，*n*/30。乙公司在 2008 年 12 月 27 日支付货款。2009 年 4 月 5 日，该批商品因质量问题被乙公司退回，甲公司当日支付有关款项。假定计算现金折扣时不考虑增值税，销售退回不属于资产负债表日后事项。甲公司的账务处理如下：

（1） 2008 年 12 月 18 日销售实现时，按销售总价确认收入时：

借：应收账款	58 500	
贷：主营业务收入		50 000
应交税费——应交增值税（销项税额）		8 500
借：主营业务成本	26 000	
贷：库存商品		26 000

（2）在 2008 年 12 月 27 日收到货款时，按销售总价 50 000 元的 2%享受现金折扣 1 000 元（50 000×2%），实际收款 57 500 元（58 500－1 000）：

借：银行存款	57 500	
财务费用	1 000	
贷：应收账款		58 500

（3） 2009 年 4 月 5 日发生销售退回时：

借：主营业务收入	50 000	
应交税费——应交增值税（销项税额）	8 500	
贷：银行存款		57 500
财务费用		1 000
借：库存商品	26 000	
贷：主营业务成本		26 000

企业已经确认销售商品收入的售出商品发生销售退回的，应当在发生时冲减当期销售商品收入。销售退回属于资产负债表日后事项的，适用《企业会计准则第 29 号——资产负债表日后事项》。

（四）特殊销售商品业务的处理

企业会计实务中，可能遇到一些特殊的销售商品业务。在将销售商品收入确定原则运用于特殊销售商品收入的会计处理时，应结合这些特殊销售商品交易的形式，并注重交易的实质。

1. 代销商品

（1）视同买断方式

视同买断方式代销商品，是指委托方和受托方签订合同或协议，委托方按合同或协议收取代销的货款，实际售价由受托方确定，实际售价与合同或协议价之间的差额归受托方所有。如果委托方和受托方之间的协议明确标明，受托方在取得代销商品后，无论是否能够卖出、是否获利，均与委托方无关，那么，委托方和受托方之间的代销商品交易，与委托方直接销售商品给受托方没有实质区别，在符合销售商品收入确认条件时，委托方应确认相关销售商品收入。如果委托方和受托方之间的协议明确标明，将来受托方没有将商品售出时可以将商品退回给委托方，或受托方因代销商品出现亏损时可以要求委托方补偿，那么，委托方在交付商品时不确认收入，受托方也不作购进商品处理，受托方将商品销售后，按实际售价确认销售收入，并向委托方开具代销清单，委托方收到代销清单时，再确认本企业的销售收入。

【例 12.6】甲公司委托乙公司销售商品 100 件，协议价为 200 元/件，成本为 120 元/件。代销协议约定，乙企业在取得代销商品后，无论是否能够卖出、是否获利，均与甲公司无关。这批商品已经发出，货款尚未收到，甲公司开出的增值税专用发票上注明的增值税额为 3 400 元。

甲公司采用视同买断方式委托乙公司代销商品。因此，甲公司在发出商品时的账务处理如下：

借：应收账款	23 400	
贷：主营业务收入		20 000
应交税费——应交增值税（销项税额）		3 400
借：主营业务成本	12 000	
贷：库存商品		12 000

（2）收取手续费方式

在这种方式下，委托方在发出商品时通常不应确认销售商品收入。而应在收到受托方开出的代销清单时确认销售商品收入；受托方应在商品销售后，按合同或协议约定的方法计算确定的手续费确认收入。

【例 12.7】甲公司委托丙公司销售商品 200 件，商品已经发出，每件成本为 60 元。合同约定丙公司应按每件 100 元对外销售，甲公司按售价的 10%向丙公司支付手续费。丙公司对外实际销售 100 件，开出的增值税专用发票上注明的销售价款为 10 000 元，增值税额为 1 700 元，款项已经收到。甲公司收到丙公司开具的代销清单时，向丙公司开具一张相同金额的增值税专用发票。

假定甲公司发出商品时纳税义务尚未发生，不考虑其他因素。甲公司的账务处理如下：

① 发出商品时：

借：委托代销商品	12 000	
贷：库存商品		12 000

② 收到代销清单时：

借：应收账款	11 700	
贷：主营业务收入		10 000
应交税费——应交增值税（销项税额）		1 700
借：主营业务成本	6 000	
贷：委托代销商品		6 000
借：销售费用	1 000	

贷：应收账款 1 000

③ 收到丙公司支付的货款时：

借：银行存款 10 700

贷：应收账款 10 700

丙公司的账务处理如下：

① 收到商品时：

借：受托代销商品 20 000

贷：受托代销商品款 20 000

② 对外销售时：

借：银行存款 11 700

贷：应付账款 10 000

应交税费——应交增值税（销项税额） 1 700

③ 收到增值税专用发票时：

借：应交税费——应交增值税（进项税额） 1 700

贷：应付账款 1 700

借：受托代销商品款 10 000

贷：受托代销商品 10 000

④ 支付货款并计算代销手续费时：

借：应付账款 11 700

贷：银行存款 10 700

主营业务收入 1 000

2. 预收款销售商品

预收款销售商品是指购买方在商品尚未收到前按合同或协议约定分期付款，销售方在收到最后一笔款项时才交货的销售方式。在这种方式下，销售方直到收到最后一笔款项才将商品交付购货方，表明商品所有权上的主要风险和报酬只有在收到最后一笔款项时才转移给购货方。企业通常应在发出商品时确认收入。在此之前预收的货款应确认为负债。

【例 12.8】甲公司与乙公司签订协议，采用预收款方式向乙公司销售一批商品。该批商品实际成本为 700 000 元。协议约定，该批商品销售价格为 1 000 000 元，增值税为 170 000 元；乙公司应在协议签订时预付 60%的货款（按销售价格计算），剩余货款于两个月后支付。甲公司的账务处理如下：

（1）收到 60%货款时：

借：银行存款 600 000

贷：预收账款 600 000

（2）收到剩余货款及增值税额并确认收入时：

借：预收账款 600 000

银行存款 570 000

贷：主营业务收入 1 000 000

应交税费——应交增值税（销项税额） 170 000

借：主营业务成本　　700 000

　　贷：库存商品　　700 000

3. 分期收款销售

应当按照应收的合同或协议价款的公允价值确定销售商品收入金额。应收的合同或协议价款与其公允价值之间的差额，应当在合同或协议期间内采用实际利率法进行摊销，冲减财务费用。

【例 12.9】甲公司 2008 年 1 月 1 日售出大型设备一套，协议约定采用分期收款方式，从销售当年年末分 5 年分期收款，每年 1 000 万元，合计 5 000 万元，成本为 3 000 万元。不考虑增值税。假定购货方在销售成立日应收金额的公允价值为 4 000 万元，实际利率为 7.93%。

（1）2008 年 1 月 1 日：

借：长期应收款　　5 000

　　贷：主营业务收入　　4 000

　　　　未实现融资收益　　1 000

借：主营业务成本　　3 000

　　贷：库存商品　　3 000

（2）2008 年 12 月 31 日：

未实现融资收益摊销＝每期期初应收款本金余额×实际利率

每期期初应收款本金余额＝期初长期应收款余额－期初未实现融资收益余额

未实现融资收益摊销＝（5 000－1 000）×7.93%＝317.20（万元）

借：银行存款　　1 000

　　贷：长期应收款　　1 000

借：未实现融资收益　　317.20

　　贷：财务费用　　317.20

（3）2009 年 12 月 31 日：

未实现融资收益摊销＝［（5 000－1 000）－（1 000－317.20）］×7.93%
＝263.05（万元）

借：银行存款　　1 000

　　贷：长期应收款　　1 000

借：未实现融资收益　　263.05

　　贷：财务费用　　263.05

2009 年未实现融资费用摊销＝（4 000＋317.20－1 000）×7.93%＝263.05（万元）

（4）2010 年 12 月 31 日：

未实现融资收益摊销＝［（5 000－1 000－1 000）－（1 000－317.20－263.05）］×7.93%
＝204.61（万元）

借：银行存款　　1 000

　　贷：长期应收款　　1 000

借：未实现融资收益　　204.61

贷：财务费用　　204.61

（5）2011 年 12 月 31 日：

未实现融资收益摊销＝［（5 000－1 000－1 000－1 000）－（1 000－317.20－263.05－204.61）］×7.93%≈141.54（万元）

借：银行存款　　1 000

　贷：长期应收款　　1 000

借：未实现融资收益　　141.54

　贷：财务费用　　141.54

（6）2012 年 12 月 31 日：

未实现融资收益摊销＝1 000－317.20－263.05－204.61－141.54＝73.60（万元）

借：银行存款　　1 000

　贷：长期应收款　　1 000

借：未实现融资收益　　73.60

　贷：财务费用　　73.60

4. 附有销售退回条件的商品销售

附有销售退回条件的商品销售，是指购买方依照有关协议有权退货的销售方式。在这种销售方式下，企业根据以往经验能够合理估计退货可能性且确认与退货相关负债的，通常应在发出商品时确认收入；企业不能合理估计退货可能性的，通常应在售出商品退货期满时确认收入。

【例 12.10】甲公司是一家健身器材销售公司。2008 年 1 月 1 日，甲公司向乙公司销售 5 000 件健身器材，单位销售价格为 500 元，单位成本为 400 元，开出的增值税专用发票上注明的销售价款为 2 500 000 元，增值税为 425 000 元。协议约定，乙公司应于 2 月 1 日之前支付货款，在 6 月 30 日之前有权退还健身器材。健身器材已经发出，款项尚未收到。假定甲公司根据过去的经验，估计该批健身器材退货率约为 20%；健身器材发出时纳税义务已经发生；实际发生销售退回时有关的增值税额允许冲减。甲公司的账务处理如下：

（1）1 月 1 日发出健身器材时：

借：应收账款　　2 925 000

　贷：主营业务收入　　2 500 000

　　应交税费——应交增值税（销项税额）　　425 000

借：主营业务成本　　2 000 000

　贷：库存商品　　2 000 000

（2）1 月 31 日确认估计的销售退回时：

借：主营业务收入　　500 000

　贷：主营业务成本　　400 000

　　其他应付款　　100 000

（3）2 月 1 日前收到货款时：

借：银行存款　　2 925 000

贷：应收账款　2 925 000

6 月 30 日发生销售退回，实际退货量为 1 000 件，款项已经支付：

借：库存商品　400 000
　　应交税费——应交增值税（销项税额）　85 000
　　其他应付款　100 000
　贷：银行存款　585 000

如果实际退货量为 800 件时：

借：库存商品　320 000
　　应交税费——应交增值税（销项税额）　68 000
　　主营业务成本　80 000
　　其他应付款　100 000
　贷：银行存款　468 000
　　　主营业务收入　100 000

如果实际退货量为 1 200 件时：

借：库存商品　480 000
　　应交税费——应交增值税（销项税额）　102 000
　　主营业务收入　100 000
　　其他应付款　100 000
　贷：主营业务成本　80 000
　　　银行存款　702 000

【例 12.11】沿用【例 12.10】的资料。假定甲公司无法根据过去的经验，估计该批健身器材的退货率；健身器材发出时纳税义务已经发生。甲公司的账务处理如下：

（1）1 月 1 日发出健身器材时：

借：应收账款　425 000
　贷：应交税费——应交增值税（销项税额）　425 000
借：发出商品　2 000 000
　贷：库存商品　2 000 000

（2）2 月 1 日前收到货款时：

借：银行存款　2 925 000
　贷：预收账款　2 500 000
　　　应收账款　425 000

（3）6 月 30 日退货期满没有发生退货时：

借：预收账款　2 500 000
　贷：主营业务收入　2 500 000
借：主营业务成本　2 000 000
　贷：发出商品　2 000 000

（4）6 月 30 日退货期满，发生 2 000 件退货时：

借：预收账款　2 500 000
　　应交税费——应交增值税（销项税额）　170 000

贷：主营业务收入 1 500 000

银行存款 1170 000

借：主营业务成本 1 200 000

库存商品 800 000

贷：发出商品 2 000 000

5. 售后回购

售后回购，是指销售商品的同时，销售方同意日后再将同样或类似的商品购回的销售方式。这种方式下，销售方应根据合同协议条款判断销售商品是否满足收入确认条件。通常情况下，售后回购交易属于融资交易，商品所有权上的主要风险和报酬没有转移，收到的款项应确认为负债；回购价格大于原售价的，差额应在回购期间按期计提利息，计入财务费用。有确凿证据表明售后回购交易满足销售商品收入确认条件的，销售的商品按售价确认收入，回购的商品作为购进商品处理。

【例 12.12】甲公司于 2008 年 5 月 1 日向乙公司销售商品，价格为 100 万元，增值税为 17 万元，成本为 80 万元，商品已发出。甲公司应于 9 月 30 日以 110 万元购回上述乙产品。

（1）2008 年 5 月 1 日：

借：银行存款 1 170 000

贷：应付账款 1 000 000

应交税费——应交增值税（销项税额） 170 00

借：发出商品 800 000

贷：库存商品 800 000

（2）2008 年 5 月 30 日—9 月 30 日每月末计提利息时：

借：财务费用 20 000

贷：应付账款 20 000

（3）2008 年 9 月 30 日回购时：

借：应付账款 1 100 000

贷：银行存款 1 100 000

借：库存商品 800 000

贷：发出商品 800 000

6. 售后租回

售后租回是指销售商品的同时，销售方同意在日后再将同样的商品租回的销售方式。采用售后租回方式销售商品的，收到的款项应确认为负债；售价与资产账面价值之间的差额，应当采用合理的方法进行分摊，作为折旧费用或租金费用的调整。有确凿证据表明认定为经营租赁的售后租回交易是按照公允价值达成的，销售的商品按售价确认收入，并按账面价值结转成本。

7. 以旧换新销售

采用以旧换新方式销售商品的，销售的商品应当按照销售商品收入确认条件确认收入，回收的商品作为购进商品处理。

第三节　其他业务收入

一、提供劳务收入

（一）提供劳务的交易结果能够可靠估计

企业在资产负债日提供劳务交易的结果能够可靠估计的，应当采用完工百分比法确认提供劳务收入。

1. 提供劳务的交易结果能够可靠估计的条件

提供劳务的交易结果能否可靠估计，是指同时满足下列条件：

（1）收入的金额能够可靠地计量，是指提供劳务收入的总额能够合理地估计。通常情况下，企业应当按照从接受劳务方已收或应收的合同或协议价款确定提供劳务收入总额。随着劳务的不断提供，可能会根据实际情况增加或减少已收或应收的合同或协议价款，此时，企业应及时调整提供劳务收入总额。

（2）相关的经济利益很可能流入企业，是指提供劳务收入总额收回的可能性大于不能收回的可能性。企业在确定提供劳务收入总额能否收回时，应当结合接受劳务方的信誉、以前的经验，以及双方就结算方式和期限达成的合同或协议条款等因素，综合进行判断。

（3）交易的完工进度能够可靠地确定，是指交易的完工进度能够合理地估计。企业确定提供劳务交易的完工进度，可以选用下列方法：

① 已完工作的测量，这是一种比较专业的测量方法，由专业测量师对已经提供的劳务进行测量，并按一定方法计算确定提供劳务交易的完工程度。

② 已经提供的劳务占应提供劳务总量的比例，这种方法主要以劳务量为标准确定提供劳务交易的完工程度。

③ 已经发生的成本占估计总成本的比例，这种方法主要以成本为标准确定提供劳务交易的完工程度。只有反映已提供或将提供劳务的成本才能包括在估计总成本中。

（4）交易中已发生和将发生的成本能够可靠地计量，是指交易中已经发生和将要发生的成本能够合理地估计。企业应当建立完善的内部成本核算制度和有效的内部财务预算及报告制度，准确地提供每期发生的成本，并对完成剩余劳务将要发生的成本作出科学、合理的估计。同时应随着劳务的不断提供或外部情况的不断变化，随时对将要发生的成本进行修订。

2. 完工百分比法的具体应用

完工百分比法，是指按照提供劳务交易的完工进度确认收入和费用的方法。在这种方法下，确认的提供劳务收入金额能够提供各个会计期间关于提供劳务交易及其业绩的有用信息。

企业应当在资产负债表日按照提供劳务收入总额乘以完工进度扣除以前会计期间累计已确认提供劳务收入后的金额，确认当期提供劳务收入；同时，按照提供劳务估计总成本乘以完工进度扣除以前会计期间累计已确认劳务成本后的金额，结转当期劳务成本。用公式表示如下：

本期确认的收入＝劳务总收入×本期末止劳务的完工进度－以前期间已确认的收入

本期确认的费用＝劳务总成本×本期末止劳务的完工进度－以前期间已确认的费用

在采用完工百分比法确认提供劳务收入的情况下，企业应按计算确定的提供劳务收入金额，借记“应收账款”、“银行存款”等账户，贷记“主营业务收入”账户。结转提供劳务成本时，借记“主营业务成本”账户，贷记“劳务成本”账户。

【例 12.13】甲公司于 2008 年 12 月 1 日接受一项设备安装任务，安装期为 3 个月，合同总收入 600 000 元，至年底已预收安装费 440 000 元，实际发生安装费用 280 000 元（假定均为安装人员薪酬），估计还会发生 120 000 元。假定 W 公司按实际发生的成本占估计总成本的比例确定劳务的完工进度。W 公司的账务处理如下：

（1）计算

实际发生的成本占估计总成本的比例＝280 000÷（280 000＋120 000）＝70%

2008 年 12 月 31 日确认的提供劳务收入＝600 000×70%－0＝420 000（元）

2008 年 12 月 31 日结转的提供劳务成本＝（280 000＋120 000）×70%－0
＝280 000（元）

（2）账务处理

① 实际发生劳务成本时：

借：劳务成本	280 000	
贷：应付职工薪酬		280 000

② 预收劳务款时：

借：银行存款	440 000	
贷：预收账款		440 000

③ 2008 年 12 月 31 日确认提供劳务收入并结转劳务成本时：

借：预收账款	420 000	
贷：主营业务收入		420 000
借：主营业务成本	280 000	
贷：劳务成本		280 000

（二）提供劳务交易结果不能可靠估计

企业在资产负债表日提供劳务交易结果不能够可靠估计的，即不能满足上述三个条件中的任何一条时，企业不能采用完工百分比法确认提供劳务收入。此时，企业应正确预计已经发生的劳务成本能够得到补偿和不能得到补偿，分别进行会计处理：

1. 已经发生的劳务成本预计全部能够得到补偿

已经发生的劳务成本预计全部能够得到补偿的，应按已收或预计能够收回的金额确认提供劳务收入，并结转已经发生的劳务成本。

2. 已经发生的劳务成本预计部分能够得到补偿

已经发生的劳务成本预计部分能够得到补偿的，应按能够得到补偿的劳务成本金额确认提供劳务收入，并结转已经发生的劳务成本。

【例 12.14】甲公司于 2007 年 12 月 25 日接受乙公司委托，为其培训一批学员，培训期为 6 个月，2008 年 1 月 1 日开学。协议约定，乙公司应向甲公司支付的培训费总额为 60 000 元，分三次等额支付，第一次在开学时预付，第二次在 2008 年 3 月 1 日支付，第三次在培训结束时支付。

2008年1月1日，乙公司预付第一次培训费。至2008年2月28日，甲公司发生培训成本30 000元（假定均为培训人员薪酬）。2008年3月1日，甲公司得知乙公司经营发生困难，后两次培训费能否收回难以确定。甲公司的账务处理如下：

（1）2008年1月1日收到乙公司预付的培训费时：

借：银行存款	20 000	
贷：预收账款		20 000

（2）实际发生培训支出30 000元时：

借：劳务成本	30 000	
贷：应付职工薪酬		30 000

（3）2008年2月28日确认提供劳务收入并结转劳务成本时：

借：预收账款	20 000	
贷：主营业务收入		20 000
借：主营业务成本	30 000	
贷：劳务成本		30 000

3. 已经发生的劳务成本预计全部不能得到补偿

已经发生的劳务成本预计全部不能得到补偿的，应将已经发生的劳务成本计入当期损益（主营业务成本），不确认提供劳务收入。

（三）同时销售商品和提供劳务交易

企业与其他企业签订的合同或协议，有时既包括销售商品又包括提供劳务，如销售电梯的同时负责安装工作、销售软件后继续提供技术支持、设计产品同时负责生产等。此时，如果销售商品部分和提供劳务部分能够区分且能够单独计量的，企业应当分别核算销售商品部分和提供劳务部分，将销售商品的部分作为销售商品处理，将提供劳务的部分作为提供劳务处理；如果销售商品部分和提供劳务部分不能够区分，或虽能区分但不能够单独计量的，企业应当将销售商品部分和提供劳务部分全部作为销售商品部分进行会计处理。

【例12.15】甲公司与乙公司签订合同，向乙公司销售一部电梯并负责安装。甲公司开出的增值税专用发票上注明的价款合计为1 000 000元，其中电梯销售价格为980 000元，安装费为20 000元，增值税为170 000元。电梯的成本为560 000元；电梯安装过程中发生安装费12 000元，均为安装人员薪酬。假定电梯已经安装完成并经验收合格，款项尚未收到；安装工作是销售合同的重要组成部分。甲公司的账务处理如下：

（1）电梯发出结转成本560 000元时：

借：发出商品	560 000	
贷：库存商品		560 000

（2）实际发生安装费用12 000元时：

借：劳务成本	12 000	
贷：应付职工薪酬		12 000

（3）电梯销售实现确认收入980 000元时：

借：应收账款	1 150 000	
贷：主营业务收入		980 000
应交税费——应交增值税（销项税额）		170 000

借：主营业务成本　　560 000
　　贷：发出商品　　560 000

（4）确认安装费收入 20 000 元并结转安装成本 12 000 元时：

借：应收账款　　20 000
　　贷：主营业务收入　　20 000

借：主营业务成本　　12 000
　　贷：劳务成本　　12 000

（四）特殊劳务收入

下列提供劳务满足收入确认条件的，应按规定确认收入：

（1）安装费，在资产负债表日根据安装的完工进度确认为收入。安装工作是商品销售附带条件的，安装费通常应在确认商品销售实现时确认为收入。

（2）宣传媒介的收费，在相关的广告或商业行为开始出现于公众面前时确认为收入。广告的制作费，通常应在资产负债表日根据广告的完工进度确认为收入。

（3）为特定客户开发软件的收费，在资产负债表日根据开发的完工进度确认为收入。

（4）包括在商品售价内可区分的服务费，在提供服务的期间内分期确认为收入。

（5）艺术表演、招待宴会和其他特殊活动的收费，在相关活动发生时确认为收入。收费涉及几项活动的，预收的款项应合理分配给每项活动，分别确认为收入。

（6）申请入会费和会员费只允许取得会籍，所有其他服务或商品都要另行收费的，通常应在款项收回不存在重大不确定性时确认为收入。申请入会费和会员费能使会员在会员期内得到各种服务或出版物，或者以低于非会员的价格销售商品或提供服务的，通常应在整个受益期内分期确认为收入。

（7）属于提供设备和其他有形资产的特许权费，通常应在交付资产或转移资产所有权时确认为收入；属于提供初始及后续服务的特许权费，通常应在提供服务时确认为收入。

（8）长期为客户提供重复劳务收取的劳务费，通常应在相关劳务活动发生时确认为收入。

二、让渡资产使用权收入

（一）让渡资产使用权收入的确认

让渡资产使用权收入主要包括：①利息收入，主要是指金融企业对外贷款形成的利息收入，以及同业之间发生往来形成的利息收入等；②使用费收入，主要是指企业转让无形资产（如商标权、专利权、专营权、软件、版权）等资产的使用权形成的使用费收入。

企业对外出租资产收取的租金、进行债权投资收取的利息、进行股权投资取得的现金股利，也构成让渡资产使用权收入，有关的会计处理，请参照有关租赁、金融工具确认和计量、长期股权投资等内容。

让渡资产使用权收入同时满足下列条件的，才能予以确认。

1. 相关的经济利益很可能流入企业

相关的经济利益很可能流入企业，是指让渡资产使用权收入金额收回的可能性大于不能收回的可能性。企业在确定让渡资产使用权收入金额能否收回时，应当根据对方企业的信誉和生产经营情况、双方就结算方式和期限等达成的合同或协议条款等因素，综合进行判断。如果企业估计让渡资产使用权收入金额收回的可能性不大，就不应确认收入。

2. 收入的金额能够可靠地计量

收入的金额能够可靠地计量，是指让渡资产使用权收入的金额能够合理地估计。如果让渡资产使用权收入的金额不能够合理地估计，则不应确认收入。

（二）让渡资产使用权收入的计量

1. 利息收入

企业应在资产负债表日，按照他人使用本企业货币资金的时间和实际利率计算确定利息收入金额。按计算确定的利息收入金额，借记“应收利息”、“银行存款”等账户，贷记“利息收入”、“其他业务收入”等账户。

【例 12.16】甲商业银行于 2007 年 10 月 1 日向乙公司发放一笔贷款 200 万元，期限为 1 年，年利率为 5%，甲银行发放贷款时没有发生交易费用，该贷款合同利率与实际利率相同。假定甲商业银行按季度编制财务报表，不考虑其他因素。甲商业银行的账务处理如下：

（1）2007 年 10 月 1 日对外贷款时：

借：贷款　　2 000 000

　　贷：吸收存款　　2 000 000

（2）2007 年 12 月 31 日确认利息收入时：

借：应收利息　　25 000（2 000 000×5%÷4）

　　贷：利息收入　　25 000

2. 使用费收入

使用费收入应当按照有关合同或协议约定的收费时间和方法计算确定。不同的使用费收入，收费时间和方法各不相同。有一次性收取一笔固定金额的，如一次收取 10 年的场地使用费；有在合同或协议规定的有效期内分期等额收取的，如合同或协议规定在使用期内每期收取一笔固定的金额；也有分期不等额收取的，如合同或协议规定按资产使用方每期销售额的百分比收取使用费等。

如果合同或协议规定一次性收取使用费，且不提供后续服务的，应当视同销售该项资产一次性确认收入；提供后续服务的，应在合同或协议规定的有效期内分期确认收入。如果合同或协议规定分期收取使用费的，应按合同或协议规定的收款时间和金额或规定的收费方法计算确定的金额分期确认收入。

【例 12.17】甲软件公司向乙公司转让某软件的使用权，一次性收费 40 000 元，不提供后续服务，款项已经收回。假定不考虑其他因素。甲公司的账务处理如下：

借：银行存款　　40 000

　　贷：主营业务收入　　40 000

三、建造合同收入的确认与计量

（一）建造合同概述

建筑安装企业和生产飞机、船舶、大型机械设备等产品的工业制造企业，其生产活动、经营方式不同于一般工商企业，有其特殊性：①这类企业所建造或生产的产品通常体积巨大，如建造的房屋、道路、桥梁、水坝等，或生产的飞机、船舶、大型机械设备等；②建造或生产产品的周期比较长，往往跨越一个或几个会计期间；③所建造或生产的产品的价值比较大。因此，在现实经济生活中，这类企业在开始建造或生产产品之前，通常要与产品的需求方（即客户）签订建造合同。建造合同是指为建造一项或数项在设计、技术、功能、最终用途等方面密切相关的资产而订立的合同。合同的甲方称为客户，乙方称为建造承包商。

建造合同分为固定造价合同和成本加成合同。

固定造价合同，是指按照固定的合同价或固定单价确定工程价款的建造合同。例如，建造一座办公楼，合同规定总造价为 3 000 万元；建造一条公路，合同规定每千米单价为 400 万元。

成本加成合同，是指以合同约定或其他方式议定的成本为基础，加上该成本的一定比例或定额费用确定工程价款的建造合同。例如，建造一艘船舶，合同总价款以建造该船舶的实际成本为基础，加收 3%计取；建造一段地铁，合同总价款以建造该段地铁的实际成本为基础，加 1 000 万元计取。

（二）合同收入与合同成本

1. 合同收入的组成

合同收入包括两部分内容：①合同规定的初始收入。即建造承包商与客户签订的合同中最初商定的合同总金额，它构成了合同收入的基本内容。②因合同变更、索赔、奖励等形成的收入。

合同变更是指客户为改变合同规定的作业内容而提出的调整。合同变更款同时满足下列条件的，才能构成合同收入：①客户能够认可因变更而增加的收入；②该收入能够可靠地计量。

索赔款是指因客户或第三方的原因造成的、向客户或第三方收取的、用以补偿不包括在合同造价中成本的款项。索赔款同时满足下列条件的，才能构成合同收入：①根据谈判情况，预计对方能够同意该项索赔；②对方同意接受的金额能够可靠地计量。

奖励款是指工程达到或超过规定的标准，客户同意支付的额外款项。奖励款同时满足下列条件的，才能构成合同收入：①根据合同目前完成情况，足以判断工程进度和工程质量能够达到或超过规定的标准；②奖励金额能够可靠地计量。

2. 合同成本的组成

建造合同成本包括从合同签订开始至合同完成止所发生的、与执行合同有关的直接费用和间接费用。

直接费用，是指为完成合同所发生的、可以直接计入合同成本核算对象的各项费用支出。直接费用包括四项费用：耗用的人工费用、耗用的材料费用、耗用的机械使用费和其他直接费用（指直接可计入合同成本的费用）。间接费用是企业下属的施工单位或生产单位为组织生产和管理施工生产活动所发生的费用，包括临时设施摊销费用和施工、生产单位管理人员工资、奖金、职工福利费、劳动保护费、固定资产折旧费及修理费、物料消耗、低值易耗品摊销、取暖费、水电费、办公费、差旅费、财产保险费、工程保修费、排污费等。直接费用在发生时直接计入合同成本；间接费用应在期末按系统、合理的方法分摊计入合同成本。常见的用于间接费用分摊的方法有人工费用比例法和直接费用比例法。

合同完成后处置残余物资取得的收益等与合同有关的零星收益，应当冲减合同成本。合同成本不包括应当计入当期损益的管理费用、销售费用和财务费用。因订立合同而发生的有关费用，应当直接计入当期损益。

（三）合同收入与合同费用的确认

合同收入与合同费用确认的基本原则是：①如果建造合同的结果能够可靠估计，企业应根据完工百分比法在资产负债表日确认合同收入和合同费用。②如果建造合同的结果不能够可靠估计，应分两种情况进行处理：合同成本能够收回的，合同收入根据能够收回的实际合同成本金额予以确认，合同成本在其发生的当期确认为合同费用；合同成本不可能收回的，应在发生时立即确认为合同费用，不确认合同收入。

合同预计总成本超过合同总收入的，应当将预计损失确认为当期费用。

1. 结果能够可靠估计的建造合同

建造合同的结果能够可靠估计的，企业应根据完工百分比法在资产负债表日确认合同收入和合同费用。完工百分比法是根据合同完工进度确认合同收入和费用的方法，运用这种方法确认合同收入和费用，能为报表使用者提供有关合同进度及本期业绩的有用信息，体现了权责发生制的要求。

（1）建造合同的结果能够可靠估计的认定标准

固定造价合同的结果能够可靠估计的认定标准为：①合同总收入能够可靠地计量；②与合同相关的经济利益很可能流入企业；③实际发生的合同成本能够清楚地区分和可靠地计量；④合同完工进度和为完成合同尚需发生的成本能够可靠地确定。

成本加成合同的结果能够可靠估计的认定标准为：①与合同相关的经济利益很可能流入企业；②实际发生的合同成本能够清楚地区分和可靠地计量。

（2）完工进度的确定

确定合同完工进度有以下三种方法。

① 根据累计实际发生的合同成本占合同预计总成本的比例确定。该方法是确定合同完工进度比较常用的方法。计算公式如下：

合同完工进度＝累计实际发生的合同成本÷合同预计总成本×100%

累计实际发生的合同成本是指形成工程完工进度的工程实体和工作量所耗用的直接成本和间接成本，不包括与合同未来活动相关的合同成本（如施工中尚未安装、使用或耗用的材料成本），以及在分包工程的工作量完成之前预付给分包单位的款项（根据分包工程进度支付的分包工程进度款，应构成累计实际发生的合同成本）。

【例 12.18】某建筑公司承建 A 工程，工期 2 年，A 工程的预计总成本为 2 000 万元。第一年，该建筑公司的“工程施工——A 工程”账户的实际发生额为 1 200 万元。其中：人工费 400 万元，材料费 500 万元，机械作业费 250 万元，其他直接费和工程间接费 50 万元。经查明，A 工程领用的材料中有一批虽已运到施工现场但尚未使用，尚未使用的材料成本为 100 万元。根据上述资料计算第一年的完工进度如下：

合同完工进度＝（1 200－100）÷2 000×100%＝55%

② 根据已经完成的合同工作量占合同预计总工作量的比例确定。该方法适用于合同工作量容易确定的建造合同，如道路工程、土石方挖掘、砌筑工程等。计算公式如下：

合同完工进度＝已经完成的合同工作量÷合同预计总工作量×100%

③ 根据实际测定的完工进度确定。该方法是在无法根据上述两种方法确定合同完工进度时所采用的一种特殊的技术测量方法，适用于一些特殊的建造合同，如水下施工工程等。需要注意的是，这种技术测量并不是由建造承包商自行随意测定，而应由专业人员现场进

行科学测定。

（3）完工百分比法的运用

确定建造合同的完工进度后，就可以根据完工百分比法确认和计量当期的合同收入和费用。当期确认的合同收入和费用可用下列公式计算：

当期确认的合同收入＝合同总收入×完工进度－以前会计期间累计已确认的收入

当期确认的合同费用＝合同预计总成本×完工进度－以前会计期间累计已确认的费用

当期确认的合同毛利＝当期确认的合同收入－当期确认的合同费用

上述公式中的完工进度指累计完工进度。

对于当期完成的建造合同，应当按照实际合同总收入扣除以前会计期间累计已确认收入后的金额，确认为当期合同收入；同时，按照累计实际发生的合同成本扣除以前会计期间累计已确认费用后的金额，确认为当期合同费用。

【例 12.19】某建筑企业签订了一项总金额为 2 700 000 元的固定造价合同，合同完工进度按照累计实际发生的合同成本占合同预计总成本的比例确定。工程已于 2008 年 2 月开工，预计 2010 年 9 月完工。最初预计的工程总成本为 2 500 000 元，到 2009 年年底，由于材料价格上涨等因素调整了预计总成本，预计工程总成本已为 3 000 000 元。该建筑企业于 2010 年 7 月提前两个月完成了建造合同，工程质量优良，客户同意支付奖励款 300 000 元。建造该工程的其他有关资料如表 12.1 所示。

表 12.1　该工程的其他有关资料　　单位：元

项目	2008 年	2009 年	2010 年
累计实际发生成本	800 000	2 100 000	2 950 000
预计完成合同尚需发生成本	1 700 000	900 000	
结算合同价款	1 000 000	1 100 000	900 000
实际收到价款	800 000	900 000	1 300 000

该建筑企业对本项建造合同的有关账务处理如下（为简化起见，会计分录以汇总数反映，有关纳税业务的会计分录略）：

（1）2008 年账务处理如下：

登记实际发生的合同成本：

借：工程施工——合同成本　　800 000

　　贷：原材料、应付职工薪酬、机械作业等　　800 000

登记已结算的合同价款：

借：应收账款　　1 000 000

　　贷：工程结算　　1 000 000

登记实际收到的合同价款：

借：银行存款　　800 000

　　贷：应收账款　　800 000

确认计量当年的合同收入和费用，并登记入账：

2008 年的完工进度＝800 000÷（800 000＋1 700 000）×100%＝32%

2008 年确认的合同收入＝2 700 000×32%＝864 000（元）

2008 年确认的合同费用＝（800 000＋1 700 000）×32%＝800 000（元）

2008 年确认的合同毛利＝864 000－800 000＝64 000（元）

借：主营业务成本　　800 000

　　工程施工——合同毛利　　64 000

　　贷：主营业务收入　　864 000

（2） 2009 年的账务处理如下：

登记实际发生的合同成本：

借：工程施工——合同成本　　1 300 000

　　贷：原材料、应付职工薪酬、机械作业等　　1 300 000

登记结算的合同价款：

借：应收账款　　1 000 000

　　贷：工程结算　　1 000 000

登记实际收到的合同价款：

借：银行存款　　9 000 000

　　贷：应收账款　　9 000 000

确认计量当年的合同收入和费用，并登记入账：

2009 年的完工进度＝2 100 000÷（2 100 000＋900 000）×100%＝70%

2009 年确认的合同收入＝2 700 000×70%－864 000＝1 026 000（元）

2009 年确认的合同费用＝（2 100 000＋900 000）×70%－800 000＝1 300 000（元）

2009 年确认的合同毛利＝1 026 000－1 300 000＝－274 000（元）

2009 年确认的合同预计损失＝（2 100 000＋900 000－2 700 000）×（1－70%）

＝90 000（元）

注：在 2009 年年底，由于该合同预计总成本（3 000 000 元）大于合同总收入（2 700 000 元），预计发生损失总额为 300 000 元，由于已在“工程施工——合同毛利”中反映了－210 000 元（64 000 元－274 000 元）的亏损，因此应将剩余的、未完成工程将发生的预计损失 90 000 元确认为当期费用。

借：主营业务成本　　1 300 000

　　贷：主营业务收入　　1 026 000

　　　　工程施工——合同毛利　　274 000

借：资产减值损失　　90 000

　　贷：存货跌价准备　　90 000

（3） 2010 年的账务处理如下：

登记实际发生的合同成本：

借：工程施工——合同成本　　850 000

　　贷：原材料、应付职工薪酬、机械作业等　　850 000

登记结算的合同价款：

借：应收账款　　900 000

　　贷：工程结算　　900 000

登记实际收到的合同价款：

借：银行存款　　1 300 000

　　贷：应收账款　　1 300 000

确认计量当年的合同收入和费用，并登记入账：

2010 年确认的合同收入＝（2 700 000＋300 000）－（864 000＋1 026 000）＝1 110 000（元）

2010 年确认的合同费用＝2 950 000－800 000－1 300 000＝850 000（元）

2010 年确认的合同毛利＝1 110 060－850 000＝260 000（元）

借：主营业务成本　　850 000

　　工程施工——合同毛利　　260 000

　　贷：主营业务收入　　1 110 000

2010 年工程全部完工，应将“存货跌价准备”账户相关余额冲减“主营业务成本”，将“工程施工”账户的余额与“工程结算”账户的余额相对冲：

借：存货跌价准备　　90 000

　　贷：主营业务成本　　90 000

借：工程结算　　3 000 000

　　贷：工程施工——合同成本　　2 950 000

　　　　　　　　——合同毛利　　50 000

2. 结果不能可靠估计的建造合同

如果建造合同的结果不能可靠估计，则不能采用完工百分比法确认和计量合同收入和费用，而应区别以下两种情况进行会计处理：①合同成本能够收回的，合同收入根据能够收回的实际合同成本予以确认，合同成本在其发生的当期确认为合同费用；②合同成本不可能收回的，应在发生时立即确认为合同费用，不确认合同收入。

【例 12.20】某建筑公司与客户签订了一项总金额为 120 万元的建造合同。第一年实际发生工程成本 50 万元，双方均能履行合同规定的义务，但建筑公司在年末时对该项工程的完工进度无法可靠确定。

本例中，该公司不能采用完工百分比法确认收入。由于客户能够履行合同，当年发生的成本均能收回，所以公司可将当年发生的成本金额同时确认为当年的收入和费用，当年不确认利润。其账务处理如下：

借：主营业务成本　　500 000

　　贷：主营业务收入　　500 000

如果该公司当年与客户只办理价款结算 30 万元，其余款项可能收不回来。这种情况下，该公司只能将 30 万元确认为当年的收入，50 万元应确认为当年的费用。其账务处理如下：

借：主营业务成本　　500 000

　　贷：主营业务收入　　300 000

　　　　工程施工——合同毛利　　200 000

【例 12.21】沿用【例 12.20】，如果到第二年，完工进度无法可靠确定的因素消除。第二年实际发生成本为 30 万元，预计为完成合同尚需发生的成本为 20 万元，则企业应当计算合同收入和费用如下：

第二年合同完工进度＝（50＋30）÷（50＋30＋20）＝80%

第二年确认的合同收入＝120×80%－30＝66（万元）

第二年确认的合同成本＝（50＋30＋20）×80%－50＝30（万元）

第二年确认的合同毛利＝66－30＝36（万元）

账务处理如下：

借：主营业务成本	300 000	
工程施工——合同毛利	360 000	
贷：主营业务收入		660 000

3. 合同预计损失的处理

建造承包商正在建造的资产，类似于工业企业的在产品，性质上属于建造承包商的存货，期末应当对其进行减值测试。如果建造合同的预计总成本超过合同总收入，则形成合同预计损失，应提取损失准备，并确认为当期费用。合同完工时，将已提取的损失准备冲减合同费用。

【例 12.22】某建筑公司签订了一项总金额为 120 万元的固定造价合同，最初预计总成本为 100 万元。第一年实际发生成本 70 万元。年末，预计为完成合同尚需发生成本 55 万元。该合同的结果能够可靠估计。该公司在年末应进行如下账务处理：

第一年合同完工进度＝70÷（70＋55）×100%＝56%

第一年确认的合同收入＝120×56%＝67.2（万元）

第一年确认的合同费用＝（70＋55）×56%＝70（万元）

第一年确认的合同毛利＝67.2－70＝－2.8（万元）

第一年预计的合同损失＝［（70＋55）－120］×（1－56%）＝2.2（万元）

其账务处理如下：

借：主营业务成本	700 000	
贷：主营业务收入		672 000
工程施工——合同毛利		28 000
借：资产减值损失	22 000	
贷：存货跌价准备		22 000

第四节　费　　用

一、费用的确认

费用是指企业在日常活动中发生的、会导致所有者权益减少的、与向所有者分配利润无关的经济利益的总流出。

费用有狭义和广义之分。广义的费用泛指企业各种日常活动发生的所有耗费，狭义的费用仅指与本期营业收入相配比的那部分耗费。费用应按照权责发生制和配比原则确认，凡应属于本期发生的费用，不论其款项是否支付，均确认为本期费用；反之，不属于本期发生的费用，即使其款项已在本期支付，也不确认为本期费用。

在确认费用时，首先应当划分生产费用与非生产费用的界限。生产费用是指与企业日常生产经营活动有关的费用，如生产产品所发生的原材料费用、人工费用等；非生产费用是指不应由生产费用负担的费用，如用于购建固定资产所发生的费用，不属于生产费用。其次，应当分清生产费用与产品成本的界限。生产费用与一定的时期相联系，而与生产的产品无关；产品成本与一定品种和数量的产品相联系，而不论发生在哪一期。最后，应当分清生产费用与期间费用的界限。生产费用应当计入产品成本；而期间费用直接计入当期损益。

在确认费用时，对于确认为期间费用的费用，必须进一步划分为管理费用、销售费用和财务费用。对于确认为生产费用的费用，必须根据该费用发生的实际情况分别不同的费用性质将其确认为不同产品生产所负担的费用；对于几种产品共同发生的费用，必须按受益原则，采用一定方法和程序将其分配计入相关产品的生产成本。本节所指的费用主要指期间费用。

二、期间费用

期间费用是企业当期发生的费用中的重要组成部分，是指本期发生的、不能直接或间接归入某种产品成本的、直接计入损益的各项费用，包括管理费用、销售费用和财务费用。

（一）管理费用

管理费用是指企业为组织和管理企业生产经营所发生的管理费用，包括企业在筹建期间内发生的开办费、董事会和行政管理部门在企业的经营管理中发生的或者应由企业统一负担的公司经费（包括行政管理部门职工工资及福利费、物料消耗、低值易耗品摊销、办公费和差旅费等）、工会经费、董事会费（包括董事会成员津贴、会议费和差旅费等）、聘请中介机构费、咨询费（含顾问费）、诉讼费、业务招待费、房产税、车船使用税、土地使用税、印花税、技术转让费、矿产资源补偿费、研究费用、排污费，以及企业生产车间（部门）和行政管理部门等发生的固定资产修理费用等。

企业发生的管理费用，在“管理费用”账户核算，并在“管理费用”账户中按费用项目设置明细账，进行明细核算。期末，“管理费用”账户的余额结转“本年利润”账户后无余额。

（二）销售费用

销售费用是指企业在销售商品和材料、提供劳务的过程中发生的各种费用，包括企业在销售商品过程中发生的保险费、包装费、展览费和广告费、商品维修费、预计产品质量保证损失、运输费、装卸费等，以及为销售本企业商品而专设的销售机构（含销售网点、售后服务网点等）的职工薪酬、业务费、折旧费、固定资产修理费用等费用。

企业发生的销售费用，在“销售费用”账户核算，并在“销售费用”账户中按费用项目设置明细账，进行明细核算。期末，“销售费用”账户的余额结转“本年利润”账户后无余额。

企业（金融）应将“销售费用”账户改为“业务及管理费”账户，核算企业（金融）在业务经营和管理过程中所发生的各项费用，包括折旧费、业务宣传费、业务招待费、电子设备运转费、钞币运送费、安全防范费、邮电费、劳动保护费、外事费、印刷费、低值易耗品摊销、职工工资及福利费、差旅费、水电费、职工教育经费、工会经费、会议费、诉讼费、公证费、咨询费、无形资产摊销、长期待摊费用摊销、取暖降温费、聘请中介机构费、技术转让费、绿化费、董事会费、财产保险费、劳动保险费、失业保险费、住房公积金、物业管理费、研究费用、提取保险保障基金等。

（三）财务费用

财务费用是指企业为筹集生产经营所需资金等而发生的筹资费用，包括利息支出（减利息收入）、汇兑损益及相关的手续费、企业发生的现金折扣或收到的现金折扣等。

企业发生的财务费用，在“财务费用”账户核算，并在“财务费用”账户中按费用项目设置明细账，进行明细核算。期末，“财务费用”账户的余额结转“本年利润”账户后无余额。

第五节　利润与利润分配

一、利润的构成

企业作为独立的经济实体，应当以自己的经营收入抵补其成本费用，并且实现盈利。企业盈利的大小在很大程度上反映企业生产经营的经济效益，表明企业在每个会计期间的最终经营成果。

利润是指企业在一定会计期间的经营成果。利润包括收入减去费用后的净额、直接计入当期利润的利得和损失等。

直接计入当期的利得和损失，是指应当计入当期损益、会导致所有者权益发生增减变动的、与所有者投入资本或者向所有者分配利润无关的利得或者损失。

利润相关计算公式如下：

（一）营业利润

营业利润＝营业收入－营业成本－营业税金及附加－销售费用－管理费用－财务费用－资产减值损失＋公允价值变动收益（－公允价值变动损失）＋投资收益（－投资损失）

其中，营业收入是指企业经营业务所确定的收入总额，包括主营业务收入和其他业务收入。营业成本是指企业经营业务所发生的实际成本总额，包括主营业务成本和其他业务成本。资产减值损失是指企业计提各项资产减值准备所形成的损失。公允价值变动收益（或损失）是指企业交易性金融资产等公允价值变动形成的应计入当期损益的利得（或损失）。投资收益（或损失）是指企业以各种方式对外投资所取得的收益（或发生的损失）。

（二）利润总额

利润总额＝营业利润＋营业外收入－营业外支出

其中，营业外收入（或支出）是指企业发生的与日常活动无直接关系的各项利得（或损失）。

（三）净利润

净利润＝利润总额－所得税费用

其中，所得税费用是指企业确认的应从当期利润总额中扣除的所得税费用。所得税费用由应纳税所得额乘以所得税税率计算得出。

二、本年利润的核算

企业应设置“本年利润”账户，核算企业当期实现的净利润（或发生的净亏损）。

企业期（月）末结转利润时，应将各损益类账户的金额转入本账户，结平各损益类账户。结转后本账户的贷方余额为当期实现的净利润；借方余额为当期发生的净亏损。

年度终了应将本年收入和支出相抵后结出的本年实现的净利润转入“利润分配”账户，借记本账户，贷记“利润分配——未分配利润”账户；如为净亏损作相反的会计分录。结转后本账户应无余额。

本章小结

本章主要介绍了收入与收益的概念，收入的确认标准与方法，收入、费用的确认与会计处理，营业外收入和营业外支出的确认与会计处理，财务成果形成的核算，以及收入、费用和利润在财务报告中的列示。

收入是指企业在日常活动中形成的、会导致所有者权益增加的、与所有者投入资本无关的经济利益的总流入。按照企业从事日常活动的性质，可以将收入分为销售商品收入、提供劳务收入、让渡资产使用权收入、建造合同收入等。销售商品收入是指企业通过销售商品实现的收入；提供劳务收入是指企业通过提供劳务实现的收入；让渡资产使用权收入是指企业通过让渡资产使用权实现的收入。按照企业从事日常活动在企业的重要性，可以将收入分为主营业务收入、其他业务收入等。

费用是指企业在日常活动中发生的、会导致所有者权益减少的、与向所有者分配利润无关的经济利益的总流出。在确认费用时，首先应当划分生产费用与非生产费用的界限。其次，应当分清生产费用与产品成本的界限。对于确认为期间费用的费用，必须进一步划分为管理费用、销售费用和财务费用。

利润是指企业在一定会计期间的经营成果。利润包括收入减去费用后的净额、直接计入当期利润的利得和损失等。直接计入当期的利得和损失，是指应当计入当期损益、会导致所有者权益发生增减变动的、与所有者投入资本或者向所有者分配利润无关的利得或者损失。

本章的重点内容是商品销售收入的确认售后回购与回租、建造合同收入的确认等。本章的难点内容是商品销售收入条件的理解与运用、建造合同收入的确认等。

专业词汇中英对照

收入 income
主营业务收入 prime operating revenue
产品销售收入 sales revenue
服务收入 service revenue
其他业务收入 other operating revenue
出让资产使用权收入 remise right of assets revenue
其他收入 other revenue
营业外收入 non-operating income
支出 outlay
主营业务成本 operating costs
主营业务税金及附加 tax and associate charge
其他业务支出 other business expense
营业费用 operating expenses
管理费用 administrative expenses
财务费用 finance charge
营业外支出 non-business expenditure

复习思考题

一、单选题

1．如商品的售价内包含可区分的在售后一定期限内的服务费，在销售商品时，该服务费应记入（　　）账户。

A．预收账款　　B．主营业务收入

C．其他业务收入　　D．营业外收入

2．企业在资产负债表日，对某项劳务，如不能可靠地估计所提供劳务的交易结果，则对该项劳务正确的会计处理是（　　）。

A．不确认利润但可能确认损失

B．既不确认利润也不确认损失

C．确认利润但不确认损失

D．可能确认利润也可能确认损失

3．下列关于收入确认的表述中，错误的是（　　）。

A．卖方仅仅为了到期收回货款而保留商品的法定产权，则销售成立，相应的收入应予以确认

B．合同或协议价款的收取采用递延方式，如分期收款销售商品，实质上具有融资性质的，应当按照应收的合同或协议价款确定销售商品收入金额

C．销售商品涉及商业折扣的，应当按照扣除商业折扣后的金额确定销售商品收入金额

D．根据收入和费用配比原则，与同一项销售有关的收入和成本应在同一会计期间予以确认。成本不能可靠计量，相关的收入也不能确认

4．甲公司销售产品每件440元，若客户购买200件（含100件）以上可得到40元的商业折扣。某客户2008年8月8日购买该企业产品200件，按规定现金折扣条件为2/10，1/20，*n*/30。适用的增值税税率为17%。该企业于8月24日收到该笔款项时，则实际收到的款项为（　　）元（假定计算现金折扣时考虑增值税）。

A．93 600　　B．936　　C．102 960　　D．92 664

5．在视同买断方式下委托代销商品的，若受托方没有将商品售出时可以将商品退回给委托方，或受托方因代销商品出现亏损时可以要求委托方补偿，那么委托方的处理正确的是（　　）。

A．在交付商品时不确认收入，委托方收到代销清单时确认收入

B．在交付商品时确认收入

C．不作任何处理

D．只核算发出商品的处理

6．企业在委托其他单位代销商品的情况下，在视同买断代销方式下，没有特殊情况的，则商品销售收入确认的时间是（　　）。

A．发出商品日期　　　　　　　B．受托方发出商品日期
C．收到代销单位的代销清单日期　　D．全部收到款项

7．大华公司为华盛公司承建厂房一幢，工期为 2005 年 8 月 1 日－2007 年 5 月 31 日，总造价 5 000 万元，华盛公司 2005 年付款至总造价的 20%，2006 年付款至总造价的 85%，余款 2007 年工程完工后结算。该工程 2005 年发生成本 600 万元，年末预计尚需发生成本 2 200 万元；2006 年发生成本 2 100 万元，年末预计尚需发生成本 300 万元。则大华公司 2006 年因该项工程应确认的营业收入为（　　）万元。

A．3 428.57　　B．4 500　　C．2 100　　D．2 400

8．企业对外销售需要安装的商品时，若安装和检验属于销售合同的重要组成部分，则确认该商品销售收入的时间是（　　）。

A．商品运抵并开始安装时　　　B．发出商品时
C．商品安装完毕并检验合格时　　D．收到商品销售货款时

9．Y 公司本月销售情况如下：①现款销售 10 台，总售价 100 000 元（不含增值税，下同）已入账；②需要安装的销售 2 台，总售价 30 000 元，款项尚未收取，安装任务构成销售业务的主要组成部分，安装尚未完成；③附有退货条件的销售 2 台，总售价 23 000 元已入账，退货期 3 个月，退货的可能性难以估计。Y 公司本月应确认的销售收入是（　　）元。

A．100 000　　B．140 000　　C．163 000　　D．183 000

10．在支付手续费方式委托代销的方式下，委托方确认收入的时点是（　　）。

A．委托方交付商品时　　　B．受托方销售商品时
C．委托方收到代销清单时　　D．委托方收到货款时

二、多选题

1．下列有关收入确认的表述中，正确的有（　　　）。

A．附有商品退回条件的商品销售可以在退货期满时确认收入
B．销售并购回协议下，应当按销售收入的款项高于购回支出的款项的差额确认收入
C．资产使用费收入应当按合同规定确认
D．托收承付方式下，在办妥托收手续时确认收入

2．下列各项收入中，属于工业企业的其他业务收入的有（　　　）。

A．提供运输劳务所取得的收入
B．提供加工装配劳务所取得的收入
C．出租无形资产所取得的收入
D．销售材料产生的收入

3．下列有关售后回购处理正确的有（　　　）。

A．采用售后回购方式销售商品的，一般情况下收到的款项应确认为负债；回购价格大于原售价的，差额应在回购期间按期计提利息，计入财务费用
B．有确凿证据表明售后回购交易满足销售商品收入确认条件的，销售的商品按售价确认收入，回购的商品作为购进商品处理
C．有确凿证据表明售后回购交易满足销售商品收入确认条件的，仍然将回购价格大于原售价的差额在回购期间按期计提利息，计入财务费用

D．售后回购在任何情况下都不确认收入的

4．提供劳务交易的结果能够可靠估计，应同时满足的条件包括（　　）。

A．收入的金额能够可靠地计量

B．相关的经济利益很可能流入企业

C．交易中已发生的成本能够可靠地计量

D．交易中将发生的成本能够可靠地计量

5．关于提供劳务收入的确认计量，下列说法中错误的有（　　）。

A．艺术表演、招待宴会和其他特殊活动的收费，应在相关活动发生时确认收入

B．申请入会费和会员费只允许取得会籍，所有其他服务或商品都要另行收费的，应在款项收回不存在重大不确定性时确认收入

C．属于提供设备和其他有形资产的特许权费，应在提供服务时确认收入

D．长期为客户提供重复的劳务收取的劳务费，应在收到款项时确认收入

三、思考题

1．商品销售收入确认的条件有哪些？

2．让渡资产使用权收入确认？

3．营业外收入和营业外支出如何确认并作相应会计处理？

4．收入与收益概念的异同？

5．如何确认合同预计损失？

6．费用如何确认？

7．利润总额如何核算？

8．本年利润如何进行核算？

四、业务处理题

1．A 企业于 2007 年 11 月受托为 B 企业培训一批学员，培训期为 6 个月，11 月 1 日开学。双方签订的协议注明，B 企业应支付培训费总额为 120 000 元，分三次支付，第一次在开学时预付；第二次在培训期中间，即 2008 年 2 月 1 日支付，第三次在培训结束时支付。每期支付 40 000 元。B 企业已在 11 月 1 日预付第一期款项。

2007 年 12 月 31 日，A 企业得知 B 企业当年效益不好，经营发生困难，后两次的培训费是否能收回，没有把握，已经发生的培训成本 60 000 元，估计能够得到补偿的部分为 40 000 元。

要求：编制 A 企业的相关会计分录。

2．天意软件开发公司于 20×7 年 8 月 12 日接受客户定货，为客户研制一项财务软件，工期约 7 个月，合同规定总价款为 5 000 000 元，分两期收取，客户财务状况和信誉良好。20×7 年 8 月 15 日，通过银行收到客户首期付款 3 000 000 元，剩余款项于完工时支付。至 20×7 年年末，天意公司为研制该软件已发生成本 2 750 000 元，经专业测量师测量，软件的研制开发程度为 60%。预计到研制开发完成整个软件还将发生成本 1 000 000 元，并预计能按时完成软件的研制开发。

要求：编制天意公司 20×7 年研制软件开始到研制完成的会计分录。

3．远大上市公司（以下简称远大公司）为增值税一般纳税人，增值税税率 17%，所得

税采用资产负债表债务法核算，从 20×3 年开始所得税税率一直为 33%。远大公司主要生产经营 A 商品和 B 商品，每件 A 商品的成本价为 1 100 元，每件 B 商品的成本价为 600 元。20×7 年发生以下经济业务（下列货款均为不含增值税的货款）：

（1）将其生产的 A 商品 200 件，销售给乙企业，每件售价 2 000 元，款未收到。

（2）将其生产的 A 商品 800 件，销售给丙企业，每件售价 2 200 元；将生产的 B 产品销售给丙企业 100 件，每件售价 1 000 元。款项已收妥。

（3）向 N 企业销售 A 商品 100 件，每件售价 2 300 元；销售 B 商品 900 件，每件售价 1 000 元，货款未收。

（4）远大公司 20×7 年 1 月 1 日与 C 公司签订了一项建造合同，合同总收入 500 万元，合同总成本 400 万元，20×7 年 1 月 1 日开工，20×9 年 3 月完工。20×7 年当年有关资料如下：

20×7 年实际发生成本 100 万元；完成合同尚需发生成本 300 万元；当年已结算工程价款 125 万元；当年实际收到价款 100 万元。

（5）5 月，远大公司以银行存款偿还已逾期的长期借款 50 万元，利息为 15 万元。

（6）6 月，远大公司将其原值为 50 万元，已提折旧为 40 万元，已计提减值准备为 5 万元的固定资产对外出售，取得价款 30 万元并存入银行。

（7）10 月 1 日，远大公司因融资需要，将其生产的商品销售给丁公司，销售价格 250 万元，商品销售成本 210 万元，双方协议约定，远大公司 1 年后以 275 万元的价格购回。远大公司在销售的当天收到款项。

（8）10 月 1 日，远大公司与乙公司签订购销合同，远大公司向乙公司销售新产品，价款 80 万元，成本 40 万元。合同约定试用期 6 个月，若发现质量问题可以退货，已开出增值税专用发票，目前无法估计退货的可能性，价款尚未收到。

（9）11 月 1 日，远大公司将一笔应收账款出售给银行，应收账款的账面价值 40 万元，出售给银行价格为 30 万元，协议规定，将来如付款方无款支付，银行也不对远大公司进行追偿该已出售的应收账款；同时规定，该出售价格已包括了估计发生销售折扣款 4 万元，如将来不发生销售折扣，所得款项应归还远大公司。

要求：编制上述业务有关的会计分录。（以“万元”为单位）

五、案例分析题

2002 年 4 月 11 日美国证监会发布了《第 1745 号民事诉讼公告》及《第 1542 号会计审计执法公告》，指控施乐公司进行财务舞弊，欺诈投资者。1997—2000 年，施乐公司虚计收入 64 亿美元、税前利润 15 亿美元。施乐公司的业务主要是制造和销售办公成像设备，并开展有关的租赁业务，提供相关耗材和服务。SEC 在对施乐公司的起诉中反复提到的最重大的虚计利润的会计手法是利用销售租赁，在租赁开始日提前确认与租赁按得收入，从而使当期利润指标达到华尔街的预期。

销售式租赁是指租赁开始日租赁资产的公允价值大于账面价值的情况，两者的差额在当期确认为销售利润，未实现融资收益则需在租赁期内分期确认。在销售型租赁中，出租人施乐公司每期只能向客户收取一笔总的款项，对租赁资产公允价值的补偿包括在其中。为了抬高租赁资产的公允价值，施乐公司故意压低总款项中包含的融资服务与未来技术服务的公允价值，从而提前在租赁期开始日确认本应在租赁期内逐步确认的收入 30 亿美元、税前利润 6.6 亿美元。

此外，对其他租赁业务，施乐在租赁期内通过与承租人的协商，提高租赁价格或租赁期并相应增加收费。按照 FASB13 号及 27 号的规定，该收费应在有关租赁期内逐步确认为施乐的收入，但施乐仍将其一次确认。这种做法导致施乐在 1997—2000 年提前确认设备租赁收入 3 亿美元、税前利润 2 亿美元。

施乐公司对 SEC 的诉讼未发表否认意见，接受了 1 000 万美元的巨额罚款，并与 SEC 达成和解。

（资料来源：朱海林，冷冰．美国施乐财务欺诈案分析．会计研究，2002.）

要求：

（1）讨论施乐公司收入确认的处理是否正确？

（2）你认为确认收入应符合哪些条件？

第十三章

财务会计报告

本章导读

本章主要介绍企业财务会计报表的构成，资产负债表的功能与编制，利润表的功能与编制，现金流量表的功能与编制，财务会计报表附表的功能及编制原理。通过本章学习，应能够：

- 了解企业财务会计报表的构成；
- 理解资产负债表、利润表、现金流量表的功能；
- 掌握资产负债表、利润表和现金流量表的编制方法；
- 了解其他会计报表的功能及编制原理。

导入案例

企业持有的可供出售金融资产公允价值变动损益直接计入所有者权益，而所有者权益的会计信息是衡量企业财务状况、配置资产和负债的重要依据，也是计算经营业绩指标的基础。

根据证券之星网站对2008年每股净资产变动率的排名，选择每股净资产降低率在50%以上的上市公司，并在其中剔除了2007年以后上市的缺乏前后期对比资料的公司、由于每股净资产基数较小稍微变动就会导致大幅变化的ST公司、单纯由于转送股使每股净资产大幅降低但不具有现实意义的公司，将余下的31家上市公司作为样本。

通过对上述31家样本公司的研究发现，可供出售金融资产公允价值变动是影响2008年每股净资产大幅降低的最集中的原因，在股市上涨时可供出售金融资产公允价值变动收益导致上市公司股东权益翻倍上升，并成为企业大幅举债的依据，在股市下跌时可供出售金融资产公允价值变动损失导致股东权益也跌回谷底，此时部分上市公司资产、负债也被腰斩，另外一些不能相应压缩负债的企业，负债的比重大幅上升，导致存在诱发财务危机的巨大风险，因而将可供出售金融资产公允价值变动所引起的报表数据总量时而涌向峰顶时而跌落谷底、报表数据结构时而负债率大幅下降继而又剧烈上升的现象比喻为“报表地震”毫不为过。

通过对所选样本公司2008年年度报告的分析，这31家上市公司每股净资产大幅降低的原因包括可供出售金融资产公允价值变动损失、转送股及金融资产投资以外其他各种原因引起的经营亏损等。为了了解可供出售金融资产公允价值变动的影响情况，将 31 家上市公司划分为两类，一类是由于或主要由于可供出售金融资产公允价值变动损失导致每股净资产大幅降低的上市公司，另一类是由于其他各种原因导致每股净资产大幅降低的上市公司（有关资料见表 13.1 和表 13.2）。在表 13.1 和表 13.2 中，每股净资产变动率是期末每股净资产较期初每股净资产的增减额与期初每股净资产的百分比率；每股净资产变动原因是按照各因素影响的大小排列的。

表 13.1　可供出售金融资产公允价值变动导致每股净资产大幅度降低的上市公司每股净资产

序号	公司名称	年末每股净资产/元		每股净资产变动率		2008 年每股净资产变动原因
		2008	2007	2008	2007	
1	南京高科	10.17	20.85	−51%	408%	可供出售金融资产公允价值变动损失
2	湖北金环	2.73	5.61	−51%	73%	可供出售金融资产公允价值变动损失
3	宇通客车	3.23	6.65	−51%	113%	可供出售金融资产公允价值变动损失
4	上海电力	2.07	4.29	−52%	5%	可供出售金融资产公允价值变动损失与亏损
5	广电信息	1.70	3.65	−53%	−6%	亏损与可供金融资产公允价值变动损失
6	海欣股份	2.12	4.88	−56%	195%	可供出售金融资产公允价值变动损失
7	用友软件	4.51	10.41	−57%	81%	转增股本与可供出售金融资产、交易性金融资产公允价值变动损失
8	华资实业	3.51	8.74	−60%	103%	可供出售金融资产公允价值变动损失
9	两面针	4.94	12.59	−61%	148%	可供出售金融资产公允价值变动损失与转增股本
10	华银电力	2.42	4.93	−51%	31%	可供出售金融资产公允价值变动损失与亏损
11	皖维高新	4.02	11.16	−64%	312%	可供出售金融资产公允价值变动损失与送转股
12	哈投股份	3.01	11.51	−74%	272%	可供出售金融资产公允价值变动损失与转增股本
13	保定天鹅	1.51	6.22	−76%	138%	可供出售金融资产公允价值变动损失与转增股本
14	西水股份	4.52	23.94	−81%	588%	可供出售金融资产公允价值变动损失与转股

表 13.2　其他因素导致每股净资产大幅度降低的上市公司每股净资产

序号	公司名称	年末每股净资产/元		每股净资产变动率		2008 年每股净资产变动原因
		2008	2007	2008	2007	
1	豫能控股	0.92	1.86	−51%	7%	亏损
2	风帆股份	2.21	5.73	−61%	59%	亏损
3	博盈投资	0.77	1.57	−51%	−6%	亏损
4	四维控股	0.67	1.47	−54%	6%	亏损
5	汇源通信	0.51	1.12	−55%	−25%	亏损
6	南方航空	1.07	2.80	−62%	21%	亏损与转增股本
7	国通管业	1.54	4.11	−63%	1%	亏损与转增股本
8	广钢股份	0.73	2.00	−64%	−4%	亏损
9	澳洋科技	2.28	6.32	−64%	—	亏损与转增股本
10	关铝股份	1.45	4.02	-64%	34%	亏损与转增股本

续表

序号	公司名称	年末每股净资产/元		每股净资产变动率		2008 年每股净资产变动原因
		2008	2007	2008	2007	
11	金城股份	0.50	1.40	−64%	34%	亏损
12	鑫新股份	0.85	2.41	−65%	4%	亏损与转增股本
13	宏达股份	2.41	6.46	−67%	66%	转股、派现与亏损
14	唐山陶瓷	0.32	1.02	−69%	−52%	亏损
15	园城股份	0.20	0.77	−74%	34%	亏损
16	联华合纤	−0.14	0.16	−189%	32%	亏损
17	东方航空	−2.38	0.59	−503%	−5%	交易性金融资产公允价值变动损失与经营亏损

资料来源：李全中．可供出售金融资产公允价值变动引发的“报表地震”与信息利用．经济经纬，2010，3.

请思考以下问题：

1. 什么因素是导致2008年上市公司每股净资产大幅降低的主要原因？

2. 在当前中国股市波动较大的情况下，可供出售金融资产公允价值变动对报表的影响尤其剧烈，应该如何正确理解可供出售金融资产公允价值变动的信息并作出正确的决策？

财务报告，也称为财务会计报告，是指企业对外提供的反映企业某一特定日期的财务状况和某一会计期间的经营成果、现金流量等会计信息的文件。财务报告包括财务报表和其他应当在财务报告中披露的相关信息和资料。

财务报表是对企业财务状况、经营成果和现金流量的结构性表述。财务报表至少应当包括下列组成部分：资产负债表、利润表、现金流量表、所有者权益（或股东权益）变动表和附注。我国小企业规模较小，外部信息需求相对较低，所以小企业的财务报表可以不包括现金流量表。

财务报表可以按照不同的标准进行分类：按财务报表编报期间的不同，可以分为中期财务报表和年度财务报表。中期财务报表是以短于一个完整会计年度的报告期间为基础编制的财务报表，包括月报、季报和半年报等。按财务报表编报主体的不同，可以分为个别财务报表和合并财务报表。个别财务报表是由企业在自身会计核算基础上对账簿记录进行加工而编制的财务报表，它主要用以反映企业自身的财务状况、经营成果和现金流量情况。合并财务报表是以母公司和子公司组成的企业集团为会计主体，根据母公司和所属子公司的财务报表，由母公司编制的综合反映企业集团财务状况、经营成果及现金流量的财务报表。

第一节　资产负债表

一、资产负债表的内容和格式

（一）资产负债表的内容

资产负债表是反映企业在某一特定日期财务状况的报表。它反映企业在某一特定日期所拥有或控制的经济资源、所承担的现时义务和所有者对净资产的要求权。为明确反映某一特定日期企业的财务状况，在资产负债表中，企业通常按资产、负债、所有者权益分类分项反映。也就是说，资产按流动性大小进行列示，具体分为流动资产、非流动资产；负债也按流动性大小进行列示，具体分为流动负债、非流动负债等；所有者权益则按实收资本、资本公积、盈余公积、未分配利润等项目分项列示。

根据资产负债表的设计原理，结合会计报表使用者对资产负债表各项目内容需求的重要性，以及资产负债表本身项目变化的特性，要求资产负债表一方面反映企业在某一特定日期拥有的总资产，以及相对于这些资产的权益；另一方面反映企业某一特定日期接受投资者、债权人提供的资本和信贷，而这些资本和信贷物化为各种实物资产。资产负债表反映的内容可以概括为以下几个方面：

（1）企业某一特定日期掌握的经济资源，以及这些资源的分布与结构；

（2）企业某一特定日期负担的债务，以及企业偿还债务的能力；

（3）企业的投资者（业主）对企业资产的要求权；

（4）期末、期初企业财务状况的变动趋势。

（二）资产负债表项目的格式

1. 表内项目分类

资产负债表表内项目的分类方法，国际上有两种，按项目的流动性分类和按项目的货币性分类。

按项目的流动性分类是国际上流行的分类方法，即资产类项目按流动性大小排列，流动性大的项目排在前面，流动性小的项目排在后面；负债类项目按到期日远近排列，偿付期近者在先，远者在后；所有者权益项目按永久程度排列，永久程度高的项目排在前面，低的排在后面。我国会计准则规定的资产负债表项目的分类与国际流行的分类方法一致。

按项目的货币性分类，可将资产负债表各项目分为货币性资产和非货币性资产两类。货币性项目下再分为货币性资产、货币性负债、货币性所有者权益三类；非货币性项目下，相应地分为非货币性资产、非货币性负债、非货币性所有者权益三类。

2. 表内项目排列

资产负债表内的资产项目一般按它在企业“正常营业周期”内变现能力的强弱来排列。正常营业周期，是指企业正常货币资金变成存货，再从存货变成应收账款或应收票据，最终又变成货币资金的整个过程中所经过的平均间隔期间。

按照这一标准，资产负债表中资产项目的排列方式，是将流动资产排在非流动资产之前；负债项目按其偿还期的长短，将流动负债项目排在前面，非流动负债项目排在后面；所有者权益项目则将永久性大的项目排在前面，永久性小的项目排在后面。

3. 结构形式

资产负债表的结构形式，国际上流行的有两种：一种是账户式，一种是报告式。

账户式又称横式，它是依据“资产＝负债＋所有者权益”会计平衡式，利用账户余额的形式予以排列的方式，即将资产负债表分为左、右两方，左方列示资产各项目，右方列示负债及所有者权益各项目，左右两方相对照后进行平衡。我国现行会计准则规定各行业应使用此种形式。

报告式又称竖式，它是依据“资产－负债＝所有者权益”会计方程式，采用垂直排列的方式，在资产负债表内由上而下分别列示其资产、负债、所有者权益各项目，采取上下对照平衡原理设计的一种形式。

一张完整的资产负债表应当包括表首、正表、附注及附列资料等部分。表首说明资产负债表的编制单位、报表名称、编报日期、计量单位等，由编报单位填写。正表应按填报企业本期总分类账户或明细分类账户期末余额直接填列或分析计算后填列。附注、附列资料的各数据应当根据备查账簿中的记录和有关账户的余额分析计算后填列，必要时应当加注说明和解释。我国现行准则规定，企业在使用账户式资产负债表时，正表中每一项目均要求填列年初数和期末数两个数字，以便于报表使用者进行对比分析。

二、资产负债表的编制

企业应以日常会计核算记录的数据为基础进行归类、整理和汇总，加工成报表项目，形成资产负债表。

（一）“年初余额”的填列方法

“年初余额”栏内各项目数字，应根据上年末资产负债表“期末余额”栏内所列数字填列。如果本年度资产负债表规定的各个项目的名称和内容同上年度不相一致，应对上年年末资产负债表各项目的名称和数字按本年度的规定进行调整，按调整后的数字填入本表“年初余额”栏内。

（二）“期末余额”的填列方法

“期末余额”是指某一资产负债表日的数字，即月末、季末、半年末或年末的数字。资产负债表各项目“期末余额”的数据来源，可以通过以下几种方式取得：

（1）根据总账科目余额填列。资产负债表中的有些项目，可直接根据有关总账科目的余额填列，如“交易性金融资产”、“短期借款”、“应付票据”、“应付职工薪酬”等项目；有些项目则需根据几个总账科目的期末余额计算填列。例如，“货币资金”项目，需根据“库存现金”、“银行存款”、“其他货币资金”三个总账科目的期末余额的合计数填列。

（2）根据明细账科目余额计算填列。例如，“应付账款”项目，需要根据“应付账款”和“预付账款”两个科目所属的相关明细科目的期末贷方余额计算填列；“应收账款”项目，需要根据“应收账款”和“预收账款”两个科目所属的相关明细科目的期末借方余额计算填列。

（3）根据总账科目和明细账科目余额分析计算填列。例如，“长期借款”项目，需要根据“长期借款”总账科目余额扣除“长期借款”科目所属的明细科目中将在一年内到期、且企业不能自主地将清偿义务展期的长期借款后的金额计算填列。

（4）根据有关科目余额减去其备抵科目余额后的净额填列。例如，资产负债表中的“应收账款”项目，应当根据“应收账款”科目的期末余额减去“坏账准备”科目余额后的净额填列。“固定资产”项目，应当根据“固定资产”科目的期末余额减去“累计折旧”、“固定资产减值准备”备抵科目余额后的净额填列等。

（5）综合运用上述填列方法分析填列。例如，资产负债表中的“存货”项目，需要根据“原材料”、“库存商品”、“委托加工物资”、“周转材料”、“材料采购”、“在途物资”、“发出商品”、“材料成本差异”等总账账户期末余额的分析汇总数，再减去“存货跌价准备”账户余额后的净额填列。

三、资产负债表编制示例

【例 13.1】甲股份有限公司 2008 年 12 月 31 日的资产负债表（年初余额略）及 2008 年 12 月 31 日的科目余额表如表 13.3 和表 13.4 所示。假设甲股份有限公司 2008 年度除计提固定资产减值准备导致固定资产账面价值与其计税基础存在可抵扣暂时性差异外，其他资产和负债项目的账面价值均等于其计税基础。假定甲公司未来很可能获得足够的应纳税所得额用来抵扣可抵扣暂时性差异，适用的所得税税率为 33%。

表 13.3 资产负债表

会企 01 表

编制单位：甲股份有限公司　　　　　2007 年 12 月 31 日　　　　　单位：元

资产	期末余额	年初余额	负债和股东权益	期末余额	年初余额
流动资产：			流动负债：		
货币资金	1 406 300		短期借款	300 000	
交易性金融资产	15 000		交易性金融负债	0	
应收票据	246 000		应付票据	200 000	
应收账款	299 100		应付账款	953 800	
预付款项	100 000		预收款项	0	
应收利息	0		应付职工薪酬	110 000	
应收股利	0		应交税费	36 600	
其他应收款	5 000		应付利息	1 000	
存货	2 580 000		应付股利	0	
一年内到期的非流动资产	0		其他应付款	50 000	
其他流动资产	100 000		一年内到期的非流动负债	1 000 000	
流动资产合计	4 751 400		其他流动负债	0	
非流动资产：			流动负债合计	2 651 400	
可供出售金融资产	0		非流动负债：		
持有至到期投资	0		长期借款	600 000	
长期应收款	0		应付债券	0	
长期股权投资	250 000		长期应付款	0	
投资性房地产	0		专项应付款	0	
固定资产	1 100 000		预计负债	0	
在建工程	1 500 000		递延所得税负债	0	
工程物资	0		其他非流动负债	0	
固定资产清理	0		非流动负债合计	600 000	
生产性生物资产	0		负债合计	3 251 400	
油气资产	0		股东权益：		
无形资产	600 000		实收资本（或股本）	5 000 000	
开发支出	0		资本公积	0	
商誉	0		减：库存股	0	
长期待摊费用	0		盈余公积	100 000	
递延所得税资产	0		未分配利润	50 000	
其他非流动资产	200 000		股东权益合计	5 150 000	
非流动资产合计	3 650 000				
资产总计	8 401 400		负债和股东权益总计	8 401 400	

表 13.4 科目余额表

单位：元

科目名称	借方余额	科目名称	贷方余额
库存现金	2 000	短期借款	50 000
银行存款	805 831	应付票据	100 000
其他货币资金	7 300	应付账款	953 800
交易性金融资产	0	其他应付款	50 000
应收票据	66 000	应付职工薪酬	180 000
应收账款	600 000	应交税费	226 731
坏账准备	−1 800	应付利息	0
预付账款	100 000	应付股利	32 215.85
其他应收款	5 000	一年内到期的长期负债	0
材料采购	275 000	长期借款	1 160 000
原材料	45 000	股本	5 000 000
周转材料	38 050	盈余公积	124 770.4
库存商品	2 122 400	利润分配（未分配利润）	218 013.75
材料成本差异	4 250		
其他流动资产	100 000		
长期股权投资	250 000		
固定资产	2 401 000		
累计折旧	−170 000		
固定资产减值准备	−30 000		
工程物资	300 000		
在建工程	428 000		
无形资产	600 000		
累计摊销	−60 000		
递延所得税资产	7 500		
其他长期资产	200 000		
合计	8 095 531	合计	8 095 531

根据上述资料，编制甲股份有限公司 2008 年 12 月 31 日的资产负债表，如表 13.5 所示。

表 13.5 资产负债表

会企 01 表

编制单位：甲股份有限公司　　2008 年 12 月 31 日　　单位：元

资产	期末余额	年初余额	负债和所有者权益（或股东权益）	期末余额	年初余额
流动资产：			流动负债：		
货币资金	815 131	1 406 300	短期借款	50 000	300 000
交易性金融资产	0	15 000	交易性金融负债	0	0
应收票据	66 000	246 000	应付票据	100 000	200 000
应收账款	598 200	299 100	应付账款	953 800	953 800

续表

资产	期末余额	年初余额	负债和所有者权益（或股东权益）	期末余额	年初余额
预付款项	100 000	100 000	预收款项	0	0
应收利息	0	0	应付职工薪酬	180 000	110 000
应收股利	0	0	应交税费	226 731	36 600
其他应收款	5 000	5 000	应付利息	0	1 000
存货	2 484 700	2 580 000	应付股利	32 215.85	0
一年内到期的非流动资产	0	0	其他应付款	50 000	50 000
其他流动资产	100 000	100 000	一年内到期的非流动负债	0	1 000 000
流动资产合计	4 169 031	4 751 400	其他流动负债	0	0
非流动资产：			流动负债合计	1 592 746.85	2 651 400
可供出售金融资产	0	0	非流动负债：		
持有至到期投资	0	0	长期借款	1 160 000	600 000
长期应收款	0	0	应付债券	0	0
长期股权投资	250 000	250 000	长期应付款	0	0
投资性房地产	0	0	专项应付款	0	0
固定资产	2 201 000	1 100 000	预计负债	0	0
在建工程	428 000	1 500 000	递延所得税负债	0	0
工程物资	300 000	0	其他非流动负债	0	0
固定资产清理	0	0	非流动负债合计	1 160 000	600 000
生产性生物资产	0	0	负债合计	2 752 746.85	3 251 400
油气资产	0	0	所有者权益（或股东权益）：		
无形资产	540 000	600 000	实收资本（或股本）	5 000 000	5 000 000
开发支出	0	0	资本公积	0	0
商誉	0	0	减：库存股	0	0
长期待摊费用	0	0	盈余公积	124 770.4	100 000
递延所得税资产	7 500	0	未分配利润	218 013.75	50 000
其他非流动资产	200 000	200 000	所有者权益（或股东权益）合计	5 342 784.15	5 150 000
非流动资产合计	3 926 500	3 650 000			
资产总计	8 095 531	8 401 400	负债和所有者权益（或股东权益）总计	8 095 531	8 401 400

第二节 利 润 表

一、利润表的内容和格式

（一）利润表的内容

利润表是反映企业在一定会计期间的经营成果的会计报表。利润表的列报必须充分反映企业经营业绩的主要来源和构成，有助于使用者判断净利润的质量及其风险，有助于使用者预测净利润的持续性，从而作出正确的决策。利润表主要反映以下几方面的内容：

（1）构成营业利润的各要素。营业利润是营业收入减去为取得营业收入而发生的营业成本，减去营业税金及附加、销售费用、管理费用、财务费用及资产减值损失，加投资净收益及公允价值变动净收益后的金额。营业利润是企业生存和发展的基础。

（2）构成利润总额（或亏损总额）的各项要素。利润总额（或亏损总额）是企业当期的经营成果。它等于营业利润加上营业外收入、减去营业外支出后的余额。

（3）构成净利润（或净亏损）的各项要素。净利润（或净亏损）是企业当期利润总额减去向国家缴纳的所得税以后的余额，即企业的税后利润。净利润（或净亏损）在利润总额（或亏损总额）的基础上，减去本期计入损益的所得税费用后得出。

（二）利润表的格式

利润表一般有表首、正表两部分。其中，表首说明报表名称、编制单位、编制日期、报表编号、货币名称和计量单位等；正表是利润表的主体，反映形成经营成果的各个项目和计算过程，所以利润表也曾被称为损益计算书。

在利润表中，企业通常按各项收入、费用及构成利润的各个项目分类分项列示。收入按其重要性进行列示，主要包括营业收入、公允价值变动收益、投资收益、营业外收入；费用按其性质进行列示，主要包括营业成本、营业税金及附加、销售费用、管理费用、财务费用、资产减值损失、营业外支出、所得税费用等；利润按营业利润、利润总额和净利润等利润的构成项目分项列示。

利润表的内容，一是企业在生产经营过程中获得的各种收入；二是与这些收入相对应的物质投入和各项费用。两者相配比，反映利润的计算过程与结果。

利润表正表结构一般有两种：单步式利润表和多步式利润表。

1. 单步式利润表

单步式利润表在排列上完全按照“收入－费用＝利润”这一会计等式及其顺序，将全部收入和利得列在一起，将全部费用和损失列在一起，两者相减后得到净利润。采用单步式利润表，利润表结构比较简单，但不便于分析利润形成的项目及各项内容的配比关系。我国准则规定利润表采用多步式。

2. 多步式利润表

多步式利润表是通过对当期的收入、费用、支出项目按性质加以归类，按利润形成的主要环节列式一些中间性利润指标，如营业利润、利润总额、净利润等，分步计算当期净损益。利润计算的关系式是：

营业利润＝营业收入－营业成本－营业税金及附加－销售费用－管理费用－
财务费用－资产减值损失＋投资净收益＋公允价值变动收益

利润总额＝营业利润＋营业外收入－营业外支出

净利润＝利润总额－所得税费用

二、利润表的编制

（一）利润表“本月数”各项目的填列方法

利润表年内各月每个项目通常又分“本月数”和“本年累计数”两栏填列。“本月数”栏反映各项目本月实际发生数。在编制中期财务会计报表时，要将“本月数”栏改成“上年数”栏，同时填列上年同期累计实际发生数；在编报年度财务会计报表时，填列本年金额和上年全年累计实际发生数。如果上年度利润表与本年度利润表的项目名称和内容不一致，则按编报当年的口径对上年度利润表项目的名称和数字进行调整，再填入本表“上年金额”栏。

（二）利润表“本年金额”各项目的填列方法

利润表“本年金额”栏各项目反映自年初起到本月末止该项目的累计实际发生数。具体填列方法如下：

“营业收入”反映企业经营主要业务和其他业务所取得的收入总额，应根据“主营业务收入”科目和“其他业务收入”科目发生额之和分析填列。

“营业成本”反映企业经营主要业务和其他业务发生的实际成本，应根据“主营业务成本”科目和“其他业务成本”科目发生额之和分析填列。

“营业税金及附加”反映企业经营主要业务和其他业务应负担的营业税、消费税、城市维护建设税、资源税、土地增值税和教育费附加，应根据“营业税金及附加”科目的发生额分析填列。

“销售费用”反映企业在销售商品过程中发生的各种费用及专设销售机构的各项费用，应根据“销售费用”科目发生额分析填列。

“管理费用”反映企业发生的管理费用，应根据“管理费用”科目发生额分析填列。

“财务费用”反映企业发生的财务费用，应根据“财务费用”科目发生额分析填列。

“资产减值损失”反映企业各项资产发生的减值损失，本项目应根据“资产减值损失”科目的发生额分析填列。

“公允价值变动收益”反映企业应计入当期损益的资产或负债公允价值变动收益，本项目应根据“公允价值变动损益”科目的发生额分析填列。如为净损失，则以“－”号填列。

“投资收益”反映企业以各种方式对外投资所取得的收益，其中包括分得的投资利润、债券投资的利息收入、认购股票应得的股利及收回投资时发生的收益等，应根据“投资收益”科目发生额分析填列。如为投资损失，以“－”号填列。

“营业外收入”和“营业外支出”反映企业发生的与其生产经营无直接关系的各项利得和损失，这两个项目分别根据“营业外收入”和“营业外支出”科目发生额分析填列。

“利润总额”反映企业实现的税前利润。如为亏损，则以“－”号填列。

“所得税费用”反映企业按规定从本期损益中减去的所得税费用，应根据“所得税费用”科目的发生额分析填列。

“净利润”反映企业扣除所得税费用后的净利润。如为亏损，以“－”号填列。

（三）每股收益

每股收益是指普通股股东每持有一股所能享有的企业利润或需承担的企业亏损。每股收益通常被用来反映企业的经营成果，衡量普通股的获利水平及投资风险。是投资者、债权人等信息使用者据以评价企业盈利能力、预测企业成长潜力、进而作出相关经济决策的一项重要的财务指标。

每股收益包括基本每股收益和稀释每股收益两类。基本每股收益只考虑当期实际发行在外的普通股股份，按照归属于普通股股东的当期净利润除以当期实际发行在外普通股的加权平均数计算确定。稀释每股收益是以基本每股收益为基础。假设企业所有发行在外的稀释性潜在普通股均已转换为普通股，从而分别调整归属于普通股股东的当期净利润及发行在外普通股的加权平均数计算而得的每股收益。稀释每股收益的计算和列报主要是为了避免每股收益虚增可能带来的信息误导。

企业应当在利润表中单独列示基本每股收益和稀释每股收益。

三、利润表编制示例

【例 13.2】甲股份有限公司 2008 年度有关损益类科目本年累计发生净额如表 13.6 所示。

表 13.6　甲股份有限公司损益类科目 2008 年度累计发生净额　　单位：元

科目名称	借方发生额	贷方发生额
主营业务收入		1 250 000
主营业务成本	750 000	
营业税金及附加	2 000	
销售费用	20 000	
管理费用	157 100	
财务费用	41 500	
资产减值损失	30 900	
投资收益		31 500
营业外收入		50 000
营业外支出	19 700	
所得税费用	85 300	

根据上述资料，编制甲股份有限公司 2008 年度利润表，如表 13.7 所示。

表 13.7　利　润　表

编制单位：甲股份有限公司　　2008 年　　单位：元

项目	本期金额	上期金额（略）
一、营业收入	1 250 000	
减：营业成本	750 000	

续表

项目	本期金额	上期金额（略）
营业税金及附加	2 000	
销售费用	20 000	
管理费用	157 100	
财务费用	41 500	
资产减值损失	30 900	
加：公允价值变动收益（损失以“－”号填列）	0	
投资收益（损失以“－”号填列）	31 500	
其中：对联营企业和合营企业的投资收益	0	
二、营业利润（亏损以“－”号填列）	280 000	
加：营业外收入	50 000	
减：营业外支出	19 700	
其中：非流动资产处置损失	（略）	
三、利润总额（亏损总额以“－”号填列）	310 300	
减：所得税费用	85 300	
四、净利润（净亏损以“－”号填列）	225 000	
五、每股收益：	（略）	
（一）基本每股收益		
（二）稀释每股收益		

第三节　现金流量表

一、现金流量表概述

现金流量表，是反映企业在一定会计期间现金和现金等价物流入和流出的报表。从编制原则上看，现金流量表按照收付实现制原则编制，将权责发生制下的盈利信息调整为收付实现制下的现金流量信息，便于信息使用者了解企业净利润的质量。从内容上看，现金流量表被划分为经营活动、投资活动和筹资活动三个部分。每类活动又分为各具体项目，这些项目从不同角度反映企业业务活动的现金流入与流出，弥补了资产负债表和利润表提供信息的不足。通过现金流量表，报表使用者能够了解现金流量的影响因素，评价企业的支付能力、偿债能力和周转能力，预测企业未来现金流量，为其决策提供有力依据。

现金，是指企业库存现金及可以随时用于支付的存款。不能随时用于支付的存款不属于现金。现金等价物，是指企业持有的期限短、流动性强、易于转换为已知金额现金、价值变动风险很小的投资。期限短，一般是指从购买日起三个月内到期。现金等价物通常包括三个月内到期的债券投资等。权益性投资变现的金额通常不确定，因而不属于现金等价物。企业应当根据具体情况，确定现金等价物的范围，一经确定不得随意变更。

二、现金流量的分类

现金流量，是指现金和现金等价物的流入和流出，可以分为三类，即经营活动产生的现金流量、投资活动产生的现金流量和筹资活动产生的现金流量。

（一）经营活动产生的现金流量

经营活动是指企业投资活动和筹资活动以外的所有交易和事项。各类企业由于行业特点不同对经营活动的认定存在一定差异。对于工商企业而言，经营活动主要包括销售商品、提供劳务、购买商品、接受劳务、支付税费等。对于商业银行而言，经营活动主要包括吸收存款、发放贷款、同业存放、同业拆借等。对于保险公司而言，经营活动主要包括原保险业务和再保险业务等。对于证券公司而言，经营活动主要包括自营证券、代理承销证券、代理兑付证券、代理买卖证券等。在我国，企业经营活动产生的现金流量应当采用直接法填列。直接法，是指通过现金收入和现金支出的主要类别列示经营活动的现金流量。

（1）“销售商品、提供劳务收到的现金”项目，反映企业本期销售商品、提供劳务收到的现金，以及前期销售商品、提供劳务本期收到的现金（包括销售收入和应向购买者收取的增值税销项税额）和本期预收的款项，减去本期销售本期退回商品和前期销售本期退回商品支付的现金。企业销售材料和代购代销业务收到的现金，也在本项目反映。

（2）“收到的税费返还”项目，反映企业收到返还的所得税、增值税、营业税、消费税、关税和教育费附加等各种税费返还款。

（3）“收到其他与经营活动有关的现金”项目，反映企业经营租赁收到的租金等其他与经营活动有关的现金流入，金额较大的应当单独列示。

（4）“购买商品、接受劳务支付的现金”项目，反映企业本期购买商品、接受劳务实际支付的现金（包括增值税进项税额），以及本期支付前期购买商品、接受劳务的未付款项和本期预付款项，减去本期发生的购货退回收到的现金。企业购买材料和代购代销业务支付的现金，也在本项目反映。

（5）“支付给职工以及为职工支付的现金”项目，反映企业本期实际支付给职工的工资、奖金、各种津贴和补贴等职工薪酬（包括代扣代缴的职工个人所得税）。

（6）“支付的各项税费”项目，反映企业本期发生并支付、以前各期发生本期支付及预交的各项税费，包括所得税、增值税、营业税、消费税、印花税、房产税、土地增值税、车船使用税、教育费附加等。

（7）“支付其他与经营活动有关的现金”项目，反映企业经营租赁支付的租金、支付的差旅费、业务招待费、保险费、罚款支出等其他与经营活动有关的现金流出，金额较大的应当单独列示。

（二）投资活动产生的现金流量

投资活动是指企业长期资产的购建和不包括在现金等价物范围内的投资及其处置活动。长期资产是指固定资产、无形资产、在建工程、其他资产等持有期限在一年或一个营业周期以上的资产。这里所讲的投资活动，既包括实物资产投资，也包括金融资产投资。这里之所以将“包括在现金等价物范围内的投资”排除在外，是因为已经将包括在现金等价物范围内的投资视同现金。不同企业由于行业特点不同对投资活动的认定也存在差异。

例如，交易性金融资产所产生的现金流量，对于工商业企业而言，属于投资活动现金流量，而对于证券公司而言，属于经营活动现金流量。

(1)“收回投资收到的现金”项目，反映企业出售、转让或到期收回除现金等价物以外的对其他企业的权益工具、债务工具和合营中的权益。

(2)“取得投资收益收到的现金”项目，反映企业除现金等价物以外的对其他企业的权益工具、债务工具和合营中的权益投资分回的现金股利和利息等。企业收回购买股票和债券时支付的已宣告但尚未领取的现金股利或已到付息期但尚未领取的债券的利息，在投资活动的“收到的其他与投资活动有关的现金”项目反映。

(3)“处置固定资产、无形资产和其他长期资产收回的现金净额” 项目，反映企业出售、报废固定资产、无形资产和其他长期资产所取得的现金（包括因资产毁损而收到的保险赔偿收入），减去为处置这些资产而支付的有关费用后的净额。若“处置固定资产、无形资产和其他长期资产所收回的现金净额”为负数，则应在投资活动的“支付的其他与投资活动有关的现金”项目反映。

(4)“处置子公司及其他营业单位收到的现金净额”项目，反映企业处置子公司及其他营业单位所取得的现金减去相关处置费用，以及子公司及其他营业单位持有的现金和现金等价物后的净额。

(5)“购建固定资产、无形资产和其他长期资产支付的现金”项目，反映企业购买、建造固定资产、取得无形资产和其他长期资产所支付的现金（含增值税款等），以及用现金支付的应由在建工程和无形资产负担的职工薪酬。该项目不包括为购建固定资产而发生的借款利息资本化的部分，以及融资租入固定资产支付的租赁费。

(6)“投资支付的现金”项目，反映企业取得除现金等价物以外的对其他企业的权益工具、债务工具和合营中的权益所支付的现金及支付的佣金、手续费等附加费用。企业购买债券的价款中含有应计利息的，以及溢折价购买的，均按实际支付的金额反映。但企业购买股票和债券时，实际支付的价款中包含的已宣告也尚未领取的现金股利或已到付息期但尚未领取的债券的利息，应在投资活动的“支付的其他与投资活动有关的现金”项目反映。

(7)“取得子公司及其他营业单位支付的现金净额”项目，反映企业购买子公司及其他营业单位购买出价中以现金支付的部分，减去子公司及其他营业单位持有的现金和现金等价物后的净额。

(8)“收到其他与投资活动有关的现金”、“支付其他与投资活动有关的现金”项目，反映企业除上述（1）～（7）项目外收到或支付的其他与投资活动有关的现金流入或流出，金额较大的应当单独列示。

（三）筹资活动产生的现金流量

筹资活动是指导致企业资本及债务规模和构成发生变化的活动。这里所说的资本，既包括实收资本（股本），也包括资本溢价（股本溢价）；这里所说的债务，指对外举债，包括向银行借款、发行债券及偿还债务等。通常情况下，应付账款、应付票据等商业应付款等属于经营活动，不属于筹资活动。

此外，对于企业日常活动之外特殊的、不经常发生的特殊项目，如自然灾害损失、保险赔款、捐赠等，应当归并到相关类别中，并单独反映。例如，对于自然灾害损失和保险赔款，如果能够确指属于流动资产损失，应当列入经营活动产生的现金流量；属于固定资产损失，应当列入投资活动产生的现金流量。

（1）“吸收投资收到的现金”项目，反映企业以发行股票、债券等方式筹集资金实际收到的款项，减去直接支付给金融企业的佣金、手续费、宣传费、咨询费、印刷费等发行费用后的净额。以发行股票、债券等方式筹集资金而由企业直接支付的审计、咨询等费用，在“支付的其他与筹资活动有关的现金”项目反映，不从本项目内减去。

（2）“取得借款收到的现金”项目，反映企业举借各种短期、长期借款而收到的现金。

（3）“偿还债务支付的现金”项目，反映企业以现金偿还债务的本金。

（4）“分配股利、利润或偿付利息支付的现金”项目，反映企业实际支付的现金股利、支付给其他投资单位的利润或用现金支付的借款利息、债券利息。

（5）“收到其他与筹资活动有关的现金”、“支付其他与筹资活动有关的现金”项目，反映企业除上述（1）～（4）项目外，收到或支付的其他与筹资活动有关的现金流入或流出，金额较大的应当单独列示。

三、现金流量表的编制方法

企业可根据业务量的大小及复杂程度，选择采用工作底稿法、T 形账户法，或直接根据有关科目的记录分析填列现金流量表。

（一）工作底稿法

工作底稿法是以工作底稿为手段，以利润表和资产负债表的数据为基础，结合有关科目的记录，对现金流量表的每一项目进行分析并编制调整分录，从而编制出现金流量表的一种方法。

采用工作底稿法编制现金流量表的具体步骤是：

第一步，将资产负债表的年初余额和期末余额过入工作底稿的年初余额栏和期末余额栏。

第二步，对当期业务进行分析并编制调整分录。调整分录大体有这样几类：第一步是涉及利润表中的收入、成本和费用项目，以及资产负债表中的资产、负债及所有者权益项目，通过调整，将权责发生制下的收入、费用转换为现金基础；第二类是涉及资产负债表和现金流量表中的投资、筹资项目，反映投资和筹资活动的现金流量；第三类是涉及利润表和现金流量表中的投资和筹资项目，目的是将利润表中有关投资和筹资方面的收入和费用列入现金流量表投资、筹资现金流量中去。此外，还有一些调整分录并不涉及现金收支，只是为了核对资产负债表项目的期末年初变动。

在调整分录中，有关现金和现金等价物的事项，并不直接借记或贷记现金，而是分别计入“经营活动产生的现金流量”、“投资活动产生的现金流量”、“筹资活动产生的现金流量”有关项目，借记表示现金流入，贷记表示现金流出。

第三步，将调整分录过入工作底稿中的相应部分。

第四步，核对调整分录，借方、贷方合计数均已经相等，资产负债表项目期初数加减调整分录中的借贷金额以后，也等于期末数。

第五步，根据工作底稿中的现金流量表项目部分编制正式的现金流量表。

（二）T 型账户法

采用 T 型账户法编制现金流量表是以 T 型账户为手段，以资产负债表和利润表数据为基础，对每一项目进行分析并编制调整分录，从而编制现金流量表。T 型账户法的程序是：

第一步，为所有的非现金项目（包括资产负债表项目和利润表项目）分别开设 T 型账户，并将各自的期末期初变动数过入各该账户。如果项目的期末数大于期初数，则将差额过入和项目余额相同的方向；反之，过入相反的方向。

第二步，开设一个大的“现金及现金等价物”T 型账户，每边分为经营活动、投资活动和筹资活动三个部分。左边记现金流入，右边记现金流出。与其他账户一样，过入期末期初变动数。

第三步，以利润表项目为基础。结合资产负债表分析每一个非现金项目的增减变动，并据此编制调整分录。

第四步，将调整分录过入各 T 型账户并进行核对，该账户借贷相抵后的余额与原先过入的期末期初变动数应当一致。

第五步，根据大的“现金及现金等价物”T 型账户编制正式的现金流量表。

（三）分析填列法

分析填列法是直接根据资产负债表、利润表和有关会计科目明细账的记录，分析计算出现金流量表各项目的金额，并据以编制现金流量表的一种方法。

四、运用分析填列法编制现金流量表

【例 13.3】沿用【例 13.1】和【例 13.2】的资料，甲股份有限公司其他相关资料如下：

（1）20×7 年度利润表有关项目的明细资料如下：

① 管理费用的组成：职工薪酬 17 100 元，无形资产摊销 60 000 元，折旧费 20 000 元，支付其他费用 60 000 元。

② 财务费用的组成：计提借款利息 11 500 元，支付应收票据（银行承兑汇票）贴现利息 30 000 元。

③ 资产减值损失的组成：计提坏账准备 900 元，计提固定资产减值准备 30 000 元。上年年末坏账准备余额为 900 元。

④ 投资收益的组成：收到股息收入 30 000 元，与本金一起收回的交易性股票投资收益 500 元，自公允价值变动损益结转投资收益 1 000 元。

⑤ 营业外收入的组成：处置固定资产净收益 50 000 元（其所处置固定资产原价为 400 000 元，累计折旧为 150 000 元。收到处置收入 300 000 元）。假定不考虑与固定资产处置有关的税费。

⑥ 营业外支出的组成：报废固定资产净损失 19 700 元（其所报废固定资产原价为 200 000 元。累计折旧为 180 000 元，支付清理费用 500 元，收到残值收入 800 元）。

⑦ 所得税费用的组成：当期所得税费用 92 800 元，递延所得税收益 7 500 元。

除上述项目外，利润表中的销售费用 20 000 元至期末已经支付。

（2）资产负债表有关项目的明细资料如下：

① 本期收回交易性股票投资本金 15 000 元、公允价值变动 1 000 元，同时实现投资收益 500 元。

② 存货中生产成本、制造费用的组成：职工薪酬 324 900 元，折旧费 80 000 元。

③ 应交税费的组成：本期增值税进项税额 42 466 元，增值税销项税额 212 500 元，已交增值税 100 000 元；应交所得税期末余额为 20 097 元，应交所得税期初余额为 0；应交税费期末数中应由在建工程负担的部分为 100 000 元。

④ 应付职工薪酬的期初数无应付在建工程人员的部分，本期支付在建工程人员职工薪酬 200 000 元。应付职工薪酬的期末数中应付在建工程人员的部分为 28 000 元。

⑤ 应付利息均为短期借款利息，其中本期计提利息 11 500 元，支付利息 12 500 元。

⑥ 本期用现金购买固定资产 101 000 元，购买工程物资 300 000 元。

⑦ 本期用现金偿还短期借款 250 000 元，偿还一年内到期的长期借款 1 000 000 元；借入长期借款 560 000 元。

根据以上资料，采用分析填列的方法，编制天华股份有限公司 20×7 年度的现金流量表。

（1）天华股份有限公司 20×7 年度现金流量表各项目金额，分析确定如下：

① 销售商品、提供劳务收到的现金

=主营业务收入+应交税费（应交增值税-销项税额）+（应收账款年初余额－应收账款期末余额）+（应收票据年初余额－应收票据期末余额）－当期计提的坏账准备－票据贴现的利息

=1 250 000+212 500+（299 100－598 200）+（246 000－66 000）－900－30 000

=1 312 500（元）

② 购买商品、接受劳务支付的现金

=主营业务成本+应交税费（应交增值税-进项税额）－（存货年初余额－存货期末余额）+（应付账款年初余额－应付账款期末余额）+（应付票据年初余额－应付票据期末余额）+（预付账款期末余额－预付账款年初余额）－当期列入生产成本、制造费用的职工薪酬－当期列入生产成本、制造费用的折旧费和固定资产修理费

=750 000+42 466－（2 580 000－2 484 700）+（953 800－953 800）+（200 000－100 000）+（100 000－100 000）－324 900－80 000

=392 266（元）

③ 支付给职工以及为职工支付的现金

=生产成本、制造费用、管理费用中职工薪酬+（应付职工薪酬年初余额－应付职工薪酬期末余额）－［应付职工薪酬（在建工程）年初余额－应付职工薪酬（在建工程）期末余额］

=324 900+17 100+（110 000－180 000）－（0－28 000）=300 000（元）

④ 支付的各项税费

=当期所得税费用+营业税金及附加+应交税费（应交增值税-已交税金）－（应交所得税期末余额－应交所得税期初余额）

=92 800+2 000+100 000－（20 097－0）=174 703（元）

⑤ 支付其他与经营活动有关的现金

=其他管理费用+销售费用=60 000+20 000=80 000（元）

⑥ 收回投资收到的现金

=交易性金融资产贷方发生额+与交易性金融资产一起收回的投资收益

=16 000+500=16 500（元）

⑦ 取得投资收益所收到的现金=收到的股息收入=30 000（元）

⑧ 处置固定资产收回的现金净额=300 000+（800－500）=300 300（元）

⑨ 购建固定资产支付的现金

=用现金购买的固定资产、工程物资+支付给在建工程人员的薪酬

=101 000+300 000+200 000=601 000（元）

⑩ 取得借款所收到的现金=560 000（元）

⑪ 偿还债务支付的现金=250 000+1 000 000=1 250 000（元）

⑫ 偿还利息支付的现金=12 500（元）

（2）将净利润调节为经营活动现金流量各项目计算分析如下：

① 资产减值准备=900+30 000=30 900（元）

② 固定资产折旧=20 000+80 000=100 000（元）

③ 无形资产摊销=60 000（元）

④ 处置固定资产、无形资产和其他长期资产的损失（减：收益）=－50 000（元）

⑤ 固定资产报废损失=19 700（元）

⑥ 财务费用=11 500（元）

⑦ 投资损失（减：收益）=－31 500（元）

⑧ 递延所得税资产减少=0－7 500=－7 500（元）

⑨ 存货的减少=2 580 000－2 484 700=95 300（元）

⑩ 经营性应收项目的减少=（246 000－66 000）+（299 100+900－598 200－1 800）

=－120 000（元）

⑪ 经营性应付项目的增加=（100 000－200 000）+（100 000－100 000）+［（180 000－28 000）－110 000］+［（226 731－100 000）－36 600］

=32 131（元）

（3）根据上述数据，编制现金流量表（见表 13.8）及其补充资料（见表 13.9）。

表 13.8 现金流量表

会企 03 表

编制单位：甲股份有限公司　　2008 年　　单位：元

项目	本期金额	上期金额
一、经营活动产生的现金流量：		略
销售商品、提供劳务收到的现金	1 312 500	
收到的税费返还	0	
收到其他与经营活动有关的现金	0	
经营活动现金流入小计	1 312 500	
购买商品、接受劳务支付的现金	392 266	
支付给职工以及为职工支付的现金	300 000	
支付的各项税费	174 703	
支付其他与经营活动有关的现金	80 000	
经营活动现金流出小计	1 006 361	
经营活动产生的现金流量净额	365 531	
二、投资活动产生的现金流量：		
收回投资收到的现金	16 500	
取得投资收益收到的现金	30 000	
处置固定资产、无形资产和其他长期资产收回的现金净额	300 300	
处置子公司及其他营业单位收到的现金净额	0	
收到其他与投资活动有关的现金	0	
投资活动现金流入小计	346 800	
购建固定资产、无形资产和其他长期资产支付的现金	601 000	
投资支付的现金	0	
取得子公司及其他营业单位支付的现金净额	0	
支付其他与投资活动有关的现金	0	
投资活动现金流出小计	601 000	
投资活动产生的现金流量净额	−254 200	
三、筹资活动产生的现金流量：		
吸收投资收到的现金	0	
取得借款收到的现金	560 000	
收到其他与筹资活动有关的现金	0	
筹资活动现金流入小计	560 000	
偿还债务支付的现金	1 250 000	
分配股利、利润或偿付利息支付的现金	12 500	
支付其他与筹资活动有关的现金	0	
筹资活动现金流出小计	1 262 500	
筹资活动产生的现金流量净额	−702 500	

续表

项目	本期金额	上期金额
四、汇率变动对现金及现金等价物的影响	0	
五、现金及现金等价物净增加额	−591 169	
加：期初现金及现金等价物余额	1 406 300	
六、期末现金及现金等价物余额	815 131	

表 13.9 现金流量表补充资料

补充资料	本期金额	上期金额
1. 将净利润调节为经营活动现金流量：		略
净利润	225 000	
加：资产减值准备	30 900	
固定资产折旧、油气资产折耗、生产性生物资产折旧	100 000	
无形资产摊销	60 000	
长期待摊费用摊销	0	
处置固定资产、无形资产和其他长期资产的损失(收益以“-”号填列)	−50 000	
固定资产报废损失（收益以“-”号填列）	19 700	
公允价值变动损失（收益以“-”号填列）	0	
财务费用（收益以“-”号填列）	11 500	
投资损失（收益以“-”号填列）	−31 500	
递延所得税资产减少（增加以“-”号填列）	−2 500	
递延所得税负债增加（减少以“-”号填列）	0	
存货的减少（增加以“-”号填列）	95 300	
经营性应收项目的减少（增加以“-”号填列）	−120 000	
经营性应付项目的增加（减少以“-”号填列）	32 131	
其他	0	
经营活动产生的现金流量净额	365 531	
2. 不涉及现金收支的重大投资和筹资活动：		
债务转为资本	0	
一年内到期的可转换公司债券	0	
融资租入固定资产	0	
3. 现金及现金等价物净变动情况：		
现金的期末余额	815 131	
减：现金的期初余额	1 406 300	
加：现金等价物的期末余额	0	
减：现金等价物的期初余额	0	
现金及现金等价物净增加额	−591 169	

第四节　所有者权益变动表

一、所有者权益的内容

所有者权益变动表是指反映构成所有者权益各组成部分当期增减变动情况的报表。所有者权益变动表应当全面反映一定时期所有者权益变动的情况，不仅包括所有者权益总量的增减变动，还包括所有者权益增减变动的重要结构性信息。特别是要反映直接计入所有者权益的利得和损失，让报表使用者准确理解所有者权益增减变动的根源。

在所有者权益变动表中，企业至少应当单独列示反映下列信息的项目：

（1）净利润。

（2）直接计入所有者权益的利得和损失项目及其总额。

（3）会计政策变更和差错更正的累积影响金额。

（4）所有者投入资本和向所有者分配利润等。

（5）按照规定提取的盈余公积。

（6）实收资本（或股本）、资本公积、盈余公积、未分配利润的期初和期末余额及其调节情况。

二、所有者权益变动表的填列方法

（一）上年金额栏的填列方法

所有者权益变动表“上年金额”栏内各项数字，应根据上年度所有者权益变动表“本年金额”栏内所列数字填列。如果上年度所有者权益变动表规定的各个项目的名称和内容同本年度不相一致，应对上年度所有者权益变动表各项目的名称和数字按本年度的规定进行调整，填入所有者权益变动表“上年金额”栏内。

（二）本年金额栏的填列方法

所有者权益变动表“本年金额”栏内各项数字一般应根据“实收资本（或股本）”、“资本公积”、“盈余公积”、“利润分配”、“库存股”、“以前年度损益调整”科目的发生额分析填列。

（三）所有者权益变动表编制示例

【例 13.4】沿用【例 13.1】、【例 13.2】和【例 13.3】的资料，天华股份有限公司其他相关资料为：提取盈余公积 24 770.4 元，向投资者分配现金股利 32 215.85 元。

根据上述资料，天华股份有限公司编制 20×7 年度的所有者权益变动表，如表 13.10 所示。

表 13.10 所有者权益变动表

会企 04 表

编制单位：甲股份有限公司　　　　2008 年度　　　　单位：元

项目	本年金额						上年金额					
	实收资本（或股本）	资本公积	减:库存股	盈余公积	未分配利润	所有者权益合计	实收资本（或股本）	资本公积	减:库存股	盈余公积	未分配利润	所有者权益合计
一、上年年末余额	5 000 000	0	0	100 000	50 000	5 150 000						
加：会计政策变更												
前期差错更正												
二、本年年初余额	5 000 000	0	0	100 000	50 000	5 150 000						
三、本年增减变动金额（减少以“－”号填列）												
（一）净利润					225 000	225 000						
（二）直接计入所有者权益的利得和损失												
1. 可供出售金融资产公允价值变动净额												
2. 权益法下被投资单位其他所有者权益变动的影响												
3. 与计入所有者权益项目相关的所得税影响												
4. 其他												
上述（一）和（二）小计												
（三）所有者投入和减少资本												

续表

项目	本年金额						上年金额					
	实收资本（或股本）	资本公积	减：库存股	盈余公积	未分配利润	所有者权益合计	实收资本（或股本）	资本公积	减：库存股	盈余公积	未分配利润	所有者权益合计
1. 所有者投入资本												
2. 股份支付计入所有者权益的金额												
3. 其他												
（四）利润分配												
1. 提取盈余公积				24 770.4	−24 770.4	0						
2. 对所有者（或股东）的分配					−32 215.85	−32 215.85						
3. 其他												
（五）所有者权益内部结转												
1. 资本公积转增资本（或股本）												
2. 盈余公积转增资本（或股本）												
3. 盈余公积弥补亏损												
4. 其他												
四、本年年末余额	5 000 000	0	0	124 770.4	190 717.75	5 315 488.15						

第五节 会计报表附注

一、附注的主要内容

附注是对资产负债表、利润表、现金流量表和所有者权益变动表等报表中列示项目的文字描述或明细资料，以及对未能在这些报表中列示项目的说明等。附注是财务报表的重要组成部分。附注应当按照如下顺序披露有关内容：

(一) 企业的基本情况

(1) 企业注册地、组织形式和总部地址。

(2) 企业的业务性质和主要经营活动。

(3) 母公司及集团最终母公司的名称。

(4) 财务报告的批准报出者和财务报告批准报出日。

(二) 财务报表的编制基础

(三) 遵循企业会计准则的声明

企业应当明确说明编制的财务报表符合企业会计准则的要求，真实、公允地反映企业的财务状况、经营成果和现金流量等有关信息，以此明确企业编制财务报表所依据的制度基础。

如果企业编制的财务报表只是部分地遵循了企业会计准则，附注中不得作出这种表述。

(四) 重要会计政策和会计估计

企业应当披露采用的重要会计政策和会计估计，不重要的会计政策和会计估计可以不披露。

1. 重要会计政策的说明

由于企业经济业务的复杂性和多样化，某些经济业务可以有多种会计处理方法，也即存在不止一种可供选择的会计政策。企业在发生某项经济业务时，必须从允许的会计处理方法中选择适合本企业特点的会计政策，企业选择不同的会计处理方法，可能极大地影响企业的财务状况和经营成果，进而编制出不同的财务报表。为了有助于使用者理解，有必要对这些会计政策加以披露。

2. 重要会计估计的说明

企业应当披露会计估计中所采用的关键假设和不确定因素的确定依据，这些关键假设和不确定因素在下一会计期间内很可能导致资产、负债账面价值进行重大调整。在确定报表中确认的资产和负债的账面金额过程中，企业有时需要对不确定的未来事项在资产负债表日对这些资产和负债的影响加以估计。例如，固定资产可收回金额的计算需要根据其公允价值减去处置费用后的净额与预计未来现金流量的现值两者之间的较高者确定，在计算资产预计未来现金流量的现值时需要对未来现金流量进行预测，并选择适当的折现率，应当在附注中披露未来现金流量预测所采用的假设及其依据、所选择的折现率为什么是合理的等。这些假设的变动对这些资产和负债项目金额的确定影响很大，有可能会在下一个会计年度内作出重大调整。因此，强调这一披露要求，有助于提高财务报表的可理解性。

(五) 会计政策和会计估计变更及差错更正的说明

企业应当按照《企业会计准则第28号——会计政策、会计估计变更和差错更正》及其应用指南的规定，披露会计政策和会计估计变更及差错更正的有关情况。

(六) 重要报表项目的说明

企业应当以文字和数字描述相结合、尽可能以列表形式披露重要报表项目的构成或当期增减变动情况，并与报表项目相互参照。在披露顺序上，一般应当按照资产负债表、利润表、现金流量表、所有者权益变动表的顺序及其报表项目列示的顺序。

二、分部报告

（一）业务分部和地区分部

企业应当以对外提供的财务报表为基础，区分业务分部和地区分部披露分部信息。

1. 业务分部的确定

业务分部，是指企业内可区分的、能够提供单项或一组相关产品或劳务的组成部分。该组成部分承担了不同于其他组成部分的风险和报酬。

通常情况下，一个企业的内部组织和管理结构，以及向董事会或者类似机构的内部报告制度，是企业确定分部的基础。企业在确定业务分部时，应当结合企业内部管理要求，并考虑下列因素：

（1）各单项产品或劳务的性质，包括产品或劳务的规格、型号、最终用途等。通常情况下，产品或劳务的性质相同，其风险、报酬率及其成长率通常可能较为接近，一般可将其划分到同一业务分部中。而对于性质完全不同的产品或劳务，则不能将其划分到同一业务分部中。

（2）生产过程的性质，包括采用劳动密集或资本密集方式组织生产、使用相同或者相似设备和原材料、采用委托生产或加工方式等。对于其生产过程相同或相似的，可以将其划分为一个业务分部，如按资本密集型和劳动密集型划分业务部门。对于资本密集型的部门来说，其占用的设备较为先进，占用的固定资产较多，相应所负担的折旧费也较多，其经营成本受资产折旧费用影响较大，受技术进步因素的影响也较大；而对于劳动密集型部门来说，其使用的劳动力较多，相对而言劳动力的成本即人工费用的影响较大，其经营成果受人工成本的高低影响很大。

（3）产品或劳务的客户类型，包括大宗客户、零散客户等。对于购买产品或接受劳务的同一类型的客户，如果其销售条件基本相同，如相同或相似的销售价格、销售折扣，相同或相似的售后服务，因而具有相同或相似的风险和报酬。而不同的客户，其销售条件不尽相同，由此可能导致其具有不同的风险和报酬。

（4）销售产品或提供劳务的方式，包括批发、零售、自产自销、委托销售、承包等。企业销售产品或提供劳务的方式不同，其承受的风险和报酬也不相同。例如，在赊销方式下，可以扩大销售规模，但发生的收账费用较大，并且发生应收账款坏账的风险也很大；而在现销方式下，则不存在应收账款的坏账问题，不会发生收账费用，但销售规模的扩大有限。

（5）生产产品或提供劳务受法律、行政法规的影响，包括经营范围或交易定价限制等。企业生产产品或提供劳务总是处于一定的经济法律环境之下，其所处的环境必然对其经营活动产生影响。对在不同法律环境下生产的产品或提供的劳务进行分类，进而向会计信息使用者提供不同法律环境下产品生产或劳务的信息，有利于会计信息使用者对企业未来的发展走向作出判断和预测。对相同或相似法律环境下的产品生产或劳务提供进行归类，以提供其经营活动所生成的信息，同样有利于明晰地反映该类产品生产和劳务提供的会计信息。例如，商业银行、保险公司等金融企业易受特别的、严格的监管政策的影响，在考虑该类企业确定分部产品和劳务是否相关时，应当考虑所受监管政策的影响。

但是，企业在具体确定业务分部时，特定的分部不大可能同时符合上述列明的全部因素。通常情况下，业务分部应当在包含了上述所列明的大部分因素时予以确定。

2. 地区分部

地区分部是指企业内可区分的、能够在一个特定的经济环境内提供产品或劳务的组成部分。该组成部分承担了不同于在其他经济环境内提供产品或劳务的组成部分的风险和报酬。

在确定地区分部时，应当结合企业内部管理要求，并考虑下列因素：

（1）所处经济、政治环境的相似性，包括境外经营所在地区经济和政治的稳定程度等。不同生产经营所在地经济和政治环境有差异，意味着其生产经营活动所面临的经济和政治风险不同，不能将各分部归并为一个地区分部。反之，对于经济和政治环境基本相似的国家和地区，在确定地区分部时应将其归并为一个地区分部。

（2）在不同地区经营之间的关系，包括在某地区进行产品生产，而在其他地区进行销售等。在不同地区的经营之间存在密切的联系，意味着不同地区的经营具有相同的风险和报酬，应当将其作为一个地区分部；反之，则不能作为一个地区分部。

（3）经营的接近程度大小，包括在某地区生产的产品是否需在其他地区进一步加工生产等。经营接近程度较高的地区，表明其在生产经营方面面临的风险和报酬也基本相同，应将其作为一个地区分部。反之，则表明面临的风险和报酬差异不同，不应确定为一个地区分部。

（4）与某一特定地区经营相关的特别风险，包括气候异常变化等。如果某一特定地区在生产经营上存在着特定的风险，则不能将其与其他地区分部合并作为一个地区分部。

（5）外汇管理规定，即境外经营所在地区是否实行外汇管制。外汇管制的规定直接影响着企业内部资金的调度和转移，从而有可能影响企业的经营风险。在外汇管制的国家或地区，转移资金相对较为困难，承受着较大的资金转移风险；而外汇可以自由流动的国家或地区，转移资金则较为容易，其资金风险相对较小。因此，不能将外汇管制国家和地区与外汇自由流动的国家和地区，作为一个地区分部；对于外汇管制的国家和地区，也应当区分其管制程度大小，而不能一概而论地将其确定为一个地区分部。

（6）外汇风险，即外汇汇率变动的风险。外汇汇率波动不大的国家或地区，企业面临的风险和报酬基本相同，可以作为一个地区分部；外汇汇率波动较大的国家或地区，企业面临的风险和报酬差异不同，不能作为一个地区分部。

（二）报告分部的确定

1. 重要性标准的判断

报告分部是指符合业务分部或地区分部的定义，按规定应予披露的业务分部或地区分部。报告分部的确定应当以业务分部或地区分部为基础。当业务分部或地区分部的大部分收入是对外交易收入，且满足下列条件之一的，企业应当将其确定为报告分部：

（1）该分部的分部收入占所有分部收入合计的10%或者以上。

（2）该分部的分部利润（亏损）的绝对额，占所有盈利分部利润合计额或者所有亏损分部亏损合计额的绝对额两者中较大者的10%或者以上。

（3）该分部的分部资产占所有分部资产合计额的10%或者以上。

2. 低于10%重要性标准的选择

业务分部或地区分部未满足三个重要性判断标准的，可以按照下列规定进行处理：

（1）不考虑该分部的规模，直接将其指定为报告分部。在这种情况下，无论该分部是否满足10%的重要性标准，企业可以根据需要直接将其指定为报告分部。

（2）不将该分部直接指定为报告分部的，可将该分部与一个或一个以上类似的、未满足规定条件的其他分部合并为一个报告分部。对分部报告的10%的重要性测试可能会导致存在多种业务或多地区经营的企业拥有大量未满足10%数量临界线的小业务分部或地区分部，在这种情况下，如果企业没有直接将这些分部指定为报告分部的，则可以将一个或一个以上类似的、未满足重要性标准的小分部合并成一个报告分部。

（3）不将该分部指定为报告分部且不与其他分部合并的，应当在披露分部信息时，将其作为其他项目单独披露。如果企业不将该分部直接指定为报告分部，并且也不将该分部与其他未作为报告分部的其他分部合并为一个报告分部，则企业应当把这些分部作为其他项目（即未分配项目），单独进行披露。

3. 报告分部75%的标准

企业的业务分部或地区分部达到规定的10%重要性标准确认为报告分部后，确定为报告分部的各业务分部或各地区分部的对外交易收入合计额占合并总收入或企业总收入的比重应当达到75%的比例。如果未达到75%的标准，企业必须增加报告分部的数量，将其他未作为报告分部的业务分部或地区分部纳入报告分部的范围，直到该比重达到75%。此时，其他未作为报告分部的业务分部或地区分部很可能未满足前述规定的三个10%的重要性标准，但为了使报告分部的对外交易收入合计额占合并总收入或企业总收入的总体比重能够达到75%的比例要求，也应当将其确定为报告分部。

4. 垂直一体化经营下报告分部的确定

当业务分部或地区分部的大部分收入是通过与企业外部客户交易而取得时，在满足其他重要性条件的情况下，可以将该业务分部或地区分部确定为报告分部。但是，如果企业的内部管理按照垂直一体化经营的不同层次来划分，即使其大部分收入不通过对外交易取得，仍可将垂直一体化经营的不同层次确定为独立的报告业务分部。

5. 为提供可比信息报告分部的确定

企业在确定报告分部时，除应当遵循相应的确定标准以外，还应当考虑不同会计期间分部信息的可比性和一贯性。对于某一分部，在上期可能满足报告分部的确定条件从而确定为报告分部，但本期可能并不满足报告分部的确定条件。此时，如果企业认为该分部仍然重要，单独披露该分部的信息能够更有助于报表使用者了解企业的整体情况，则不需考虑该分部的规模，仍应当将该分部确定为本期的报告分部。

（三）分部信息的披露

企业应当区分主要报告形式和次要报告形式披露分部信息，作为主要报告形式，应按规定披露较为详细的分部信息；而作为次要报告形式，则可以披露较为简化的分部信息。在确定主要报告形式和次要报告形式时，应当以企业的风险和报酬的主要来源和性质为依据，同时结合企业的内部组织结构、管理机构及董事会或类似机构的内部报告制度等因素考虑。企业的风险和报酬主要受其产品和劳务差异影响的，披露分部信息的主要形式应当是业务分部，次要形式是地区分部；风险和报酬主要受企业在不同的国家或地区经营活动影响的，披露分部信息的主要形式应当是地区分部，次要形式是业务分部。

1. 主要报告形式下分部信息的披露

在主要报告形式情况下，不论作为报告分部的是业务分部还是地区分部，都应当按规定披露下列分部信息：

（1）分部收入

分部收入包括归属于分部的对外交易收入和对其他分部交易收入。主要由可归属于分部的对外交易收入构成，通常为营业收入。企业在披露分部收入时，对外交易收入和对其他分部交易收入应当分别披露。

分部收入通常不包括下列项目：①利息收入（包括因预付或借给其他分部款项而确认的利息收入）和股利收入，但分部的日常活动是金融性质的除外；②营业外收入；③处置投资产生的净收益，但分部的日常活动是金融性质的除外；④采用权益法核算的长期股权投资在被投资单位实现的净利润中应享有的份额，但分部的日常活动是金融性质的除外。

（2）分部费用

分部费用包括可以归属于分部的对外交易费用和对其他分部交易费用。主要由可归属于分部的对外交易费用构成，通常包括营业成本、营业税金及附加、销售费用等。企业在披露分部费用时，折旧费、摊销费及其他重大的非现金费用应当单独披露。

分部费用通常不包括下列项目：①利息费用（包括因预收或向其他分部借款而确认的利息费用），但分部的日常活动是金融性质的除外；②营业外支出；③处置投资发生的净损失，但分部的日常活动是金融性质的除外；④采用权益法核算的长期股权投资在被投资单位发生的净损失中应承担的份额，但分部的日常活动是金融性质的除外；⑤所得税费用；⑥与企业整体相关的管理费用和其他费用。

（3）分部利润（亏损）

分部利润（亏损）指分部收入减去分部费用后的余额。因此，不属于分部收入的总部的收入和营业外收入等，以及不属于分部费用的所得税、营业外支出等，在计算分部利润（亏损）时不得作为考虑的因素。企业在披露分部信息时，分部利润（亏损）应当单独进行披露。如果企业需要提供合并财务报表的分部利润（亏损）应当在调整少数股东损益前确定。

（4）分部资产

分部资产包括企业在分部的经营中使用的、可直接归属于该分部的资产，以及能够以合理的基础分配给该分部的资产。分部资产的披露金额应当按照扣除相关累计折旧或摊销额及累计减值准备后的金额确定，即按照分部资产的账面价值来确定。

（5）分部负债

分部负债，是指分部经营活动形成的可归属于该分部的负债，不包括递延所得税负债。与分部资产的确认条件相同，分部负债的确认也应当符合下列两个条件：一是可直接归属于该分部；二是能够以合理的基础分配给该分部。

2. 次要报告形式下分部信息的披露

（1）分部信息的主要报告形式是业务分部的，企业应当就次要报告形式披露下列信息：①对外交易收入占企业对外交易收入总额10%或者以上的地区分部，以外部客户所在地为基础披露对外交易收入；②分部资产占所有地区分部资产总额10%或者以上的地区分部，以资产所在地为基础披露分部资产总额。

（2）分部信息的主要报告形式是地区分部的，企业应当就次要报告形式披露下列信息：①对外交易收入占企业对外交易收入总额 10%或者以上的业务分部，应当披露对外交易收入；②分部资产占所有业务分部资产总额 10%或者以上的业务分部，应当披露分部资产总额。

本 章 小 结

本章主要介绍企业财务会计报表的构成，资产负债表的功能与编制，利润表的功能与编制，现金流量表的功能与编制，财务会计报表附表的功能及编制原理。

资产负债表是反映企业某一特定日期财务状况的会计报表，它表明企业在某一特定日期拥有或控制的经济资源，所承担的现有义务和所有者对净资产的要求权，资产负债表可以作为计算投资报酬率，评价资本结构及企业资产的流动性和财务弹性的基础。

利润表是反映企业一定期间经营成果的报表。通过利润表可据以解释、评价和预测企业的经营成果和获利能力、偿债能力，考核管理人员的业绩，是进行利润分配的主要依据。

现金流量表是反映企业一定时期现金流量情况的报表，它反映企业一定会计期间内有关现金和现金等价物的流入和流出信息。根据企业经营业务的性质将企业一定期间内产生的现金流量分为经营活动现金流量、投资活动现金流量、筹资活动现金流量等三类。编制现金流量表的方法有直接法和间接法。

财务报表附表包括股东权益增减变动表、应交增值税明细表、资产减值明细表、主营业务收支明细表、费用明细表等。

本章的重点内容是资产负债表、利润表和现金流量表的编制。本章的难点内容是现金流量表的编制。

专业词汇中英对照

利润表 income Statement

资产负债表 balance Sheet

现金流量表 cash Flows Statement

实收资本 paid-in capital

未分配利润 undistributed profits

所有者权益 owner's equity

无形资产 intangible asses

负债 liabilities

流动负债 current liabilities

应付股利 dividend payable

汇兑损失 foreign exchange loss

负债 liabilities

预计负债 provision

资产减值损失 impairment loss

股份支付 share-based payment

每股收益 earnings per share（EPS）

资本公积 capital reserve

留存收益 retained earning

少数股东权益 non-controlling interest

商誉 goodwill

经营活动产生的现金流量 cash flows from operating activities

销售产品、提供劳务收到的现金 cash received from the sale of goods or rendering of services

购买商品、接受劳务支付的现金 cash paid for goods and services

支付给职工以及为职工支付的现金 cash paid to and on behalf of employees

投资活动产生的现金流量 cash flows from investing activities

购建固定资产、无形资产和其他长期资产所支付的现金 cash paid to acquire fixed assets, intangible assets and other long-term assets

筹资活动产生的现金流量 cash flows from financing activities

分配股利、利润或偿付利息所支会的现金 cash paid for distribution of dividends or profits and for interest expenses

复习思考题

一、单选题

1.“预付账款”科目明细账中若有贷方余额，应将其计入资产负债表中的（　　）项目。

A．应收账款　　B．预收账款

C．应付账款　　D．其他应付款

2．某公司年末结账前“应收账款”科目所属明细科目中有借方余额 50 000 元，贷方余额 20 000 元；“预付账款”科目所属明细科目中有借方余额 13 000 元，贷方余额 5 000 元；“应付账款”科目所属明细科目中有借方余额 50 000 元，贷方余额 120 000 元；“预收账款”科目所属明细科目中有借方余额 3 000 元，贷方余额 10 000 元；“坏账准备”科目余额为 0。则年末资产负债表中“应收账款”项目和“应付账款”项目的期末数分别为（　　）。

A．30 000 元和 70 000 元　　B．53 000 元和 125 000 元

C．63 000 元和 53 000 元　　D．47 000 元和 115 000 元

3．资产负债表中的“未分配利润”项目，应根据（　　）填列。

A．“利润分配”科目余额

B．“本年利润”科目余额

C．“本年利润”和“利润分配”科目的余额计算后

D．“盈余公积”科目余额

4．A 上市公司 2008 年年初对外发行 10 000 万份认股权证，行权价格 3.5 元，2008 年度 A 上市公司的净利润为 20 000 万元，发行在外普通股加权平均数为 50 000 万股，普通股平均市场价格为 4 元，则 A 上市公司 2008 年稀释每股收益为（　　）元。

A．0.33　　B．0.4　　C．0.36　　D．0.39

5．某企业 2007 年主营业务收入为 1 000 万元，其他业务收入 100 万元，2007 年应收账款的年初数为 150 万元，期末数为 120 万元，2007 年发生坏账 10 万元，计提坏账准备 12 万元。根据上述资料，该企业 2007 年“销售商品收到的现金”为（　　）万元。

A．1 118　　B．1 108　　C．1 142　　D．1 132

6．A 公司拥有 B 公司 80%的股份，A 公司拥有 C 公司 50%的股份，B 公司拥有 C 公司 15%的股份，则 A 公司直接和间接拥有 C 公司的股份为（　　）。

A．50%　　B．65%　　C．15%　　D．55%

7．A 公司拥有 B 公司 18%的表决权资本；B 公司拥有 C 公司 60%的表决权资本；A 公司拥有 D 公司 60%的表决权资本，拥有 E 公司 6%的权益性资本；D 公司拥有 E 公司 45%的表决权资本。上述公司之间存在关联方关系的有（　　）。

A．A 公司与 B 公司　　B．A 公司与 C 公司

C．A 公司与 E 公司　　D．B 公司与 E 公司

8．某企业 2007 年 12 月 31 日固定资产账户余额为 2 000 万元，累计折旧账户余额为 800 万元，固定资产减值准备账户余额为 100 万元，在建工程账户余额为 200 万元。该企业 2007 年 12 月 31 日资产负债表中固定资产项目的金额为（　　）万元。

A．1 200　　B．90　　C．1 100　　D．2 200

9．甲公司只有一个子公司乙公司，2007 年度，甲公司和乙公司个别现金流量表中“销售商品提供劳务收到现金”项目的金额分别为 2 000 万元和 1 000 万元，“购买商品接受劳务支付现金”项目的金额分别为 1 800 万元和 800 万元。2007 年甲公司向乙公司销售商品收到现金 100 万元，不考虑其他事项，合并现金流量表中“购买商品、接受劳务支付现金”项目的金额为（　　）万元。

A．3 000　　B．2 600　　C．2 500　　D．2 900

10．某公司 2007 年 1 月 2 日发行 4%可转换债券，面值 800 万元，每 100 元债券可转换为 1 元面值普通股 90 股。2007 年净利润 4 500 万元，2007 年年初发行在外普通股 4 000 万股，所得税税率 33%，不考虑其他因素，该公司 2007 年稀释的每股收益为（　　）元。

A．1.125　　B．0.21　　C．0.94　　D．0.96

二、多选题

1．在采用间接法将净利润调节为经营活动的现金流量时，下列各调整项目中，属于调增项目的是（　　）。

A．存货的减少　　B．递延所得税资产减少额

C．计提的坏账准备　　D．经营性应付项目的减少

2．根据现行会计制度的规定，下列各项中，属于企业经营活动产生的现金流量的有（　　）。

A．收到的出口退税款　　B．收到长期股权投资的现金股利

C．转让无形资产所有权取得的收入　　D．出租无形资产使用权取得的收入

3．下列交易或事项产生的现金流量中，属于投资活动产生的现金流量的有（　　）。

A．为购建固定资产支付的耕地占用税

B．为购建固定资产支付的已资本化的利息费用

C．因火灾造成固定资产损失而收到的保险赔款

D．融资租赁方式租入固定资产所支付的租金

4．甲公司当期发生的交易或事项中，会引起现金流量表中筹资活动产生的现金流量发生增减变动的有（　　）。

A．接受现金捐赠

B．向投资者分派现金股利 300 万元

C．收到投资企业分来的现金股利 500 万元

D．发行股票时由证券商支付的股票印刷费用

5.将净利润调节为经营活动产生的现金流量时，下列各调整项目中，属于调减项目的有（　　）。

A．投资收益

B．递延所得税负债增加额

C．长期待摊费用的增加

D．固定资产报废损失

三、思考题

1．资产负债表反映什么信息？

2．资产、负债和所有者权益如何排列？

3．利润表反映什么信息？

4．利润表为什么要采用分步法？

5．现金流量表反映什么信息？

6．现金流量表与资产负债表和利润表的关系如何？

7．为什么要对现金流量进行分类？

8．间接法的原理是什么？

四、业务处理题

1．甲企业和乙企业均为增值税一般纳税工业企业，其有关资料如下：

（1）甲企业销售的产品、材料均为应纳增值税货物，增值税税率 17%，产品、材料销售价格中均不含增值税。

（2）甲企业材料和产品均按实际成本核算，其销售成本随着销售同时结转。

（3）乙企业为甲企业的联营企业，甲企业对乙企业的投资占乙企业有表决权资本的 25%，甲企业对乙企业的投资按权益法核算。

（4）甲企业 2008 年 1 月 1 日有关科目余额如表 13.11 所示。

表 13.11　甲企业有关科目余额　　单位：元

科目名称	借方余额	科目名称	贷方余额
库存现金	500	短期借款	300 000
银行存款	400 000	应付票据	50 000
应收票据	30 000	应付账款	180 000
应收账款	200 000	应付职工薪酬	5 000
坏账准备	−1 000	应交税费	12 000
其他应收款	200	长期借款	1 260 000
原材料	350 000	实收资本	2 000 000
周转材料	30 000	盈余公积	120 000
库存商品	80 000	利润分配（未分配利润）	7 700
长期股权投资——乙企业	600 000		
固定资产	2 800 000		
累计折旧	−560 000		
无形资产	5 000		
合计	3 934 700	合计	3 934 700

（5）甲企业 2008 年度发生如下经济业务：

① 购入原材料一批，增值税专用发票上注明的增值税为 51 000 元，原材料实际成本 300 000 元。材料已经到达，并验收入库。企业开出商业承兑汇票。

② 销售给乙企业一批产品，销售价格 40 000 元，产品成本 32 000 元。产品已经发出，

开出增值税专用发票，款项尚未收到（除增值税以外，不考虑其他税费）。甲企业销售该产品的销售毛利率为 20%。

③ 对外销售一批原材料，销售价格 26 000 元，材料实际成本 18 000 元。销售材料已经发出，开出增值税专用发票。款项已经收到，并存入银行（除增值税以外，不考虑其他税费）。

④ 出售一台不需用设备给乙企业，设备账面原价 150 000 元，已提折旧 24 000 元，出售价格 180 000 元。出售设备价款已经收到，并存入银行。甲企业出售该项设备的毛利率为 30%（假设出售该项设备不需交纳增值税等有关税费）。乙公司购入该项设备用于管理部门，本年度提取该项设备的折旧 18 000 元。

⑤ 按应收账款年末余额的 5‰计提坏账准备。

⑥ 用银行存款偿还到期应付票据 20 000 元，交纳所得税 2 300 元。

⑦ 乙企业本年实现净利润 280 000 元，甲企业按投资比例确认其投资收益。

⑧ 摊销无形资产价值 1 000 元；计提管理用固定资产折旧 8 766 元。

⑨ 本年度所得税费用和应交所得税为 42 900 元；实现净利润 87 100 元；计提盈余公积 8 710 元。

要求：

（1）编制甲企业的有关经济业务会计分录（各损益类科目结转本年利润及与利润分配有关的会计分录除外。除“应交税费”科目外，其余科目可不写明细科目）。

（2）填列甲企业 2008 年 12 月 31 日资产负债表的年末数填入表 13.12。

表 13.12　资产负债表

编制单位：甲企业　　　　2008 年 12 月 31 日　　　　单位：元

资产	期末余额	负债及所有者权益	期末余额
流动资产：		流动负债：	
货币资金		短期借款	
应收票据		应付票据	
应收账款		应付账款	
其他应收款		应付职工薪酬	
存货		应交税费	
流动资产合计		流动负债合计	
非流动资产：		非流动负债：	
长期股权投资——乙企业		长期借款	
固定资产		非流动负债合计	
无形资产		负债合计	
非流动资产合计		所有者权益：	
		实收资本	
		盈余公积	
		未分配利润	
		所有者权益合计	
资产总计		负债及所有者权益总计	

2．甲股份有限公司（以下简称甲公司）2005 年起拥有 A 股份有限公司（以下简称 A 公司）60%的股份并自当年开始连续编制合并会计报表。甲公司合并会计报表的报出时间为报告年度次年的 3 月 20 日。甲公司和 A 公司均为增值税一般纳税企业，销售价格均为不含增值税价格。2008 年度编制合并会计报表有关资料如下：

（1）2007 年度有关资料如下所示。

① 甲公司 2007 年度资产负债表期末存货中包含有从 A 公司购进的 x 产品 1 600 万元，A 公司 2007 年销售 x 产品的销售毛利率为 15%。

② A 公司 2007 年度资产负债表期末应收账款中包含有应收甲公司账款 1 400 万元，该应收账款累计计提的坏账准备余额为 150 万元，即应收甲公司账款净额为 1 250 万元。

③ 甲公司 2007 年 1 月向 A 公司转让设备一项，转让价格为 800 万元，该设备系甲公司自行生产的，实际成本为 680 万元，A 公司购入该设备发生安装等相关费用 100 万元，该设备于 2007 年 6 月 15 日安装完毕并投入 A 公司管理部门使用，A 公司对该设备采用年限平均法计提折旧，预计净残值为零，预计使用年限为 6 年。

（2）甲公司 2008 年度按权益法调整后的会计报表有关项目和 A 公司 2008 年度调整后的个别会计报表有关项目的金额如表 13.13 和表 13.14 所示。

表 13.13　资产负债表有关项目年末数

单位：万元

项目	甲公司	A 公司
长期股权投资（对 A 公司）	2 800	—
股本	5 000	2 000
资本公积	1 000	700
盈余公积	3 000	800
未分配利润	2 800	500
股东权益合计	11 800	4 000

表 13.14　利润表及所有者权益变动表有关项目本年发生数

单位：万元

项目	甲公司	A 公司
营业利润	5 900	2 200
投资收益	3 100	200
其中：对 A 公司投资收益	960	—
利润总额	9 000	2 400
所得税费用	2 800	800
净利润	6 200	1 600
未分配利润——年初	1 700	400
提取盈余公积	1 580	300
应付股利	3 520	1 200
未分配利润	2 800	500

（3）2008 年度有关资料如下所示。

① 甲公司 2008 年度从 A 公司购入产品 10 000 万元，年末存货中包含有从 A 公司购进的 x 产品 2 000 万元（均为 2008 年购入的存货），A 公司 2008 年销售 x 产品的销售毛利率为 20%。

② A 公司 2008 年度资产负债表年末应收账款中包含有应收甲公司账款 1 800 万元，该应收账款累计计提的坏账准备余额为 200 万元，即应收甲公司账款净额为 1 600 万元。

③ A 公司 2008 年年初盈余公积为 500 万元。

要求：编制甲公司 2008 年度合并会计报表相关的抵销分录。（答案中的金额单位用万元表示）

五、案例分析题

中达股份（600074）2007 年 9 月 18 日发布中达会计差错更正公告称：2006 年本公司受让的江苏申龙沿江投资发展有限公司固定资产亚包商务大楼价值 10 646.09 万元、土地使用权价值 25 379.85 万元，受让的江苏申龙创业集团有限公司土地使用权价值 2 035.46 万元，并根据相关各方签订的协议，以本公司应收非出让方的债权抵减受让价款，截至 2006 年 12 月 31 日上述资产相关法律权证的过户手续尚在办理之中。由于涉及的土地宗块较多，转让程序复杂，加之本公司正在积极申请减免相关税费，从而使得上述产权过户手续未能在中期报告披露前完成。鉴于上述事实，本着谨慎性原则，公司对上述事项在 2006 年的会计处理进行了追溯调整：调减固定资产 106 460 900.00 元，调减无形资产 274 153 100.00 元，调增其他应收款 380 614 000.00 元，补提坏账准备 1 141 842.00 元，调减累计折旧 632 111.58 元，调减无形资产摊销 555 414.66 元。同时，对 2007 年半年度报告也进行调整：冲回累计折旧 1 264 223.16 元，冲回无形资产摊销 2 960 996.44 元。

要求：

（1）查阅《中达股份（600074）中达会计差错更正公告》全文，分析上述中达股份差错产生的原因。

（2）如何通过内部控制制度的完善来杜绝由于舞弊或错误而导致的重大差错？

参考文献

[1] 财政部会计司．企业会计准则[M]．北京：中国财经出版社，2006.

[2] 财政部会计司．企业会计准则——应用指南[M]．北京：中国财经出版社，2006.

[3] 财政部会计资格评价中心．中级会计实务[M]．北京：中国财政经济出版社，2006.

[4] 戴新民．中级财务会计学[M]．北京：清华大学出版社，2008.

[5] 杜兴强．中级财务会计学[M]．北京：高等教育出版社，2007.

[6] 李祖爱．中级财务会计[M]．上海：上海财经大学出版社，2010.

[7] 刘永泽．中级财务会计[M]．大连：东北财经大学出版社，2012.

[8] 钱逢胜．中级财务会计[M]．2 版．上海：上海财经大学出版社，2007.

[9] 王华，石本仁．中级财务会计[M]．北京：中国人民大学出版社，2007.

[10] 袁新文．中级财务会计[M]．厦门：厦门大学出版社，2007.

[11] 张培英，刘超宇．中级财务会计[M]．哈尔滨：哈尔滨工业大学出版社，2008.

[12] 中国注册会计师协会．会计[M]．北京：中国财政经济出版社，2012.

[13] 中华会计网校．中级会计实务应试指南[M]．北京：人民出版社，2009.

[14] 朱国泓．中级财务会计学[M]．北京：中国人民大学出版社，2009.